Petra Reski

Von Kamen nach Corleone

Die Mafia in Deutschland

Knaur Taschenbuch Verlag

Besuchen Sie uns im Internet:
www.knaur.de

Vollständige Taschenbuchausgabe Juli 2012
Knaur Taschenbuch
© 2010 Hoffmann und Campe Verlag, Hamburg
© 2012 Knaur Taschenbuch
Ein Unternehmen der Droemerschen Verlagsanstalt
Th. Knaur Nachf. GmbH & Co. KG, München
Alle Rechte vorbehalten. Das Werk darf – auch teilweise –
nur mit Genehmigung des Verlags wiedergegeben werden.
Umschlaggestaltung: ZERO Werbeagentur, München
Umschlagabbildung: FinePic®, München
Satz: Adobe InDesign im Verlag
Druck und Bindung: GGP Media GmbH, Pößneck
Printed in Germany
ISBN 978-3-426-78499-0

5 4 3 2 1

Für Oskar Reski

Vorwort zur Taschenbuchausgabe

von Petra Reski

Als ich sie zum ersten Mal sah, hielt ich sie für zwei Schwerverbrecher, die zu einem Gerichtstermin geführt wurden. Es war das Jahr 1989, und man hatte mich aus Deutschland geschickt, um über den Frühling von Palermo zu berichten. Ich hatte den Justizpalast so andächtig wie eine Kirche betreten, als ein Schwarm von Leibwächtern wie ein Rollkommando über den Gang zog und jemand neben mir sagte: Schau mal, Falcone und Borsellino!

In jener Zeit gab es kaum einen Auslandskorrespondenten, der noch keine Reportage über Giovanni Falcone und Paolo Borsellino geschrieben hatte, die beiden legendären Antimafia-Staatsanwälte aus Palermo, die den Maxiprozess geführt hatten und die Mafia endgültig in die Knie zwingen würden. Falcone und Borsellino galten als unbesiegbar, jeder Reporter beschrieb ausführlich und mit wohligem Schaudern alle Details der Sicherheitslogistik – von den Maschinenpistolen ihrer Bodyguards über den Klang der gepanzerten Limousinentüren bis hin zu den Hubschraubern, die jeden ihrer Schritte von der Luft aus verfolgten. Shobha, die sizilianische Fotografin, mit der ich zusammenarbeitete, hatte beide schon oft fotografiert und schlug mir vor, sie anzusprechen. Ich aber wagte gar nicht, daran zu denken, sie um ein Interview zu bitten, denn ich mühte mich noch, die Namen von Bossen, Politikern und ermordeten Mafiajägern auseinanderzuhalten: Vito Ciancimino, Giulio Andreotti, Giovanni Brusca, Salvo

7

Lima, Luciano Liggio, Totò Riina, Rocco Chinnici, Ninni Cassarà. Der Kampf gegen die Mafia schien mir wie ein schwankendes Floß in einem stürmischen Ozean. Am Tag zuvor hatte ich einen Polizisten kennengelernt, der die Pizza-Connection aufgeklärt hatte und der zur Belohnung nicht etwa in der Hierarchie aufgestiegen war, sondern erst auf das Festland und nach seiner Rückkehr nach Palermo an ein kleines, unbedeutendes Kommissariat versetzt wurde.

Auf der Suche nach Beständigkeiten versuchte ich, die Guten und die Bösen zu sortieren. Es hieß, die Linken seien immer schon gegen die Mafia gewesen, sie galten somit also als gut. Die Rechten hingegen hätten immer schon mit der Mafia zusammengearbeitet. Also böse. Aber schon bei Falcone und Borsellino passte dieses Raster nicht. Falcone galt als links, und Paolo Borsellino galt als rechts. Jedes Mal, wenn ich glaubte, Boden unter den Füßen zu spüren, entglitt er wieder. Und als ich wieder an meinem Schreibtisch in der Hamburger Redaktion saß, las ich in der *Repubblica*, dass man im Justizpalast von Palermo einen »Maulwurf« gefunden habe, der Falcone in anonymen Briefen angriff. Ich weiß noch, wie ich das Wort *talpa* nachschlug. Und Zweifel daran bekam, ob die Hubschrauber, die Maschinenpistolen und die gepanzerten Limousinen überhaupt ernst gemeint waren.

Drei Jahre später lebte ich bereits in Italien und arbeitete oft mit Shobha zusammen. In jenen Tagen im Mai 1992 war sie in Venedig, um mit mir eine Reportage zu machen. Wir waren gerade von einem Interview zurückgekehrt und lagen bei geöffneten Fenstern auf dem Sofa. Wir hatten die Füße hochgelegt und die Gondelserenaden verflucht, die unter dem Fenster vorbeizogen, als das Telefon klingelte. Am anderen Ende der Leitung war Shobhas Mann. Er sagte: Sie haben Falcone umgebracht.

Noch während Shobha telefonierte, schaltete ich den

Fernseher ein, die ersten Bilder der Autobahn von Capaci flimmerten über den Schirm, wir saßen stumm da und sahen den Krater, die aufgeworfene Erde, die Autowracks, die Reporter, Polizisten, Sanitäter. Wir hörten das Heulen der Sirenen, die stammelnden Reporter, das Geschrei und das Geräusch der Rotorblätter. Shobha weinte und sagte: Es ist vorbei. Am nächsten Morgen flog sie nach Palermo zurück.

Es war, als sei aus den Tiefen des Ozeans eine Bestie aufgetaucht. Jetzt war das Meer wieder still, auf der Oberfläche trieben Trümmer und Holzplanken. Das war der Moment, in dem ich begriff, dass die Mafia mehr war als jene verheuchelten Bosse, die beim Maxiprozess in den Käfigen saßen, auf jede Frage mit einem unterwürfigen »Ja, Herr Richter« und »Nein, Herr Richter« anworteten und ständig Gleichnisse aus der Bibel zitierten. Die Mafia war mehr als Killer und Brandstifter. Sie war eine Macht.

In den Tagen danach waren die Zeitungen voll mit Anspielungen, die ich zu enträtseln versuchte. Ich sah, wie die Politiker auf Giovanni Falcones Beerdigung ausgepfiffen wurden, ich las das Interview mit Paolo Borsellino, der sich als »Leiche, die noch läuft« bezeichnete und von der moralischen Pflicht sprach, weiterzumachen, ohne sich einschüchtern zu lassen. Als auch er ermordet wurde, keine zwei Monate nach Falcone, dachte ich, dass ich in ein Land gezogen war, in dem Krieg herrschte.

In den Wochen danach berichteten die Zeitungen, dass Giovanni Falcone zwei Tage vor seiner Ermordung Morddrohungen aus Wuppertal erhalten hatte und Paolo Borsellino das letzte Telefonat vor seinem Tod mit dem Bundeskriminalamt in Wiesbaden geführt hatte. Ich las, dass Paolo Borsellino neun Tage vor seinem Tod einen Mafioso im Gefängnis von Mannheim verhört hatte, den er überzeugt hatte, mit der Justiz zusammenzuarbeiten. Ich las, dass Borsellino den

Mördern des jungen Staatsanwalts Rosario Livatino auf der Spur war, die aus Leverkusen angereist waren, wo sie in der Kolonie der sizilianischen Mafia-Hochburg Palma di Montechiaro gelebt hatten. Drei der Killer hatten in einer Pizzeria in Dormagen gearbeitet. Livatino hatte einen Waffenhandel der Mafia zwischen Deutschland und Sizilien aufgedeckt und war 1990 ermordet worden, die Killer hatten ihm auf der Schnellstraße zwischen Agrigent und Caltanissetta aufgelauert.

Palermo sei näher an Deutschland, als man sich vorstellen könne, schrieben die Journalisten damals und zitierten aus deutschen BKA-Berichten, wonach die Mafiaclans sich seit Jahrzehnten nicht nur im Ruhrgebiet und in Baden-Württemberg bestens eingerichtet hätten, sondern nach dem Fall der Mauer auch noch den Osten Deutschlands aufgekauft hätten: Ganze ostdeutsche Innenstädte gehörten der Mafia, Geschäfte und Einkaufszentren, Immobilien und Restaurants seien in der Hand der Bosse, Leipzig sei komplett im Besitz der kalabrischen 'Ndrangheta: Für die Geldwäsche der Clans sei Deutschland ein Paradies.

Seit den Attentaten auf Giovanni Falcone und Paolo Borsellino sind zwanzig Jahre vergangen. Die Mafia konnte wieder untertauchen und unsichtbar werden. Das Meer ist wieder ruhig, in Italien. Und in Deutschland. Selbst an die Mafiamorde von Duisburg vor fünf Jahren erinnert sich kaum noch jemand. Die Mafia? Ist »Kult«: Es gibt sie als Computerspiel, als Fernsehserie, als Partymusik. Die Mafia hat sich wieder in ihre folkloristischen Gewänder gehüllt und verkauft erfolgreich ihre Propaganda. Etwa, dass sie keine Frauen und Kinder ermorde, dass sie gottesfürchtig sei und ein Opfer des italienischen Staates. Und in Deutschland nichts anderes wolle, als eine gute Pizza Romana zu backen.

Der Siegeszug der Mafia in der Welt beruht keineswegs allein auf Gewalt, sondern vor allem auf Geld und guten Worten. Deshalb sind Journalisten, die sich in ihren Dienst stellen, der Mafia auch so wertvoll: Die Bosse verstecken sich keineswegs vor Journalisten, sondern sind gierig danach, sie als Lautsprecher für ihre mafiosen Botschaften benutzen zu können. Die Frage ist also nicht, ob es einem Journalisten gelingt, mit einem Boss zu sprechen. Die Frage ist vielmehr, ob man einverstanden ist, sich von ihm für seine Propaganda benutzen zu lassen oder nicht.

Denn solange die Deutschen an die Mythen der Mafia glauben, droht ihr hier keine Gefahr. Wie erfolgreich die Mafia aus dem Bewusstsein der Deutschen entschwunden ist, habe ich in diversen Gerichtssälen feststellen können. Zuletzt bestätigte eine Richterin am Oberlandesgericht München in letzter Instanz die Schwärzungen in meinem Buch *Mafia. Von Paten, Pizzerien und falschen Priestern* und verurteilte den Verlag zu einer Zahlung von 10 000 Euro Schmerzensgeld. Nicht ohne den Kläger zuvor zu fragen, ob er denn nun Mitglied in der 'Ndrangheta sei oder nicht. Nein, das sei er nicht, antwortete er. Und nein, er wisse auch nicht, warum er jahrelang in den BKA-Berichten zur organisierten Kriminalität in Deutschland vorkomme.

Als ich Falcone und Borsellino zum ersten Mal sah, hätte ich nicht gedacht, dass ich eines Tages wegen eines Mafiabuches vor einem deutschen Gericht stehen würde. Der Droemer Verlag hat nun Verfassungsbeschwerde eingelegt.

Venedig, im Juli 2012

1

Als ich zwanzig Jahre alt war, setzte ich mich in einen alten Renault vier und fuhr von Kamen nach Corleone. Nur weil ich den *Paten* gelesen hatte. Auf meinem Bett liegend, unter einer mit Stiefmütterchenmotiven tapezierten Dachschräge. Dort habe ich den Putsch in Chile vorbereitet, unter besonderer Berücksichtigung von Allendes Agrarreform und der Verstaatlichung der Kupferminen, dort lernte ich unregelmäßige französische Verben auswendig und erörterte die Frage des Gewissens und der Schuld am Beispiel von Macbeth. Und zwischendurch las ich den *Paten*.

> Johnny trank die gelbe, brennende Flüssigkeit und streckte dem Don sein Glas zum Nachfüllen hin. Er versuchte sich munter zu geben. ›Ich bin nicht reich, Padrino, mit mir geht es bergab. Du hattest recht, ich hätte meine Frau und die Kinder wegen dieses Luders, das ich geheiratet habe, nie verlassen dürfen. Ich kann es dir nicht verdenken, dass du mir böse warst.‹
> Der Don zuckte die Achseln. ›Ich habe mir Sorgen um dich gemacht. Du bist mein Patensohn. Das ist alles.‹

Solche Sätze leuchteten mir ein. Mehr als Macbeth. Wer in einer ostpreußisch-schlesischen Familie aufgewachsen ist, weiß um die Macht von Blutsbanden. Meine ostpreußische Großmutter beherrschte die Familie bis zum letzten Atemzug. Großherzig nach innen und streng nach außen hielt sie den Clan zusammen. Und meine schlesische Mutter unterteilt die Menschheit bis heute in »wir« und »die Fremden«. Einmal sollten wir im Englisch-Leistungskurs die Redewendung

»Blut ist dicker als Wasser« erklären. Ich war die Einzige in der Klasse, für die dieser Satz eine Bedeutung hatte. Meine Großmutter hatte sie mir zu verstehen gegeben.

Ich war das älteste Enkelkind. Einzige Tochter des ältesten Sohnes. Der mit siebenundzwanzig starb – als Bergmann unter Tage. Als meine Mutter sechs Jahre nach dem Tod meines Vaters aufhörte, sich schwarz zu kleiden, wurde sie von meiner Großmutter aus der Familie verstoßen. Da war meine Mutter dreiunddreißig Jahre alt und ich neun. Fortan ging ich allein zu den Familienfeiern und saß auf dem Ehrenplatz neben meinen Großeltern. Und wenn meine Mutter mich später fragte, wie die Feier verlaufen sei, wie meine Tanten angezogen gewesen und welche Geschenke gemacht worden seien, dann schwieg ich.

Don Vito Corleone war ein Mensch, an den sich alle um Hilfe wandten, und noch nie hatte er einen Bittsteller enttäuscht. Er machte keine leeren Versprechungen, noch gebrauchte er die feige Ausrede, ihm wären von Stellen, die mehr Macht besaßen als er, die Hände gebunden. Es war nicht notwendig, dass er ein Freund des Bittstellers war, es war nicht einmal wichtig, dass man die Mittel besaß, um ihn für seine Mühe zu belohnen. Nur eines wurde verlangt: dass der Bittsteller selbst ihm Freundschaft schwor.

Ehre und Stolz. Würdige alte Männer, die kein Wort zu viel machten. Eine Familie, die stets füreinander da ist. Mafiosi, die keine Frauen und keine Kinder ermordeten. Und die ihre Mütter achteten. So etwas in der Art hatte ich im Sinn, als ich zum ersten Mal nach Sizilien aufbrach. Mit meinem Jugendfreund, den ich liebte, weil er so ephebisch aussah – mit seinen langen blonden Haaren und seinem grazilen Körper. Er hatte Lippen wie ein Mädchen. Wir hatten bereits zusammen

Spanien, Frankreich und Griechenland bereist. Griechenland hielten wir für überschätzt, Spanien für hoffnungslos unterdrückt und Frankreich für chauvinistisch, aber sympathisch. Italien hatte mich nie interessiert, außer in Form von Pizza Quattro Stagioni ohne Schinken. Oder in Form von mit Käse überbackenen Miesmuscheln.

Wir fuhren mit dem Moped immer zu einem Italiener unweit von Dortmund. Dort servierte Giuseppe, der genauso alt war wie ich, ein zarter Junge mit schwarzen Locken. Er half mir aus dem Mantel und bediente mich, als sei ich die Königin von Saba und nicht eine Gymnasiastin, deren Taschengeld nur für eine halbe Pizza Frutti di Mare und ein Glas Frizzantino reichte. Zu Weihnachten schenkte mir Giuseppe einen Panettone, den ersten meines Lebens, und mein Freund sagte: »Ich glaube, er ist in dich verliebt.«

Meine Kenntnis von Italien beschränkte sich lediglich auf Gastronomisches, ansonsten lockte mich weder Rom noch Florenz, und von Venedig wusste ich nicht mehr, als dass es im Wasser stand. Meine Tanten pflegten ihren Urlaub an der italienischen Adriaküste zu verbringen, seitdem hatte sich Italien für mich erledigt. Bis ich den *Paten* las. Und von der Mafia erfuhr. Und spürte, wie meine Tanten schauderten.

Es war ein trüber Märzmorgen, als wir aufbrachen. Über uns wölbte sich ein grau dämmernder Himmel voller atlantischer Tiefausläufer, und mein Freund war damit beschäftigt, mit einem Ledertuch das Kondenswasser abzuwischen, das sich über Nacht von innen an den Scheiben des Renaults angesammelt hatte. Ich verstaute in der Ablage die Kassetten, die wir für die Fahrt aufgenommen hatten: Genesis, »Follow me, follow you«; Supertramp, »Give a little bit«, Rod Stewart. »Da Ya Think I'm sexy?«; Roxy Music, »Dance Away«. Und natürlich jede Menge Bob Dylan. Für meinen Geschmack entschieden zu viele Bob-Dylan-Kassetten. Mein

15

Freund hatte kurz zuvor begonnen, Gitarrenstunden zu nehmen, weil er Dylan so verehrte. Als Gegengewicht zu Dylan hatte ich eine Kassette mit Chansons von Michel Polnareff mitgenommen. »La poupée qui fait non«. »Mädchenmusik«, sagte mein Freund und drehte sich die erste Zigarette des Tages, streichholzdünn, wie immer. In einer Seitentasche des Renaults steckten der Shell-Atlas Europa, eine Packung Spearmint-Kaugummis und vier Tafeln Ritter-Sport-Schokolade, Geschmacksrichtung Joghurt. Am ersten Tag wollten wir es bis zu den Alpen schaffen.

Noch am Abend zuvor hatte meine Mutter gefragt, warum es unbedingt Sizilien sein müsse, und ich hatte geantwortet: »Weil es da bereits warm ist. Ist ja fast schon Afrika.« Das klang einleuchtend. Als wir losfuhren, stand sie fröstelnd am Straßenrand, blickte auf den Rost, der die Türen des Renaults angefressen hatte und sagte: »Bis Sizilien kommt ihr nie.«

Und jetzt steht dieser Spider in unserer Straße. Vom herbstlichen Morgendunst sind kleine Tropfen geblieben, die sich auf dem Dach und der Kühlerhaube gesammelt haben. Man kann nicht behaupten, dass dieses Auto unauffällig wäre. Neben den Zechenhäusern wirkt ein weißer Alfa Romeo Spider wie eine Chimäre. Angriffslustig und funkelnd. Allein die Felgen aus ineinander verschlungenen Ringen sehen aus wie Preziosen. Weiß ist natürlich eine Damenfarbe, aber gut. Vier verchromte Auspuffrohre, Zierfelgen und meine Initialen auf dem Nummernschild. Als mein Onkel mich darauf hinweist, verschweige ich, dass dieses PR vermutlich *Public relations* bedeutet. Was soll ich machen, was Spider betrifft, bin ich bestechlich. Einhundertsiebzig PS. Ich wusste gar nicht, dass es Autos mit einhundertsiebzig PS gibt, mein letzter Stand waren die sechzig PS meines verblichenen Peugeot 205. Bei

Autos habe ich ein gewisses Informationsdefizit, seitdem ich nach Venedig zog und meinen Peugeot verschenkte.

»Dat is ne Granate«, sagt mein Onkel.

»Einhundertsiebzig PS«, sage ich, »sechs Gänge.«

Ich rede, als würde ich von Alfa Romeo bezahlt. Schamlos. Allerdings lasse der Kofferraum zu wünschen übrig. Bemerkt mein Onkel, der mir geholfen hat, meinen Koffer zum Auto zu tragen. Er müht sich damit, mein Gepäck in den winzigen Schacht zu zwingen, der sich Kofferraum nennt. Dann tritt er zurück und läuft noch mal um den Wagen, begutachtet alles, die Karosserie, die Reifen, das Dach und sagt: »Vier Auspuffrohre! Haste sowatt schomma gesehen?«

Ich fühle mich wie ein Kind an Weihnachten. Stolz zeige ich meinem Onkel den Windschott zwischen den Überrollbügeln und die Scheinwerferwaschanlage und öffne das Dach, nur so, zu Demonstrationszwecken. Leise sirrend faltet sich das Dach zusammen und verschwindet in einer Klappe im Heck.

»Schicker Hund!«, sagt mein Onkel. Und erkundigt sich nach dem Benzinverbrauch.

»Ist ein Diesel«, antworte ich.

»Ein Diesel!«, sagt mein Onkel fassungslos. »Dat passt aber nich. Ein Diesel zieht donnich.«

»Einhundertsiebzig PS«, wiederhole ich streng.

»Na ja, watt soll's«, sagt er und kreuzt die Arme vor der Brust. »Und dat soll ne Testfahrt sein? Schreibste was darüber?«

»Ja«, sage ich, »einen Testbericht.«

Und dann schließe ich das Dach wieder, bevor es zu regnen beginnt. Außerdem könnten Ahornblätter ins Innere geweht werden. Jene wenigen Blätter, die über Nacht unbemerkt von dem Ahornbaum unseres Gartens auf den Bürgersteig gefallen sind. In Deutschland wird der Herbst zu

17

ordentlichen Haufen zusammengefegt. Wenn er nicht gleich von der Laubsaugerarmee weggesaugt wird.

Schließlich kommt meine Mutter aus dem Haus und verabschiedet sich von mir. Sie umarmt mich. Und steht fröstelnd am Straßenrand.

»Wohin fährst du jetzt noch mal genau?«, fragt sie misstrauisch.

»Nach Stuttgart, nein, München«, sage ich.

»Und da gibst du den Wagen wieder ab?«

»Ja, da gebe ich den Wagen wieder ab.«

Und dann steige ich schnell ein, weil ich so schlecht lügen kann.

Kamen–Corleone: 2448 Kilometer. Behauptet jedenfalls Google Maps. Erreichbar in circa einem Tag und einer Stunde. Wenn ich in einem Rutsch durchführe. Ich frage mich, aufgrund welcher Berechnungen Google Maps zu diesem Ergebnis kommt. Und was ist mit der Geschwindigkeitsbegrenzung in Italien? Hundertdreißig? Und was ist mit den Baustellen? Und den Pinkelpausen? Damals haben wir vier Tage gebraucht. Und sind außer zum Tanken nicht stehen geblieben. Gut, es war ein Renault und kein Spider. Aber dennoch. Google Maps ist ein sehr optimistisches Programm, wie ich finde.

Der Sitz umgibt mich wie die Hälfte einer Muschelschale, endlich erschließt sich mir die Bedeutung des Wortes *Schalensitz*. Ich nehme mir vor, nur noch Autos mit Muschelschalensitzen zu fahren. Außer Kaffeekochen kann der Spider einfach alles. Er wechselt automatisch die CDs, wärmt den Sitz, berechnet den durchschnittlichen Benzinverbrauch und kreischt, wenn man mit der Stoßstange einem Hindernis zu nahe kommt.

Vor lauter Ehrfurcht für das Mirakel, in dem ich sitze, merke ich nicht, dass die Ampel bereits grün ist. Ich will schnell und elegant starten und würge das Wunderwerk ab. Alles Gewohnheitssache, sage ich mir. Wenn ich Auto fahre, neige ich dazu, Selbstgespräche zu führen. Vor allem, als ich es nicht schaffe, den Spider wieder anzulassen, weil ich mich so schlecht daran gewöhnen kann, dass man heutzutage nicht mehr einen Schlüssel in ein Zündschloss steckt und herumdreht, sondern lediglich auf einen Knopf drückt. Ich drücke auf den Knopf. Nichts passiert. Hinter mir wird gehupt. Die Rache der Kleinwagenfahrer. Sitzen in einem rostigen Renault und hupen einen weißen Alfa Romeo Spider an. Immer mit der Ruhe, sage ich, endlich springt der Spider wieder an, und das Navigationssystem sagt: rechts halten.

Dann biege ich zum Westring ab, wobei ich auf der freien Strecke etwas auf das Gaspedal trete, nur um der hinfälligen Kreatur von Renault hinter mir kurz klarzumachen, was hundertsiebzig PS bedeuten. Gebt mir ein Auto, und ich bin glücklich. So gesehen ist Venedig der falsche Wohnsitz für eine wie mich, die in einem anderen Leben Testfahrerin geworden wäre. Nicht nur wegen des Geschwindigkeitsrausches, sondern auch, weil man am Steuer eines Autos folgenlos schimpfen kann. *Was ist das denn für ein Vollidiot, man soll nie Frauen ans Steuer lassen, blöde Ziege.* All das muss ich unterdrücken, wenn ich in Venedig durch die Gassen laufe – und mir eine dicke Amerikanerin die Vorfahrt nimmt, eine Amerikanerin, deren Hose so tief sitzt, dass ich den Spalt ihres Hinterns sehen muss. Im schützenden Gehäuse eines Autos sieht man zu tief sitzende Hosen nicht, in Venedig aber darf ich nur höflich *permesso* zischen, und selbst das zieht bereits böse Blicke hinter sich. Das ist der eine Nachteil des autolosen Daseins. Der andere ist der, dass man nicht laut mitsingen kann. Mit Lucio Dalla, der von einer *puttana ottimista e di sinistra* singt. Ein echtes Spider-Lied. Denn am besten kann man über eine optimistische und linke Hure natürlich

19

bei offenem Verdeck singen. Aber das Armaturenbrett meldet acht Grad, Herbst in Deutschland.

Irgendwann habe ich beschlossen, für meine Mafiareportagen in Sizilien nicht mehr einen gesichtslosen Fiatirgendwas zu mieten, nicht irgendeine Familienkutsche, sondern einen Spider. Schließlich muss es ja für etwas gut sein, dass in Sizilien immer schönes Wetter ist. Eine gewisse Aufsässigkeit spielte auch eine Rolle, das gebe ich zu. Einmal bin ich mit einem Spider in einer Prozession stecken geblieben, unweit von Marsala. Und ich habe heute noch im Ohr, wie eine Frau auf Sizilianisch *bottana* zischte, als sie an dem Spider vorbeiging, mit dem Rosenkranz in der Hand. Ein Wort, das man in einer Prozession eigentlich nicht verwenden sollte.

Hinter dem Kamener Kreuz ist die Cabrio-Saison allerdings schon lange beendet. Auf der Auffahrt zur A1 ziehen Zugvögel über mich hinweg, schwarze Punkte, die sich zu einem zuckenden Schwarm vereinigen. Ich folge ihnen, im Süden liegt das Paradies. Jedenfalls auf jener mittelalterlichen Karte, die ich einmal in Venedig in der Biblioteca Marciana sah und die das Paradies auf Erden in Afrika verzeichnet hatte, an den Quellen des Nils.

Wolkenberge schieben sich über den Himmel, ziehen sich zusammen und lösen sich wieder auf. Die Sonne bricht durch, wie ein gigantischer Scheinwerfer beleuchtet sie die nass glänzende Autobahn, als sich der Himmel schon wieder verdunkelt und erneut Tropfen fallen. Das Licht wechselt so schnell, als würde man am Ufer des Atlantiks stehen. Das Laub färbt sich bereits, manche Bäume lodern schon blutrot. Als ich noch in Deutschland lebte, waren mir die Farben des Herbstlaubs gleichgültig, erst seitdem ich nach Italien gezogen bin, starre ich auf das deutsche Herbstlaub wie auf eine Erscheinung. In Venedig gibt es gar keine Bäume, und in Palermo wachsen vor allem Palmen, Magnolien und Pomeranzen –

Bäume, deren Blätter keine Anstalten machen, sich zu verfärben.

Vor mir schleicht ein Laster durch die Baustelle, es ist bereits die dritte auf diesem kurzen Stück. Deutsche Autobahnen sind auch nicht mehr das, was sie mal waren. Missmutig schleiche ich hinter dem Laster her. Kilometerlang. Bis ich endlich Gas geben kann. Es hilft nichts: Wenn man ein schnelles Auto hat, will man auch schnell fahren. Fliegen, abheben, durch die Luft wirbeln. Und laut mitsingen. *Non so se hai presente una puttana ottimista e di sinistra.*

Hinter mir betätigt jemand die Lichthupe. Auch das hatte ich vergessen. Drängler. So etwas gibt es hier noch. Hochmütig und ohne zu blinken wechsele ich auf die andere Spur und versuche mich in den Anblick des Grüns zu vertiefen, das fast in die Autobahn hereinwächst. Und wundere mich über das Schild, das die Geschwindigkeitsbegrenzung aufhebt, ein Schild, von dem Italiener nur träumen können. Bei mehr als hundertdreißig Stundenkilometern schnappt die Radarfalle zu. Und außerdem ist das Vergnügen in Deutschland auch noch umsonst. Keine Mautstellen, nichts. Freie Fahrt für freie Bürger. Jedenfalls bis kurz hinter Kamen. Bis zur nächsten Baustelle. Bis zum nächsten Stau. Zumindest vermute ich, dass der Grund für den vor mir befindlichen Stau eine Baustelle ist. Es ist Jahre her, dass ich das letzte Mal in einem Stau gestanden habe. Ich habe meine Zeit auf andere Weise verloren, auf Flughäfen und auf Bahnhöfen, in Sicherheitskontrollen und in Flugzeugsitzen. Und jetzt sind wir auf der Autobahn gefangen, jede Bewegung ist erstarrt. Ich suche die Radiosender nach Verkehrsmeldungen ab. Nach Staulängen und Umleitungsempfehlungen. Sicher gibt es in diesem Wunderauto auch ein Computerprogramm, das Staus aufspürt, nur habe ich noch nicht die richtige Einstellung gefunden.

Der Himmel hat sich aufgeklärt, vorübergehend, als ich

höre, dass der Verkehrssprecher endlich unseren Stau meldet: Die Autobahn ist gesperrt, weil ein Laster umgekippt ist. Es ist, als sei gerade angekündigt worden, dass der Flug gestrichen wurde. Ich steige aus und versuche etwas zu sehen, natürlich vergeblich. Neben mir wartet ein Laster, der Fahrer blickt auf den Spider und macht mir Komplimente für die Zierfelgen. Die genau genommen nicht mein Verdienst sind. Aber warum so kleinlich. Und schon nehme ich die Komplimente so hochgemut entgegen, als seien die Zierfelgen an mir gewachsen.

Eine gefühlte Ewigkeit lang schreibe ich E-Mails mit meinem Blackberry, dann verliere ich mich im weltweiten All, klicke durch die Seiten der Tageszeitung *Il Fatto quotidiano*, schaue mir die Wettervoraussagen auf *Yahoo* an und lande schließlich auf den Seiten meines italienischen Lieblingsblogs »Spinoza«, der ganz im Sinne des Philosophen geführt wird: Die Substanz an sich (also Gott) besitzt weder Willen noch Intelligenz. Spinoza.it kommentiert das Weltgeschehen mit getwitterten Sentenzen. Etwa: *Angelina Jolie besucht die amerikanischen Truppen im Irak. Schon vier Marines adoptiert.* Oder: *Panik am Flughafen Mailand. Sprengkörper mit rudimentärer Technik und einigen elektrischen Kabeln entdeckt: Es handelte sich um ein Alitalia-Flugzeug.* Oder: *Berlusconi: Wir dürfen Obama nicht verärgern. Ihr könnt Euch gar nicht vorstellen, wie empfindlich dieser Neger ist.* Als ich noch kichere und bedaure, niemanden an diesen Einsichten teilhaben lassen zu können, klopft der Lastwagenfahrer etwas respektlos auf die Motorhaube meines Spiders, um mich darauf aufmerksam zu machen, dass sich das Ende des Staus bewegt. Und ich drücke wieder auf den Startknopf. Wieder vergeblich. Irgendetwas mache ich falsch. Hoffentlich kriegt es der Lkw-Fahrer nicht mit, dass ich es nicht mal schaffe, das Wunderwerk anzulassen.

An dem Fahrerhaus des Lkws hängt eine kleine Deutschlandfahne. Jedes Mal, wenn ich nach Deutschland komme, fallen mir diese Fahnen auf. Sie schmücken Vorgärten und hängen an Garageneinfahrten, sie verblassen an alten Fernsehantennen und an Balkongeländern. Die Fahnen sind neu in Deutschland. Jedenfalls für mich.

An der Teppichstange unseres Nachbarhauses hängt neuerdings auch eine Deutschlandfahne. Immer wenn ich bei meiner Mutter zu Besuch bin, gleiche ich die Plätze meiner Kindheit zwanghaft mit den Orten der Gegenwart ab. Ich lege das Heute auf das Damals und prüfe die Unterschiede. Auch dieses Mal stand ich am Fenster meines einstigen Zimmers, schob die von meiner Mutter mit viel Liebe drapierten Spitzengardinen etwas beiseite und blickte hinaus, wo alte Männer mit Prinz-Heinrich-Mützen durch die Straße hasteten, offenbar warteten ihre Frauen mit dem Mittagessen auf sie. Ein Altmetalltransporter fuhr vorbei, aus dem ein elektrisches Flötenspiel ertönte, es klang wie die Melodie des Lumpensammlers meiner Kindheit. Wir sind der Melodie immer mit einer Mischung aus Argwohn und Neugier gefolgt, weil es von dem Lumpensammler hieß, er sei Zigeuner. Und Zigeuner klauten Kinder, das war bekannt. Tatsächlich hatte der Lumpensammler schwarze Haare und dunkle Haut. Zigeuner und Südländer galten gemeinhin als dunkle Typen. Ein Urteil, das ich für etwas vorschnell hielt, denn die Italienerin der Eisdiele Cortina war selbst im Hochsommer so bleich wie die Bergmänner, die bei ihr Zitroneneis für ihre Kinder kauften. Ich liebte es, die Italienerin dabei zu beobachten, wie sie mit dem Portionierer das Eis aus dem Behälter schabte, zu Kugeln formte und klackend in die schwere, silberne Schale gleiten ließ – eine Schale, die mit einem Hauch von Reif überzogen und so kalt war, dass meine Finger an ihr festklebten. Die Haare der Italienerin waren schwarz mit einem Grauschimmer, wie Kokskohle. Ein behaartes Muttermal zierte ihr Kinn. Sie lächelte nie. Ich habe immer vermutet, dass sie an Heimweh litt.

Unten auf der Straße liefen weißhaarige Türken zur Moschee, die sich an der Straßenecke befindet. Früher war dort eine Heißmangel, ich erinnere mich noch an den Geruch der Laken, die dampfend aus der Mangel in einen großen Korb fielen. Und heute wird dort gebetet, wo früher schwitzende Frauen die Bettlaken falteten. Weil es in der Heißmangel so heiß war, trugen die Frauen nichts anderes als ihre Unterwäsche unter den Kittelschürzen, was mich als Kind sehr beeindruckt hat. Die Frauen trugen ihre Kittelschürzen so weit aufgeknöpft, dass ich ihre riesigen Büstenhalter sehen konnte. Jedes Mal, wenn ich die alten Türken mit den weißen Haaren sehe, frage ich mich, ob sie sich damals, als sie ins Ruhrgebiet kamen, hätten träumen lassen, in einer deutschen Zechensiedlung alt zu werden. Zwischen einer Moschee, die mal eine Heißmangel war, in der Frauen halbnackt arbeiteten, und einer Videothek, die einst eine Kneipe war, in der sich der Sparclub meiner Großmutter traf.

An der Bushaltestelle unter unserem Haus warteten alte Frauen mit Gehwagen, in meiner Kindheit standen dort Bergmänner, die der Zechenbus abholte. Sie trugen lederne Aktentaschen, in denen sich Thermoskannen und Butterbrote befanden. Hinter unserem Haus fuhr die Zechenbahn vorbei. Heute hat sich ihre Trasse in einen Radweg verwandelt, über den in Windjacken gehüllte Rentner fahren, und die Gemüsebeete der Zechenhäuser, in denen früher Grünkohl wuchs, wurden in Märchengärten verhext, mit Attrappen von Ziehbrunnen und mit Miniaturteichen, über die sich schmale Holzbrücken aus Plastik spannen, wie geschaffen für Schneeweißchen und Rosenrot. Früher waren alle Zechenhäuser so grau wie der Himmel an schlechten Tagen, heute sind einige

24

von ihnen vanillegelb verputzt, was die restlichen umso grauer erscheinen lässt. An einer Regenrinne hing eine schlaffe Deutschlandfahne. So wie an diesem Fahrerhaus des Lkws neben mir auf der Autobahn.

Weit bin ich noch nicht gekommen. Fünf Kilometer vielleicht. Bleiben noch 2443. Ich spiele an dem Navigationssystem herum, größerer Ausschnitt, kleinerer Ausschnitt. Die Stimme des Navigationssystems erinnert mich an meine Handarbeitslehrerin. Ganz schlechte Assoziation. Manchmal träume ich noch heute davon, vier Reihen Kreuzstich sticken zu müssen, in ein vom Angstschweiß feucht und grau gewordenes Stück Batist.

Dortmund-Wickede, Unna, hier geht es zum Ruhrschnellweg. Den bin ich erst gestern gefahren, als ich in Dortmund italienisch essen ging. Giuseppe, der dünne Kellner meiner Jugend, bedient noch heute dort. Er sieht im Wesentlichen genauso aus wie früher, nicht mehr jung, aber auch noch nicht alt. Immer noch zart und mit schwarzen Locken. Ich bestellte überbackene Muscheln, mehr aus Nostalgie, denn aus Überzeugung. Was die italienische Küche in Deutschland betrifft, habe ich, seitdem ich in Italien lebe, gewisse Vorbehalte.

Ich sprach Italienisch und Giuseppe sprach Deutsch, wie immer. Ruhrgebietsdeutsch. »Hömma Petra, wie lange hamwa uns nich mehr gesehen?«

Giuseppe behauptet, dass mein Italienisch besser sei als seines, und ich glaube, dass dies kein wohlfeiles Kompliment ist, sondern lediglich eine Feststellung; Giuseppe kam kurz nach seiner Geburt nach Deutschland, zu Hause sprach er nur sizilianischen Dialekt und in der Schule Deutsch. Er behauptet, Italienisch erst als Erwachsener gelernt zu haben – in der täglichen Arbeit als Kellner mit anderen Italienern. Es begeistert ihn, mich Italienisch sprechen zu hören, ein gewisser vaterländischer Stolz schwingt mit, wenn er hört, dass es mir gelingt,

25

mit dem *congiuntivo dell'imperfetto* umzugehen, und ich freue mich darüber, dass er stolz auf mein Italienisch ist, ganz so, als sei es sein Verdienst. Eine Zeitlang betrieb er ein eigenes Restaurant, und ich folgte ihm in treuer Freundschaft, wenngleich auch misstrauisch beäugt von seiner Frau, einer Sizilianerin aus Trapani, die hinter der Theke stand. Wenn ich mit meiner Mutter bei ihm zu Abend aß, gab er uns immer einen Sambuca aus – flambiert, mit zwei darin schwimmenden Kaffeebohnen. Als ich nach Italien zog, überraschte es mich sehr, zu erfahren, dass außer Deutschen niemand in einem Restaurant nach einem Sambuca verlangt, weil der Likör in Italien seit den sechziger Jahren in Vergessenheit geraten ist.

Giuseppe zeigte mir die in Plastik eingeschweißten Fotos seiner vier Töchter, und ich zeigte ihm den Alfa Spider, der vor dem Restaurant stand. Giuseppe würdigte ihn mit einem gewissen Nationalstolz, als sei es eine besondere Gabe, die Eleganz eines Alfa Spider zu erkennen, so wie es nicht jedem gegeben sei, den *congiuntivo dell'imperfetto* fehlerfrei einzusetzen.

Er beugte sich zu mir herab, fragte: »Und dammit fährse getz bis runter nach Sizilien? Echt?«, und erwähnte nebenbei, dass er im letzten August, als er mit seiner Frau und den Töchtern zur Familie nach Trapani fuhr, durchgefahren sei. Einen Tag und eine Nacht lang. Ein Rekord.

Dann erzählte er von dem italienischen Sommerfest in Unna, das ein so großer Erfolg gewesen sei wie noch nie, weshalb es schade sei, dass ich es verpasst habe. Das Fest findet alle zwei Jahre statt, die italienische Lebensfreude wird mit Grappa und Limoncello und Rosmarinkartoffeln beschworen, die Fußgängerzone ist keine Fußgängerzone mehr, sondern ein Corso, der Marktplatz eine Piazza und überall sind Bühnen aufgebaut, auf denen Sänger stehen, die ihre Hemdkragen hochgestellt tragen und Azzurro singen. Oder Felicità.

Und während Giuseppe von Fahnenschwenkern aus Pisa, von apulischen Tarantellatänzern und Lichterbögen schwärmte, die jedem Prozessionszug zur Ehre gereicht hätten, erinnerte ich mich daran, dass Giuseppe sein Restaurant aufgegeben hatte, nachdem er zusammen mit seinem Geschäftspartner Antonio bedroht worden war. Genaues hat er mir nie erzählt, nur so viel, dass ein paar Sizilianer aus Paternò etwas Geld erpressen wollten. Mit Maschinenpistolen bewaffnet seien sie in Antonios Wohnung eingedrungen, um ihren Forderungen Nachdruck zu verleihen – während seine Frau im Schlafzimmer schlief. Allerdings hätten die Sizilianer nicht damit gerechnet, dass bei Giuseppe und Antonio das Vertrauen in die deutsche Polizei größer als die Angst war. Die Polizei installierte Fangschaltungen, und bei der Geldübergabe wurden die Erpresser festgenommen. Aber ungeachtet seines Vertrauens in den deutschen Rechtsstaat verkaufte Giuseppe kurz danach sein Restaurant – und arbeitete wieder als Kellner.

Als ich ihn an die Geschichte erinnerte, blickte Giuseppe so zerstreut, als sei er gar nicht daran beteiligt gewesen. Als sei das, was damals vorgefallen war, eine Folge von Schimanski gewesen, in der er nur durch Zufall mitgespielt hatte, in einer unbedeutenden Komparsenrolle. Und an die er sich heute kaum noch erinnerte. Außer an die Szene bei der Geldübergabe. Als maskierte Polizisten sogar aus den Bäumen gefallen seien. Dann fügte er hinzu, dass es sich nicht um Mafiosi, sondern um Trittbrettfahrer gehandelt habe, als könnte mich diese Mitteilung beruhigen.

Ich frage mich, was Trittbrettfahrer weniger bedrohlich macht als Mafiosi. Soll es heißen, dass es sich um einfache und nicht um geadelte Kriminelle handelte? Vielleicht liegt es auch daran, dass ich ein Buch über die Mafia geschrieben habe. Seitdem Giuseppe das weiß, ist er um mich besorgt. Einige der Protagonisten kennt er persönlich. Niemand muss ihm erklären, wer der Clan Pelle-Romeo ist, jener Clan der kalabrischen 'Ndrangheta, der in das Blutbad von Duisburg verwickelt war – wobei »verwickelt« etwas euphemistisch klingt angesichts der Tatsache, dass die sechs Toten von Duisburg alle Mitglieder des Clans Pelle-Romeo waren.

Giuseppe ist erleichtert, dass sich die Aufregung um das Attentat von Duisburg gelegt hat. Wie viele andere Italiener hat auch er sich geschämt, als die Zeitungsartikel erschienen – mit Überschriften wie »Duisburg unter Mafiaverdacht« oder »Die Killer waren schneller« oder »Mafiamorde: Festnahmen in NRW und Italien«. Glücklicherweise hat sich die Erinnerung daran langsam verflüchtigt, wie der blaue Rauch einer Zigarette. Duisburg ist wieder Duisburg und nicht mehr ein Synonym für die Präsenz der Mafia in Deutschland. Giuseppe kam wieder auf den Weltrekord im Tarantellatanzen. Und auf die Lichterbögen, die dieses Jahr aus Bari geliefert worden seien. Vierhunderttausend Glühbirnen, sagte er. Und dann begleitete er mich bis zu meinem Auto.

Draußen war die Luft kalt und roch nach nasser Erde. Giuseppe strich um den Spider herum und fragte, warum ich mit dem Auto nach Sizilien führe, eigentlich sei es doch viel schneller mit einem Billigflug, Köln–Palermo direkt. Ich erzählte von meiner ersten Reise, damals, mit zwanzig. Und dass man manche Reisen zwei Mal machen muss. Weil man selbst eine andere geworden ist. Und weil man, wenn man eine andere geworden ist, andere Dinge sieht als beim ersten Mal. Giuseppe schwieg und stand da, mit hochgezogenen Schultern. Dann sagte er: »Es sind gefährliche Leute, hör bloß auf dammit.«

Der Wind fuhr in seine lange, weiße Kellnerschürze, als Giuseppe mir eine Handvoll *torrone* zusteckte, weißen Nougat mit Haselnüssen. Für unterwegs, sagte er. Zum Abschied kniff er mir in die Wange wie einem Kind.

Wenn man durch das Ruhrgebiet fährt, steigen manchmal Kühltürme aus der Landschaft auf wie anderswo Barockkirchen. Jedenfalls dann, wenn nicht gerade Lärmschutzwälle den Horizont beschränken, getarnt von kleinen, zarten Birken, deren Blätter so aussehen, als hätte man sie in Gold getaucht. Das macht sie mir sympathisch, denn eigentlich stimmen mich Birken melancholisch, sie erinnern mich an den Osten, und der Osten erinnert mich an die Heimat, die in meiner Familie immer nur die verlorene war, aber jetzt, mit diesen goldgelben Blättern wirken die Birken hoffnungsfroh, unverzagt, fast heiter.

Ich frage mich, ob Italiener, wenn sie Deutschland bereisen, von den Birken auch melancholisch gestimmt werden, oder ob sie die Birken mit der Tiefe der deutschen Seele verbinden? Mit deutscher Romantik und mit Caspar David Friedrich? Der Mensch, winzig, sich vor der Unendlichkeit der Natur verlierend? Aber gegen die deutsche Romantik spricht die Tatsache, dass die Welt und mit ihr die Natur hinter Lärmschutzwällen versteckt werden. Wenn Caspar David Friedrich wieder auferstehen würde, wäre das für ihn vielleicht ein lohnendes Motiv: der Mensch, sich vor der Unendlichkeit aus Lärmschutzwällen verlierend. Sicher ist es für die Anwohner erleichternd, nicht Tag und Nacht von dem Brausen der Autobahn belästigt zu werden. Aber irgendwie ist die Perfektion, mit der vor dem Lärm geschützt werden soll, auch beängstigend. Und je länger ich an den Birken und den Schutzwällen entlangfahre, umso mehr wünsche ich mich nach Süden, zum Lärm, zu den Zypressen. Und daran ist wahrscheinlich meine romantische deutsche Seele schuld.

In meiner Kindheit gab es keine Lärmschutzwälle, die Autobahn führte direkt neben dem Balkon meiner Großeltern vorbei, das Rauschen hörte man selbst wenn die Fenster geschlossen waren. Es klang wie eine Meeresbrandung. Jeden-

29

falls wenn ich die Augen schloss und auf dem mit grünem Kunstrasen ausgelegten Balkon meiner Großeltern vom Süden träumte. Von der Sonne und vom wolkenlosen Himmel. Und von Orangenblüten. Und von kleinen, barock verschnörkelten Dörfern, in denen jeder Kantstein älter und ehrwürdiger war als das ganze Ruhrgebiet zusammen. Im Grunde unterschied sich meine Erwartung vom Süden damals nicht wesentlich von jener der Generationen vor mir – den Reisenden der *Grand Tour*, für die diese Reise nach Italien ein »Curriculum der Welterfahrung und Selbstbildung« war. Für Patriziersöhne, die angesichts des Klimas und der Sinnlichkeit in einen ekstatischen Rausch gerieten. Für adlige Damen, die über die schlechte Luft in den Pontinischen Sümpfen klagten. Leider wusste ich noch nichts von der *Grand Tour*. Nur etwas von Pizza Quattro Stagioni.

Am Tag bevor ich mit dem Spider losfuhr, hatte ich noch einen kleinen Spaziergang durch die Stadt gemacht, mit prüfendem Blick. Auf der Suche nach dem Früher stellte ich fest, dass es keine Post mehr gab und nur eine einzige winzige Pizzeria, dafür aber jede Menge Discount-Läden, Schnäppchenmärkte und Restpostengeschäfte. Manchmal sah ich Gesichter, die ich kannte. Oder die ich gekannt habe. Ehemalige Mitschüler. Wenn ich sie erkannte, war mir, als sähe ich ihre Kindergesichter vor mir, aber schon nach zwei Wimperschlägen waren sie wieder gealtert. So war es auch, als ich meinem alten Lateinlehrer begegnete.

»Na, Petra, lebst du noch?«, sagte er und lachte.

»Ja«, sagte ich. »Noch.«

Ich hatte ihn bei Karstadt getroffen, zwischen zwei Verkaufstischen mit verramschten Büchern. *Kamasutra für Anfänger* und *Blumenampeln selbst gemacht* für zwei Euro fünfzig. In Kamen gibt es niemanden, der nicht wüsste, dass ich mein letztes Buch über die Mafia geschrieben habe. Und dass ich von einigen Personen, die in meinem Buch vorkommen, verklagt und bedroht wurde. Wenn meine Mutter auf dem Wochenmarkt einkauft, fragt man sie: »Na, wie viele Klagen hat deine Tochter denn schon?« Als handele es sich um einen guten Witz.

Auch mein Lateinlehrer amüsierte sich. »Was kostet eigentlich so ein Mord, bei den Mafiosi?«, fragte er, immer noch lachend. Ich bemerkte, dass seine Haare noch so lang waren wie zu der Zeit, als er als junger Referendar in unsere Schule gekommen war. Damals war er blond, jetzt waren seine Haare weiß.

»Nichts«, sagte ich. »Mafiosi bringen aus Überzeugung um.«

»Tatsächlich«, sagte mein Lateinlehrer erstaunt. Dann fügte er hinzu: »Aber da, in Italien, da kriegt man das Problem mit der Mafia einfach nicht geregelt.«

»Tja«, sagte ich.

»Und wirst du jetzt … beschützt?«, fragte mein Lateinlehrer und kicherte wieder. »Ich meine: Ist da so Polizei um dich herum?«

Vielleicht lag es an den Stapeln von *Kamasutra für Anfänger*. Oder an den *Blumenampeln selbst gemacht*. Ein Idyll, das jeden Gedanken an Mafia erstickt. Meine Lippen klebten zusammen. Ich wollte antworten. Doch ich war nicht schnell genug. Ich wollte sagen: Auch hier in Deutschland gibt es … Aber es kam nichts aus mir heraus. Und als sich meine Lippen wieder lösten, war mein Lateinlehrer schon weitergegangen.

2

Bis auf ein paar Wolken, die am Horizont liegengeblieben sind wie ein unordentlich zusammengelegtes Bettlaken, hat sich der Himmel aufgeklärt. Nahezu endloses Azur. Fast wie in Italien. Ich weiß nicht mehr, wie lange ich bereits in Italien lebte, als mich ein italienischer Fotograf davon zu überzeugen versuchte, dass es nichts Monotoneres gäbe als einen ewig blauen Himmel. Ich war der Meinung, dass es sich dabei um ein Minderheitenproblem handeln müsse, denn wer so wie ich einen großen Teil des Lebens unter atlantischen Tiefausläufern verbracht hat, ist für jeden Tag dankbar, an dem er in diesen ewig blauen Himmel blicken darf. Eigentlich. Aber irgendwann, als ich in Sizilien in dem gleichen unendlichen Blau aufwachte, das mich schon seit Wochen begleitet hatte, dachte ich, dass er recht hatte. Man kann der Unendlichkeit und des schönen Wetters überdrüssig werden. Die Vollkommenheit ermüdet. Das Auge sehnt sich nach Unregelmäßigkeiten. Nach dem Muttermal in einem ebenmäßigen Gesicht. Nach der einen hervorspringenden Säule an der Renaissancefassade. Nach dem winzigen Federwölkchen im endlosen Azur. Solche Gedanken kommen mir beim Autofahren. Auch weil schon wieder ein Schutzwall mein Gesichtsfeld begrenzt. Das Einzige, was ich uneingeschränkt betrachten kann, ist der Himmel.

Die nächste Ausfahrt führt nach Schwerte. Obwohl es nicht weit vom Ruhrgebiet entfernt ist, kann man Schwerte fast idyllisch nennen, eine Kleinstadt am Rande des Sauerlandes, zwischen Wiesen und milden Hügeln in die Senke des Ruhrtals geschmiegt. Liebevoll restaurierte Fachwerkhäuser lehnen aneinander, und das Kopfsteinpflaster sieht aus wie poliert. Italiener würden Schwerte lieben. Sie würden die Sauberkeit rühmen und die Fahrradwege preisen. Welch eine Zivilisation!, würden sie ausrufen.

Neben einem Skulpturenbrunnen, mit denen nahezu jede deutsche Innenstadt verpestet ist, gehört zum Stadtbild einer deutschen Kleinstadt stets auch mindestens ein schmuckloser Flachbau, in dem eine Schule untergebracht ist. Offenbar betrachten Architekten den Bau einer Schule als lästige Pflicht, an irgendetwas muss es liegen, dass am Ende oft Gebäude herauskommen, bei deren Anblick man sich sofort an Schulstunden erinnert, die nicht sechzig Minuten, sondern ein Jahrhundert dauern, mit grauen Waschbetonwänden, die ein Leben als ewiges Nachsitzen verheißen. In Schwerte ist die Gesamtschule ein türkisblau verkleideter Klinkerbau, eine Mehrzweckhalle, aber selbst das hoffnungsvolle Türkisblau kann den Eindruck nicht tilgen, als würden in diesen Hallen Schüler gelagert.

Die Schule steht verlassen da, es sind Herbstferien. Über den leeren Schulhof weht eine zerfetzte Plastiktüte. Man sieht keine Fahrräder, keine Jungs mit tiefhängendem Hosenboden schlendern vorbei, kein Kreischen junger Mädchen ist zu hören. Nur das Rauschen des Windes und das Rufen einiger Krähen, die über den Schwerter Himmel hinwegziehen.

Im Schuljahr 2005/2006 unterrichtete ein junger Sizilianer an dieser Gesamtschule Italienisch als Fremdsprachenassistent. Als er nach Schwerte kam, hatte er bereits an der Universität Palermo seine Studienabschlussarbeit in neueren Sprachen geschrieben. Mit dem Titel »Die Goten als Gegenstand der Ethnographie«. Sein Name war Francesco Paolo Provenzano, genannt Paolo.

Unter dreihundert Kandidaten war Paolo Provenzano vom italienischen Erziehungsministerium ausgewählt worden, um die italienische Kultur im Ausland zu repräsentieren.

Als einer von sechsunddreißig jungen Italienern, die an deutschen Gymnasien und Gesamtschulen den Italienischunterricht beleben und mit den deutschen Schülern über Italien reden sollten. Über das *Risorgimento* und die Einigung Italiens vielleicht. Oder über den Faschismus und die *Resistenza*. Oder über Dante, Boccaccio und Petrarca. Über die Mafia nicht unbedingt. Kein abiturrelevantes Thema. Obwohl Paolo Provenzano über die Mafia sicher einiges zu sagen gehabt hätte. Er ist nicht irgendein junger Italiener, sondern der jüngste Sohn von Bernardo Provenzano, jenem legendären sizilianischen Boss, dem es gelang, dreiundvierzig Jahre lang sowohl seine Verfolger als auch seine Rivalen abzuschütteln. Ein Gottvater, der bereits zu Lebzeiten zum Mythos wurde, verklärt von der Mafia. Bernardo Provenzano hat es verstanden, die Cosa Nostra nach den Attentaten auf die beiden Staatsanwälte Giovanni Falcone und Paolo Borsellino aus einer der schwersten Krisen ihrer Existenz in eine verheißungsvolle Zukunft zu lenken.

Nein, man habe nicht gewusst, um wen es sich handele, als dieser junge Italiener seinen Unterricht angetreten habe, sagte mir der Schuldirektor am Telefon. Er habe es nicht gewusst, und die Italienischkolleginnen auch nicht. Man habe Paolo Provenzano wie jeden anderen auch aufgenommen, alle hätten ein positives Bild von ihm gehabt. Paolo sei ein integrer Junge gewesen, wohlerzogen und freundlich. Seine Aufgabe sei gewesen, landeskundliche Aspekte in den Unterricht einzubringen, Essen, Wein, Philosophie, moderne Literatur. Solche Dinge.

»Verstehe«, sagte ich.

Paolo habe in Dortmund in einer bescheidenen Zweizimmerwohnung gewohnt, sagte der Direktor. Und nach einer kleinen Pause fügte er hinzu: »Wissen Sie, wäre er protzig gewesen, dann wäre uns ja etwas aufgefallen.«

»Natürlich«, sagte ich.

Und so brachte Paolo Provenzano seine landeskundlichen Aspekte in den Unterricht ein, das sizilianische Marionettentheater vielleicht oder die *dolci della martorana* die an Allerseelen in Palermo von den Klausurschwestern der Santa Maria dell'Ammiraglio verkauft werden, Weintrauben, Kirschen, Auberginen aus glasiertem Mandelteig. Vielleicht auch etwas über die Tempel von Selinunt. Kunst, Kultur, Antike.

Ich fragte mich, ob ich dem Direktor etwas über Bernardo Provenzano erzählen sollte, jenem Boss, der bei der Geburt seines Sohnes Paolo im Jahr 1982 schon seit fast zwanzig Jahren auf der Flucht lebte – wobei das »auf der Flucht« fälschlicherweise ein etwas unbequemes Leben suggeriert: versteckt in undurchdringlichen Wäldern, Schlafen in zugigen Schäferhütten. Tatsächlich musste Bernardo Provenzano keineswegs auf sein Familienleben verzichten; über Jahre lebte die Familie Provenzano gut beschützt in einer komfortablen Wohnung mitten in Palermo, eine Zeitlang auch in Trapani. Zumindest vermutete das ein Sprachwissenschaftler, dem man Abhörprotokolle der Familie Provenzano vorspielte und der in dem Tonfall der beiden Söhne Provenzanos den Akzent Trapanis feststellte.

Vielleicht hätte ich dem Direktor erklären sollen, dass Bernardo Provenzano nicht irgendein Mafiaboss ist, sondern einer, dessen Terror das Leben und die Politik Italiens über Jahrzehnte bestimmt hat und noch bis heute bestimmt? Und dass die Söhne und die Frau von Provenzano deshalb im Jahr 1992 nach Corleone zurückkehrten, weil dies ein Schicksalsjahr war – für die Cosa Nostra und für Italien?

Nach jahrzehntelanger Flucht tauchte Provenzanos Frau am 5. April 1992 mit den Söhnen wieder aus dem Nichts auf. Per Taxi. Gleich nach ihrer Ankunft wurden sie bei den Carabinieri vorstellig. Nicht weil die Familie den Beamten etwas

35

mitzuteilen gehabt hätte, sondern weil Paolo und sein Bruder Angelo keine gültigen Papiere hatten. Nach eigenem Bekenntnis waren sie im Nirgendwo geboren, im Limbus, wie jene Seelen, die ohne eigenes Verschulden vom Himmel ausgeschlossen sind. Einem Nirgendwo, das bevölkert war von eilfertigen Priestern, die sie tauften, zur Kommunion führten und ihnen die Beichte abnahmen. Von verständnisvollen Lehrern, die ahnten, dass ihre Namen falsch waren, aber nichts Genaues wissen wollten. Von freundlichen Unternehmern, die dafür sorgten, dass es der Familie an nichts fehlte, von Carabinieri, die beide Augen zudrückten, von kommunalen Angestellten, die ihnen falsche Papiere ausstellten, von Regionalpolitikern, Anwälten und Lokalpolitikern. Und von Mafiosi, die ihnen als Chauffeure und Leibwächter, als Sendboten und als Familienersatz dienten.

Für die Carabinieri in Corleone waren Angelo, Paolo und ihre Mutter nichts anderes als die Verwandten eines flüchtigen Mafiabosses, die wieder in ihre Heimatstadt zurückkehrten. Familienmitglieder ohne Vorstrafen, denen man nichts vorwerfen konnte. Familienangehörige sind unberührbar – sie machen sich selbst dann nicht strafbar, wenn sie mit einem international gesuchten Mafiaboss jahrelang in seinem Versteck gelebt haben. Angelo, der Ältere, war sechzehn Jahre alt, Paolo neun. Die Carabinieri stellten ein paar Fragen, durchsuchten das Gepäck der Familie und kamen zu dem beruhigenden Schluss, dass Bernardo Provenzano tot sein müsse: Warum sollten seine Frau und seine Söhne sonst wieder nach Corleone zurückkehren?

Einen Monat später wurde der Staatsanwalt Giovanni Falcone ermordet. Zwei Monate später wurde sein Freund und Kollege Paolo Borsellino in die Luft gesprengt. Da hatten sich Angelo und Paolo Provenzano in das Leben von Corleone bereits so unauffällig wie zwei fehlende Steine in ein Mosaik eingefügt. Die Söhne von Provenzano hatten es nicht nötig, hervorzuheben, wer sie sind, näherte man sich ihnen doch auch so mit der gebotenen Ehrfurcht. Sie waren Kronprinzen der Cosa Nostra. Und sie kannten die Spielregeln. Sie waren von klein auf daran gewöhnt, ihr Leben dem Willen von Cosa Nostra zu unterwerfen. Ihre Familie zu repräsentieren. Sie waren damit aufgewachsen, die Welt in »sie« und »wir« zu teilen, in Menschen und Mafiosi.

Paolos Bruder Angelo begann ein Studium der Kommunikationswissenschaften in Palermo und brach es dann ab, weil er sich lieber den Geschäften der Familie widmen wollte. Geld zu investieren. Er ließ sich als Landvermesser ausbilden, ein Beruf, der zu den beliebtesten in Italien gehört. Bebauungspläne sind eine Goldgrube. Vielleicht sollte ich dem Schwerter Schuldirektor sagen, dass Angelo Provenzano einer Ironie des Schicksals folgend eine Wäscherei in Corleone eröffnete, »Splendor« – die wenig später wegen Geldwäscheverdachts geschlossen werden musste?

Danach kümmerte sich Angelo darum, das Geld der Familie in Grundbesitz zu investieren, er hoffte auch einen »Agriturismo« zu eröffnen, einen Landgasthof, der von EU-Geldern finanziert wird. Jedenfalls teilte er das seinem Vater per *pizzino* mit, jene kleinen Zettelchen, mit denen Bernardo Provenzano mit der Außenwelt kommunizierte. Zettelchen, auf denen Bernardo Provenzano, der ein einwandfreies Italienisch spricht, sich nicht nur mit einem rudimentären Sizilianisch voller Grammatikfehler zu tarnen versuchte, sondern wichtige Namen mit Zahlen kodierte, eine Verschlüsselungstaktik, die an ein Kinderspiel erinnert: Die Ziffer 4 bedeutet A, Ziffer 5 B, Ziffer 6 C. Und so weiter. Und natürlich durfte die Formel *Danken wir unserem Herrn Jesus Christus* am Ende nie fehlen.

Während sein Bruder die Geschäfte der Familie führte,

studierte Paolo Provenzano Deutsch. Deutschland wird ihm vertraut gewesen sein: Immerhin lebte sein Onkel Simone dreißig Jahre lang in Nordrhein-Westfalen, im niederrheinischen Willich, keine anderthalb Stunden Autofahrt von Schwerte entfernt. Dort arbeitete er als Stahlkocher bei Thyssen. Simone war in den sechziger Jahren nach Deutschland gegangen – nach ein paar Unannehmlichkeiten, die ihm in Sizilien widerfahren waren, ein Mordprozess, bei dem er mangels Beweisen freigesprochen worden war. Solche Dinge. In Willich hatte er in einem gemieteten Reihenhaus gelebt. Bis er wieder nach Corleone zurückkehrte, um dort seinen Lebensabend zu verbringen.

Es war der abtrünnige Mafioso Antonino Giuffrè, der einstige Stellvertreter Provenzanos, der die italienischen Staatsanwälte darauf aufmerksam machte, dass hinter einer Figur wie dem Bruder von Provenzano mehr stecke als die übliche Geschichte vom Gastarbeiter, der mit einem Pappkoffer nach Deutschland aufbricht, um sein Glück zu versuchen.

Es sei ja wohl nicht so gewesen, dass der Bruder von Provenzano nach Deutschland gegangen sei, um sich abzusetzen oder als Hilfsarbeiter zu arbeiten, sagte Giuffrè. Vielmehr gehe es der Mafia stets darum, in Deutschland Beziehungen zu knüpfen, mit Banken, mit deutschen Unternehmern – seit dem Fall der Mauer umso mehr. Wie viele italienische Unternehmen seien nach Deutschland gegangen, um zu investieren! Das Geheimnis des Überlebens der Mafia liege darin, dass sie sich stets den Veränderungen der Welt angepasst habe. Und in Zeiten der Globalisierung, sagte Giuffrè, sei die Mafia zu einem multinationalen Unternehmen geworden: Das Gehirn sitze in Sizilien, dann gebe es Gruppen von Sizilianern in Deutschland, in Osteuropa. Von wegen der Gastarbeiter mit dem Pappkoffer. Der Mafia gehe es um Aktienpakete.

Als die Provenzano-Familie 1992 wieder nach Corleone zurückgekehrt war, hieß es, dass die beiden Söhne fließend Deutsch sprachen. Zumindest ab und zu werden sie Onkel Simone in Willich besucht haben. Weshalb die italienischen Ermittler auch hofften, hier seinen Bruder Bernardo aufzuspüren, bei einem Weihnachtsfest *en famille*. Ein Weihnachtsfest der verdeckten Maßnahmen. Abhören, observieren, verfolgen. Doch die Fahnder, die aus Palermo angereist waren und ihr Hauptquartier im Polizeipräsidium von Mönchengladbach hatten, lauerten zwei Wochen vergeblich auf ihn.

»Man konnte dem Jungen ja nichts vorwerfen«, sagte der Direktor dann noch.

»Aber er ist in der Mafiakultur aufgewachsen«, versuchte ich einzuwenden.

Und der Direktor antwortete, dass er nicht genau wisse, was er sich darunter vorstellen solle.

Die Mafia ist ein totalitäres System – bestimmt von der Verachtung für das menschliche Leben, wollte ich sagen. Mafiakultur bedeutet, dass der Einzelne nicht existiert und dass alle Interessen der Mafia untergeordnet sind. Dass es keine Werte gibt, an die man glaubt. Dass »Ehre« und »Familie« nur hohle Floskeln sind, weil stets nur eines zählt: das Weiterbestehen der Mafia. Und dass die Mafia, um dieses Ziel zu erreichen, jeden Einzelnen mit einem »Über-Ich« ausstattet, mit dem Bewusstsein, zu einem auserlesenen Volk zu gehören. Und dass die Zugehörigkeit mit Riten und ungeschriebenen Gesetzen und Aufnahmeritualen beschworen wird – genau wie der Nationalsozialismus seine Mitglieder mit einem Über-Ich ausgestattet hatte. Aus einem Nichts wird ein Mafioso.

Ich sagte: »Mafiakultur, das ist so etwas wie Nazikultur. Wenn der Begriff ›Kultur‹ in diesem Zusammenhang überhaupt erlaubt ist.«

Ich hörte, wie der Direktor kurz Luft holte.

»Am Telefon ist das schwer zu erklären«, sagte ich noch und suchte nach einem Vergleich. Nach einer Person, die in Deutschland ähnliche Assoziationen auslöst wie der Name Provenzano in Italien. Ich suchte nach einem Schlächter, der die Politik bis in die Gegenwart hinein beeinflusst. Nach einem Mörder mit einem Erpressungspotenzial, vor dem sich bis heute eine ganze Politikerkaste fürchtet. Einer, der mit einem langjährigen Bundeskanzler die Bedingungen für die politische Zusammenarbeit mit der Mafia aushandelte und dafür dessen Wiederwahl garantierte – nachdem er diesem Bundeskanzler zuvor ein paar Millionen Euro für private Bauvorhaben zur Verfügung gestellt hatte, einer, der von dem Bundestagspräsidenten weiß, dass dieser vor einigen Jahren zusammen mit einigen Mafiabossen eine Maklergesellschaft gegründet hat, einer, der weiß, dass der ehemalige Justizminister Trauzeuge auf der Hochzeit eines Mafiosos war. Einer, der nur Luft holen muss, damit alle zusammenzucken. Aber ich fand keinen passenden Vergleich.

Irgendwann standen Journalisten auf diesem Schulhof in Schwerte. Denn auch wenn es Bernardo Provenzano gelungen war, dreiundvierzig Jahre lang seine Verfolger abzuschütteln, auch wenn man sein Gesicht nur von einem Phantombild kannte, an seiner Existenz hatte nie jemand gezweifelt. Am wenigsten die sizilianischen Journalisten, die Provenzanos Eigenarten so oft beschrieben hatten, seine Gottesfurcht und die Manie, nur mit Zettelchen zu kommunizieren, bis alle glaubten ihn zu kennen. Ganze Bücher waren über ihn verfasst worden, Polizeireporter hatten Ausstellungen mit seinen Phantomfotos organisiert und sogar eine interaktive Webseite mit den misslungenen Verhaftungen ins Netz gestellt. Genau wie die Polizisten registrierten sie jede Bewegung seiner Familienangehörigen – es war also nur eine

Frage der Zeit, bis es nach Deutschland drang, dass Bernardo Provenzanos Sohn als Fremdsprachenassistent an einer Schule in Schwerte arbeitete. Und so kam es, dass eines Morgens die Reporter von *Bild* und RTL mit ihren Mikrophonen und Kameras auftauchten. Und dass von diesem Augenblick an die ganze Schule wusste, wer Paolo Provenzano war.

Nach der Entdeckung sei Paolo ein paar Tage lang untergetaucht, sagte der Schuldirektor. Dies sei mit seiner Zustimmung geschehen, auch um die Situation zu entspannen. Denn die Journalisten hätten versucht, den Jungen in die Nähe der Mafia zu rücken. Und man habe nicht zulassen können, dass Paolo in Sippenhaft genommen werde. Nur weil sein Vater zufällig ...

»Verstehe«, sagte ich. Und dachte daran, dass es für Paolo Provenzano nichts Ungewöhnliches gewesen sein wird, unterzutauchen. Hatte er doch schließlich seine ganze Kindheit so verbracht.

Danach hätten der Direktor und die Italienischlehrer ein langes Gespräch geführt, in dem die Frage erörtert worden sei, ob man vor den Eltern und den Schülern verantworten könne, dass Paolo Provenzano weiter an dieser Schule unterrichten dürfe.

»Wir haben das positiv beantwortet«, sagte der Schuldirektor.

»Tatsächlich«, sagte ich.

Paolo Provenzano habe lediglich gesagt, dass dies Teil seines Privatlebens sei. Als ihn die Schüler auf seinen Vater ansprachen, habe er geantwortet, dass er mit seiner Mutter aufgewachsen sei und den Vater nicht gesehen habe. Dass er dessen Taten zwar verurteile, aber nicht dafür verantwortlich sei.

»Natürlich«, sagte ich.

Und schließlich habe man auch nicht gewusst, ob Paolo Kontakte zu seinem Vater gehabt habe. Auf jeden Fall sei

Paolo in Schwerte beschattet worden. Paolo habe sich auch darüber beschwert, dass seine Post geöffnet werde.

Sicher wird Paolo Provenzano auch in Schwerte überwacht worden sein, wie sich herausstellen sollte, stand die Verhaftung seines Vaters kurz bevor. Nur wenige Monate nachdem sich die Schwerter Schulkollegen schützend vor Paolo Provenzano gestellt hatten, wurde Bernardo Provenzano in Corleone festgenommen, am 11. April 2006. Knapp zwei Kilometer Luftlinie von der Wohnung seiner Familie entfernt, in einer Hütte. Mit zehntausend Euro in der Unterhose, umgeben von Heiligenbildchen, Faxen mit Wahlpropaganda des damaligen sizilianischen Regionalpräsidenten und später wegen Mafiaverbindungen verurteilten Salvatore Cuffaro und einer Schublade voller Zettelchen: Botschaften für seine Ehefrau und seine Söhne, für Mafiosi, Politiker und Unternehmer, geschrieben auf einer mechanischen Olivetti *Lettera 32*. Und fünf Bibeln mit Lesezeichen und Unterstreichungen.

Die Festnahme war Provenzanos letzter Sieg. Die Spuren waren noch nicht gesichert worden, da stand schon eine RAI-Moderatorin in Provenzanos Versteck. Bald glaubte die ganze Welt, dass der Boss der Bosse, der Gottvater, der Leibhaftige, dass die Mafia nichts anderes war als ein unsicher lächelnder alter Mann, der neben seinem Bett ein zweites Gebiss aufbewahrte, ein Greis, der in einem sizilianischen Dialekt voller Rechtschreibfehler kommunizierte und der nichts anderes als Honig und Zichorien zu sich nahm. Die Mafia gab es nicht mehr.

Ob Paolo Provenzano erleichtert war, als sein Vater festgenommen wurde? Dass die Geheimniskrämerei ein Ende hatte? Das ganze Theater mit den Treffen auf Schleichwegen, das Kommunizieren dank zusammengerollter und mit Tesafilm verschlossener Zettelchen, die Zahlenspielchen und die Segnungen am Ende eines jeden Briefes *Danken wir unserem Herrn Jesus Christus?*

Auf jeden Fall löste er seinen Vertrag als Fremdsprachenassistent vorzeitig auf und kehrte von Schwerte nach Corleone zurück. Um seiner Mutter und seinem Bruder beizustehen.

Die auf dem Schulhof herumfliegende Plastiktüte hat sich inzwischen in einem Gebüsch verfangen. In ein paar Pfützen auf dem Hof spiegelt sich das Türkisblau der Fassadenverkleidung. Kalte Feuchtigkeit kriecht an mir hoch, und ich setze mich wieder in den Wagen. Ich versuche mir den jungen Lehrer Paolo Provenzano in Dortmund vorzustellen. Ob er mit seinen Schülern italienisch essen ging? Oder lieber für sie kochte? Ging er abends ins Kino? Oder vielleicht in einen Club, tanzen? Ob er das idyllische, aufgeräumte Schwerte geliebt hat, mit seinem Kopfsteinpflaster und den Blumenampeln an den Straßenlaternen? Hat er sich über den modernen Skulpturenbrunnen im Stadtzentrum gewundert? Kunst ist Glückssache. In Kamen fließt Wasser auf bronzene Folianten, in Schwerte ist es ein stählerner Trichter, aus dem sich eine Fontäne in eine Trommel ergießt. Geldwaschanlage, so nennt man in Schwerte diesen Brunnen. Ob Paolo Provenzano darüber gelacht hat?

Das deutsche Wort »Geldwäsche« klingt irgendwie treuherzig. Als verhalte es sich mit der Geldwäsche tatsächlich so, wie es der Brunnen verheißt: Dort kommt das schmutzige Geld rein, da kommt es sauber wieder heraus und fließt in den deutschen Wirtschaftskreislauf ein, schafft deutsche Arbeitsplätze, sichert deutschen Wohlstand. Wo ist also das Problem? Müssen wir uns auch noch Sorgen darum machen, woher das Geld kommt?

Tatsächlich wird es aus dem Drogengeschäft stammen. Oder aus Menschenschmuggel. Aus der Schutzgelderpressung. Vielleicht auch aus dem Waffenhandel. Bargeld – mit dem Rechnungen für Waren ausgestellt werden, die gar nicht gekauft wurden. In Süditalien sind Supermärkte deshalb als Geldwäscheanlagen beliebt, unter anderem. Aber im Grunde eignet sich jedes Wirtschaftsunternehmen zur Geldwäsche, Hotels, Ferienanlagen, Immobilien. Sobald eine falsche Rechnung ausgestellt wurde, existiert das Geld auch für die Buchhaltung. Völlig korrekt. Deshalb sind Mafiosi auch daran interessiert, so viele Steuern wie möglich zu bezahlen. Oder einen Kredit abzutragen. Etwa eine Bürgschaft aus Mitteln des Landes. Oder der Europäischen Gemeinschaft.

Anders als in Italien muss in Deutschland nicht der Pizzabäcker nachweisen, dass die 80 000 Euro, die er für den Kauf dieser Pizzeria, sagen wir, in Sonthofen auf den Tisch gelegt hat, aus sauberen Quellen stammt, sondern die Ermittler müssen belegen, dass das Geld illegal verdient wurde: »Beweislastumkehr« heißt das in jenem sperrigen Amtsdeutsch, das oft den Blick auf die Wirklichkeit verstellt. Eine weitere spröde klingende Formel verheißt, dass »anlassunabhängige Finanzermittlungen« in Deutschland nicht erlaubt sind. Für Mafiosi verbirgt sich dahinter ein Eldorado, eine Einladung zur Geldwäsche in Deutschland. Wenn es keinen konkreten Tatverdacht gibt, sondern nur gewisse Auffälligkeiten, etwa ein grobes Missverhältnis zwischen den finanziellen Möglichkeiten eines freundlichen italienischen Pizzabäckers, der als monatliches Einkommen 800 Euro angibt und sich für das Hundertfache seines Gehalts eine Pizzeria kaufen kann, dann passiert erst mal: nichts. Denn in Deutschland kann bereits der Satz »Wurde mir von meinem Onkel in Italien geschenkt« ausreichen, um einen Verdacht auf Geldwäsche zu entkräften. Natürlich gibt es die Geldwäschebeauftragten in den Banken, die auffällige Kontobewegungen melden müssen – wenn sie über 15 000 Euro liegen. Aber meist wird das Geld im Koffer gebracht. So einfach ist die Geldwäsche in Deutschland.

Der Himmel über der Ruhr ist nah und flach und nicht mehr endlos blau, sondern mit unbeweglichen Wolken bemalt. Bäume bedrängen die Autobahn, an manchen Stellen leuchten sie flammend rot, gesprenkelt mit flüssigem Gold, dazwischen schimmern Blätter, die aussehen, als seien sie in Rotwein getaucht worden, *zuppa di vino*, Weinsuppe nennt man in Italien jenes dunkle Rot. Die Kohlenhalden meiner Kindheit haben sich in grüne Hügel verwandelt, mit Wanderwegen und Fernsicht. Und am Rande der Autobahn stehen jene beige-braunen Tafeln, die woanders auf Schlösser oder Burgen hinweisen, hier aber auf die Schönheit stillgelegter Zechen aufmerksam machen, auf efeuumrankte Kokereien und auf Lichtspiele in ehemaligen Bierbrauereien.

Schon wieder sehe ich einen Mann auf dem Balkon stehen und rauchen. Ich frage mich, ob in Deutschland immer schon so viele Männer auf Balkons geraucht haben. Das strenge Raucherreglement erinnert mich an die gelben Markierungen auf deutschen Bahnsteigen, in die man sich stellen muss, wenn man rauchen will. Und die von allen Rauchern respektiert werden. Niemand käme auf die Idee, außerhalb der gelben Markierungen zu stehen und zu rauchen. Auch die Mafiosi in Deutschland nicht. Sie sind vermutlich die Ersten, die sich in diese Markierungen stellen.

Seit einiger Zeit blinkt eine Kontrollleuchte auf dem Armaturenbrett, ich habe versucht, sie zu ignorieren. Dieser Wagen ist fabrikneu, es ist unmöglich, dass ihm etwas fehlt. Bei näherer Betrachtung stellt sich heraus, dass es sich um die Ölkontrollleuchte handelt. Bei der nächsten Tankstelle halte ich an. Und frage mich, wie die Motorhaube zu öffnen ist, ungeduldig krame ich im Handschuhfach nach der Betriebsanleitung, sicher muss ich im Innern des Wagens irgendwo einen Hebel ziehen, der mit bloßem Auge nicht zu erkennen ist. Als ich fast unter das Gaspedal gekrochen bin, kommt mir

45

ein ölverschmierter Mechaniker zur Hilfe, der mit einem Griff die Motorhaube öffnet.

»Ist nicht mein Auto«, sage ich entschuldigend.

»Kein Problem«, sagt der Mechaniker. »Ein Liter Öl reicht?«

Er trägt eine runde Brille, unter der seine Augen unwirklich vergrößert werden. Er ist glattrasiert und trägt seine Haare akkurat gescheitelt. Argwöhnisch mustert er mich.

Die unwirklich vergrößerten Augen des Mechanikers erinnern mich an den Blick des Mafiabosses Leoluca Bagarella, eines späteren Gegenspielers des Gottvaters Bernardo Provenzano. Als ich zum ersten Mal den Prozess gegen die Attentäter von Paolo Borsellino verfolgte, der im Hochsicherheitsgerichtssaal von Caltanisetta geführt wurde, saß ich direkt neben Bagarella, am Ende des Tisches, der für die Journalisten vorbehalten war. Zwischen mir und dem Käfig von Leoluca Bagarella lag nur ein schmaler Gang, der von einer schmalen, weinroten Kordel begrenzt war, eine Art Absperrung, über die sich die Anwälte der Mafiosi beugten, um ihren Klienten in den Käfigen freundlich die Hände zu schütteln.

Leoluca Bagarella ist ein hundertfacher Killer, Bruder von Antonietta, genannt Ninetta, Bagarella und somit Schwager des Mafiabosses Totò Riina. Ein Mann in kariertem Hemd, mit runder Brille und sorgfältig gescheiteltem Haar. Damals war es noch üblich, dass die Mafiabosse zu den Prozessen gebracht wurden, in denen sie angeklagt waren. Fast die gesamte mafiose Herrenschicht war in den Käfigen versammelt: Totò Riina, Leoluca Bagarella, Nitto Santapaola, Pietro Aglieri – die Bosse, deren Namen noch heute mit unzähligen italienischen Geheimnissen in Verbindung gebracht werden. Mafiosi, die seit Jahrzehnten in Haft sitzen und die immer noch über ein Bedrohungspotenzial verfügen, vor dem sich das ganze politische und wirtschaftliche Establishment Italiens fürchtet. Jede blumige Bemerkung, die sie vor Gericht machen, jedes Zucken einer Augenbraue kann Anlass zu Spekulationen, Vermutungen und Neuberechnungen der italienischen Geschichte geben.

Über vierzig Mafiosi waren in dem Borsellino-Prozess angeklagt, die Meuchelmörder und ihre Helfershelfer, Männer in kurzärmeligen, karierten Hemden, Männer mit Bauchansatz, Männer, die Trainingshosen trugen und Adidas-Sportschuhe. Bis auf den Boss Pietro Aglieri, der mit seinem kahlgeschorenen Schädel aussah wie ein Märtyrer auf dem Weg zur Heiligsprechung, waren es Männer, die den Eindruck machten, als seien sie gekommen, um einen Rohrbruch zu beseitigen oder ein Waschbecken zu installieren, freundliche, harmlos wirkende Männer – die es zu keinem Zeitpunkt an Ehrerbietung gegenüber dem Richter mangeln ließen, *Sì, Signor Giudice. No, Signor Giudice.*

Totò Riina war in die Rolle des einfältigen Bauern geschlüpft, Leoluca Bagarella beobachtete alles so aufmerksam wie ein Tier, das auf der Lauer liegt, und Pietro Aglieri gab sich entrückt wie ein treuer Diener Gottes, der zuversichtlich darauf vertraut, dass sich die niederträchtige Verschwörung, deren Opfer er geworden war, bald auflösen würde. Wenn die Bosse zu ihren Taten befragt wurden, bestritten sie jede Verantwortung und beriefen sich formgewandt auf ihr Zeugnisverweigerungsrecht. Sie hätten nichts getan und von nichts gewusst. Es war quälend, den Bossen dabei zuzuhören, wie mühelos sie logen. Sie hatten Hunderte von Menschen ermordet und hielten sich für anständig. Denn sie hatten es ja schließlich nicht für sich selbst getan, sondern für die Mafia. Die Banalität des Bösen legte sich in diesem Gerichtssaal auf die Haut wie der eisige Hauch aus der Klimaanlage. Die Einzigen, die ihre Taten gestanden, waren die abtrünnigen Mafiosi, so wie Gaspare Mutolo, der hinter einem Paravent versteckt aussagte.

Zum ersten Mal hatte die Mafia für mich Gesichter. Denn in dem Gerichtssaal waren nicht nur die Bosse versammelt, sondern auch ihre Ehefrauen, Töchter, Söhne, Brüder, Schwestern, Mütter und Väter, die sich nie gestattet hätten, auch nur bei einem Verhandlungstag in Caltanissetta zu fehlen. Die Mafia saß nicht nur in den Käfigen, sondern auch im Zuschauerraum. Aus Sicherheitsgründen wurde kurze Zeit später darauf verzichtet, die Mafiosi durch Italien zu den verschiedenen Prozessen zu bringen – zu aufwendig sei der Transport und überdies ein Sicherheitsrisiko. Heute werden die Bosse nur noch per Video-Übertragung aus den einzelnen Gefängnissen zugeschaltet – und vielleicht sind es diese unscharfen Bilder auf kleinen Bildschirmen, die auch dazu beigetragen haben, die Mafia wieder unsichtbar zu machen.

Bagarella starrte mich an. Er starrte mich während der ganzen, mehrere Stunden dauernden Verhandlung an. Ich war ein neues Gesicht unter all den Gerichtsreportern und Staatsanwälten, Klägern und Nebenklägern, Gesichter, die er sich bereits hinlänglich eingeprägt hatte, den schmalen, langen und etwas eingefallenen Mund einer Nebenklägerin, das kleine, aber hervorspringende Kinn eines Anwalts, die nach unten gezogenen Mundwinkel einer Staatsanwältin. Der Prozess lief bereits seit Monaten, und viele der Anwesenden langweilten sich so, dass sie ständig unter den Tisch gebeugt in ihre Telefone flüsterten. Der Gerichtspräsident rief ebenso hartnäckig wie erfolglos zur Ordnung, die Telefone gehören ausgeschaltet!, und versuchte, dem abtrünnigen Mafioso Gaspare Mutolo eine Frage zu stellen. Und ich fühlte Bagarellas Blick auf meinem Nacken brennen.

Ich fühlte seinen Blick auch dann noch, als ich den Gerichtssaal schon lange verlassen hatte und durch eine sternen-

48

lose Nacht von Caltanissetta nach Palermo zurückfuhr. Ich fuhr einen Fiat Uno und hatte nur eine vage Ahnung, in welcher Himmelsrichtung sich die Autobahn befand. Nachts erinnerte nichts mehr an den Weg, den ich bei Tageslicht genommen hatte, die Läden waren hinter eisernen Rollläden verborgen, niemand saß mehr auf den üblichen Plastikstühlen auf dem Bürgersteig, die Fensterläden waren geschlossen, aus den Häusern drang kein einziger Lichtstrahl, und ich dachte an Bagarellas Blick, der seltsam regungslos gewesen war. Regungslos und lauernd zugleich.

Ich hielt mich am Lenkrad fest, Caltanissetta schien keine Stadt zu sein, sondern lediglich ein Gerichtsbunker, der nun seine Öffnungen getarnt hatte. Endlich fand ich die Autobahn. Als ich in Palermo ankam, verfuhr ich mich auf dem Weg zu meinem Hotel, Palermo war nichts anderes als eine verlassene orientalische Medina, eine Stadt aus einem anderen Zeitalter. Ich suchte nicht nur nach dem richtigen Weg, ich wollte wieder in meine Gegenwart zurück, zurück in mein Jahrhundert, fern von diesen menschenleeren Gassen, fern der Mafia und dem Blick Bagarellas. Ich sehnte mich nach einer gut beleuchteten deutschen Innenstadt, mit Zebrastreifen, die im Dunkeln leuchteten, mit Straßenschildern, die zuverlässig und unmissverständlich in die richtige Richtung wiesen, mit Vorfahrtsregeln, die respektiert, und Gesetzen, die verhindern würden, dass Mafiosi in einem Hochsicherheitsgerichtssaal einfach und ohne jede Kontrolle ungehindert mit ihren Anwälten plaudern durften. Ich wollte zurück in meine Welt.

Lange nach Mitternacht kam ich im Hotel an. Es war das Grand Hotel et des Palmes, jenes alte, ehrwürdige Hotel Palermos, das nicht nur berühmt ist, weil Wagner in diesen Sälen komponierte, sondern auch, weil es bei den Mafiabossen sehr beliebt war. In den fünfziger Jahren fand hier ein historisches

Treffen zwischen den Bossen der sizilianischen und der amerikanischen Mafia statt, umgeben von marmornen Springbrunnen, Zimmerpalmen und jenen mit rotem Tuch bespannten Wänden der Bar, die jedes Wort schlucken. Ein Treffen, das dem Grand Hotel mit Sicherheit mehr Ruhm eingebracht hat als sämtliche Kompositionen Wagners. Kurz zuvor war Giulio Andreotti zu Gast gewesen. Siebenfacher italienischer Ministerpräsident. Und nun als Gehilfe der Mafia angeklagt. Die Tatsache, dass er nur wenige Tage vor meiner Ankunft im Grand Hotel abgestiegen war, so wie immer, wenn er zu seinem Prozess nach Palermo anreiste, trug nicht zu meiner Beruhigung bei.

Erschöpft fiel ich in mein Bett, in eine kalte, knarrende Matratzengruft. Ich starrte in das Dunkel, lauschte meinem Atem und fühlte das Blut in den Adern rauschen. Ich fuhr hoch, weil ich ein Kratzen an meiner Tür hörte. Erst als es dämmerte, schlief ich ein.

Inzwischen hat der Mechaniker den Ölstand geprüft. Er blickt auf den Ölstab wie auf ein Fieberthermometer und schüttelt den Kopf.

»Ein Liter reicht nicht«, sagt er.

»Wie kann das sein«, protestiere ich, »der Wagen ist funkelnagelneu.«

»Bei Neuwagen is dat normal«, sagt er unbeeindruckt. »Die sparen imma son bisken am Öl.« Er streicht mit der Hand über das Verdeck, auf dem winzige Tropfen wie Tau glitzern. »Abba schade, dat se nich offen fahn könn.«

An Wiesen und stacheligen Feldern entlang fahre ich zurück zur Autobahn. Die Felder erinnern mich an Kartoffelfeuer, an den Geruch von verbrannten Schalen und angesengter Erde. Auf einem Balkon steht schon wieder ein Mann und raucht. Der Rauch steigt wie ein dünnes, blaues Fähnchen hoch, unzählige Satellitenantennen hängen an den Balkonen. Dann hat mich die Autobahn wieder. Und das Ruhrgebiet, jene nie endende Stadt, in der Fördertürme stillgelegter Zechen stehen, wie Tiere, Dinosaurier, die kurz davor sind, sich in Staub aufzulösen. An Strukturwandel denkt man hier, an Technologieparks und an Stahlhütten, die nachts in rotem Licht schwimmen. Aber nicht an die Mafia.

3

Der Don hob die Hand. ›Nein, sag lieber nichts. Du hast in Amerika das Paradies gefunden. Du hast ein gutgehendes Geschäft, du verdienst nicht schlecht. Du hast geglaubt, die Welt sei ein ungefährlicher Ort, wo du nach Belieben deinem Vergnügen nachgehen kannst. Du hast versäumt, dir den Schutz wahrer Freunde zu sichern. Schließlich war ja die Polizei zu deinem Schutz da. Es gab Gerichte, dir und den Deinen konnte kein Leid geschehen. Du brauchtest Don Corleone nicht. Nun gut. Du hast mich gekränkt, aber ich bin nicht der Mann, der jemandem seine Freundschaft aufdrängt, der sie nicht zu schätzen weiß – jemandem, der mich für unwichtig hält.‹

Der Pate lag aufgeschlagen auf meinen Knien. Ich las ab und zu eine Passage laut vor, aß Joghurtschokolade, rauchte Camel mit Filter, und mein Freund fuhr. Er hatte den *Paten* im Fernsehen gesehen, seitdem versuchte er Marlon Brandos Nuscheln zu imitieren, mit Papiertaschentüchern in den Backentaschen. Wir wollten das Ruhrgebiet so schnell wie möglich hinter uns lassen. Was sich in dem alten Renault allerdings etwas in die Länge zog.

Ich hätte gelacht, wenn mir damals jemand gesagt hätte, dass ich, um der Mafia zu begegnen, gar nicht bis nach Sizilien fahren muss. Dass es reicht, nach Duisburg zu fahren. Nach Bochum oder Oberhausen. Oder nach Wesel, Xanten, Essen oder Dinslaken. Nach Neukirchen-Vluyn oder nach Kaarst. Und dort eine Pizza zu essen. In einem der einundsechzig Restaurants, die laut BKA-Bericht vom Clan Pelle-Romeo betrieben werden sollen, jenem Clan der kalabrischen 'Ndrangheta, deren Mitglieder die Opfer des Duisburger Mafiamassakers waren: Die Hälfte der Restaurants des Clans befindet sich in Nordrhein-Westfalen. Vor allem in Duisburg.

Heute kennt kaum jemand mehr den *Paten*, dafür haben alle *Die Sopranos* gesehen. In Deutschland gibt es *Soprano*-Liebhaber, die können ganze Staffeln auswendig. Sie spielen die *Sopranos* mit verteilten Rollen, veranstalten *Soprano*-Partys und erörtern Tony Sopranos vermeintliche Vielschichtigkeit und entschuldigen seine Schwächen – ganz so, als seien sie mit ihm verwandt. In Italien kennt man *Die Sopranos* auch. Aber man findet sie nicht so lustig wie in Deutschland.

Die größten Verehrer der Mafiafilme sind die Mafiosi selbst. Der aus Palermo stammende Boss Roberto Settineri eröffnete in Miami ein Café mit dem Namen *Die Sopranos*. Jedes Mal, wenn ein Versteck eines Mafiabosses ausgehoben wird, findet die Polizei die DVDs der *Paten*-Trilogie. Alle Mafiosi wollten so schön und wortkarg sein wie Al Pacino. Schießen wie Tony Montana in *Scarface*. Je grausamer die Mafia dargestellt wird, desto größer ist die Verzückung der Bosse. Geld, Macht, schöne Frauen. Die Geschichte vom Underdog, der es bis nach ganz oben schafft. Mafiafilme liefern die Rechtfertigung für die Gewalt: Wer ganz nach oben will, muss hart und grausam sein. Auch gegen sich selbst. Nichts kann bessere Vorwände liefern als der Film.

Für die angehenden Mafiosi sind die Mafiafilme Heiligenlegenden – die den Weg der Heldentaten und Prüfungen belegen, den ein Märtyrer auf dem Weg zur Heiligsprechung beschreiten musste. Die italienische RAI, *Radiotelevisione italiana,* sendet regelmäßig Epen über schweigsame Bosse, die Schnurrbärte tragen und ihre Ehefrau nie betrügen. Etwa die sechsteilige Serie über den sizilianischen Mafiaboss Totò Riina: *Der Boss der Bosse.* Die Tageszeitung *Repubblica*

53

berichtete mit Ehrfurcht darüber, dass der Boss den Film in seiner Zelle nach einem kalten Abendessen goutiert habe.

Allerdings werden nicht nur die glamourösen Mafiafilme von den Mafiosi für ihre Legendenbildung vereinnahmt – auch neorealistische Filme wie *Il Camorrista* wurden zu Ikonen der Mafiosi: jenes preisgekrönte Regiedebüt des Oscar-Preisträgers Giuseppe Tornatore aus dem Jahr 1986, das vom Aufstieg des legendären Camorrista Raffaele Cutolo handelt.

Es war ein schwüler Sommerabend in Neapel, als ich den Film auf einem kleinen Platz im Spanischen Viertel sah. Eine Gruppe von Freiwilligen hatte sich nicht nur der Rettung der Altstadt Neapels verschrieben, sondern auch beschlossen, die Seelen all jener vor der Camorra zu retten, die in den *Bassi* lebten, jenen illegalen Wohnungen, die sich in die Barockpalazzi hineingefressen haben. Um die Ungläubigen zur Legalität zu bekehren, war zu didaktischen Zwecken ein Freiluftkino eingerichtet worden. Es zeigte Filme, die sich kritisch mit der Mafia auseinandersetzen.

Das pädagogische Ziel wurde allerdings verfehlt, denn die Zuschauer jubelten, als der Schauspieler auftrat, der den Boss Raffaele Cutolo spielte. Sie erkannten sich wieder, in der Sehnsucht nach Stärke und in dem Erleiden der Gewalt, im Kult des Tötens und in der Geste, mit der *Il Camorrista*, der Boss Cutolo, einen Jungen mit dem Gesicht so lange auf die Motorhaube schlägt, bis der Junge tot zu Boden fällt. Und während die Zuschauer jubelten, tönte aus ihren Handys die Filmmusik von *Scarface* als Klingelmelodie.

Und *Gommorah* war noch nicht für den Oscar nominiert, da lagen in der Altstadt von Neapel schon die ersten Raubkopien auf den Klapptischen zum Verkauf. Kurze Zeit später wurde einer der Darsteller verhaftet: Zi' Bernardino, Bernardino Terracino, hatte die Rolle des Erpressers in der Episode gespielt, die von Marco und Ciro handelt, den beiden dünnen

Jungs, die am Ende von der Camorra ermordet und verscharrt werden wie zwei Straßenhunde. Zi' Bernardino, Onkel Bernhard, wurde zusammen mit einer Reihe von Camorristi festgenommen, die von der Polizei verdächtigt wurden, dem Clan der Casalesi nahezustehen und an der Ermordung von sechs Afrikanern in Castelvolturno beteiligt gewesen zu sein. Die Wirklichkeit übertrifft eben immer noch jeden Film.

Bei Ausfahrt 13 der A 59. Das Herz des Ruhrgebiets ist eine nicht enden wollende Verschlingung von Gabelungen, Autobahnkreuzen, Abzweigungen. Als ich in Duisburg ankomme, ist der Himmel wieder so azurblau, als wollte er den Abschied vom Sommer noch schwerer machen. Vorbei an herausgeputzten Mietskasernen, die aussehen wie kostümierte Zeugen jener versunkenen Epoche, *als der Pott noch kochte,* vorbei an dem dunklen Klinker des Bahnhofs fahre ich zum Klöcknerhaus, einem silbrig schimmernden Bürogebäude, das aussieht wie eine Raumstation, die notlanden musste. Es wird Silberpalais genannt. Im Ruhrgebiet hat man eben Sinn für Humor. Im Erdgeschoss befand sich die Pizzeria Da Bruno. Die heute nicht mehr Da Bruno heißt, sondern vorübergehend und glücklos Silbertafel. Das Restaurant ist geschlossen. Und wenn man anruft, heißt es: »Kein Anschluss unter dieser Nummer.«

Die Einfahrt, in der die Schüsse fielen, ist mit Verbundpflastersteinen ausgelegt, dazwischen wächst etwas Grün. Als ich einmal an Allerseelen hier war, standen rote Grableuchten zwischen den Sträuchern, ewige Lichter, um die Seelen in der Unendlichkeit zu beschwören, daneben kleine Grabgebinde, mit Plastikrosen und Liebeserklärungen ins Jenseits, *Sebastiano ti amo,* mit schwarzem Filzstift ungelenk auf ein Stück Pappe geschrieben, vom Regen verwaschen.

Als Giovanni Strangio, einer der mutmaßlichen Killer des

Duisburger Mafiamassakers, im März 2009 mit seinem Schwager Francesco Romeo in Amsterdam verhaftet wurde, feierte die deutsche und die italienische Polizei die Festnahme mit Pressekonferenzen in Duisburg und in Reggio Calabria. Als im Februar 2010 zwei weitere mutmaßliche Täter in Reggio Calabria festgenommen wurden, galt der Fall als geklärt. Ministerpräsident Silvio Berlusconi beglückwünschte die Fahnder, der damalige nordrhein-westfälische Innenminister Ingo Wolf pries die internationale Zusammenarbeit und rühmte die Verschwiegenheit der deutschen Ermittler, welche für das Gelingen der Ermittlungen wesentlich gewesen sei.

Die Mafia in Deutschland: eine Erfolgsgeschichte. Das gilt vor allem für die Mafia. Denn kaum hatte man die Leichen von Duisburg beerdigt, wussten die italienischen Geheimdienste aus dem kalabrischen San Luca zu berichten, dass die beiden verfeindeten Clans der Pelle-Romeo und Nirta-Strangio zu einem Waffenstillstand aufgerufen hatten. Danach widmeten sich die Mafiosi der Öffentlichkeitsarbeit, um das beschädigte Image wieder aufzupolieren – und um die Deutschen wieder in jenen tiefen Schlaf zu wiegen, in dem sie sich bis zu jener fatalen Nacht befunden hatten.

Schon während seiner Flucht hatte der mutmaßliche Killer Giovanni Strangio der italienischen Wochenzeitschrift *Panorama* ein Interview gegeben, in dem er sich als von der Justiz zu Unrecht verfolgter Italiener darstellte, dessen einzige Schuld darin bestehe, in San Luca geboren worden zu sein. Nach seiner Verhaftung konnte der sich in Hochsicherheitshaft befindende Strangio sich dank der tatkräftigen Hilfe seines Anwalts auch noch weiter rechtfertigen: in der Wochenzeitschrift *Oggi*. Auch in Deutschland verwandelten sich einige blauäugige Journalisten in Propagandadiener der Mafia: Die Verteidiger lancierten Presseberichte von unschuldig verfolgten Pizzabäckern, und manchem deutschen Journalisten wurden herzzerreißende Emigrantengeschichten in den Block diktiert. Von Sippenhaft war die Rede. Und von Rassismus. Nicht aber von den 229 Clans und 900 Personen, die das Bundeskriminalamt in seinem Lagebericht über die 'Ndrangheta in Deutschland aufführt, jener kalabrischen Mafiaorganisation, die mit 45 Milliarden Euro Umsatz im Jahr nicht nur die reichste Mafiaorganisation Italiens ist – sondern auch die beweglichste.

Der kalabrische Staatsanwalt Nicola Gratteri kennt die Gesichter der Bosse aus nächster Nähe, er weiß, wer mit wem verwandt ist und welcher Boss die besten Kontakte zum kolumbianischen Drogenkartell hat. Gratteri hat auch jene Jahre miterlebt, als in Reggio Calabria bürgerkriegsähnliche Zustände herrschten: Die Clans der 'Ndrangheta bekriegten sich auf blutrünstigste Weise, sie erschossen sich auf offener Straße und jagten Autobomben in die Luft. Mehr als sechshundert Tote kostete der Krieg, bis die Clans Anfang der neunziger Jahre eine Waffenruhe beschlossen, die *pax mafiosa*. Wie brüchig dieser Frieden ist, beweisen die Bomben, die in Kalabrien regelmäßig hochgehen: Im April 2008 verletzte eine Autobombe in Gioa Tauro einen Unternehmer so schwer, dass nur noch der Rumpf von ihm übrig blieb, im Februar 2010 wurde in dem beliebten Ferienort Tropea eine Bar in die Luft gesprengt, und im Januar 2010 explodierte eine Bombe vor der Staatsanwaltschaft von Reggio Calabria.

Als ich Nicola Gratteri das letzte Mal traf, hatte er im Justizpalast von Reggio Calabria gerade ein neues Büro bezogen, mit schöner Aussicht auf die Meerenge von Messina, weil er zum Leitenden Oberstaatsanwalt befördert worden war. Die Beförderung sei keineswegs einstimmig erfolgt, betonte Gratteri. Was ihn freute. Denn Einstimmigkeit lasse stets darauf schließen, dass etwas nicht stimme. Einstimmigkeit sei stets gekauft.

Auf dem Flur zu seinem Büro lagen Stapel von Ermitt-

lungsakten auf dem Boden, kiloweise Untersuchungshaft-
befehle. Während ich mit Gratteri sprach, ordnete er seinen
Schreibtisch, um keine Zeit zu verlieren. Gratteri ist eine
Mensch gewordene Sprungfeder, eine unter Spannung gesetz-
te Sprungfeder. Er blätterte in einem Aktenbündel und dachte
vermutlich die ganze Zeit darüber nach, wie viele Festnahmen
ihm entgingen, während er mit mir sprach.

Gratteri ermittelt nicht nur gegen die Täter der Duisburger Mordnacht, sondern auch gegen die Clans von San Luca,
gegen die Pelle-Romeo und die Nirta-Strangio. Mehr als
vierzig Mafiosi aus San Luca hat er verhaftet, der Prozess
wird in Locri geführt. Ihm gelang es sogar, den flüchtigen
Clanchef Antonio Pelle zu verhaften – dem 150 Millionen
Euro beschlagnahmt wurden, ein bescheidener Teil seines
aus Immobilien, Autos und Grundstücken bestehenden Ver-
mögens.

Aber Gratteri sagte: Das bedeutet nichts. Mafiosi wachsen
nach wie Tumorzellen. Als der Clanchef von San Luca, Antonio Pelle, genannt Gambazza, im November 2009 an einem
Herzinfarkt starb, spielte die Fußballmannschaft von San
Luca mit Trauerflor am Oberarm. Don Pino, Pfarrer von San
Luca und in dieser Eigenschaft Präsident des Fußballclubs
von San Luca, wollte von dem Trauerflor nichts bemerkt
haben.

Gratteri stellte fest, dass die Festnahme von Giovanni
Strangio und seinen Mittätern an dem grundlegenden Pro-
blem der Präsenz der Mafia in Deutschland nicht das Ge-
ringste ändere: Solange in Deutschland weder in öffentlichen
Lokalen noch zu Hause abgehört werden könne, solange
Mafiazugehörigkeit kein Delikt sei und die Geldwäsche in
Deutschland ungleich einfacher sei als in Italien, könne die
Mafia in Deutschland nicht wirksam bekämpft werden.

In Italien gebe es zwar mehr gesetzliche Möglichkeiten,

um die Mafia zu bekämpfen, sagte Gratteri, aber dafür sei die Mafiaverflechtung so erschreckend dicht, dass sie in Reggio Calabria sogar den Atem kontrolliere: *controlla il respiro*.

Die 'Ndrangheta ist die einzige Mafiaorganisation, die außerhalb ihres eigentlichen Territoriums Niederlassungen gründen kann. In Deutschland ist sie seit den sechziger Jahren zu Hause. In jenen Orten, in denen einst die Gastarbeiter Arbeit fanden, als Stahlarbeiter bei Hoesch oder als Metallarbeiter bei Mercedes-Benz. Die klassischen Stützpunkte der 'Ndrangheta sind Nordrhein-Westfalen, Bayern, Hessen und Baden-Württemberg. Städte wie Duisburg und Bochum, Oberhausen und Essen, niederrheinische Städte wie Kaarst und Xanthen, Kevelaer und Neukirchen-Vluyn, Wesel und Dinslaken, Universitätsstädte wie Münster und Erlangen, Großstädte wie Stuttgart und München. Und seit Mitte der neunziger Jahre auch der Osten: Erfurt, Leipzig, Eisenach, Weimar, Dresden. Allein von den Clans aus San Luca sind zweihundert Mitglieder offiziell in Deutschland gemeldet, als Hauptstützpunkte dieses Clans führen die Berichte des Bundeskriminalamts Duisburg, Erfurt und Leipzig auf.

Aber auch die Familien der kampanischen Camorra und der sizilianischen Cosa Nostra sind in Deutschland aktiv. Bei der Camorra ist es der Clan der Licciardi, von dessen Deutschlanderfahrung – mit Stützpunkten von Hof über Frankfurt bis nach Düsseldorf – unzählige andere Camorra-Clans lernten. Und die Familien der Cosa Nostra operieren in Köln und Mannheim, in Hamburg, Solingen und in Wuppertal – bis hin ins Erzgebirge, wo sie das Hotelgewerbe beleben. Die Cosa Nostra bringt auch ihre langjährigen Erfahrungen im Baugeschäft in Deutschland ein: öffentliche Aufträge manipulieren, Bauaufträge als Subunternehmer ausführen, ohne Sozialabgaben und ohne Steuern zu bezahlen, all das ist eine Spezialität der Sizilianer. Konkurrenz zwischen den einzelnen italienischen Mafiaorganisationen gibt es nicht. Der deutsche Kuchen reicht für alle.

Auf den knapp 400 Seiten des BKA-Berichts über die 'Ndrangheta in Deutschland geht es um Waffenhandel, Mord und Geldwäsche, um Drogenhandel, Giftmüllentsorgung und Schutzgelderpressung, um Familienstammbäume von Mafiafamilien, Clanchefs und ihren Handlangern, um Bandenmitglieder und ihre Vertrauten, Freunde und Familienmitglieder – bis hin zu den deutschen Ehefrauen, deutschen Rechtsanwälten, deutschen Steuerberatern, deutschen Bankdirektoren und deutschen Politikern. Dieser mir vorliegende interne Bericht des Bundeskriminalamts über die Clans der kalabrischen 'Ndrangheta und speziell über die Machenschaften der Clans von San Luca wird jedes Jahr vom Bundeskriminalamt aktualisiert – in ihn fließen die Ermittlungsergebnisse italienischer und deutscher Fahnder ein, damit der BKA-Bericht schließlich als Hintergrundwissen für die Beamten der Abteilungen »Organisierte Kriminalität« dienen kann.

Staatsanwalt Gratteri geht von mindestens dreihundert Restaurants aus, die von der 'Ndrangheta in Deutschland betrieben werden, der BKA-Bericht listet Hunderte auf, allein 61 gehören dem Clan der Pelle-Romeo. Nur neun dem Clan der Nirta-Strangio. Da konnte eine gewisse Missgunst nicht ausbleiben: Hinter dem Duisburger Blutbad, von manchen vorschnell als irrationale Blutrache verklärt, verbirgt sich ein seit Jahrzehnten währender Krieg der beiden Clans aus San Luca um die Vorherrschaft – der nicht nur über den Drogenhandel und den Waffenhandel, sondern auch über das Geschäft in Deutschland ausgetragen wurde. Ein Krieg, der seinen vorläufigen Höhepunkt in jener Mordnacht im August fand.

In dem BKA-Bericht tauchen allein siebzehn Sebastiano

Strangios auf, dreizehn Antonio Pelles, dreizehn Domenico Giorgis. Da sie oft nicht nur in demselben Dorf, sondern auch in demselben Jahr geboren wurden, müssen die Fahnder zu Namen, Geburtsorten und Geburtsdaten auch noch die Namen und Geburtsdaten der Mütter abgleichen. Und um die Verwirrung komplett zu machen, tragen manche Clanmitglieder obendrein die Namen des gegnerischen Clans, weil in der Vergangenheit ein Familienzweig auf die andere Seite wechselte.

Nicht nur für Laien stellt sich die 'Ndrangheta so undurchdringlich dar wie die chinesischen Triaden, auch für deutsche Polizisten. Mafiosi, die alle miteinander verwandt, verschwippt und verschwägert sind, verwirren manche deutsche Ermittler so, dass Fehler unterlaufen wie kurz nach dem Blutbad von Duisburg: Da wurde Giovanni Strangio festgenommen, der Bruder des ermordeten Da-Bruno-Wirts Sebastiano Strangio, weil er für den mutmaßlichen Killer des gegnerischen Clans gehalten wurde, für jenen Giovanni Strangio, der im März 2009 in Amsterdam verhaftet werden sollte. Eine Verwechslung. Die aber für die italienischen Ermittler sehr aussagekräftig war – verriet sie ihnen doch, wie wenig vertraut die deutschen Beamten mit der Gedankenwelt der Mafia waren. In der blutsverwandten 'Ndrangheta wäre es undenkbar gewesen, dass zwei Brüder zwei unterschiedlichen, miteinander verfeindeten Clans angehören.

Giovanni Strangio wurde zusammen mit seinem Schwager Francesco Romeo festgenommen – der zum Erstaunen der Beamten passabel Deutsch spricht, das er während seiner Arbeit im Duisburger Restaurant »La Gioconda« gelernt hatte, wo er für Antonio Pelle arbeitete, den jetzigen Betreiber des Duisburger Hotels Landhaus Milser. Pelle ist Autor von *Geboren in San Luca*, wo er sich 204 Seiten lang dagegen verwahrt, in Sippenhaft genommen zu werden. Und der es

61

schafft, auf den 204 Seiten das Wort 'Ndrangheta kein einziges Mal zu erwähnen. Was nicht nur angesichts der blutrünstigen Geschichte von San Luca ein Kunststück ist, sondern auch im Blick auf die selbst für Kalabrien erstaunlich hohe Dichte von 39 Clans auf 4000 Einwohner: »Die Mutter des Verbrechens« – so nennen die italienischen Ermittler San Luca.

Der BKA-Bericht bestätigt etwas weniger poetisch, dass die Mafiafamilien aus San Luca zu den gefährlichsten Clans der 'Ndrangheta gehören: Sie verfügten über ein enormes Potenzial an Mitgliedern, die für jede Arte von Straftaten in Frage kämen: Ob internationaler Rauschgifthandel, Waffenhandel, Erpressungen, Entführungen, Kfz-Verschiebungen – die Clans von San Luca blicken auf eine lange Berufserfahrung zurück. Um in Deutschland nicht allzu sehr aufzufallen, werden aus San Luca regelmäßig junge, »unverbrauchte« Männer geschickt, die noch keine Vorstrafen haben, aber mit den Bossen blutsverwandt sind.

Gemäß dem BKA-Bericht zogen in den zwei Jahren nach dem Blutbad von Duisburg 65 Männer aus San Luca nach Deutschland, um in Restaurants zu arbeiten, junge Männer ohne Vorstrafen, aber mit engsten Familienbanden: Söhne, Neffen oder jüngere Brüder von Mafiabossen, die bereits wegen Erpressungen, Entführungen, Rauschgift- oder Waffenhandel verurteilt worden waren. Männer, die praktischerweise ihren Wohnsitz auch unter der Adresse eines Restaurants oder einer Eisdiele angaben und die von einem Stützpunkt zum anderen wechselten, von Duisburg nach Weimar, von Weimar nach München, von München nach Erfurt.

Der Clan Pelle-Romeo wird als der in Deutschland mächtigste 'Ndrangheta-Clan angesehen, gefolgt von dem mit ihm verbündeten Clan Farao, der seit Anfang der achtziger Jahre in dem Gebiet Kassel/Melsungen, in Stuttgart, München,

Frankfurt und Dortmund herrscht. An dritter Stelle steht der Clan Carelli mit Stützpunkten in Nürnberg, Kempten, Frankfurt, Mühlheim an der Ruhr, Regensburg, Wuppertal, Remscheid und natürlich auch in den neuen Bundesländern, speziell in Sachsen. Das »Engelsgesicht«, der in Deutschland aufgewachsene Mafiaaussteiger Giorgio Basile, arbeitete für den Clan Carelli.

Die drei führenden 'Ndrangheta-Clans kooperieren in großer Eintracht nicht nur miteinander, sondern auch mit den Clans der Camorra, Cosa Nostra und der apulischen Sacra Corona Unità. Alle drei 'Ndrangheta-Clans haben gemein, dass sie aus winzigen Dörfern stammen, die niemand kennen würde, wenn sie nicht seit Jahrzehnten immer wieder in Polizeiakten und Ermittlungsunterlagen auftauchen würden: Der Clan Farao stammt aus der Provinz Crotone, wo er die Dörfer Cirò, Cariati, Strongoli, Mandatoriccio, Rocca di Neto und Cirò Marina beherrscht. Der Clan Carelli stammt aus der Provinz Cosenza, seine Hochburgen sind die Dörfer Corigliano Calabro, Cassano allo Ionio und Rossano. Einzig der Clan Pelle-Romeo nimmt mit dem Ort San Luca eine etwas herausgehobene Stellung ein, wegen der Nähe zum Wallfahrtsort Santa Maria di Polsi, jenem Ort, dessen geistiges Oberhaupt kein Geringerer als der Pfarrer von San Luca ist, Don Pino Strangio. Ein Ort, in den im September nicht nur kalabrische Gläubige aus der ganzen Welt pilgern, sondern auch die 'Ndrangheta, die sich hier zu einer Art jährlichen Betriebsversammlung trifft. Die Clanführer besprechen in Santa Maria di Polsi anfallende Probleme, etwa die Folgen des Massakers von Duisburg. Nur einen Monat nach den Morden, während der Wallfahrt im September 2007, betätigten sich zwei Clans als Friedensstifter. Bald gab eine SMS bekannt: »Das Wetter hat sich stabilisiert. Die Sonne scheint wieder.« Kurz danach hörten die Ermittler, wie ein 'Ndran-

63

ghetista die gute Nachricht am Telefon verkündete: »Alle waren da, die Strangio, die Pelle, die Nirta und die Giorgi, alle waren glücklich und zufrieden. Die Freundschaft ist wieder gefestigt worden. Sie ist wie ein unbewegliches Blatt an einem Baum.« Und im Sommer 2010 veröffentlichte die italienische Polizei sogar ein Video von einem der letzten Treffen der Bosse im Marienwallfahrtsort im September 2009.

Die Blutsverwandtschaft mache die Stärke der 'Ndrangheta aus, betonte Gratteri immer wieder. Verwandte verraten einander nicht. Deshalb gibt es in der 'Ndrangheta auch die wenigsten Abtrünnigen. In der sizilianischen Cosa Nostra hingegen, die sich als kriminelle Elite versteht, werden die Mitglieder nicht aufgrund von Blutsbanden in die Clans aufgenommen, sondern aufgrund ihres kriminellen Profils, aufgrund ihrer Kaltblütigkeit. Wem es gelingt, mit einem sauber ausgeführten Banküberfall die Bosse auf sich aufmerksam zu machen, kann darauf hoffen, vom gemeinen Verbrecher zum Mitglied der Cosa Nostra aufzusteigen. Sich von einem *Niemand vermischt mit nichts* in einen Ehrenmann zu verwandeln.

»Man muss sich keine Sorgen machen, wenn man durch Duisburg, Frankfurt, Kopenhagen geht«, sagte Gratteri. Die Mafiosi schössen dort nicht, sie ermordeten niemanden, sie erpressten kein Schutzgeld, sie verbrannten keine Autos. Und die Ermittler bewegten sich erst, wenn der Tote auf dem Boden liegt. Dabei müsse die Arbeit bereits beginnen, wenn ein flüchtiger Mafioso gefunden wird: Auch in Amsterdam gebe es eine operative Basis, ein *locale,* eine Zelle, die kleinste Einheit in der 'Ndrangheta-Struktur. Giovanni Strangio habe sich seit einem Jahr in Amsterdam aufgehalten. Er brauchte Kontakte, Leute, er musste mit Drogen handeln, mindestens, um sich über Wasser zu halten. Und was geschehe? Nichts.

»Seit der Abschaffung der Grenzkontrollen hat sich die

Mafia verstärkt in Nord- und Mitteleuropa ausgedehnt«, sagte Gratteri. In Deutschland, Holland, Belgien, Frankreich. Aber auch in Spanien und Portugal. Ländern, in denen man davon ausgehe, dass die Mafia nicht existiere. Nur, weil es keine Toten gibt. Was aber banal sei. Denn wenn die Mafia beschließe, in einem Terrain Geld zu waschen, bedeute dies, dass sie keinerlei Gewalt ausübe, weil sie sonst die Polizei auf den Plan riefe, sagte Gratteri und fügte hinzu: »Die Mafiosi bewegen sich wie unter einer Glasglocke. Ohne Verbrechen existiert die Mafia nicht. Und wenn die Mafia nicht existiert, gibt es auch keine Geldwäsche. Und keine Ermittlungen. Und wo keine Ermittlungen sind, gibt es auch kein Verbrechen. So beißt sich der Hund in den Schwanz.«

Gratteri seufzte. Wie oft hatte er das schon beklagt. Ob er es noch erlebt, dass der Straftatbestand »Mafiazugehörigkeit« europaweit aufgestellt und vereinheitlicht wird? Dass das Europäische Parlament die Existenz der Mafia anerkennt? Dass Geldwäsche kein Kavaliersdelikt ist, sondern bedeutet, die Marktgesetze außer Kraft zu setzen?

»Ist den Deutschen klar, dass die 'Ndrangheta auch in Deutschland die Verwaltung unterwandert, die lokalen Behörden infiltriert – um den Markt zu beherrschen?«, fragte Gratteri. »Dass sie mit dem Geld aus dem Drogengeschäft auch Informationen kauft? Zeitungen, Fernsehen, Journalisten? Weil es der Mafia wichtig ist, die öffentliche Meinung glauben zu machen, dass die Mafia eine romantische Idee wäre, so etwas wie Robin Hood?«

Am Nachmittag glitzerte das Meer unter Gratteris Fenster wie ein Opal. Containerschiffe passierten die Meerenge, sie zogen weiße Schweife hinter sich her, die wie Kratzer auf einem Juwel wirkten. Gratteri blickte auf seine zusammengebundenen Aktenbündel. Und auf seine Uhr. Und dann rief er seine Leibwächter. Damit sie mich zum Hotel begleiteten.

Inzwischen bin ich am Dellplatz angekommen, im Herzen von Duisburg. Vor der Sankt-Joseph-Kirche spielen Kinder. Neugierig laufen sie herbei, um den Spider zu begutachten – was ihre auf einer schmalen Bank sitzenden Mütter argwöhnisch beobachten. Als die Kinder immer noch dastehen und das Auto anstarren, zischen die Frauen wie wütende Schwanenmütter und ziehen die Kinder weg.

Die Kirche ist eine renovierte Kriegsruine, eine im Ruhrgebiet verbreitete Kreuzung aus Neugotik und fünfziger Jahre. Sonntags feiert die italienische Gemeinde in dieser Kirche ihren Gottesdienst. Ob manches Gemeindemitglied nach der Messe in das gegenüberliegende Restaurant La Gioconda zum Mittagessen einkehrt, zu einem ausgiebigen Familienessen, so wie es in Italien üblich ist? Lange, schwere Mittagessen, die von allen Anwesenden gehasst werden, denen sich aber niemand zu entziehen wagt?

Von innen sieht das La Gioconda aus wie ein ethnologisches Museum, das den Versuch unternommen hat, ein typisches Ruhrgebietswohnzimmer der siebziger Jahre nachzubauen: Die Wände sind mit Holz vertäfelt, über den Tischen hängen mit Rüschen geschmückte Küchenlampen. Ein paar rustikale Holzbalken fehlen ebenso wenig wie Genreszenen vom ländlichen Leben in Italien in Öl: vollbusige Frauen mit Körben voll Obst auf dem Kopf und großäugige Kinder. Und natürlich die Mona Lisa, *la Gioconda,* als Stoffdruck, als Puzzle und als Karikatur. Siebziger Jahre pur, es fehlt nur noch der Käseigel. Offenbar hat niemand gewagt, die Einrichtung zu verändern, und die Mona Lisa lächelte schon von der Wand, als Francesco Romeo, einer der mutmaßlichen Täter des Duisburger Massakers, hier arbeitete.

Erleichtert stelle ich fest, dass ich nicht der einzige Gast bin, am Nebentisch sitzen vier schwarzhaarige Frauen, die aussehen, als wollten sie gleich Tarantella tanzen, und sprechen, als hätten sie nie eine andere Luft geatmet als die des Duisburger Dellplatzes: »Datt hat die doch gesacht, watt die gekriecht hat!«, ruft eine, bevor sie an ihrem Marsala nippt, den der Kellner zusammen mit der Rechnung an den Tisch gebracht hat. Schweigend vertiefen sich alle in eine komplizierte Bruchrechnung, denn am Ende wird alles ordentlich geteilt, wie es sich in Deutschland gehört.

Mit jener gewissen Verdrießlichkeit italienischer Gastronome, die in Deutschland schon fast zum Kulturgut gehört, schiebt sich der Kellner an meinen Tisch. Kein Wort zu viel. Kein Lächeln. Nicht mal ein Kräuseln seiner Oberlippe gestattet er sich. Er reicht mir die Speisekarte und blickt über mich hinweg – als sei er ein Abgesandter im Feindesland. Einer, der sich im Dienst einer höheren Sache damit erniedrigt, meine Bestellung entgegenzunehmen: Spaghetti alla Norma.

Wenn man damit beschäftigt ist, Waffen zu verstecken und Kokain samt den zugehörigen Streckmitteln in Reserverädern von Holland über das Ruhrgebiet nach Italien zu bringen, bleibt die Kundenpflege in den Restaurants natürlich etwas auf der Strecke: Nach den Festnahmen im Februar 2010 wurde bekannt, dass nicht nur der mutmaßliche Killer Giovanni Strangio und sein Schwager Francesco Romeo mit der Gastronomie in Duisburg und am Niederrhein engstens vertraut waren; Giovanni Strangio betrieb die Pizzerien Tonis Pizza und San Michele in Kaarst, Francesco Romeo hatte im *La Gioconda* gearbeitet. Auch die beiden weiteren mutmaßlichen Täter Giuseppe und Sebastiano Nirta kannten sich in Duisburg bestens aus, und das bereits seit Ende der neunziger Jahre, als sie wegen des Verdachts auf internationalen Rauschgifthandel und Mafiazugehörigkeit festgenommen worden waren: Die deutsche Polizei hatte Giuseppe Nirta dabei beobachtet, wie er zu der Duisburger Pizzeria »Calabrisella«

gefahren war, die seiner Aussage zufolge seinem Cousin Sebastiano gehört habe.

Von Duisburg, der Hochburg des Clans Pelle-Romeo, fährt man eine halbe Stunde bis nach Kaarst – wo die Killer der gegnerischen Sippe ihre Rache vorbereiteten: die in der italienischen Anklageschrift als »Zelle von Kaarst« bezeichnet wird. Als ich Kaarst wenige Monate zuvor besuchte, schlief die Stadt noch. Die Vorgärten mit den messerscharfen Rasenkanten und üppigem Männertreu zwischen den Petunien, die Klinkerhäuser mit spitzwinkligen, für viel Regen gemachten Dächern, das Geschäft für aerodynamische Fahrradhelme in psychedelischen Farben, die Gaststätte Bollerwagen – alles ruhte. Nichts bewegte sich. Kein Auto, kein Bus, keine Papiertüte. Nichts, außer einer schlaffen Deutschlandfahne, die in einem Vorgarten hing und sich leicht aufblähte, als der Wind in sie fuhr.

Die ehemalige Pizzeria des mutmaßlichen Mafiakillers Giovanni Strangio trug nun den Namen *O sole mio* und befand sich ziemlich genau in der Mitte zwischen der schlaffen Deutschlandfahne, der Gaststätte Bollerwagen und dem Kosmetikstudio Ladiseba, eine Abkürzung, hinter der sich die verwegene Aufforderung »Lass die Seele baumeln« verbirgt. Der Himmel war blassblau, wie oft am Niederrhein, weshalb das *O sole mio* wie eine Beschwörungsformel klang. Dies umso mehr, als sich hinter dem verheißungsvollen Namen blanke Tische, kahle Fenster und messerscharf gefaltete Papierservietten verbargen. Weniger italienische Lebensfreude als ein Bahnhofswartesaal. Hinter der Pizzatheke stapelten sich Kartons. Quattro Stagioni zum Mitnehmen.

Die Stadt pflegte so nachdrücklich ihre Sonntagmorgenruhe, dass jede Handlung, die über den Erwerb einer Sonntagszeitung hinausgeht, frevelhaft erschien. Also kaufte ich mir eine *Frankfurter Allgemeine Sonntagszeitung* in einem kleinen Laden unweit des *O sole mio*. Und hoffte, mit der Zeitungsverkäuferin ins Gespräch zu kommen. In Kaarst war es niemandem entgangen, dass Giovanni Strangio zusammen mit seinem Schwager Francesco Romeo und der Summe von 560 000 Euro für kleinere Ausgaben in Diemen, einem Vorort von Amsterdam, festgenommen worden war. Und dass ein Düsseldorfer Waffenhändler den mutmaßlichen Killer später vor Gericht in Italien identifiziert hatte. Ich holte tief Luft und hatte den Namen Giovanni Strangio noch nicht ausgesprochen, das Wort Mafia noch nicht in den Mund genommen, da fauchte die Verkäuferin nur: »Ich weiß von nichts.«

Das nur zum Thema Verschwiegenheit, dachte ich. Wäre mir das Gleiche in Sizilien oder Kalabrien oder Kampanien passiert, hätte ich mir jetzt ein paar Notizen über die *Omertà* gemacht, das von der Mafia verordnete Schweigegebot. Aber doch nicht in Kaarst, zwischen Männertreu, *Lass die Seele baumeln* und Geschäften für Fahrradhelme.

Als ich vor Strangios einstiger Pizzeria in Kaarst stand, dachte ich an San Luca, den Heimatort der Duisburger Clans. Neben San Luca mutet selbst das mythische Corleone wie ein Luftkurort an. In San Luca gibt es keinen Müllcontainer und kein Verkehrsschild, das nicht von Maschinengewehrsalven durchsiebt wäre. Um ihre Verachtung für den italienischen Staat auszudrücken, schießen die 'Ndranghetisti auf seine sichtbaren Zeichen. Um Ortsfremden die Orientierung unmöglich zu machen, montieren sie Straßenschilder ab – weshalb in San Luca die Straßennamen mit schwarzer Farbe auf den grauen Putz der Häuser gepinselt wurden.

Seit dem sogenannten Karnevalsscherz, als einige jugendliche Mitglieder des Clans Nirta-Strangio im fernen Jahr 1991 einen Boss des gegnerischen Clans Pelle-Romeo mit einem Ei bewarfen, verfolgen sich die beiden Clans aus San Luca mit alttestamentarisch anmutender Rachsucht. Jeder Mord wurde

69

gesühnt, vorzugsweise an Feiertagen, um die Erinnerung daran den Angehörigen wie mit einem glühenden Eisen einzubrennen, 1. Mai, Weihnachten, Mariä Himmelfahrt – eine kühl kalkulierte Spur blutiger Vergeltung, die ihren vorläufigen Höhepunkt im Duisburger Blutbad fand. Und die keinesfalls lediglich die verletzte Ehre einiger Hitzköpfe wiederherstellen, sondern vor allem das kriminelle Prestige der beiden Clans erhärten soll.

Wie aus dem mir vorliegenden jüngsten Haftbefehl der Staatsanwaltschaft Reggio Calabria hervorgeht, wurde die Wirkung auf die Öffentlichkeit von den Beteiligten akribisch kontrolliert: Die später wegen Mafiazugehörigkeit, Beihilfe und illegalen Waffenbesitzes inhaftierten Schwestern von Giovanni Strangio luden sich aus dem Netz jeden Zeitungsartikel über das Blutbad von Duisburg herunter. Und müssen sich über die Naivität mancher Journalisten amüsiert haben: Nach der Verhaftung von Giovanni Strangio und Francesco Romeo in Amsterdam war berichtet worden, dass Strangio die Sehnsucht nach kalabrischen Spezialitäten zum Verhängnis geworden sei, da seine drei aus San Luca angereisten Schwestern ihrem Bruder nach Amsterdam kalabrischen Nudelauflauf mitgebracht hätten – weshalb die Fahnder den Schwestern von San Luca über Rom und die Schweiz bis nach Amsterdam folgen konnten. Von wegen Nudelauflauf, teilte Giovanni Strangios Schwester Angela Strangio später im Chat einem Freund mit: in ihren Rucksäcken hätten vielmehr Waffen, 300 000 Euro und Schachteln mit Neun-Millimeter-Patronen gesteckt.

Später tauchten die Chat-Konversationen der mafiosen Schwestern – eine krude Mischung aus kalabrischem Dialekt, Familienslang und kindlich anmutenden Chat-Kürzeln – minutiös dokumentiert im Haftbefehl der Staatsanwälte von Reggio Calabria wieder auf. Im Chat ließ Angela Strangio auch wissen, wie sehr sie darauf brenne, dass die Polizei endlich ihren Schwager Sebastiano Nirta festnehme, den einzigen der mutmaßlichen Täter, der zweieinhalb Jahre nach den Morden noch auf freiem Fuß war. Ein Vollidiot, der bei der Tat so wenig professionell gewesen sei, dass er nicht mal seine Zigarettenkippen aufgelesen habe. Weshalb die Fahnder auf seine DNA-Spur kamen.

Giovanni Strangio, Giuseppe und Sebastiano Nirta, Francesco Romeo – jeder der mutmaßlichen Täter des Massakers von San Luca ist mit mindestens einem Toten der seit 1991 andauernden Blutfehde verwandt. Alle sind miteinander verschwippt und verschwägert. Und alle haben in Deutschland gearbeitet. Obwohl mancher von ihnen auf der Fahndungsliste der italienischen Polizei stand.

In San Luca haben sich die Clans in mehrstöckigen Häusern hinter Stahlzäunen verbarrikadiert. Häuser, unter denen sich mindestens ein unterirdischer Bunker verbirgt, Luxusbunker mit Klimaanlage und Computer, mit Satellitenfernsehen und Mobilfunkantenne. In Deutschland sind die Mafiosi darum bemüht, nicht aufzufallen. Nicht falsch zu parken. In Kaarst sind Giovanni Strangio, Francesco Romeo und die beiden anderen Komplizen womöglich sogar mit Helm Fahrrad gefahren, haben an der Ampel auf Grün gewartet und zwischendurch ein paar Waffen versteckt, in einem Senffass etwa, so wie die Zastava-Pistole, Modell Skorpion, neun Millimeter, die von der Polizei in Strangios Pizzeria San Michele gefunden wurde. Die Munition steckte in einer Flasche für Tomatensauce. So rekonstruierte es die italienische Staatsanwaltschaft in ihrem Haftbefehl.

Bis zum 15. August 2007, also bis es passierte, haben wir nicht mehr über die Waffe gesprochen. Am 15. August 2007 haben wir uns alle in der Pizzeria San Michele getroffen. Wir alle, Domenico Nirta, Domenico Scipione, Luca Liotino, Francesco Pipicella und ich. Domenico Nirta sagte mir, dass wir sofort in Giovanni Strangios Wohnung Am Siepbach fahren sollten, um dort die Waffe abzuholen, die dort immer noch an der gleichen Stelle liegen sollte. Domenico Nirta wusste nicht, wo sich die Waffe befand. Ich zeigte sie ihm, indem ich sie zusammen mit dem Magazin aus der Schachtel hervorzog. Ich steckte die Waffe in die Außentasche meiner Jacke, eine Winterjacke aus synthetischem Stoff, mit einer mit Pelz eingefassten Kapuze. Die Jacke hängt immer noch am Kleiderhaken in der Wohnung in der Büttgenerstraße 45. Ich habe die Waffe ganz einfach in die Jackentasche geschoben. Domenico Nirta hat das Magazin in die Hosentasche gesteckt. Er trug eine dunkelblaue Jeans.

Schon als Antonio Rechichi, der einstige Pizzabäcker von Tonis Pizza, kurz nach den Morden diese Aussage vor der Duisburger Polizei machte, wurde klar, dass die Qualität der Pizza die geringste Sorge in Tonis Pizza gewesen war. Vielmehr ahnten die Mitarbeiter von Giovanni Strangios Pizzerien, dass bald mehrere Morde passieren würden: Giovanni Strangio hatte nie ein Hehl aus seinen Mordplänen gemacht. Im Winter 2007 war er festgenommen worden, weil er während einer Polizeikontrolle vor der Beerdigung der beim Weihnachtsattentat ermordeten Maria Strangio geschossen hatte. Bei der darauffolgenden Verfolgung schoss ihm die Polizei ins Bein. Auch darüber hatte Giovanni Strangio seine getreuen Pizzabäcker in Kaarst informiert. Wenige Tage nach den Morden sagte Antonio Rechichi bei seiner Vernehmung aus:

Es stimmt nicht, was ich gestern gesagt habe, also dass ich Giovanni Strangio nicht gesehen habe. Ich habe ihn gesehen, und zwar am 9. oder 10. August. Es war so: Gegen 15 Uhr

rief Giovanni Strangio Domenico Nirta in Tonis Pizzeria auf
seinem Handy an. Er sagte zu Domenico, dass er und ich
nach der Arbeit sofort in seine Wohnung am Siepbach
kommen sollten. Später am Abend sind wir also in Giovannis
Wohnung gegangen, der dort allein war. Wir sprachen etwas
über die Arbeit im Lokal, über die Einnahmen und so weiter.
Und natürlich haben wir auch über San Luca gesprochen.
Besonders über den Grund, weshalb er mit der Waffe zur
Beerdigung gegangen war. Er sagte, dass eigentlich beschlossen worden sei, dass nur die Frauen an der Beerdigung
teilnehmen und die Männer zu Hause bleiben sollten. Aber
dann habe man sich anders entschieden, die Männer sollten
auch an der Beerdigung teilnehmen, und aus dem Grunde
habe er die Waffe mitgenommen, weil er befürchtete, dass
es auf der Beerdigung zu einem weiteren Attentat kommen
würde. Als er mit dem Auto zum Friedhof fuhr, habe die
Polizei sein Auto anhalten und ihn kontrollieren wollen. (…)
Er habe das Auto blockiert, weil er zu Fuß flüchten wollte.
Er befürchtete, dass die Polizei bei der Kontrolle seine Pistole
entdecken würde. Die Polizei schoss ihm ins Bein und nahm
ihn fest.

Und schon zwei Monate vor den Morden hatte Giovanni
Strangio aus dem Gefängnis in Reggio Calabria an seinen
Mitarbeiter Domenico Pizzata in Kaarst geschrieben, offenbar getrieben von der Sorge, was aus seinen Pizzabäckern
nach einem Blutbad würde:

Lieber Freund Domenico, ich hoffe, dass Du und Deine
Familie sich bester Gesundheit erfreuen, wenn Dich dieser
Brief erreicht. Mir geht es gut, auch wenn Ihr mir alle sehr
fehlt. (…) Wie steht es mit der Arbeit? Was meinst Du,
arbeiten die Jungs weiter in Tonis Pizza, wenn etwas pas-

siert, oder meinst du, dass sie weggehen? Das ist ein Gedanke, unter dem ich sehr leide. Sprich mit ihnen, ich glaube, sie müssen sich vor nichts fürchten, was meinst du. Danke für alles, was Du machst. In ein paar Tagen bekomme ich Hausarrest. (…) Und wie steht es mit dem San Michele? Was macht der kleine Luca? Arbeitet er wie immer oder träumt er? Bleibt Giuseppe Nirta da, um zu arbeiten? (…) Was willst Du mit der Wohnung machen? Ich dachte, dass es gut wäre, sie für sechzigtausend zu kaufen, wenn wir bar bezahlen, was meinst Du, so sparen wir dreißig an Zinsen. (…) Mach, wie es Dir richtig erscheint. Jetzt muss ich aufhören, Grüße Deine Frau, und gib deinem Kleinen einen Kuss. Bis bald, ›wenn Gott will‹.

Der »kleine Luca« Liotino mietete bald darauf bei Europcar den schwarzen Renault Clio mit Hamburger Kennzeichen, in dem die Täter nach der Flucht flohen. Und der im belgischen Gent gefunden wurde, mitsamt Schmauchspuren und der berühmten Spur dreizehn, der DNA-Spur, die Giovanni Strangio zum Verhängnis werden sollte.

Die Tatsache, dass Giovanni Strangio einen seiner Mitarbeiter aus Kaarst damit beauftragte, das Fluchtauto zu mieten, sei eine Idiotie sondergleichen gewesen, sollte sein Komplize Giuseppe Nirta später im Gefängnis im toskanischen San Gimignano verkünden – und das ausgerechnet dem sizilianischen Mafioso, Vincenzo Consoli, der sich kurz darauf in einen Ruchlosen verwandelte, wie es die Mafia nennt, wenn ein Mafioso abtrünnig wird.

Als Kronzeuge offenbarte der Sizilianer den kalabrischen Staatsanwälten, wie sehr Giuseppe Nirtas Eitelkeit darunter gelitten hatte, dass stets Giovanni Strangio in den Medien als Haupttäter des Blutbades von Duisburg genannt wurde. Er selbst, Giuseppe Nirta, sei es gewesen, der die »Schießerei«

74

bis ins Detail geplant habe. Verhaftet worden sei er nur aufgrund der Dummheit seiner beiden Schwager, Giovanni Strangio und Francesco Romeo.

Letzterer habe nicht mal gemerkt, dass er in Amsterdam beschattet wurde und so die Fahnder bis zur Wohnung führte, in der sich auch Giovanni Strangio befand. Und weil Francesco Romeo während der Morde Fehler begangen habe, die aber glücklicherweise von der deutschen Polizei nicht entdeckt worden seien.

Gemäß den Ermittlungsakten der Antimafia-Staatsanwaltschaft von Reggio Calabria schien Nirta die Ermittlungen der deutschen Polizei nicht sonderlich zu fürchten: Er habe in Deutschland unweit von Duisburg zwei Wohnungen gemietet, die von der deutschen Polizei nie entdeckt und nach der Festnahme sogar noch gereinigt werden konnten. Die Polizei habe lediglich einen Computer beschlagnahmt, auf dem sie nichts finden könne – außer ein paar pornographischen Seiten, die er besucht habe. Die Tat sei von vier und nicht, wie die deutsche Polizei lange Zeit vermutete, von zwei Tätern begangen worden, der vierte Täter sei Francesco Romeo gewesen, der sich allerdings bei der Schießerei selten dämlich angestellt habe, so blöd, dass er ihm nun den Tod wünsche. Er sei mit einem Motorrad geflohen, und dieses Motorrad sei von der deutschen Polizei nie gefunden worden.

Er sei völlig entspannt, sagte Nirta dem sizilianischen Kronzeugen. Man habe ihn nicht mal abhören können, seine Handys habe er nur ein-, zweimal benutzt und dann irgendwo liegen lassen, oft in einer S-Bahn.

Domenico Pizzata, der »liebe Freund« und laut dem italienischen Haftbefehl Geschäftspartner des mutmaßlichen Killers Giovanni Strangio in Kaarst, Empfänger seines Briefes aus der Haft, sollte fast zwei Jahre nach dem Blutbad von Duisburg den Lesern der *Rheinischen Post* sein Herz aus-

75

schütten. Nachdem Pizzata in erster Instanz freigesprochen war und aus der Untersuchungshaft in Italien entlassen worden war, beklagte er, dass er fünfzehn Monate lang unschuldig im Gefängnis gesessen habe und infolgedessen seinen Sohn nicht aufwachsen sehen konnte. Was ihm das Herz gebrochen habe. Glücklicherweise konnte er auf die Unterstützung seiner deutschen Anwältin zählen, die von einer weiteren Ungerechtigkeit zu berichten wusste: Herr Pizzata habe in Kaarst im Rheinkreis Neuss seit 2002 mit Erfolg eine Pizzeria betrieben, die während seiner Haft natürlich weitervermietet worden sei: seine Einrichtung, die Küche, die Öfen, alles sei weg. Die Anwältin helfe ihrem Klienten dabei, in Deutschland wieder Fuß zu fassen und sein Eigentum zurückzubekommen. Und was Giovanni Strangio betreffe: Der sei ein guter Junge, sagte Domenico Pizzata weiter, immer hilfsbereit.

Was er nicht sagte, war, dass bei der Durchsuchung von Pizzatas Wohnung zwei Schachteln mit 22-Millimeter-Munition gefunden worden waren, etwa zweihundert Stück. Wie auch ein Ausweis für einen Schießstand. Es mag natürlich sein, dass Domenico Pizzata nichts anderes als ein begeisterter Sportschütze ist. Und die Tatsache, dass die kalabrischen Landsmänner untereinander ihre Wohnungsschlüssel ausgetauscht haben sollen, wird ihn sicher auch entlastet haben.

Sein sehnlichster Wunsch jedoch sei, so vertraute Domenico Pizzata der *Rheinischen Post* an, die beste Pizza von Kaarst zu backen: Pizza Romana, mit Schinken und Champignons.

Inzwischen hat mir der Kellner die Spaghetti alla Norma serviert. Eine Pizza Romana wäre mir jetzt entschieden lieber. Denn die Spaghetti sind offenbar genau wie die Einrichtung des Lokals dem deutschen Geschmack der siebziger Jahre angepasst. Schön weich, wie meine Tante Ruth sagen würde. Keine Spur von Basilikum, frischen Tomaten und Auberginen. Nur eine undefinierbare rote Sauce. Lustlos stochere ich in den Spaghetti herum, bis ich resigniere, die Gabel beiseite-lege und einen Espresso bestelle. Als der Kellner bemerkt, dass ich die Spaghetti kaum angerührt habe, blickt er mich vorwurfsvoll an. Und fragt, ob er mir den Rest einpacken soll.

4

Die Frauen vom Nebentisch haben es inzwischen geschafft, die Rechnung zu teilen. Eine fährt mit der Zunge über die Lippen, um den letzten Rest Marsala zu schmecken, eine andere leckt noch das Likörglas aus und wirft ihre dunklen Haare mit einer gebieterischen Geste über die Schulter zurück – es sind schwere, mit dem Glätteisen glatt gezogene Haare, so wie es Italienerinnen lieben. Ihre Augenbrauen sind zu perfekten Bogen gezupft. Tuschestriche in einem blassen Madonnengesicht. Himmelskönigin und Schmerzensmutter zugleich. So wie Teresa Strangio, eine der drei Schwestern des mutmaßlichen Killers Giovanni Strangio: Erhobenen Hauptes schritt sie nach der Verhaftung die Treppen des Polizeipräsidiums von Reggio Calabria herab, den Blick in die Ferne gerichtet, eine Mater Dolorosa – gehüllt in eine violette, mit Pelz gesäumte Daunenjacke. Die Handschellen verliehen ihr die Aura einer Märtyrerin. Die Polizisten, die ihr rechts und links unter die Arme griffen, ignorierte sie – als sei dies keine Verhaftung, sondern der dritte Akt eines Passionsspiels, als sei sie eine von den *drei Marien vor dem Besuch des Heiligen Grabes*.

Als Teresa Strangio zusammen mit ihrer Schwester Angela im Februar 2010 festgenommen wurde, war sie in erster Instanz bereits wegen Rauschgifthandels zu sechs Jahren Haft verurteilt worden. Eine Strafe, die sich im Wesentlichen auf die Misslichkeit reduzierte, San Luca nicht verlassen zu dürfen. Außerdem hatten die Gerichte einige ihrer Besitztümer beschlagnahmt. Weil es nach diesem Urteil nicht mehr so gut um Teresa Strangios Leumund bestellt war, habe sie, laut Schlussfolgerung der Staatsanwälte von Reggio Calabria, beschlossen, ihren damals noch nicht vorbestraften Bruder Giovanni als Besitzer ihrer beiden Pizzerien in Kaarst eintragen zu lassen.

So rekonstruierte es die italienische Staatsanwaltschaft in ihrem jüngsten Haftbefehl, aus dem auch hervorgeht, dass sich Teresa Strangio in den Geschäften des Clans in Nordrhein-Westfalen bestens auskennt. In einem von den italienischen Fahndern transkribierten Chat bedauert sie, dass Tonis Pizza und das San Michele, die beiden Lokale in Kaarst, nun an andere Besitzer vermietet worden seien. Die sie, genau wie ihre Schwester Angela, ihre Gesprächspartnerin im Chat, verfluchte: Bastarde seien das, wütet sie, Bastarde, die sich jetzt in ihren Lokalen breitmachten. Juristisch habe man nichts gegen sie ausrichten können. Dritter Gesprächspartner im Chat ist Pietro Prattico, ein weiteres mutmaßliches Clanmitglied, der mit den Schwestern verhaftet wurde. Er plädierte dafür, das Problem mit den neuen Besitzern der Pizzerien in Kaarst nach der bewährten Art der 'Ndrangheta zu lösen: in der Nacht etwas TNT und fertig.

Aurelia, Angela und Teresa Strangio sind moderne Mafiafrauen. Keine schwarzgekleideten Frauen mit schlechten Zähnen wie die Alten im Dorf, die erfolgreich das Dramolett von den duldsamen Frauen aufführen, die sich ihren gewaltbereiten Männern unterwerfen, ein Märchen, an das selbst Richter und Staatsanwälte, Polizisten und Journalisten lange glaubten, manche noch bis heute. Auch wenn die Frauen mit ihren untergetauchten Männern jahrelang auf der Flucht leben, gelten sie nicht als Komplizen, sondern als Familienangehörige, die nichts anderes anstreben, als die Familie unter widrigen Umständen zusammenzuhalten. Und die sich deshalb kein Vergehen zuschulden kommen lassen. Die Justiz selbst stellt die Familie über das Gesetz.

Jahrzehntelang waren die Mafiafrauen auf diese Weise der

Aufmerksamkeit der Ermittler entgangen, eingesponnen in ihren verlogenen Kokon aus Blutsbanden und Muttertum: »Ich weiß nichts von der Mafia. Ich weiß nichts von der 'Ndrangheta. Ich weiß nur etwas von meinen acht Kindern, sieben Söhne und eine Tochter«, sagte die Mutter von Sebastiano Nirta, einem der vier mutmaßlichen Mafiakiller von Duisburg.

Als die verdächtigen Mörder von Duisburg noch auf der Flucht waren, gingen die Mütter von Giovanni Strangio und Sebastiano Nirta auf die Straße, um für die Unschuld ihrer Söhne zu demonstrieren – bezeichnenderweise auf einer Antimafiademonstration in San Luca, zu der Pietro Grasso aufgerufen hatte, der Chef der nationalen Antimafia-Ermittlungsbehörde. Die Mütter schwenkten Transparente mit kämpferischen Parolen: »Hier sind wir, die Nirta-Strangio. Die letzten Überlebenden des Tornados der Staatsanwaltschaft von Reggio Calabria. Wie lange braucht Ihr noch, um uns auch wegzufegen?« Oder: »Wo ist die wahre Gerechtigkeit? Wo ist die Wahrheit? Wir wollen eine Antwort! Findet die wahren Mörder!«

Die Mutter von Giovanni Strangio trug ein T-Shirt mit dem Fahndungsfoto ihres Sohnes. Darunter stand »UNSCHULDIG«. Die Mutter sah in diesem bedruckten weißen T-Shirt wie verkleidet aus. Man sah ihr an, dass sie in ihrem Leben immer nur ordentlich gebügelte Blusen getragen hatte, nie T-Shirts. »Wir sind anständige Leute«, sagte die Mutter, »wir möchten nichts anderes, als in Ruhe unseren Angelegenheiten nachzugehen.« Und die Mutter von Sebastiano Nirta sekundierte ihr: »Bei uns gibt es keine Blutrache. Wir sind Opfer. Wir wissen von nichts.«

In der Hierarchie der 'Ndrangheta sind die Frauen heute faktisch gleichberechtigt – speziell in der Planung eines Rachefeldzugs: *Blut ruft nach Blut,* heißt es in Kalabrien. Ich erinnere mich noch an die Geste, die der Staatsanwalt Nicola Gratteri machte, als er über die Frauen der 'Ndrangheta sprach. Er zog eine imaginäre Uhr auf: Die Frauen seien es, welche die Rachefeldzüge der Clans vorbereiteten, sie programmierten ihre Männer wie einen Zeitzünder.

Die Ermittlungen um die Morde von Duisburg bestätigten ein weiteres Mal, dass die Frauen des Clans sich keineswegs auf die Rolle der ahnungslosen Ehefrauen beschränkten, so wie man es aus dem jahrzehntelang sorgsam gepflegten Bild von der Mafiafrau kennt – deren einzige Schuld die Liebe sei, die sie für ihren Mann und ihre Kinder empfinde. Die Frauen der Clans, so betonen die Fahnder, seien keineswegs passive Opfer des blutigen Clankrieges, sondern Protagonistinnen. Sie transportieren Waffen für ihre untergetauchten oder verhafteten Männer, sie planen Verbrechen, überbringen Botschaften und bedienen sich der Medien. Die Frauen sind die andere Hälfte der Mafia – der sie wiederum ihren Wohlstand, ihr Ansehen und ihre Macht verdanken. Die sie unter allen Umständen erhalten wollen.

Aurelia, Angela und Teresa Strangio schienen sich in Düsseldorf und Amsterdam genauso gut auszukennen wie im Nachbardorf Bovalino. Sie verwalten die Waffenlager des Clans so selbstverständlich, als handele es sich um eine Friseurkette. Die mafiosen Schwestern wissen, welches Magazin zum M16-Sturmgewehr gehört und dass man ein Skorpion-Maschinengewehr ohne Werkzeug auseinandernehmen kann.

Droht eine Hausdurchsuchung, lassen sie die Waffen einmauern. Als sich der Komplize Pietro Prattico im Chat an Angela Strangio wendet und sie bittet, ihm ein paar Waffen zu leihen, muss sie ihm seine Bitte abschlagen. Wie eine freundliche Lageristin, die dem Kunden mitteilt, dass die Ware im Augenblick leider nicht verfügbar sei, erklärt sie, dass die Verstecke bereits verputzt und gekachelt seien. Nur ein paar Tage zuvor wäre alles kein Problem gewesen, aber jetzt könne er nur noch mit einem Hammer an die Waffen gelangen.

Im Chat besprechen die Schwestern auch, ob der berühmte Mafiaverteidiger und ehemalige Forza-Italia-Abgeordnete Carlo Taormina der Richtige wäre, um den Prozess zum erhofften Medienspektakel zu machen, und ob die deutsche Augenzeugin am Tatort eine Gefahr für ihren Bruder Giovanni Strangio sein könnte. Wohl kaum, stellen sie fest, schließlich habe sie ihn nicht erkannt. Die Schwestern fühlen sich unbesiegbar. Das Recht ist lediglich eine Frage des Anwaltstarifs.

Aurelia, Angela und Teresa Strangio sind in einer Welt aus Betrug und Fälschung, Mord und Erpressung groß geworden. Ihr Vater, ihre Brüder, Ehemänner, Cousins und Schwager handeln mit Waffen und Kokain – sie stehen über Skype mit südamerikanischen Drogenbossen in Kolumbien, Venezuela, Paraguay und Uruguay in Verbindung und mit Waffenhändlern in Bosnien oder Bulgarien. Aber sie sind auch spezialisiert darauf, öffentliche Aufträge zu ihren Gunsten zu manipulieren, nicht nur in Kalabrien, sondern auch in Duisburg oder Leipzig. Sie kaufen Gesellschaftsbeteiligungen und Firmen auf und unterbieten mit Dumpingpreisen die Konkurrenz. Sie kaufen Privatkliniken, die Clans der 'Ndrangheta kontrollieren fast das gesamte Gesundheitssystem in Kalabrien.

Es sind Männer, denen es gelingt, jahrzehntelang unterzutauchen – nicht zuletzt dank der tatkräftigen Unterstützung ihrer Frauen. Über Generationen haben in den Clans von San Luca Cousins Cousinen geheiratet, Schwager Schwägerinnen. Von Generation zu Generation hat sich ihr Blut gemischt, um die Macht des Clans zu stärken. Es gibt nur einen Grund, einen Blutsverwandten fallenzulassen: Wenn er sich für die Zukunft des Clans als hinderlich erweist. So wie Sebastiano

Nirta, der so dumm war, am Tatort seine Zigarettenkippen zu hinterlassen.

Solche Anfängerfehler wären den Strangio-Schwestern nicht unterlaufen. Als sie am 13. November 2008 im kalabrischen Rosarno den Nachtzug 894 nach Rom bestiegen, waren sie siegesgewiss. Am Ende der Reise sollte die Familienzusammenführung stehen. *Blut ruft nach Blut.* Die beiden kleinen Kinder von Aurelia Strangio sollten endlich wieder ihren Vater Giuseppe Nirta in die Arme schließen können, der sie in dem dreitausend Kilometer entfernten Amsterdam sehnlichst erwartete. Zusammen mit den Waffen und dem Geld, das in ihren Rucksäcken steckte. Was hätten die Richter ihnen schon vorwerfen können? Die Liebe einer Mutter zu ihren Kindern, die dafür sorgte, dass ihre Kinder ihren von der Justiz verfolgten Vater endlich wiedersehen konnten? Die Solidarität dreier Schwestern, die durch halb Europa reisen, nur um des Familienglücks willen?

Als die Frauen am Morgen in Rom ankamen, versuchten sie ihre Jäger abzuschütteln – durch einen fliegenden Wechsel zwischen Taxis und Wagen, die von Komplizen gefahren wurden. Bis die Frauen glaubten unsichtbar zu sein und ein Auto mit deutschem Kennzeichen bestiegen, das sie bis nach Amsterdam bringen sollte. Über verschlungene Wege, Haken schlagend über Tausende von Kilometern. Über Aosta im Piemont, wo der Clan Nirta seit Jahrzehnten verwurzelt ist, weiter in die Schweiz, nach Frankreich, über Belgien bis nach Amsterdam. Und doch immer unter den Augen der Verfolger. Berauscht von dem Glauben an die eigene Unverwundbarkeit, schildern Teresa und Angela Strangio ihrem Komplizen später im Chat die Reise nach Amsterdam und die am Ende stehende Verhaftung wie einen Actionfilm. In den Ermittlungsakten der Staatsanwaltschaft Reggio Calabria liest sich das so.

Sie haben uns verfolgt – wir sind fünf Stunden lang zu Fuß
gelaufen – wir hatten Angst, dass sie das gps lokalisieren
würden – als wir schließlich ankamen, haben wir das Auto
weit weg abgestellt – und haben das Gepäck ins Haus
gebracht – als wir nach zwei Tagen zum ersten Mal das Haus
verließen, liefen sie uns von jeder Ecke nach – wenn wir
plötzlich abbogen, bogen auch sie um – sie haben uns
fotografiert – da war uns klar, dass sie kurz davor waren, uns
zu schnappen – wir sind blitzartig abgebogen, einer lief hinter
uns her – ich zeigte in eine Richtung und schrie: Hau ab, hau
ab – da haben sie uns aus den Augen verloren, und wir sind
nach Hause gelaufen – wir dachten, heute Nacht greifen sie
uns an – am nächsten Tag sind wir rausgegangen, ganz
normal, um einzukaufen – an einem Abend hatte ich ein
Gewehr und 300 000 Euro im Rucksack – und die hinter mir
her – es war wie im Film – wenn die mich damit erwischt
hätten, wären das mindestens zehn Jahre gewesen – einen
Tag vor der Verhaftung sind wir beide rausgegangen, ganz
normal, mit schweren Taschen – wir sind so lange gelaufen –
du kannst dir das nicht vorstellen – die hinter uns her – wir
haben die Straßenbahn gewechselt, den Bus – es war der
Wahnsinn – und an dem Morgen gingen wir beide raus – und
dann war da der Typ mit den dunklen Haaren, der uns
verfolgte – und wir nahmen die Taschen und warteten auf das
Taxi – als wir die Schweine sahen, die uns mit ihren Autos
blockierten – und uns Handschellen anlegten – und mir
sagten: Wir suchen eure Männer – sagt uns, wo sie sind,
sonst nehmen wir eure Kinder mit – und ihr seht sie nie
wieder – und ich sage – es ist mir scheißegal – ich habe keine
Männer – ich weiß nichts – dann steckten wir in dem Liefer-
wagen – wir haben wie verrückt geschrien – und das Schwein
am Steuer drehte das Radio auf volle Lautstärke – er sagte,
ich bin Italiener – und sang: Lasciatemi cantare – das Lied

von Totò Cutugno – sie brachten uns ins Gefängnis – ich musste die Stiefel ausziehen – ich sagte, lasst mir wenigstens meinen Pullover, es ist kalt – und da sagte mir der Bulle – nimm meine Jacke – und ich sagte – ich will deine Jacke nicht – sie sagten – wo ist dein Bruder – erzähl uns von ihm – ich sagte, ich will meinen Anwalt anrufen, meine Familie, das Konsulat – aber nichts – drei Tage lang hatte ich keine Rechte, nichts.

Tatsächlich ging die Rechnung der Schwestern auf, zumindest vorübergehend: Giuseppe Nirta blieb im Gefängnis, weil er bereits wegen internationalen Drogenhandels rechtskräftig zu vierzehn Jahren Haft verurteilt worden war. Die drei Schwestern aber konnten bald das Gefängnis verlassen. Waren sie nicht lediglich aufopfernde Mütter und Schwestern mit ausgeprägtem Familiensinn?

Als ich das Lokal verlasse, bin ich erleichtert. Weil die Sonne scheint und ich den Spaghetti alla Norma entkommen bin. Wenn ich noch rauchte, steckte ich mir jetzt eine Zigarette an. Aber ich rauche nur noch in meinen Träumen. Die kleine Genusszigarette. Mein Unbewusstes ist infam.

Vor mir überqueren zwei junge Frauen mit schweren Sporttaschen den Dellplatz. Nachdem ich die Prozessakten für den Duisburger Mafiaprozess gelesen habe, kann ich junge Frauen mit schweren Taschen nicht mehr ansehen, ohne mich zu fragen, ob in den Taschen nicht etwa Waffen stecken. Die Schwanenmütter sitzen immer noch auf der Bank und blicken mich misstrauisch an, als ich über den Platz zur Kirche gehe. Ich mag es, in fremden Städten Kirchen zu besuchen. Es ist, als würde man im Wohnzimmer einer Familie sitzen, die gerade das Haus verlassen hat. Man sieht, wie sie eingerichtet ist, welche Farben sie liebt, welche Glasmosai-

85

ken, welche Holzschnitzereien, ob ihre Altäre aus Fichtenholz und Pappmaché gemacht sind oder aus Gold und Marmor. Und man nimmt jenen Geruch von Staub, Lilien und Weihrauch wahr, der alle katholischen Kirchen auf der Welt erfüllt.

Wie in jeder Kirche herrscht auch in der Sankt-Joseph-Kirche Stille, sie verbreitet Andacht auf einen Umkreis von einigen Metern, und mir ist, als würde sie auch das Geräusch meiner Schritte absorbieren. Drinnen herrscht eine fast protestantisch anmutende Kargheit. Keine in Gold getauchten Engel, keine grell geschminkten Wundmale der Heiligen, keine marmornen Totenköpfe. Nur Gottes Wort und eine schlichte Kanzel.

Vor einigen Monaten kam ich mit dem Pfarrer der Sankt-Joseph-Kirche ins Gespräch, Pfarrer Bernhard Lücking, ein kleiner, bärtiger Mann, der mir davon erzählte, dass er sich bereits für die Mafia interessierte, als er noch nichts davon ahnte, dass sie ihre Geschäfte nur einen Steinwurf von seiner Kirche am Dellplatz entfernt betreibt. Ein Jahr vor dem Blutbad von Duisburg war er mit einigen Geistlichen nach Palermo gereist, um die Gedächtniskirche von Padre Puglisi zu besuchen, jenem Priester, der wegen seines Kampfes gegen die Mafia am helllichten Tag von zwei Killern der Mafia ermordet worden war, ohne dass sich für den Mord Zeugen fanden. Viel später hörte Pfarrer Lücking nachts in Duisburg die Polizeisirenen gellen. In jenen Tagen, sagte er, habe er oft an den ermordeten Padre Puglisi gedacht, der die Mafiabosse von den Prozessionen ausgeschlossen und nur denjenigen Familien die Katechese erlaubt hatte, die der Mafia abgeschworen hatten. Und der von seinen Mitbrüdern keineswegs unterstützt wurde, sondern isoliert worden war.

Seine Reise nach Palermo war seit langem geplant gewesen. Eine Reise, von der Pfarrer Lückings italienische Gemeinde nichts wusste. Sie lebt in Duisburg, als hätte man sie gegen ihren Willen in eine fremde Welt gesperrt. Die Sankt-Joseph-Kirche betreten die italienischen Gemeindemitglieder wie ein fremdes Mietshaus, in dem sie sonntags ihre Messe feiern – aber nur, wenn sie von einem der italienischen Pfarrer zelebriert wird.

»Wir deutschen Katholiken werden verdächtigt, heimliche Protestanten zu sein«, sagte der Pfarrer und kicherte.

Zwei italienische Geistliche kümmern sich um die italienische Gemeinde von Duisburg, Don Adriano und Don Lino – mit dem Pfarrer Lücking nur auf Latein kommunizieren kann, weil Don Lino kein Deutsch spricht. Genauso wenig wie die Frauen der italienischen Gemeinde, die oft auch nach zwanzig Jahren in Deutschland kein einziges Wort Deutsch sprechen, weshalb es die Väter sind, die ihre Kinder bei Pfarrer Lücking zur Kommunion anmelden. Es ist die einzige Gelegenheit für den Pfarrer, die italienischen Gemeindemitglieder zu Gesicht zu bekommen. Zwei Worte mit ihnen zu wechseln. Mehr nicht. Denn nach der Kommunion ihrer Kinder sind die italienischen Väter sofort wieder verschwunden.

»Wir haben auch andere fremdsprachige Gemeinden, Kroaten, Tamilen, aber keine isoliert sich so wie die italienische«, sagte Pfarrer Lücking. Was er merkwürdig findet. Ebenso merkwürdig, wie die Umstände jener Versöhnungsmesse kurz nach der Mordnacht auf ihn gewirkt haben, als der Pfarrer von San Luca, Don Pino Strangio, zusammen mit dem Bischof von Locri angereist war. Kurioserweise wurde wenig später ausgerechnet dieser Bischof versetzt – obwohl er doch immer als großer Antimafiakämpfer gegolten hatte. Pfarrer Lücking wunderte sich, wie vertraut Don Pino mit den Familien der Mordopfer umgegangen ist. Und auch die Furcht in den Augen des kleinen italienischen Messdieners war ihm

87

aufgefallen – der in den Tagen nach dem Duisburger Blutbad vor Angst geschlottert hatte, weil er mit der Familie Strangio verwandt war: dem Clan der Killer.

»Damals, nachdem wir in Palermo die Gedächtniskirche von Padre Puglisi verlassen hatten, waren wir geschockt«, sagte Pfarrer Lücking. »Noch lange danach fragten wir uns: Wie hättest du gehandelt?«

Auf jeden Fall setzte er durch, dass ein Mal im Jahr die ganze Gemeinde gemeinsam die Messe in der Sankt-Joseph-Kirche feiert. Deutsche, Tamilen, Kroaten, Italiener. An Pfingsten. Dem Fest des Heiligen Geistes.

Als ich die Kirche verlasse, löse ich aus der Ferne die Zentralverriegelung. Und als der Wagen komplizenhaft aufblinkt, freue ich mich wie ein Kind. Ich werde noch misstrauischer von den Schwanenmüttern beäugt. Ganz so, als käme ich von einem Bußgang. Ich überlege, ob ich die Frauen ansprechen soll. Sie fragen soll, ob sie eine Erinnerung an jene Mordnacht im August haben. Aber vielleicht werden sie sich nicht mehr entsinnen. Oder höchstens daran, dass sie schliefen und am nächsten Morgen in der *Bild* von den Morden erfuhren. Mehr nicht. Es wird sie nicht berührt haben. Warum auch. In Duisburg passieren ständig irgendwelche Morde, Vietnamesen meucheln Vietnamesen, Litauer legen Litauer um, da kann man sich nicht auch noch um ein paar Italiener Sorgen machen. Selbst wenn sie Mafiosi waren.

Und was heißt schon Mafiosi? Ist es nicht eine alte italienische Kultur? Ein unausrottbarer Wesenszug der Süditaliener? Überschäumendes Temperament? Eine Art Geheimbund? Der zu einem Berufsbild wurde?

Nur wenige Straßen vom Dellplatz entfernt, in der Duisburger Tonhallenstraße, sprach ich einige Monate zuvor an einem kalten Wintertag mit einem Blumenhändler, der nur Gutes über den ermordeten Wirt des Da Bruno zu berichten wusste. Sebastiano Strangio habe über der Blumenhandlung gewohnt und sei ein ausgesprochen angenehmer Nachbar gewesen. Ein Wirt, der sich gewissenhaft um sein Lokal gekümmert und stets freundlich gegrüßt habe, wenn er morgens um elf Uhr die Wohnung verließ. Ein liebenswürdiger Mafioso sozusagen. Denn dass Sebastiano Strangio zur Mafia gehörte, das hatte der Blumenhändler schon vermutet, als sich das Da Bruno noch in der Tonhallenstraße befand, gegenüber vom Blumenladen, wo später eine juristische Fachbuchhandlung eingezogen ist. In der Adventszeit, als er bis spät in die Nacht Kränze winden musste, hatte er beobachten können, wie das Da Bruno gelegentlich von Polizisten umstellt wurde.

Einmal seien sechzig Polizisten angerückt und hätten alle Gäste aufgefordert, das Restaurant zu verlassen, um eine Hausdurchsuchung machen zu können. Diese Unannehmlichkeiten hätten die Gäste des Da Bruno allerdings keineswegs davon abgeschreckt, wiederzukehren, oft habe es sogar eine Schlange von Wartenden auf einen freien Tisch im Da Bruno gegeben. Nachdem das Restaurant in das Klöcknerhaus hinter dem Bahnhof umgezogen war, habe Sebastiano Strangio, der freundliche Mafioso, den Blumenhändler wiederholt in sein neues Lokal eingeladen. Einmal habe er auch das Angebot angenommen, weil er nicht unhöflich sein wollte. Aber es sei ihm irgendwie unangenehm gewesen, sagte der Blumenhändler. Vor allem, weil er nicht bezahlen durfte.

An diesen Duisburger Blumenhändler dachte ich, als mich das italienische Fernsehen einige Monate später zu einer Sendung über die kalabrische 'Ndrangheta eingeladen hatte – deren Namen auszusprechen sich selbst Italiener schwertun. Der Aufstieg der 'Ndrangheta Italiens ist über Jahrzehnte selbst in Italien unbemerkt geblieben. In den Jahren nach den Morden an den beiden Staatsanwälten Giovanni Falcone und Paolo Borsellino waren die Scheinwerfer des öffentlichen In-

89

teresses fast ausschließlich auf Sizilien gerichtet, so dass die 'Ndrangheta im Schatten der Cosa Nostra Karriere machte. Aus den bäuerlichen Clans, die einander Schafe raubten, war die reichste Mafiaorganisation Italiens geworden, mit einem geschätzten jährlichen Geschäftsumsatz von 45 Milliarden Euro, drei Prozent des italienischen Bruttoinlandsprodukts.

Ich saß in einem tiefen Ledersessel, geschminkt, gepudert und ausgeleuchtet wie die anderen Studiogäste auch, und der Moderator kündigte einige kurze Filme an, über das Dorf San Luca, über den Kokainhandel der kalabrischen Clans, über ihren unvorstellbaren Reichtum und über ihre Geschäfte in Mailand, wo die Clans bereits an den Bauaufträgen für die Expo beteiligt sind.

Gleich zu Beginn, nach einem Beitrag über das Massaker von Duisburg, stellte mir der Moderator eine Frage. Besser gesagt, es war keine Frage, sondern eine freundlich gemeinte rhetorische Vorlage; ich sollte all jene unerbittlichen Antimafiaoffensiven aufzählen, die der deutsche Rechtsstaat aufgeboten hätte. Gesetzesinitiativen, Verordnungen, Beschlüsse. Der Moderator war überzeugt, dass die Deutschen seit jener Augustnacht des Jahres 2007 aufgewacht seien – und wahrgenommen hätten, dass die Mafia keineswegs nur ein Problem rückständiger süditalienischer Dörfer war, sondern auch deutsche Realität.

Italiener pflegen eine sehr romantische Vorstellung von der Effizienz des deutschen Rechtsstaates, sie überhöhen ihn geradezu auf mythische Weise. *Ah, la Germania!,* sagen sie, wenn sie bemerken, dass ich Deutsche bin. Sie preisen die deutsche Rechtssicherheit und den ausgeprägten deutschen Bürgersinn und werden nicht müde, die hohen moralischen Ansprüche zu rühmen, die jeder Deutsche an sich selbst stelle. Sie beginnen mit dem legendären Stück Papier, das kein Deutscher auf die Straße fallen ließe, und enden mit der Parabel von den Bonusmeilen, die in Deutschland Politiker zu Fall gebracht hatten. So etwas nenne man Unbestechlichkeit!, sagen sie. Und ich möchte diesen Eindruck keineswegs trüben, wie jeder Emigrant neige auch ich dazu, mein Heimatland zu verklären. Je länger ich in Italien lebe, desto sauberer, unbestechlicher und pünktlicher wurde Deutschland für mich. Wenn ich in Deutschland an einem öffentlichen Park vorbeikomme, starre ich ihn an wie eine Erscheinung. Ich kann nicht fassen, dass auf der ganzen Wiese kein einziges Stück Papier liegt. Keine Pappkartons. Keine leeren Lenorflaschen. Keine aufgeplatzten Mülltüten. Keine alten Matratzen. Keine ausrangierten Kühlschränke. Sondern dass da einfach nur eine grüne Wiese ist. Auf der man spazieren geht.

Alle italienischen Fernsehzuschauer wären von Deutschland enttäuscht gewesen, wenn ich erzählt hätte, dass die Düsseldorfer Landesregierung versuchte, der Mafia Herr zu werden, indem sie die Augen vor ihr verschloss. Die SPD-Opposition im Düsseldorfer Landtag hatte zwei Jahre nach dem Massaker von Duisburg eine Große Anfrage zum Thema »Bedrohung Nordrhein-Westfalens« an die Landesregierung gestellt.

Und in dem ihm eigenen amtlichen Duktus hatte das Düsseldorfer Innenministerium verkündet: »Der mit der Großen Anfrage erweckte Eindruck, die Tötungsdelikte zum Nachteil von sechs italienischen Staatsangehörigen am 15.8.2007 in Duisburg, deren Opfer und mutmaßliche Täter der kalabrischen Organisation der sogenannten 'Ndrangheta angehören, seien Ausdruck bisher unterschätzter krimineller Aktivitäten der italienischen Mafia in Nordrhein-Westfalen (NRW), ist unzutreffend. Es liegen auch keine Anhaltspunkte dafür vor, dass sich Ausmaß, Erscheinungsformen und Gefährdungspotenziale der italienischen OK in NRW grundlegend von denen in anderen Ländern unterscheiden.« Und weiter hieß es:

»Dem Landeskriminalamt liegen auch keine Beweise dafür vor, dass Gruppierungen der italienischen OK in NRW ebenso tief in der Gesellschaft verwurzelt sind, wie dies von der Antimafiakommission des italienischen Parlaments sowie den italienischen Sicherheitsbehörden dargestellt wird.«

Auf die Frage, wie die Landesregierung die Zukunft der nationalen und internationalen Ausbreitung der Mafia einschätze, stellte sie fest: »Die Landesregierung hat keine Anhaltspunkte dafür, dass der Standort Deutschland eine besondere Attraktivität für eine zukünftige nationale Ausbreitung der italienischen OK aufweist.«

Ich fragte mich, ob sich dahinter Wunschdenken oder Zynismus verbarg. Die einunddreißig Seiten lange Antwort der Düsseldorfer Landesregierung erinnerte mich an jenes ferne Italien, in dem die Mafia noch geleugnet werden konnte. Als der Boss Gerlando Alberti in den siebziger Jahren in Mailand verhört wurde, fragte er: »Mafia? Was soll das sein? Eine Käsesorte?« Der Boss wusste, dass die Norditaliener damals noch glaubten, gegen die Mafia gefeit zu sein. Sie galt ausschließlich als Geißel Süditaliens – so wie sie in den Augen der nordrhein-westfälischen Landesregierung offensichtlich ausschließlich als Plage Italiens betrachtet wird.

Rauschgifthandel in Zeiten der Globalisierung? Des Internets? Des abhörsicheren Skypes? All das scheint für die Landesregierung Nordrhein-Westfalen unbekannt zu sein. Da ist die Mafia immer noch ein in archaische Blutfehden verstrickter Geheimbund süditalienischer Schafhirten: »Eine verstärkte Ausnutzung der durch die Digitalisierung aller gesellschaftlichen und individuellen Lebensbereiche, insbesondere die Ausbreitung des Internets und das Verschmelzen von Kommunikations- und Informationstechnologie für die Erscheinungsformen italienischer organisierter Kriminalität ist bisher nicht festgestellt worden.« Und die Frage, wie viele Restaurants der Clans Pelle-Vottari und Nirta-Strangio sich in Nordrhein-Westfalen befänden, wurde der Einfachheit halber gar nicht beantwortet. Vielmehr wurde belehrt: »Das Betreiben eines Gastronomiebetriebes allein begründet keinen Anfangsverdacht für das Vorliegen einer Straftat. Auch nicht, wenn Betreiber oder Mitarbeiter polizeilich bekannten kalabrischen Familien angehören oder zu ihnen in Beziehung stehen.«

Und wer jetzt immer noch Angst vor der Mafia in Nordrhein-Westfalen hatte, der wurde damit beruhigt: »Die unmittelbare Drohung und die Ausübung von Gewalt richten sich nach polizeilichen Bewertungen vorwiegend gegen italienische Landsleute.« Das Blutbad von Duisburg? Lediglich Italiener, die Italiener ermordet hatten.

Schon bevor die Landesregierung die Große Anfrage beantwortet hatte, war ein Kopf gerollt: Der Polizeipräsident von Bochum wurde in den einstweiligen Ruhestand versetzt, weil ihm vorgeworfen wurde, zur Vorbereitung der Großen Anfrage Informationen über die italienische Mafia an die Opposition weitergegeben zu haben. Im sizilianischen Trapani hätte ich so etwas erwartet. Oder im kalabrischen Vibo Valentia. Aber nicht in Düsseldorf.

Das ging mir durch den Kopf, als ich in diesem Fernsehstudio etwas unbehaglich in meinem Ledersessel herumrutschte. Ich suchte nach dem Positiven. Nach einer Gesetzesänderung, die ich hätte verkünden können. Aber mir fiel nur ein, dass ein großer Teil der Polizisten, die sich in Deutschland eigentlich mit der Mafia beschäftigen sollten, aus den Dezernaten für organisierte Kriminalität abgezogen worden waren, um islamische Terroristen zu bekämpfen: Bärtige belauern, wie es ein Staatsanwalt nannte. Die Mafia in Deutschland war nichts anderes als eine Giftwolke, die sich schon längst wieder verzogen hatte. *Es bestand zu keinem Zeitpunkt keinerlei Gefahr.* Ständig hatte ich die Stimme des einstigen

93

CSU-Innenministers Friedrich Zimmermann im Ohr, der kurz nach dem Ausbruch des Atomreaktors von Tschernobyl die Deutschen mit diesen Worten zu beruhigen versuchte. Jargon der Uneigentlichkeit.

Einschätzungen wie die von Wolfgang Neiss, dem Leiter der Abteilung Organisierte Kriminalität von Duisburg, waren auch wenig erwünscht. Er hatte festgestellt, dass es in fast allen Verfahren gegen organisierte Kriminalität Hinweise auf undichte Stellen gegeben hatte – entweder in den eigenen Reihen oder bei der Justiz oder bei der Kommunalverwaltung. So seien Durchsuchungsvorhaben verraten worden: Man habe durchsucht, und alle Räume seien leergefegt gewesen, was vollkommen untypisch gewesen sei. Auch seien Aufenthaltserlaubnisse für Leute vergeben worden, die keine hätten bekommen dürfen. Standesbeamte hätten Scheinehen geschlossen, obwohl sie genau gewusst hätten, dass es sich um solche handelte, Bedienstete von Straßenverkehrsbehörden hätten Informationen über geheime Polizeikennzeichen weitergegeben, um zu warnen. Solche Versuche gebe es immer wieder, und sie seien auch schon verurteilt worden.

Und kurz nachdem Wolfgang Neiss dem ZDF seine nüchterne und realistische Einschätzung in die Kamera gesprochen hatte, wurde der Pressesprecher des Polizeipräsidiums Duisburg versetzt.

Die Düsseldorfer Landesregierung war nicht die einzige, die versuchte, die Mafia sich wieder zurück in den Süden zu imaginieren. Als im thüringischen Landtag im November 2008 eine Kleine Anfrage gestellt wurde, klangen die Antworten in Erfurt genauso verharmlosend wie die in Düsseldorf. In den letzten drei Jahren seien verschwindende 0,1 Prozent aller Tatverdächtigen Italiener gewesen. Und was die Geldwäsche betreffe: Es lägen keine Hinweise auf die Herkunft der in Thüringen investierten Geldbeträge vor.

Fast zeitgleich und ebenso abwiegelnd antwortete der baden-württembergische Innenminister auf die Anfrage einiger SPD-Abgeordneter und verwies auf die Statistik, die für die letzten acht Jahre ganze vier Ermittlungen gegen die 'Ndrangheta aufführte. Ansonsten gebe es keinen Anlass, anzunehmen, dass in Baden-Württemberg »Referenten« der 'Ndrangheta tätig seien. Auch die Frage, ob die Aussagen italienischer Kollegen zuträfen, denen zufolge ein gewisser »M. L.« in Baden-Württemberg tätig sei, wurde abschlägig beschieden. Man wagte nur, die Initialen des Gastronomen Mario Lavorato zu nennen, obwohl die Freundschaft des ehemaligen baden-württembergischen Ministerpräsidenten Günther Oettinger zu dem Kalabrier Mario Lavorato schon in so vielen Büchern und Zeitungsberichten beschrieben worden war, dass sie fast schon zu einem Romanstoff geronnen war: Mario Lavoratos Pizzeria in Stuttgart-Weilimdorf war die Stammgaststätte der CDU-Prominenz. Die Staatsanwaltschaft Stuttgart hatte gegen Mario Lavorato erfolglos wegen Geldwäsche und Drogenhandels ermittelt. Inzwischen hat ein kalabrisches Gericht Lavorato vom Vorwurf der Mafiazugehörigkeit freigesprochen. Er feiere in Stuttgart wieder rauschende Feste, notierte das BKA.

Ich saß immer noch in meinem Lichtkegel. Der Moderator lächelte mich aufmunternd an. Er erwartete von Deutschland etwas, was den Italienern Hoffnung machen würde. Und ich dachte daran, dass man in Deutschland die Musik der Mafia liebt, die man gerne auf Partys auflegt, und dabei den Schauder über die archaischen Riten eines bizarren, der Blutrache verfallenen Völkchens genießt, die Mafia als eine jahrhundertealte Lebensform, eine Art spezielles Weltkulturerbe, das zum Süden Italiens gehört wie Zitronenblüten und Mandolinenklänge.

»Man hat nach Duisburg tatsächlich keine neuen Gesetze

gegen die Mafia beschlossen? Gegen Geldwäsche? Oder Mafiazugehörigkeit?«, fragte der Moderator schließlich und blickte etwas ratlos in die Kamera.

»Nein«, sagte ich.

Und der Moderator begann hektisch seine Moderationskarten neu zu sortieren.

Endlich lasse ich mich wieder in den Spider fallen, in den Muschelschalensitz. Und beschließe, etwas Gas zu geben, sonst wird das ja nie etwas mit Sizilien. Gerade lag noch der Geruch von Staub und Rauch in der Luft, jetzt rieche ich nichts anderes mehr als Leder und Kunststoff, jenen typischen Geruch, den ein neues Auto verströmt.

Am Dellplatz ist Duisburg noch Duisburg, in jeder Mauerritze sitzt die Sachlichkeit des Ruhrgebiets. Nur ein paar Kreuzungen weiter versucht die Stadt abzuheben, ich fahre an gläsernen Flächen vorbei, an einem riesigen verspiegelten Kubus, einer schillernden Ellipse, und glaube meinen Augen nicht zu trauen, als ich an der Fassade den Schriftzug lese: »Casino Duisburg«. Alles hätte ich in Duisburg vermutet, Hochöfen, in denen man klettern, Kühltürme, in denen man tauchen kann, aber kein Spielcasino. Ein Spielcasino braucht Edelgeschöpfe, Luxusschicksale, Romanfiguren, aber keine Arbeitslosenquote von dreizehn Prozent. Mühsam verdränge ich jeden aufkommenden Gedanken an Geldwäsche. *Déformation professionnelle.*

Als ich an einer Kreuzung abbiege, sehe ich eine Möwe auf der Regenrinne eines Hauses sitzen, die sich nun aufschwingt und über mich hinwegfliegt, als liege unter ihr der Ozean und nicht das Ruhrgebiet. Wie kommt eine Möwe so tief ins Festland, frage ich mich – als mir mein Heimatkundebuch wieder einfällt, in dem es nicht nur Schaubilder von Hochöfen gab, sondern auch Fotos vom Duisburger Hafen. Die stets mit dem Superlativ verbunden waren: Der größte Binnenhafen der Welt. Schon überquere ich eine Brücke über den Rhein, der hier wie ein Meer wirkt. In der Ferne sehe ich Hochöfen, keine musealen, die man besteigen und besichtigen kann, sondern echte. Im Gegenlicht wirken sie wie eine Szenendekoration für einen Film von Sergej Eisenstein.

Noch bevor ich die Autobahn erreiche, stehe ich schon wieder im Stau. Neben mir fährt ein Geländewagen mit voll verspiegelten Fenstern vor, ein Geländewagen, der aussieht, als sei er unterwegs, um Minen aufzuspüren, obwohl er wohl nur zum nächsten Getränkehandel fährt, Bier und Mineralwasser einkaufen. Als das Seitenfenster des Geländewagens neben mir langsam herunterfährt, stolpert mein Herz. Und schlägt erst dann wieder regelmäßig, als die Hand, die aus dem Fenster gestreckt wird, eine Zigarette zwischen den Fingern hält. Und die Asche abstreift.

In solchen Momenten ist Erfurt wieder ganz nah. Der Morgen danach, als ich auf dem Bahnhof stand, zitternd, in einer dünnen Lederjacke, gerade recht für Palermo oder Neapel, nicht aber für deutschen Frühwinter. Wenn ich sprach, verwandelte sich mein Atem in eine kleine, weiße Wolke. Ich hatte eine Freundin angerufen, ihre Stimme klang verwundert, normalerweise rufe ich nie so früh an. Wahrscheinlich vermutete sie, dass ich gerade meinen Mann verlassen hatte. Oder dass mein Mann mich verlassen hatte. Warum sollte man sonst seine Freundin um sieben Uhr morgens aus dem Bett klingeln.

»Schieß los«, sagte meine Freundin.

»Ich wollte dir von meiner Lesung gestern Abend in Erfurt erzählen«, sagte ich.

»Ah, die Mafia«, sagte meine Freundin.

Wir kennen uns noch aus der Schulzeit, meine Freundin ist eine sehr erfolgreiche Werberin und entwickelte Kampagnen

97

für Colgate und Calvados, während ich mich für die Mafia interessierte. Was sie für eine Überspanntheit meinerseits hält. Wie ein Hang zu großblumigen Kleidern. Oder zu übergroßen Fingerringen.

»Ich höre«, sagte meine Freundin.

»Ja«, sagte ich. Und bemerkte einen Mann, der mir durch den Bahnhof gefolgt war. Er trug eine Jeans und eine schillernde, wattierte Jacke, in der er wie in einem Insektenpanzer steckte. Die Haare waren mit Gel zu kleinen Zacken gekämmt. Ich blieb vor der Treppe stehen, die zu dem Bahnsteig führte, auf dem mein Zug abfahren sollte. Der Mann ging weiter.

Während ich den Mann beobachtete, erzählte ich meiner Freundin, wie die Lesung am Abend zuvor verlaufen war, ich schilderte die Szene mit der Gerichtsvollzieherin, die in der Dunkelheit vor der Buchhandlung auf mich gewartet hatte, um mir die einstweilige Verfügung zu überreichen, die der Erfurter Gastronom Spartaco Pitanti gegen mein Buch erwirkt hatte. Ich erwähnte den Moderator, der mich mit den Worten empfangen hatte, dass er ein guter Freund von Herrn Pitanti sei, der mir umstandslos vorwarf, in meinem Buch Lügen zu verbreiten, und der sich schließlich mir gegenüber damit rühmte, gute Freunde in Neapel zu haben. Ich beschrieb den Rechtsanwalt, der gleich nach meiner Lesung das Wort ergriffen hatte, um rhetorisch kunstvoll zu bestreiten, dass Geldwäsche in Deutschland möglich sei.

Ich erzählte von dem ehemaligen Erfurter Bürgermeister Manfred Ruge, der auch im Publikum gesessen hatte und mich beschimpft hatte: als geistige Urheberin einer Fernsehdokumentation über die Mafia in Deutschland, in der man ihn dazu gebracht habe, Sätze zu sagen, die er so nicht gesagt haben wollte. Ich erwähnte die Italiener, die ganz hinten in der Ecke der Buchhandlung gesessen hatten und mich schließlich mangels Deutschkenntnissen auf Italienisch als Lügnerin und Mafiosa beschimpft hatten. Ich schilderte die Schreckstarre, in der die anderen Zuhörer lange Zeit gefangen waren, bis sie schließlich an die Italiener gewandt riefen: »Wer sind Sie? Was wollen Sie von ihr?« Und ich beschrieb den Herrn mit der Fliege, der aufgestanden war und eine lange Verteidigungsrede zugunsten jener Personen meines Mafiabuches gehalten hatten, die mich verklagt hatten – der Duisburger Hotelier Antonio Pelle und der Erfurter Gastronom Spartaco Pitanti, die er beide offenbar sehr gut kannte.

Ich hätte die Ehre dieser beiden erfolgreichen italienischen Unternehmer beschmutzt, sagte der Mann mit der Fliege – bis er eine Pause machte und sein leidenschaftliches Plädoyer mit dem Satz beendete: »Ich bewundere Ihren Mut, ich bewundere sehr Ihren Mut, ich bewundere ganz außerordentlich Ihren Mut.«

»Hm«, sagte meine Freundin.

»Man hat mich schon oft zu meinem Mut beglückwünscht«, sagte ich. »Aber dieses Mal war es anders.« Plötzlich wurde mir klar, dass meine Freundin die Bedrohung keineswegs verstanden hatte. Der Satz, hinter dem sich eine elegant gedrechselte Drohung verbarg, war für sie einfach nur ein Satz.

Über mir fuhr gerade ein Zug ein. Die Decke schien zu beben. Der Mann mit der wattierten Jacke lief jetzt in meine Richtung. Aber dann ging er an mir vorbei. Ohne sich umzudrehen.

»Mir war, als sei alles nach einer sorgfältig studierten Dramaturgie abgelaufen«, sagte ich. »Als hätte jeder den ihm zugewiesenen Part gespielt, der Moderator, der Rechtsanwalt, bis hin zu jenen Italienern, die mich nur auf Italienisch beschimpfen konnten, die aber dennoch für die Inszenierung unverzichtbar waren.«

Langsam stieg ich die Treppen zum Gleis hoch. Die Hand, in der ich mein Telefon hielt, war so kalt geworden, dass ich fast kein Gefühl mehr in den Fingern verspürte. Vor mir ging ein Mann ohne Gepäck. Ich bemerkte, wie er sich kurz nach mir umdrehte. Als er nach hinten an seinen Hosenbund fasste und nach etwas tastete, setzte mein Herz aus. Aber dann zog der Mann ein Handy aus seiner Gesäßtasche.

»Ach, weißt du«, sagte meine Freundin, »die Mafia interessiert in Deutschland niemanden. Das muss ich dir jetzt mal sagen. Ich lese diese Artikel über die Mafia nur, weil du sie geschrieben hast. Als Freundschaftsdienst für dich.«

Langsam schließt sich das Fenster des Geländewagens. Mein Herz schlägt wieder ruhig. Ich hätte nie gedacht, dass ein sich öffnendes Autofenster eine Bedeutung für mich haben könnte. Oder jener Augenblick, wenn sich die Fahrstuhltür öffnet. Oder ein Schatten am Ende eines langen Ganges. Es ist, als hätte jemand Gift in mein Herz geträufelt. Es sind nur ein paar Tropfen, winzige.

5

Der Geländewagen fährt hochmütig an mir vorbei. In einem Punkt muss ich meinem Onkel recht geben: Ein Diesel zieht nicht. Jedenfalls nicht beim Anfahren, wie ich es von einem Alfa Spider erwarten würde, der über vier Auspuffrohre verfügt und über Felgen, die aussehen wie Preziosen. Aber gut, Paolo Conte singt »Via con me«, was will ich mehr. Komm weg mit mir, weg von den Männern, die dir gefallen haben, nichts verbindet dich mehr mit diesen Orten, nicht mal diese blauen Blumen.

Die nächste Lesung nach dem Vorfall von Erfurt fand zwei Tage später in Norddeutschland statt. Weil der Ort der Lesung mit öffentlichen Verkehrsmitteln nur schwer zu erreichen war, hatte der Verlag ein Auto mit Fahrer gemietet. Diesen Luxus hatte ich einer aufmerksamen Verlagsmitarbeiterin zu verdanken, die berechnet hatte, dass ein Mietwagen mit Fahrer nicht teurer war als ein Mietwagen ohne Fahrer. Der Fahrer holte mich in Hamburg ab. Es war schon dunkel, als er mir die Tür öffnete und mir auffiel, dass sich von seinem Ohr ein winziges Kabel in seinen Kragen ringelte. Wir fuhren am frühen Abend los, die Alster war in Finsternis versunken, umgeben von Lichtern, die sich im Wasser spiegelten, und der Fahrer erzählte, dass er ausgebildeter Personenschützer sei. Und nur nebenbei als Fahrer arbeite.

Ich saß im Fond und blickte auf das kleine geringelte Kabel. Ich wusste nicht, ob das Kabel verbunden war. Und wenn ja, mit wem. Aber selbst, wenn es sich nur um ein Placebo-Kabel gehandelt hat, ein Accessoire, das manche Männer sich anstecken wie ein Vereinsabzeichen, hatte es seinen Zweck erreicht. Es beruhigte mich.

Nach einer Stunde Fahrt kamen wir an. Vor der Buchhandlung stand eine lange Schlange von Wartenden im Dunkel, neben ihnen an der Wand flatterten Plakate im Wind, die auf die Veranstaltung hinwiesen: »Die Nacht der langen Messer«. Außer mir sollten im Laufe des Abends auch Kriminalautoren aus ihren Werken lesen. Die Buchhändlerinnen waren als Sherlock Holmes verkleidet. Sie trugen Tweedmützen mit aufgebundenen Ohrenklappen und Knickerbockerhosen und kauten auf Pfeifen herum. Einige von ihnen standen mit Lupen in der Hand vor dem Eingang der Buchhandlung und nahmen den eintretenden Besuchern Fingerabdrücke ab. Auch die Buchhandlung war dekoriert, mit Handschellen und Blutflecken, mit Kreidezeichnungen auf dem Boden und Fahndungsfotos. Zwei Sherlock-Holmese führten mich auf ein schmales Podest, auf dem ich lesen sollte. Als ich auf das Podest stieg, sah ich, dass zu meinen Füßen ein Luftgewehr lag. Zur Dekoration. Ich rückte meinen Stuhl zurecht und hoffte, dass ich nicht von dem Podest fallen würde, wenn ich aus Versehen den Stuhl zu weit nach hinten schieben würde. Die Zuhörer saßen mit Gläsern voll Rotwein in der Hand bereit, als eine Buchhändlerin einige einführende Worte zur »Nacht der langen Messer« sprach, die mit mir beginnen sollte. Ich blätterte in meinem Buch, in dem ich mit Klebezetteln die Passagen gekennzeichnet hatte, die ich lesen wollte, schenkte mir etwas Mineralwasser ein, und hoffte, dass die Kohlensäure bald verfliegen würde. Die Buchhändlerin richtete das Licht der Leselampe auf mein Buch, das Publikum wurde von der Dunkelheit geschluckt, und ich begann zu lesen.

In der Buchhandlung herrschte gespannte Stille, während ich las. Ich fragte mich, ob mir am Ende der Lesung wohl wieder die Frage gestellt werden würde, ob ich schon einmal bedroht worden sei. Es scheint manchen Menschen völlig natürlich und selbstverständlich zu sein, dass ein Journalist, der sich mit der Mafia beschäftigt, auch von der Mafia bedroht wird. Als sei die Mafia so etwas Natürliches und Ewiges wie der Wind. Und der Journalist, der die Verbrechen der Mafia beschreibt, einer, der glaubt, sich gegen den Wind stellen zu können.

Tatsächlich bin ich während meiner Mafiarecherchen in Italien zwei Mal bedroht worden. Ein Mal im sizilianischen Corleone und ein Mal im kalabrischen San Luca. In Corleone hatte ein Sohn des Bosses Totò Riina die Fotografin und mich mit dem Auto verfolgt. Und in San Luca wollten die Männer des Clans der Pelle-Romeo uns verprügeln, weil wir Fotos von dem Haus gemacht hatten, in dem sich der Clan verschanzt hatte. Dass man uns dort bedrohte, hatte uns nicht erstaunt. Beide Male waren wir Eindringlinge auf ihrem Terrain gewesen. Mich hatte allerdings überrascht, in Erfurt bedroht zu werden. Offenbar betrachteten die Clans Erfurt als ihr Herrschaftsgebiet. So wie San Luca. Und Corleone.

Die Palmengrenze hatte sich verschoben. Der sizilianische Schriftsteller Leonardo Sciascia hat die Theorie von der Palmengrenze geprägt: Gemäß einer geologischen Erkenntnis verschiebe sich die Verbreitungsgrenze der Palme aufgrund der Erderwärmung jedes Jahr mehrere hundert Meter weiter nach Norden. Palmen würden also in absehbarer Zeit auch an Orten wachsen, an denen sie heute undenkbar seien. Und genau so verhalte es sich mit der Verbreitung der Mafia. Sie existiere bereits in Norditalien, und sie werde weiter nach Norden ziehen. Weil sie kein Gegenstaat sei, sondern sich in den Eingeweiden des Staates einniste. Jetzt wachsen die Palmen auch schon in Duisburg, Stuttgart und in Erfurt.

Am Ende der Lesung hatte ich einen Schluckauf vom Mineralwasser. Und ein Herr fragte mich, ob ich bereits einmal bedroht worden sei. Ich erzählte von den Drohungen in

Corleone und in San Luca. Dann auch von der in Erfurt. Aber den Herrn stellte das nicht zufrieden. Er fragte mich, ob ich eine Drohung auch schon mal schriftlich bekommen hätte. Ich hob zu einer Antwort an, ich wollte sagen, dass eine Mafiadrohung ein Blick sein kann, ein Gruß, ein Kompliment. Ein Gift, das ins Herz geträufelt wird. Und nicht nachgewiesen werden kann. Wer die Macht besitzt, hat es nicht nötig, die Stimme zu erheben. Es reicht eine hochgezogene Augenbraue, ein Zungenschnalzen. Nicht zufällig ist die Mafia in Süditalien entstanden, einem Land der Armut, Unfreiheit und der Leibeigenschaft. Wo Araber und Normannen das Gesetz diktierten, spanische Vizekönige und Bourbonen. Die katholische Kirche und die Mafia. Bis zur italienischen Einigung gab es hier keinen Staat. Wer überleben wollte, musste lernen, selbst aus Schweigen Botschaften zu lesen. Bis heute.

Ich wollte sagen, dass sogar Glückwünsche eine Drohung sein können. Der Boss Michele Greco, der am Ende des Maxiprozesses in Palermo zu lebenslanger Haft verurteilt wurde, verkündete dem Gericht feierlich:

Ich möchte an dieser Stelle einen Wunsch aussprechen. Ich wünsche Ihnen Frieden. Ich wünsche Ihnen allen Frieden. Der Frieden ist die Ruhe der Seele und des Gewissens. Denn für die Aufgabe, die Ihnen bevorsteht, entschuldigen Sie mich bitte, Herr Vorsitzender Richter, ist der innere Frieden fundamental. Dies sind nicht meine Worte, es sind die Worte unseres Herrn. Der zu Moses sagte: ›Wenn du Urteile zu fällen hast, dann muss der höchste innere Frieden herrschen.‹ Das ist die Grundlage von allem. Und ich wünsche Ihnen, Herr Richter, dass dieser innere Frieden Sie für den Rest Ihres Lebens begleiten möge.

Ich wollte sagen, dass die Staatsanwälte, denen der Boss Michele Greco seine lebenslange Haft verdankte, Giovanni Falcone und Paolo Borsellino waren. Ihnen war es gelungen, in dem legendären Maxiprozess 360 Mafiabosse zu insgesamt 2665 Jahren Haft zu verurteilen. Zum ersten Mal mussten die Bosse erleben, dass sie es nicht schafften, wie gewohnt den Prozess »zurechtzurücken«, die Urteile in der letzten Instanz aufzuheben. Für die beiden Staatsanwälte bedeutete dieser Sieg ihr Todesurteil: Sie wurden 1992 von der Mafia in die Luft gesprengt. Michele Greco hingegen starb dank seines inneren Friedens im Dezember 2008 eines natürlichen Todes. Am Ende von zweiundzwanzig Jahren Haft. Don Angelo, der Kaplan, der den Boss in Palermo zu Grabe trug, sagte: »Der Herr möge in seinem Reich unseren Vater Michele aufnehmen, weil wir nicht wissen, was mit der Seele dieses Mannes geschah, als er sich an der Schwelle des Todes befand.«

Ich wollte sagen, dass es in Sizilien heißt: *Chi vuole capire, capisce.* Wer verstehen will, versteht. Das ist das ganze Geheimnis einer Mafiadrohung. Ein italienischer Antimafia-Staatsanwalt erzählte mir einmal, wie er nach Palermo gereist war, um einen im Gefängnis von Ucciardone einsitzenden Mafiaboss zu verhören. Als der Staatsanwalt vor dem Verhör den Anwalt des Mafiabosses traf, fragte ihn der Anwalt, ob es ihm gut gefalle – im Hotel Ambassador. Mehr nicht.

Der Staatsanwalt hatte verstanden. Er hatte niemandem mitgeteilt, in welchem Hotel er abgestiegen war. Was heißt denn hier Drohung? Ich habe doch nur gefragt, ob sich der Staatsanwalt in seinem Hotel wohl fühlt. Was heißt denn hier Drohung? Ich habe die Dame doch nur zu ihrem Mut beglückwünscht.

»Nein«, sagte ich schließlich zu dem Mann. »Bislang hat man mir noch keine schriftlichen Drohungen geschickt.«

Das Telefon schreckt mich aus meinen Gedanken auf. Genauer gesagt, die Freisprechanlage. Die ich zum ersten Mal benutze, weshalb ich nach dem richtigen Knopf suchen muss. Bis ich höre, wie meine Mutter aus dem Lautsprecher ruft: »Wo bist du?«

Sie fragt immer, wo ich sei, wenn sie mich am Handy anruft. Es ist eine Gewohnheit.

»Irgendwo kurz hinter Duisburg«, sage ich.

»Na, weit bist du ja noch nicht gekommen«, sagt meine Mutter und macht mich darauf aufmerksam, dass meine Stimme blechern klingt. »Wohin fährst du jetzt genau?«, fragt sie noch mal.

»Nach Stuttgart«, sage ich und füge ausweichend hinzu: »Aber unterwegs mache ich noch ein paar Interviews.«

Ich weiß, was meine Mutter denkt. Und meine Mutter weiß, was ich denke.

Am Tag nach den Drohungen in Erfurt war ich bei ihr zu Besuch. Wie immer waren meine Tanten und Onkel gekommen, um mich zu sehen. Wir saßen am Küchentisch und aßen Wirsingrouladen. Außerhalb der Küche meiner Mutter esse ich nie Wirsingrouladen, normalerweise löst der alleinige Geruch von Wirsing bei mir Abscheu aus. Aber die Wirsingrouladen meiner Mutter liebe ich. In ihnen steckt meine Kindheit.

Immer wieder klingelte mein Telefon. Meine Verwandten hörten, was ich sagte, auch wenn ich nur flüsternd beschrieb, was geschehen war. Ich wusste nicht, wie ich mich verhalten sollte. Ich wollte meine Familie nicht beunruhigen. Und gleichzeitig wollte ich sie nicht im Unklaren lassen. Ich wollte nicht, dass jemand meine Mutter beim Einkaufen auf dem Wochenmarkt ansprechen und ihr von den Drohungen in Erfurt erzählen würde. Also erzählte ich von der Lesung. Ich versuchte sie meinen Tanten und Onkeln so unbeeindruckt wie möglich zu schildern. Gleichzeitig wollte ich nicht ernster sein als sonst. Ich machte Witze, so wie immer. Aber offenbar gelang es mir nicht. Denn alle sahen mich an, als hätte ich ihnen offenbart, an einer unheilbaren Krankheit zu leiden.

Alle schwiegen. Meine Tante nippte an ihrem Rotwein. Meine Cousine fuhr mit der Fingerspitze über den Rand ihres Wasserglases. Mein Onkel tupfte sich mit der Serviette Schweiß von der Stirn. Und meine Mutter fragte mich, ob ich noch eine weitere Wirsingroulade essen wolle.

»Ich rufe dich später wieder an«, sage ich. »Ich muss hier irgendwo abbiegen, aber ich weiß nicht genau, wo.«

Endlich bin ich dem Gewirr aus Straßenkreuzungen, Unterführungen und Einfädelungsspuren entkommen. Vor mir liegt nichts anderes als schnurgerade Autobahn. Bei deren Anblick ich mich sofort in Gedanken verliere. Autobahnfahren hat eine ähnlich inspirierende Wirkung auf mich wie auf andere Leute ein Waldspaziergang. Ich habe meine besten Ideen, wenn ich mich einfach nur geradeaus fortbewege. Leider kann ich beim Autofahren keine Notizen machen, deshalb vergesse ich meine besten Ideen ebenso schnell wieder. Im Prinzip würde das Wunderauto auch ohne mich weiterfahren, man muss nicht mal auf das Gaspedal treten, man kann eine Geschwindigkeit einstellen.

Inzwischen ist Nachmittag. Die Sonne scheint noch, steht allerdings schon tief. Ich höre, wie Gianna Nannini das Lied *Amandoti* singt, und ich erwische mich dabei, wie ich laut mitsinge. Wenn ich allein Auto fahre, fällt jede Scham von mir ab. *Amarti m'affatica mi svuota dentro, qualcosa che assomiglia a ridere nel pianto, amarti m'affatica mi da malinconia, che vuoi farci è la vita, è la vita, la mia.*

Italiener singen immer mit, bei allen Liedern. Darum beneide ich sie. Sie singen mit, textsicher, fehlerfrei, egal ob es

Mina ist, Lucio Dalla oder Vasco Rossi. Und während ich *è la vita, la mia* singe, werde ich geblitzt. Erst in diesem Augenblick fällt mir auf, dass die Höchstgeschwindigkeit auf diesem Stück Autobahn bei hundert Stundenkilometern liegt. Ich fuhr hundertdreißig, ungefähr. Gott sei Dank noch nicht allzu schnell.

Einige Monate nach dem *Ich bewundere Ihren Mut* kehrte ich wieder nach Erfurt zurück. Ich wollte die Stadt bei Tageslicht sehen, das, was der BKA-Bericht den »Stützpunkt Erfurt und Umgebung« nennt, einen weiteren Stützpunkt des Clans Pelle-Romeo. Angesteckt von der Goldgräberstimmung, die Mitte der neunziger Jahre in Ostdeutschland herrschte, hatte der Clan Pelle-Romeo beschlossen, sein Glück auch im Osten zu machen. Zwei Statthalter wurden von Duisburg nach Erfurt geschickt, die innerhalb kürzester Zeit Immobilien kauften und mehrere Pizzerien eröffneten, mit »gehobenem Standard«, wie der BKA-Bericht vermerkt. Anfangs in Erfurt, später dann auch in Leipzig, Dresden, Weimar, Eisenach. Im Jahr 2002 ermittelte die Polizei wegen des Verdachts der Bildung einer kriminellen Vereinigung und wegen des Verdachts auf Geldwäsche, »Operation FIDO« genannt. Ermittler scheinen ihre schöpferische Kraft in der Namensgebung für Polizeiaktionen auszuleben, die »Cometa« heißen und manchmal auch »Trina« oder einfach nur: »Herbert«.

Die Investitionen der Mafia in Erfurt, so schreibt der BKA-Bericht weiter, würden über ein komplexes System getätigt: »Vertrauenspersonen werden mit der Durchführung der Kaufverhandlungen beauftragt. Zur Übernahme von Objekten werden teilweise Gesellschaften gegründet und Beteiligungen festgelegt. Bei den Konzessionären handelt es sich in der Regel um reine ›Strohmänner‹, die in der Hierarchie der Organisation auf einer der unteren Ebenen stehen und fast ausschließlich verwandt mit den Hauptorganisatoren sind. Diese halten sich bewusst im Hintergrund. Die Herkunft der Investitionsgelder ist unklar und steht im deutlichen Widerspruch zur finanziellen Potenz der Personen, die öffentlich als Inhaber der Gastronomiebetriebe auftreten.«

Am meisten haben mich die Namen der deutschen Helfershelfer beeindruckt, die in dem BKA-Bericht aufgeführt wurden, deutsche Ehefrauen, Bankdirektoren, Rechtsanwälte, die zusammen mit Mafiosi eine GbR gründen, eine Gesellschaft bürgerlichen Rechts: Genau wie eine Tippgemeinschaft kann auch der Zusammenschluss eines deutschen Strohmanns und eines italienischen Mafiosos durchaus die Kriterien einer GbR erfüllen. Und die auch deshalb für die Clans interessant ist, weil bei einer GbR erst ab einem Jahresumsatz von einer halben Million Euro und einem Gewinn von fünfzigtausend Euro eine Buchführungspflicht besteht. Der Gewinn und der Umsatz der Mafiarestaurants liegt natürlich stets darunter.

Es war ein Frühlingstag. Ich durchquerte ein Luther-Land voller bläulich schimmernder Wiesen, auf denen Schaumkraut wuchs, voller unbegradigter Flüsse, Rapsfelder und spitzer Kirchtürme, die sich wie Scherenschnitte vom Himmel abhoben. Als ich in Erfurt ankam, hatten die ersten Sonnenstrahlen viele Erfurter in die Innenstadt jenseits vom Juri-Gagarin-Ring und der Clara-Zetkin-Straße gelockt; die Stadt sieht aus, als hätte sie vakuumverschweißt das letzte Jahrhundert überstanden, unberührt von den Widrigkeiten der Weltkriege, fern von der Unbill der Deutschen Demokratischen Republik. Häuser, Straßenzüge, Plätze, Fassaden und Portale – alles strahlte frisch und gleichzeitig so originalgetreu antik, als hätte man soeben erst die Folie von der Stadt abgezogen, als sei sie einer Broschüre des Fremdenverkehrsamts entsprungen, eine Stadt mit *italienischem Flair,* wie es in der Sprache der PR-Berater heißt.

Keiner der Plätze, kein Straßenzug kam ohne ein italienisches Restaurant aus, eine Eisdiele, eine Stehpizzeria. Gegenüber von der Staatskanzlei aß man auf einer großen, sonnenbeschienenen Terrasse zu Mittag, am Anger, in der Neuwerkstraße, an der Langen Brücke. Da, wo Erfurt am schönsten ist, warteten Kellner mit langen, weißen Schürzen auf Kundschaft, freundliche und manchmal auch etwas mürrisch wirkende Kellner. Die Orecchiette alla Norma kosteten acht Euro, als Nachtisch gab es den Eisbecher Gondola veneziana, und wer auf dem Teller etwas übrig ließ, wurde auch hier von den Kellnern gefragt, ob sie den Rest einpacken sollten. Genau wie in Duisburg.

Elf Restaurants des Clans Pelle-Romeo zählt der BKA-Bericht in Erfurt auf, hinzu kommen Immobilienanlagen, Eisdielen, Import-Export-Gesellschaften. Ein abtrünniger 'Ndranghetista hatte ausgesagt, dass der Clan Pelle-Romeo ab dem Jahr 1998 Drogengelder in Ostdeutschland investierte.

Ich lief durch die Innenstadt, bewunderte perfekt restaurierte Renaissancefassaden und altehrwürdige Brunnen und musste immer wieder an die Sätze von Manfred Ruge denken, dem ehemaligen Erfurter Bürgermeister, der in einer Fernsehdokumentation über die Mafia in Deutschland mit entwaffnender Offenheit festgestellt hatte: »Bedeutet das ›mafiose Strukturen‹, wenn schmutziges Geld, das woanders schmutzig verdient worden ist und dann letzten Endes hier an den Mann gebracht wird? Ist denn nicht die Ursache des Ganzen die, ich sag mal: die Struktur, die es ermöglicht, dass diese Schutzgelder, diese Gelder aus dem Drogenmilieu und wo auch immer, dass die überhaupt erst mal verdient werden können? Dort ist doch eigentlich der Ansatz! Und dort passiert doch eigentlich auch das, was anschließend dann als Auswirkung woanders passiert, die Auswirkung des Geldausgebens oder die Auswirkung der Auseinandersetzung miteinander. Die passieren doch dann vielleicht überall. Aber irgendwo wird doch dieses Geld verdient!«

Später schien er seine Worte bereut zu haben, jedenfalls hatte sich mir bei meiner Lesung dieser Eindruck aufgedrängt, als Manfred Ruge das Wort ergriffen und mich als geistige Urheberin jener ZDF-Dokumentation beschimpfte.

Ich bewundere Ihren Mut. Auch deshalb hatte ich mir eine Perücke gekauft, bevor ich nach Erfurt fuhr. Und mich anders als sonst angezogen. Die Haare rochen etwas streng nach Kunststoff, auch wenn sie sehr echt wirkten. Ich sah aus wie eine Moldawierin, die beim Haarefärben vergessen hatte, auf die Uhr zu schauen. Wenn ich mich abends im Hotelzimmer abschminkte und die Perücke auf den Waschtisch legte, fühlte ich mich wie eine Bankräuberin. Oder wie eine Terroristin auf der Flucht. Obwohl ich in Erfurt nichts anderes tat, als italienisch essen zu gehen.

Aber nach der Botschaft, die mir auf der Lesung übermittelt wurde, war mir klar, dass man meine Anwesenheit in Erfurt nicht unbedingt begrüßen würde. Zumal ich in der Zwischenzeit Anrufe von Unbekannten bekommen hatte, die vorgaben, mich belehren zu wollen, kryptische E-Mails und weitere unverhüllte Drohungen aus San Luca.

Spartaco Pitanti, der Erfurter Gastronom, und Antonio Pelle, der Duisburger Hotelier, hatten inzwischen erreicht, dass einige der sie betreffenden Passagen in meinem Buch geschwärzt werden mussten. Bei der letzten Verhandlung am Münchener Oberlandesgericht hatte die Richterin zwar für die Verhandlung Polizeischutz angeordnet, aber dennoch die Schwärzungen bestätigt.

Der Gastronom Spartaco Pitanti hatte bei der letzten Verhandlung im Münchener Oberlandesgericht eindrucksvoll deutlich gemacht, was er von dem Polizeischutz hielt. Beim Verlassen des Gerichtsgebäudes nahm er den Anwalt meines

111

Verlages beiseite und sagte: »Und richten Sie ihr aus, dass sie das nächste Mal mit sechs Polizisten kommen soll.«

Bevor ich Erfurt verließ, aß ich noch zu Mittag, italienisch natürlich. Ich bestellte Risotto mit Krabben und Spargel. Und bereute meine Wahl sofort. Man hätte mit dem Risotto auch eine Wand verputzen können, so sehr klebte er zusammen. Risotto ist allerdings auch keine kalabrische Spezialität.

Während ich in dem Risotto herumstocherte, dachte ich darüber nach, wie wichtig Restaurants und Hotels für die Clans sind, nicht nur wegen der Möglichkeit der Geldwäsche und der Tatsache, dass sie dort ungestört ihre Geschäfte planen können, da das Abhören in öffentlichen Lokalen in Deutschland verboten ist. Sondern vor allem deshalb, weil hier die nötigen Bekanntschaften geschlossen werden können, völlig zwanglos.

Die Technik, wie die Clans in der deutschen Gesellschaft Fuß fassen, gleicht sich in fast jeder Stadt, egal ob Dortmund, Erfurt, Duisburg, Stuttgart oder München: Wichtig ist, gesellschaftliche Kontakte zu knüpfen, mit Lokalpolitikern, mit Baudezernenten, Bankdirektoren. Mit Fußballspielern, Schauspielern, Polizeipräsidenten. Das geht natürlich am unauffälligsten in einem Restaurant. Ist der Clan erst gesellschaftlich etabliert, geht er dazu über, als Gönner aufzutreten, Fußballvereine und Golfclubs zu unterstützen, Parteifeste zu finanzieren, deutsch-italienische Gesellschaften zu unterwandern. »Eventagenturen« zu gründen, die sich für das Catering einer einzigen italienischen Import-Export-Firma bedienen, die auch alle anderen italienischen Restaurants im Umkreis beliefert. Und die ihnen den zehnfachen Preis des üblichen Gastronomiegroßhandels berechnet: Die Schutzgelderpressung der italienischen Restaurants wird heute über die Zulieferbetriebe der Restaurants abgewickelt. Über die Gastronomiegroßhändler, Lebensmittelhändler, Weinhändler, Einrichter. So kontrollieren die Bosse auf einfache, unauffällige und effiziente Weise das Territorium. Italienische Restaurants, die in Flammen aufgehen, weil sie kein Schutzgeld bezahlen, gibt es schon lange nicht mehr in Deutschland. Zu viel Aufsehen.

In Italien gaben Antimafiafahnder im Sommer 2010 bekannt, dass heute mindestens 5000 Restaurants Geldwaschanlagen der Mafia sind, in Großstädten wie Rom und Mailand soll sogar jedes fünfte Restaurant der Mafia gehören. Spektakulär war die Beschlagnahmung einiger römischer Restaurants, die im Verdacht stehen, der 'Ndrangheta zu gehören, darunter das legendäre George's und das Café de Paris in der Via Veneto. Die Antimafiaermittler versuchten auch das Restaurant La Rampa an der Spanischen Treppe zu beschlagnahmen, von dem vermutet wurde, dass es dem Clan Pelle-Romeo gehörte. Und hier schließen sich wieder einmal die Kreise nach Deutschland: Es war der in Erfurt tätige Gastronom Domenico Giorgi, der das Restaurant La Rampa in Rom betrieb. Obwohl beim Kauf des Restaurants 1,3 Millionen Euro schwarz bezahlt worden seien, überwiesen von Kontos in der Schweiz und San Marino, lehnten römische Richter es jedoch ab, das La Rampa zu beschlagnahmen – mit der bizarren Begründung, dass es leider inzwischen üblich sei, einen Teil der Kaufsumme schwarz zu bezahlen.

Kurz bevor ich in Erfurt meinen verklebten Risotto aß, hatte ich an einer Podiumsdiskussion in Berlin teilgenommen, die, wie sich herausstellte, im weitesten Sinne auch mit italienischer Küche zu tun hatte: An der Humboldt-Universität in Berlin sollte das Thema »Die Mafia gemeinsam bekämpfen« diskutiert werden. Eingeladen hatten italienische Antimafiainitiativen, darunter auch die erste Antimafiainitiative auf deutschem Boden, »Mafia? Nein danke!«. Sie wurde kurz nach dem Massaker von Duisburg in Berlin ins Leben gerufen von Laura Garavini, einer in Deutschland lebenden italienischen Linksdemokratin, die im italienischen Parlament die Auslandsitaliener vertritt und Mitglied der italienischen Antimafiakommission ist, von in Berlin lebenden italienischen Gastronomen und von Bernd Finger, dem Leiter der Abteilung Organisierte Kriminalität des Landeskriminalamts Berlin. Zusammen mit anderen Referenten saßen Laura Garavini und Bernd Finger im bleichen Licht eines Seminarraums.

Finger sprach darüber, wie die Mafia versucht, Sperrminoritäten in Aktiengesellschaften zu kaufen und in börsennotierte Schlüsselindustrien einzudringen, von der Energieversorgung bis zur Mikroelektronik. Wie die Mafia die Wirtschaft infiltriert und wie sie durch ihre Rechtsanwälte prüfen lässt, in welchen Ländern welche Gesetzeslücken ihren Geschäften dienlich sein können. Und wie dreiundfünfzig italienische Gastronomen in Berlin kurz nach dem Attentat von Duisburg um Schutzgeld erpresst wurden. In schlechter Imitation einer Einschüchterungsformel des legendären neapolitanischen Camorra-Bosses Raffaele Cutolo:

Wir sind eine Genossenschaft der Fürsorge mit jahrzehntelanger Erfahrung, daher erlauben wir uns, dieses Schreiben zu unterbreiten. Wir garantieren Sicherheit für Sie und Ihre Familie. Eine Versicherungspolice, die wir Ihnen raten, nicht abzulehnen. Jeden Monat werden unsere Beauftragten vorstellig werden und sich im Namen des Schutzheiligen vorstellen, dem Ihr mit einer spontanen Spende huldigen sollt – denn jede Spende, die nicht von Herzen oder mit Verzögerung kommt oder die gar mit Verrat einhergeht, schmerzt den Heiligen, aber mehr noch den Sünder. Wir ergreifen die Gelegenheit, Euch ein friedliches Weihnachtsfest und ein reiches neues Jahr zu wünschen.

Laura Garavini beschwor die Notwendigkeit, europaweit die Antimafia-Gesetzgebung zu vereinheitlichen, sie nannte Zahlen, beschlagnahmtes Mafiavermögen, Geldwäscheströme, infiltrierte Wirtschaftszweige. Und sie bemerkte, dass die Mafia da gefährlicher ist, wo man nicht von ihr spricht und wo keine Menschen getötet werden.

Neben Laura Garavini saß der SPD-Abgeordnete Klaus-Uwe Benneter. Während der Vorträge blickte er auf seine Uhr. Es gebe ja unterschiedliche Ansichten über das Ausmaß der organisierten Kriminalität, sagte er schließlich und lächelte so milde, als hätte er gerade zwei sympathischen Verschwörungstheoretikern zugehört. Er sei Mitglied im Innenausschuss und im Rechtsausschuss des Bundestages. Das Problem der Mafia in Deutschland sei kein großes. Auch wenn angeblich in Deutschland der Versuch gemacht werde, Geld zu waschen. Angeblich. Dann verabschiedete er sich freundlich. Er habe noch eine wichtige Verabredung. Was schade war, denn sonst hätte er erleben können, wie der im Publikum sitzende Vizepräsident von »Ciao Italia«, der Vereinigung italienischer Gastronomen in Deutschland, am Ende der Podiumsdiskussion rief, dass es keine Mafia in Deutschland gebe. Und schon gar nicht in Berlin unter den italienischen Gastronomen. Die Berliner Schutzgelderpresser seien keine Mafiosi, sondern nur dumme kleine Jungs gewesen. Sein Einwurf ermunterte einen neben ihm sitzenden Sizilianer, sich auch zu Wort zu melden. »Mafia, Mafia, was ist das schon?«, rief er auf Italienisch. »Wir Italiener werden doch alle als Mafiosi betrachtet!« Und ein anderer rief, dass die Initiative »Mafia? Nein danke!« von Laura Garavini und Bernd Finger nur dazu diene, die Konkurrenz unter den italienischen Gastronomen auszuschalten, weil diejenigen italienischen Gastronomen, die sich der Initiative anschlössen, mehr verdienen würden.

Bei der nächsten Raststätte fahre ich ab. Ich brauche einen Kaffee. Vor meinen Augen taucht etwas auf, das wie der Pavillon eines Kurorchesters aussieht. Weil ich seit vielen Jahren nicht mehr mit dem Auto durch Deutschland gefahren bin, ist mir die rasante Entwicklung des deutschen Raststättenwesens entgangen. Die Raststätten, an die ich mich noch aus der Zeit erinnere, als wir mit dem alten Renault von Kamen nach Corleone gefahren sind, umwehte der herbe Charme von Justizvollzugsanstalten. Sie rochen nach Frittierfett und Currywürsten, die seit dem frühen Morgen auf dem Rost gelegen hatten. Dagegen ist die Raststätte, die ich jetzt betrete, ein Therapiezentrum, eine Wohlfühloase, in der die Autofahrer mit Stofftieren verhätschelt werden, mit CDs im Sonderangebot, mit Bestsellern und Zeitungen, mit einem Geldautomaten und diversen Mittagsmenüs: rustikale bis mediterrane Küche. Ein Burger-King fehlt genauso wenig wie eine Espresso-Bar, von Segafredo natürlich. Die den Reisenden vor die Wahl zwischen Espresso *originale, ristretto, lungo* und *macchiato* stellt. Selbstverständlich bekommt man alle Kaffeespezialitäten auch *to go*. Hinter der Theke steht eine Frau mit einem roten Schiffchen auf dem Haar. Guten Tag, zwitschert sie, was darf es denn sein? Cappuccinokleingroß, Espressoeinfachdoppelt?

Wie immer überfordert mich so viel Auswahl. Ich hatte einen deutschen Autobahnfilterkaffee erwartet und keine italienische Segafredo-Kollektion. Als ich nur einen einfachen Espresso bestelle, blickt mich die Frau mit dem Schiffchen etwas entäuscht an, weil sie ihre Kreativität mit Schaumgebirgen, Schokostreuseln und Kakaopuder an mir nicht ausleben kann.

Ich nippe an dem Espresso und bin in Gedanken immer noch in den BKA-Bericht vertieft, der sich auf manchen Seiten liest wie ein Kompendium unternehmerischer Wundergeschichten. Etwa die von jenem italienischen Kellner in Leipzig, der sich nach geeigneten Investitionsmöglichkeiten für einen international gesuchten Camorra-Boss umschaute, der sich bei dem Kellner versteckt hielt und mit ihm sogar den Ausweis tauschte, weil sie sich so frappierend ähnlich sehen. Der Kellner riet zu Investitionen in der Mongolei. Daraufhin habe der Boss zehn Millionen Dollar in ein Bergbauunternehmen in der Mongolei investiert und damit gewaschen. Damals hätten viele Italiener einen Flug in die Mongolei gebucht, stellte das Bundeskriminalamt fest, allerdings seien genauere Überprüfungen der Beteiligten nicht mehr möglich gewesen, da dort alle Einreiseunterlagen und Visa plötzlich verschwunden waren.

Nicht jeder Mafioso in Deutschland führt ein so schillerndes Leben. Es gibt auch jede Menge kleine, farblose Existenzen. Etwa jenen 'Ndranghetista, der erst als Stahlarbeiter in Herne arbeitete, dann zum Pizzabäcker wurde, um sich besser um die Geschäfte zu kümmern, und der dann den deutschen Behörden lediglich dadurch auffiel, dass sein Auto nicht versichert war, weshalb gegen ihn ein Strafbefehl wegen Verstoßes gegen das Pflichtversicherungsgesetz erging. Zwanzig Tagessätze à zwanzig Mark.

Wie gut sich die Geschäfte auch aus deutschen Gefängnissen führen lassen, illustriert der Fall eines 'Ndranghetista des Clans Farao, der bereits lange in Stuttgart lebte, als er 1984 wegen Mordes verhaftet und zu lebenslänglich verurteilt wurde. Bis er 1996 nach Italien ausgeliefert wurde, betrieb er die Geschäfte für den Clan aus dem Gefängnis weiter. Aus der Besucherliste ließ sich ablesen, welche Bosse von ihm neue Kommandos erhalten hatten.

Und auf manchen Seiten las sich der BKA-Bericht auch wie die Beschreibung eines Splatter-Films, in denen das Zerstückeln menschlicher Körper die Handlung ersetzt. Giuseppina Cariati wurde von ihrem Schwager und einem Komplizen umgebracht, weil sie ihren Mann nicht nur betrogen, sondern auch ihren Clan verraten hatte. Ihr Mörder schoss ihr zuerst in den Mund, weil sie zu viel erzählt hatte, dann stieß er ihr mit einem Messer in ihr Geschlechtsteil, weil sie ihren Mann betrogen hatte – und schließlich wurde sie so vergraben, dass noch ein Bein aus der Erde herausragte. Der Mord wurde selbstverständlich in Italien erledigt. In Deutschland hätte er zu viel Aufsehen erregt.

Gedankenversunken steige ich wieder in meinen Alfa. Als ich auf den Sitz gleite, bemerke ich, wie sehr ich mich bereits an das Auto gewöhnt habe. Inzwischen habe ich auch den Knopf entdeckt, mit dem man die Sitzheizung einstellen kann. Schöner geht es nicht. *Amarti m'affatica,* singt Gianna Nannini. Dich zu lieben verzehrt mich.

Als ich mit meinem Freund zum ersten Mal nach Corleone fuhr, war mein Auto für mich der Inbegriff von Unabhängigkeit. Für den Erhalt dieser Unabhängigkeit ging ich jedes Wochenende kellnern. Auf Goldhochzeiten und Schützenfesten, auf Kaninchenzüchterjubiläen und Karnevalsfeiern. Die Einnahmen reichten nie. Das Auto rostete schneller, als ich kellnern konnte. Aber ich habe es geliebt. Wenn ich einen Bus besteigen musste, weil mein Auto mal wieder in der Werkstatt stand, fühlte ich mich erniedrigt. Denn schon die kurze Fahrt auf dem Stück Autobahn, das zwischen meinem Heimatort Kamen und meinem Studienort Münster lag, verhieß mir endlose Freiheit.

Neben dem Erhalt meines Autos war italienisches Essen der einzige Luxus, den ich mir als Studentin leistete, ein Mal wöchentlich. Meine Lieblingsspeise war eine fleischlose, mit Eiern gefüllte Lasagne. Und wenn mir jemand gesagt hätte, dass auch in Münster Mafiaclans ihre Geschäfte betreiben und ich meine fleischlose, mit Eiern gefüllte Lasagne mit hoher

Wahrscheinlichkeit in einem Lokal gegessen habe, das zu einem kalabrischen 'Ndrangheta-Clan gehörte, dann hätte ich vermutlich an eine Verschwörungstheorie geglaubt. Denn nichts schien mir in Münster so weit weg zu sein wie die Mafia.

Münster ist eine Welt, die im Wesentlichen aus rotem Klinker, imposanten Kastanienbäumen und der Überzeugung besteht, dass hier nichts Schlimmeres passieren kann, als von einem militanten Radfahrer überfahren zu werden, von denen es in Münster allerdings sehr viele gibt.

Die Hochschule der Polizei in Münster-Hiltrup hatte mich zu einer Tagung über Organisierte Kriminalität eingeladen. Am Ende der Tagung schloss ich mich einigen Ermittlern an und ging mit ihnen in das einzige Restaurant, das man von der Hochschule aus zu Fuß erreichen konnte. Wie es das Schicksal wollte, war es ein hübsches, kleines, sizilianisches Lokal, Piccolo Mondo. Winzige eingelegte Sardellen, gebratene Auberginen, Pasta mit grünem Spargel und sizilianischer Weißwein.

Das Piccolo Mondo war an jenem Abend voll mit Männern, die so auffällig ausdruckslos von ihrer Pasta hochblickten, wie es nur Polizisten hinkriegen. Und die alle so taten, als wüssten sie nicht, dass selbst eine beschauliche Universitätsstadt wie Münster für die 'Ndrangheta interessant ist. Hier macht der aus der kalabrischen Provinz Crotone stammende Clan der Grande Aracri seine Geschäfte, die sich den klassischen Betätigungsfeldern wie Rauschgifthandel, Erpressung und Geldwäsche widmen.

Während der Ermittlungen gegen den Clan wurden im Jahr 2005 im Rostocker Hafen 126 Kilo Kokain gefunden, versteckt in drei Seesäcken in unter dem Wasser liegenden Ruderkästen eines venezolanischen Kohlefrachters, sowie 600 Gramm Kokain am Frankfurter Flughafen, eine *quantité négligeable*, sozusagen. Anders als bei den Ermittlungen in

Deutschland, die stets ohne Erfolg abgeschlossen werden mussten, konnten bei dieser internationalen Festnahmeaktion über hundert Mafiosi festgenommen werden, darunter auch Francesco Aracri – der in Münster Geschäftsführer eines Großhandelsunternehmens war und über beste Verbindungen zum Clan Pelle-Romeo in Erfurt verfügt. Aracri wurde nach Italien ausgeliefert, wo man ihn nur kurzzeitig unter Hausarrest stellte, als handele es sich nicht um einen Mafioso, sondern um ein schlecht erzogenes Kind.

Als der Fahnder Ernst Wirth etwas verspätet das Piccolo Mondo betrat, blickten die Ermittler kurz von ihrer Pasta hoch. Was durchaus als Zeichen der Wertschätzung gewertet werden konnte. Ernst Wirth vom Bayerischen Landeskriminalamt war es, der Giorgio Basile, den in Mülheim aufgewachsenen Mafioso, überzeugte, zum Kronzeugen zu werden. Er war inzwischen Spezialist für das, was die Polizisten in ihrem Abkürzungswahn TKÜ nennen, Telekommunikationsüberwachung. Also abhören, mitlesen, verwanzen, verfolgen. Mit teuren IMSI-Catchern etwa, mit denen die Fahnder Handys abhören und den Standort der »Zielperson« feststellen können – jedenfalls wenn das jeweilige Innenministerium bereit ist, für die Anschaffung des IMSI-Catchers dreihunderttausend Euro auszugeben. Worüber Wirth bei der Tagung seinen Kollegen berichtet hatte.

Er hatte den Händedruck einer Schraubzwinge und erzählte beim Essen über jene Jahre, die er damit verbracht hatte, sich in die Psyche eines Mafiosos einzufühlen. Dazu gehörte auch, dem Büro, in dem die Vernehmungen geführt wurden, einen italienischen Hauch zu verschaffen, mit dem obligatorischen Carabinieri-Kalender und dem Foto der ermordeten Staatsanwälte Falcone und Borsellino. Mit Espresso. Damit sich Basile heimisch fühlte. In jeder Hinsicht.

Es habe ihn vor allem erstaunt, wie perfekt sich der Mafiakiller Basile anpassen konnte, sagte Wirth. Wie vollendet unauffällig Basile war. So perfekt, dass er eine Zeitlang sogar in Mülheim neben einem Richter gewohnt habe. Einen besseren Nachbarn als diesen freundlichen, bescheidenen und unaufdringlichen Mafioso hätte man sich nicht wünschen können.

Die Mafia werde in Deutschland nicht als Bedrohung empfunden, weil ihre Verbrechen so sauber seien, sagte Wirth. Im subjektiven Empfinden der Bürger sei ein Wohnungseinbruch schlimmer als die Geldwäsche von zehn Millionen Euro. Dann fügte er an: »Wir haben in Deutschland keine toten Richter und keine toten Staatsanwälte. Sonst sähe die Gesetzgebung anders aus.«

An den Nebentischen des Piccolo Mondo vertieften sich die Kriminaldirektoren, Dezernatsleiter und Einsatzleiter weiter in ihre Pasta – auch weil sie einander, bei allem Respekt, herzlich misstrauten, wie ich in den Gesprächen mit ihnen feststellen konnte. Egal, ob sie aus Bayern, Berlin, Thüringen oder Nordrhein-Westfalen kamen. Natürlich kannten alle die Kritik der Italiener am deutschen Rechtssystem – Mafiazugehörigkeit ist kein Delikt, Abhören praktisch unmöglich, Beschlagnahmung von Mafiagütern schwierig und die Beweislastumkehr unmöglich, weil es in Deutschland nie durchsetzbar sein wird, dass nicht die Polizei, sondern der Investor belegen muss, dass sein Geld aus legalen und sauberen Quellen kommt. Diese Einschätzung war aber auch die einzige, die alle teilten. Ansonsten hielten die einen die anderen für ahnungslos.

Wenig später traf ich in Rom Vincenzo Macrì, den stellvertretenden Leiter der Nationalen Antimafiabehörde – in einer barocken Festung mit von Abgasen geschwärzten Quadern und löchrigem Linoleum. Der einzige Schmuck in Macrìs Büro ist ein Ficus Benjamini im ewigen Herbst. Gegenüber von seinem Schreibtisch stand ein Fernseher, auf dem der Teletext lief. Macrì ist einer der profundesten Analytiker der 'Ndrangheta. Seit dreißig Jahren ist er Antimafia-Staatsanwalt. Er stammt aus Reggio Calabria und kennt alle Clans der 'Ndrangheta. Er war Augenzeuge ihrer Entwicklung von der bäuerlichen Mafia der sechziger Jahre bis zum multinationalen Mafiakonzern der Gegenwart.

Mit leiser Stimme sprach er darüber, dass die 'Ndrangheta ihre Investitionen in Deutschland mit den in den siebziger Jahren verdienten Entführungsgeldern begann – was ihr jenen Quantensprung ermöglichte, der sie an die Spitze der italienischen Mafiaorganisationen katapultierte. Allein im Jahr 1977 hatte die 'Ndrangheta 75 Menschen, meist norditalienische Industrielle, entführt und in den Wäldern des Aspromonte versteckt. Das erpresste Geld investierte die 'Ndrangheta vor allem in den Heroinhandel, der bis dahin ausschließlich in der Hand der sizilianischen Cosa Nostra gewesen war. Erst die Entführungen hatten der 'Ndrangheta das nötige Bargeld verschafft, ohne das man im Drogenhandel keine Geschäfte macht. Auf den Heroinhandel der achtziger Jahre folgte der Kokainhandel der neunziger Jahre. Die 'Ndrangheta hatte schon immer eine Nase für den Rausch, der gerade *en vogue* war.

Ein großer Teil der Drogengelder wurde in Deutschland investiert. Speziell von den mächtigen Clans aus der Provinz Locri: aus den Mafiadörfern San Luca, Africo, Plati. Die in größter Eintracht in Deutschland mit zwei weiteren Clans zusammenarbeiten, mit den Farao aus Crotone und den Carelli aus Cosenza.

Noch besser liefen die Geschäfte nach dem Fall der Mauer: Die 'Ndrangheta kaufte Immobilien und Restaurants im Osten, speziell in Thüringen und Sachsen. Sie baute Einkaufszentren und Hotels. Seit dem Jahr 2000 hatten die Clans erfolgreich die Wirtschaft infiltriert. Aus den Bossen waren

Unternehmer geworden, Unternehmer mit unerschöpflichem Kapital, Unternehmer, die jede Konkurrenz ausschalten konnten und die über beste gesellschaftliche Kontakte verfügten. Gleichzeitig wurde der lukrative Drogenhandel keineswegs aufgegeben. Wie jedes kluge Unternehmen hat sich die 'Ndrangheta in Deutschland diversifiziert: Es gibt Gruppen, die sich ausschließlich um den Drogenhandel kümmern, während andere Gruppen die Drogengelder in die legale Wirtschaft investieren, kommunale Verwaltungen unterwandern, öffentliche Ausschreibungen durch Bestechung manipulieren.

Die vierzigjährige Deutschlanderfahrung habe die 'Ndrangheta gelehrt, dass es klüger sei, auf Gewalt zu verzichten. »Korruption funktioniert in Deutschland besser als Einschüchterung«, sagte Macrì. Und fügte hinzu: »Geld überwindet jedes Hindernis.«

Vor allem in den letzten Jahren sei die italienische Mafia verstärkt in die deutsche Bauindustrie eingestiegen, eines ihrer klassischen Geschäftsfelder. Sie stelle die Subunternehmer für die öffentlichen Aufträge, liefere den Beton zu Dumpingpreisen, transportiere die Baumaterialien mit ihren Lkws und lasse die Arbeiter, die in Mannschaftsstärke von Italien nach Deutschland eingeschleust würden, durch in Deutschland lebende Italiener überwachen.

Ein weiteres Geschäftsfeld, das die 'Ndrangheta in Deutschland entdeckt habe, sei die Prostitution – die von den 'Ndranghetisti einst als ehrverletzend und ihrer Männlichkeit abträglich abgelehnt worden war. Die Verdienstmöglichkeiten haben auch hier die Bedenken schnell aufgelöst. Das hänge mit den Synergieeffekten mit anderen Mafiaorganisationen aus dem Osten zusammen, zwischen ihnen herrsche keine Konkurrenz, eher eine Arbeitsteilung. Die vermutlich ähnlich wie in der Lombardei ablaufe, wo der Drogenhandel auf

123

der Straße, also der Drogeneinzelhandel, an die Nordafrikaner abgetreten worden sei. Die 'Ndrangheta kümmere sich nur noch um das Große, Ganze.

Nein, die Zusammenarbeit zwischen den deutschen und den italienischen Beamten könne er nicht beklagen, sagte Macrì, die deutschen Polizisten könnten auch nicht mehr erreichen, als ihnen die Gesetze erlauben. Wünschenswert wäre es allerdings, wenigstens einen deutschen Staatsanwalt zu haben, mit dem man sich austauschen könne, auf Augenhöhe, einen Ansprechpartner. So wie es den deutschen Verbindungsmann von Interpol in Rom gebe.

Ansonsten sei es wohl auch ein kulturelles Phänomen, dass die Existenz der Mafia in Deutschland kaum wahrgenommen werde. Ein Phänomen, das er in fast gleicher Form in der Lombardei beobachte, wo sich die Bürgermeisterin von Mailand beschwere, wenn die Antimafia-Staatsanwaltschaft vor mafioser Infiltration warnt, weil die Bürgermeisterin dies für eine Verunglimpfung Mailands halte. Frei nach der Maxime: Was nicht sein darf, das kann nicht sein.

In Deutschland halte man die Mafiosi für normale Unternehmer, die erfolreich Geschäfte machten. Es sei wichtig, dass sich die öffentliche Wahrnehmung in Deutschland ändere, dass die Deutschen ihren Blick schärften und Sensoren für die Existenz der Mafia entwickelten. Denn wenn sich erst die Interessen der Mafiosi mit denen der Deutschen verschweißten, sei es schwer, das Schweigen zu brechen. In der Lombardei sei es bereits so weit, dass lombardische Unternehmer die Existenz der 'Ndrangheta in Mailand leugneten. Es habe lombardische Unternehmer gegeben, gegen die ermittelt wurde, die behaupteten, das Wort 'Ndrangheta erst in Wikipedia gefunden zu haben, sonst hätten sie noch nie davon gehört.

»Wenn in Deutschland noch länger gewartet wird, ist es zu spät«, sagte Vincenzo Macrì. In den letzten zehn Jahren sei viel Zeit verloren worden, weil sich Deutschland ausschließlich auf den Kampf gegen den islamischen Terrorismus konzentriert habe. In Italien habe man in den achtziger Jahren einen ähnlichen Fehler gemacht, als sich alle Anstrengungen auf den Kampf gegen die roten Brigaden konzentriert hätten. Die Mafia habe in jenen Jahren eine Blütezeit gehabt, von der sie noch heute zehre.

Und dann blickte er wieder auf den Teletext. Der meldete in jenem Augenblick den Beschluss des italienischen Parlaments, das geltende Abhörgesetz abzuschaffen. In Zukunft dürfe nur noch derjenige abgehört werden, dessen Schuld bereits bewiesen wurde. Für Journalisten, die aus Abhörprotokollen zitieren, seien Strafen von drei bis fünf Jahren vorgesehen. Der italienische Justizminister habe hervorgehoben, dass mit der Abschaffung des Abhörgesetzes die europäische Menschenrechtskonvention endlich auch in Italien respektiert werde.

Und Macrì sagte: »Das ist das Ende.«

6

Als ich kurz hinter Erkrath bin, frage ich mich, ob ich einen Abstecher nach Willich machen soll, jenem niederrheinischen Städtchen, in dem Simone Provenzano, der Bruder des Bosses Bernardo Provenzano, viele Jahre gelebt hat. Andererseits habe ich auch noch eine Verabredung in Gevelsberg, mit Don Cataldo, dem Pfarrer der italienischen Gemeinde, dem ich ein Buch bringen soll, das eine italienische Freundin geschrieben hat. Weder Willich noch Gevelsberg liegen auf dem Weg nach Sizilien. Willich liegt westlich von mir, Gevelsberg östlich. Ich blicke in den Himmel, der inzwischen etwas wolkenverhangen ist, als könnte er mir ein Zeichen geben.

Wie oft werden die Söhne von Bernardo Provenzano ihren Onkel in Willich besucht haben? Ein Mal pro Jahr oder öfter? Ob die beiden Provenzano-Söhne es genossen haben, dass sie dort niemand kannte? Dass sie hier nicht die Söhne des Bosses waren, sondern einfach nur zwei italienische Jungen?

Als Paolo Provenzano seine Zeit als Fremdsprachenassistent im September 2005 in Schwerte antrat, begleitete ihn sein Bruder Angelo bei seinem Umzug. Und etliche Polizisten in Zivil. Schon als die beiden Provenzanos in Palermo mit der Fähre nach Genua übersetzten, steckte die ganze Schiffskabine voller Wanzen. Die beiden jungen Sizilianer ahnten das. Sie sind mit dem Wissen aufgewachsen, dass die Ermittler jede ihrer Unterhaltungen belauschen, ihre Post und ihre Computer durchsuchen. Und deshalb sprechen die Provenzano-Söhne das Wort »Vater« nie aus. Er ist nur: »er«. Allmächtig, allwissend, allgegenwärtig. Ein *padre padrino,* wie es in Süditalien üblich ist. Ein absoluter Herrscher, dem Respekt zu erweisen die erste Pflicht aller ist. Und wie bei allen Söhnen, die ein von ihren Vätern bestimmtes Leben führen, gibt es Augenblicke, in denen sich die Söhne von seiner Allgegenwart Luft verschaffen müssen. Umso mehr, als Paolo und Angelo keine Kinder mehr sind, sondern in jenem Spätsommer im Jahr 2005 bereits zweiundzwanzig und neunundzwanzig Jahre alt waren. Der einzige Unterschied zu anderen Söhnen liegt bei Paolo und Angelo Provenzano darin, dass die Polizei ihre Gespräche minuziös protokollierte. Diesen Ermittlungsunterlagen zufolge entspann sich folgender Dialog zwischen den beiden Brüdern.

Es gab immer Dinge, die mich gestört haben. Zum Beispiel, als er uns aufforderte, nach Corleone zurückzukehren, da mussten wir gehen, egal, was für beschissene Probleme wir gerade hatten. Hat das vielleicht jemanden gekümmert? Und auch jetzt, als ich am ersten freien Samstag von meiner neuen Arbeit in Deutschland gekommen bin, da mussten wir wieder dahin, es endete wieder damit, dass wir da (in seinem Versteck) saßen. Ich weiß nicht, welcher Sinn darin liegen soll. Ich persönlich habe überhaupt kein Interesse an einer solchen Unterredung, an einem Dialog mit ihm. Mit mir hat es so etwas wie einen Meinungsaustausch sowieso nie gegeben. Als ich mein Examen gemacht habe und die letzte Prüfung ablegen musste, hat es kein Schwein interessiert, ob ich vielleicht Probleme haben könnte. Stattdessen aber musste ich dahin, um bei ihm stumm in der Ecke herumzustehen. Wie immer, wenn ich dahin gehe. Ich mache bei ihm ja nichts anderes. Du warst immer mehr als ich in die Angelegenheiten einbezogen, ich aber habe von klein auf immer nur stumm in der Ecke gestanden, wie eine Statue.

Angelo, der Ältere, versuchte seinen jüngeren Bruder zu beschwichtigen. Ihn davon zu überzeugen, dass es nicht die Schuld des Vaters war, dass er untertauchen musste. War er nicht auch ein Opfer der Umstände, so wie alle flüchtigen Bosse? »Paolo, weißt du, was ich darüber denke? Er ist durch Zufall da gelandet.«

Aber Paolo ließ sich nicht besänftigen. Vielleicht gelang es ihm nicht mehr, an das von dem Vater gepflegte Bild des Erdulders zu glauben. Der für sein Schicksal nicht verantwortlich ist. Der, wenn er nicht zufällig in die Mühlen der Justiz geraten wäre, munter im Wohnzimmer der Familie säße. Und der deshalb für das Leben, in dem seine Söhne aufwachsen mussten, nicht verantwortlich ist.

Soll ich mich darüber jetzt etwa freuen? Soll ich mich darüber freuen, dass die Dinge durch Zufall passieren? Soll ich mich darüber freuen, dass diese Art von Familienzusammenführung durch Zufall passiert? Und was heißt überhaupt Zufall? Ich nenne es Zufall. Er nennt das den Willen Gottes. Man gibt uns gegenüber ja nicht mal zu, dass unser Leben zufällig passiert ist. Er glaubt, dass er das alles uns zuliebe gemacht hat. Wie oft sagt er: ›Jetzt erzähle ich dir, wie es war, als ich und meine Brüder klein waren.‹ Dass ihr Vater sie mit dem Stock schlug und dass er mit neun Jahren was verkaufen musste, um zu überleben, und wir dagegen immer schon alles hatten. Aber wenn er dich fragt: Hat dir je etwas gefehlt?, darf man die Frage nicht mit ja beantworten. Warum macht er das wohl? Weil er sich ja nur absichern will? Tut mir leid, dass ich dir das sagen muss. Tut mir wirklich leid.

Sein Bruder Angelo versuchte weiter ihn zu besänftigen. »Tragen in der Familie nicht alle eine Schuld? Sogar die Mutter? Die nie den Mut hatte zu sagen: Das passt mir nicht, lass uns das anders machen? Mussten nicht alle in der Familie die Konsequenzen ertragen?«

Paolo jedoch blieb unbeeindruckt.

Sicher trägt jeder auch seine persönliche Verantwortung. Wir können ja das Schicksal dafür verantwortlich machen oder den Willen Gottes. Tatsache aber ist, dass wir eine ganze Reihe von Situationen ertragen haben und auch weiterhin ertragen. Es ist sinnlos zu rebellieren, wenn es nur darum geht, das Kreuz etwas bequemer zu tragen. Ich habe das noch nie zu jemandem gesagt, aber wie viele haben gemerkt, dass es schlimmer war, so zu leben wie wir, als wenn ein Vater tot ist. Wir erleben absurde Dinge, Angelo. Oder ich bin absurd. Keine Ahnung, aber manchmal möchte ich das wissen. Ich möchte endlich anfangen zu verstehen, wie das Leben läuft – und ob es so weiterläuft.

Und Angelo antwortete: »Wenn wir aufwachen und verstanden haben werden, wie das Leben läuft, sind wir beide siebzig, Paolo. Und dann wird es zu spät sein.«

Die beiden Provenzano-Söhne befolgen die Regeln der Mafia, so wie sich manche Kinder den Erfordernissen des anspruchsvollen und zeitaufreibenden Berufes ihrer Väter unterordnen. Väter, die abwesend sind und die dennoch den Alltag der Familie bestimmen. Väter, deren Verpflichtungen nicht in Frage gestellt werden dürfen, Väter, die man auf Empfänge und Stehpartys begleiten muss, obwohl man sich dabei langweilt. Weil diese Väter Wert darauf legen, ihren Arbeitskollegen ein einwandfreies Familienleben vorzuführen. So wie Bernardo Provenzano, der offenbar stets von seinen Söhnen erwartete, dass sie ihn in seinem Versteck besuchten.

Ob die beiden Söhne anfingen zu verstehen, wie das Leben läuft, als sie im Jahr 1992 zusammen mit ihrer Mutter überra-

129

schend wieder in ihre Heimatstadt Corleone zurückkehrten? Da waren sie sechzehn und neun Jahre und die Cosa Nostra kämpfte um ihr Überleben. Bernardo Provenzano und Totò Riina blieb nicht viel Zeit für ein Familienleben – jenen beiden Mafiabossen aus Corleone, die in dem blutigen Mafiakrieg Anfang der achtziger Jahre die Herrschaft über die Cosa Nostra eroberten, die traditionell stets in der Hand der Bosse aus Palermo gelegen hatte. Da waren die Gegner der Corleonesen entweder tot. Oder in Amerika untergetaucht.

Ihre Feinde waren andere – die beiden Staatsanwälte Giovanni Falcone und Paolo Borsellino. Die der Cosa Nostra nicht hinterherliefen, sondern sie in Echtzeit verfolgten. Falcone und Borsellino hatten nicht nur genau registriert, wie sich die Mafia dank der Manipulation öffentlicher Ausschreibungen ein neues Wirtschaftsfeld geschaffen hatte. Die beiden Staatsanwälte hatten überdies 1986 den Maxiprozess gegen die Bosse der Cosa Nostra eingeleitet. Dann fiel auch noch die Mauer, und nichts war in Italien mehr so, wie es die Cosa Nostra in den vier Jahrzehnten seit Kriegsende gewöhnt war. Die christdemokratische Partei, der bewährte Geschäftspartner der sizilianischen Mafia, begann sich aufzulösen, nachdem über Nacht ihr Feindbild abhandengekommen war. Sie konnte sich nicht mehr als Bollwerk gegen den Kommunismus behaupten – unterstützt von den Amerikanern, die die kommunistische Partei Italiens stets als Moskauer Zecke im westlichen Fell bekämpft hatten. Das alte Parteiensystem Italiens brach zusammen. In Mailand tobte der Korruptionsskandal *»Mani Pulite«*, zahllosen Unternehmern und Politikern drohte Haft – wegen Bestechung, Amtsmissbrauchs und illegaler Parteienfinanzierung.

Die Fundamente der Cosa Nostra waren ins Wanken geraten. Sie hatte ihre alten politischen Ansprechpartner verloren und noch keine neuen gefunden. Und sie war durch die

Verräter in den eigenen Reihen geschwächt: Was mit den Aussagen des abtrünnigen Mafiabosses Tommaso Buscetta begonnen hatte, war zu einem Blutsturz geworden. In Scharen beschlossen die Mafiosi, mit der Justiz zusammenzuarbeiten. Nicht nur, um ihre Seele zu retten, sondern vor allem ihre Haut; Totò Riina gilt als der blutrünstigste Boss aller Zeiten.

Und schließlich geschah im Januar 1992 auch noch das, was die Cosa Nostra nie für möglich gehalten hätte: Alle Urteile des Maxiprozesses wurden nicht wie gewohnt zurechtgebogen oder besser: vom Kassationshof wieder aufgehoben.

Nachdem die Urteile des Maxiprozesses bestätigt worden waren, ermordete die Mafia zunächst Andreottis Statthalter auf Sizilien. Den ehemaligen christdemokratischen Bürgermeister von Palermo, Salvo Lima. Er wurde von zwei Killern vor dem Hotel Palace am Strand von Mondello niedergestreckt. Der Mord sollte der Denkzettel für den Christdemokraten Giulio Andreotti sein, dessen Partei von der Mafia über Jahrzehnte mit Wählerstimmen für die Zusammenarbeit belohnt worden war – und der dieses Mal seiner Pflicht nicht nachgekommen war, dafür zu sorgen, dass die Urteile des Maxiprozesses aufgehoben wurden. Daraufhin hatten die Bosse beschlossen, mit der Konkurrenz zusammenzuarbeiten. Aber auch die Hinwendung zu den Sozialisten unter Bettino Craxi erwies sich als wenig hilfreich – war es doch der sozialistische Justizminister Claudio Martelli, der den Mafiajäger Giovanni Falcone nach Rom in das Ministerium geholt hatte. Ohne politischen Ansprechpartner war die Mafia ein Fisch auf dem Trockenen. Oder wie es der Stellvertreter Provenzanos, der abtrünnige Mafioso Antonio Giuffrè, viele Jahre später den Staatsanwälten sagen sollte: »Mafia und Politik verhalten sich zueinander wie Fisch und Wasser. Es gibt kein Wasser ohne Fische. Und keinen Fisch ohne Wasser.«

Also beschloss Cosa Nostra, zum endgültigen Schlag auszuholen. Kaum sechs Wochen nachdem Bernardo Provenzanos Familie wieder nach Corleone zurückgekehrt war, wurde Staatsanwalt Giovanni Falcone ermordet, am 23. Mai 1992, zerrissen von einer Autobombe, zusammen mit vier Leibwächtern und seiner Frau Francesca. Am 19. Juli 1992 starb sein Kollege, der Staatsanwalt Paolo Borsellino, ebenfalls hingerichtet durch eine Autobombe. Mit ihm starben fünf Leibwächter.

Italien stand unter Schock. »Palermo = Beirut« titelten die Tageszeitungen. Mit der »Strategie des Terrors« wollten Totò Riina und Bernardo Provenzano den italienischen Staat in die Knie zwingen: Entweder mit uns. Oder.

All das schwebt über mir, in diesem tiefen rheinischen Himmel. Zwischen dem friedlichen Schwerte und dem beschaulichen Willich, zwischen Niederrhein und Sauerland, wo sich Paolo Provenzano wohlgefühlt haben wird. Fern von jedem Verdacht, fern vom Argwohn, fern von der »Sippenhaft«. Auffallend oft werfen die Angehörigen der Bosse der Öffentlichkeit vor, sie unter Sippenhaft zu nehmen. Die Mafia hat zwar die Sippe zur Keimzelle ihrer Organisation gemacht, aber wenn es um Verantwortung geht, wird reflexartig der Vorwurf der Sippenhaft gemacht. Mütter erziehen ihre Söhne zu guten Mafiasoldaten und ihre Töchter zu verschwiegenen Mitwisserinnen, und am Ende gerieren sich alle als Opfer. Der Umstände.

Wenige Jahre nach ihrer von den Ermittlern protokollierten Klage in der Schiffskabine gehen Angelo und Paolo Provenzano zum ersten Mal an die Öffentlichkeit. Sie traten auf wie zwei Kronprinzen, die sich nur unter der Bedingung den Fragen der Journalisten stellen, dass man sie in Zukunft nicht weiter belästige. Die Idee stammte vermutlich von ihrer Anwältin, der Mafiaanwältin Rosalba Di Gregorio, der stets das

Wohlergehen ihrer Klienten am Herzen liegt. Erst gewährten die beiden Söhne dem britischen Fernsehsender BBC ein Interview, vielleicht, um Weltläufigkeit zu beweisen. Die italienische Presse kam danach: paritätisch ausgewogen ein Interview für die bürgerlich-konservative *La Stampa* und eines für die linksliberale *Repubblica*. Rosalba verteidigt sehr geschickt die Interessen ihrer Klienten. Sie weiß, wie wichtig die Öffentlichkeitsarbeit für sie ist.

Paolo und Angelo Provenzano verlangten etwas Respekt. Jetzt, wo der Vater verhaftet worden sei, erwarteten sie nichts anderes, als so zu leben wie jeder andere Bürger auch. Stattdessen seien sie in Sippenhaft genommen worden, sie würden belauert und kontrolliert, jedes Unternehmen, das sie gründeten, werde sabotiert, weil es angeblich die »Frucht der durch Geldwäsche illegal erworbenen Güter« sei.

Ich versuche mir die Söhne von Provenzano vorzustellen, als sie sich in der Kanzlei von Rosalba di Gregorio den Fragen des *La-Stampa*-Journalisten Francesco La Licata und dem Kollegen von der *Repubblica* stellten, Francesco Viviano. Die Mafiaanwältin Rosalba Di Gregorio wird wie immer ausgesehen haben wie ein Rockstar, irgendetwas zwischen Marianne Faithfull und Lady Gaga. Das letzte Mal, als ich sie im Justizpalast von Palermo traf, trug sie einen kurzen Rock, schwarzlila gestreifte, wollene Pippi-Langstrumpf-Kniestrümpfe und hochgeschnürte Wanderstiefel mit lila Schnürsenkeln.

Rosalba vertritt schon seit langem die beiden Söhne Provenzanos, sie ist eine der erfolgreichsten Mafiaverteidigerinnen Siziliens. Ihre Kanzlei hütet die Mysterien der italienischen Republik. Rosalbas Mann Franco Marasà übernahm die Verteidigung von Bernardo Provenzano, nachdem dieser verhaftet worden war, und Rosalba vertritt auch den Boss Pietro Aglieri, einen großen Vertrauten Provenzanos. Und sie kennt die Geheimnisse von Vittorio Mangano, je-

133

nem verstorbenen Mafiaboss, der als sogenannter Stallmeister in der Villa von Silvio Berlusconi lebte, laut Ermittlern als Emissär der Cosa Nostra: Der Mafioso Vittorio Mangano war schon von den Staatsanwälten Falcone und Borsellino als Kontaktmann zwischen der Mafia und Silvio Berlusconi identifiziert worden. Silvio Berlusconi und seine rechte Hand Marcello Dell'Utri lassen bis heute keine Gelegenheit aus, den verstorbenen Mangano als Helden zu feiern, weil Mangano stets abgelehnt hatte, mit der Justiz zusammenzuarbeiten und auszusagen, was er über die Mafiaverflechtungen Berlusconis und Dell'Utris wusste. Selbst als Marcello Dell'Utri in zweiter Instanz als Gehilfe der Mafia verurteilt wurde, rühmte er erneut Manganos heldenhafte Verschwiegenheit. Und betonte, dass er sich, falls er sich im Gefängnis befände, der eigenen Verschwiegenheit keinesfalls sicher sei. Was viele als mafiose Drohung gegenüber Silvio Berlusconi werten.

Der Journalist Francesco La Licata berichtet seit Menschengedenken über die Mafia, er wird in Rosalba Di Gregorios Kanzlei wie immer mit leicht nach vorn gebeugtem Oberkörper dagesessen haben, mit seinem von der Chronistenpflicht gekrümmten Rücken – und dem Wissen, dass die Bekenntnisse, die er hörte, keine waren. Dass die beiden Söhne des Bosses über die Mafia wie über ein Gesellschaftssystem reden würden, in dem sie aufgewachsen waren. Aber von Morden würde nicht die Rede sein. Auch nicht von der Angst. Kein Wort über die Schlächter. Francesco Viviano wird mit unbewegtem Gesicht zugehört haben, so wie er es in den Jahren als Mafiareporter gelernt hat, einem Gesicht, das weder Überraschung noch Verdruss verrät.

Die Fragen von Francesco La Licata und Francesco Viviano waren höflich und zuvorkommend. Francesco fragte, ob die öffentliche Aufmerksamkeit, unter der die Söhne zu leiden hätten, nicht vielleicht auch aus dem Schaden resultiere, den die Organisation, die von seinem Vater geführt wurde, angerichtet habe?

Sein Vater sitze wegen seiner Vergehen in Haft, antwortete Angelo Provenzano. Es bestünde keinerlei Grund, die Familie auch zur Rechenschaft zu ziehen. Über die Zeit, als die Familie auf der Flucht war, wolle er nicht sprechen. Es sei eine erzwungene Flucht gewesen.

Was er davon halte, dass manche Antimafia-Staatsanwälte die Kinder von Bossen aufforderten, ihre Väter zu verleugnen?

»Aber wie können Sie nur so etwas fragen«, sagte Angelo Provenzano.

Sein jüngerer Bruder Paolo schwieg fast während des ganzen Interviews.

Auch der Sohn eines weiteren berüchtigten sizilianischen Mafiabosses beschwerte sich darüber, in Sippenhaft genommen worden zu sein: Vincenzo Santapaola ist der Sohn von Benedetto Santapaola, genannt Nitta – jenem Mafiaboss aus Catania, der unter anderem wegen der Ermordung des Staatsanwaltes Paolo Borsellino verurteilt worden war. Der Sohn sitzt wegen Mafiazugehörigkeit wie sein Vater in sogenannter Hochsicherheitshaft, aus der heraus es ihm gelang, einen seitenlangen Brief an die sizilianische Tageszeitung *La Sicilia* zu schicken. Die ihn umgehend und kommentarlos veröffentlichte – unter dem Titel »Brief aus dem Gefängnis«, was nicht nur mitleiderregend klingt, sondern den Absender auch in gewisser Weise adelt, denkt man in Italien bei dem Titel doch zuerst an das in faschistischer Haft entstandene Werk »Briefe aus dem Gefängnis« des marxistischen Philosophen Antonio Gramsci.

Auch der inhaftierte Vincenzo Santapaola betrachtet sich als Opfer und schrieb: »Ich befinde mich in Hochsicherheits-

135

haft und werde in Erwartung von Prozessen seit elf Jahren von Gefängnis zu Gefängnis geschickt – weil ich einen Nachnamen trage, der schwer auf mir lastet, ein verhasster und verleumdeter Nachname. Die Massenmedien bezeichnen mich als Mafioso, als Nachfolger meines Vaters.«

Auch die Ehefrau des Bosses Totò Riina, Ninetta Bagarella, bezichtigte die italienische Öffentlichkeit, ihre Kinder in Sippenhaft zu nehmen: »Sie werden beschuldigt, als Kinder von Vater Riina und Mutter Bagarella geboren worden zu sein, eine Erbsünde, die durch nichts getilgt werden kann. Warum kann man meine Kinder nicht wie Jugendliche betrachten, die so normal sind wie andere auch?« Sie adressierte ihr Schreiben an die Tageszeitung *Repubblica*. Kurz danach wurde ihr ältester Sohn wegen Mafiazugehörigkeit und vierfachen Mordes zu lebenslanger Haft verurteilt, sein jüngerer Bruder wurde der Mafiazugehörigkeit und Erpressung für schuldig befunden.

Es ist verblüffend, zu sehen, wie geschickt die Mafiosi sich als Opfer stilisieren. Die Mafia nutzt die Schwächen der jeweiligen Gesellschaft aus und pervertiert ihre Werte. Im katholischen Italien ist das die Familie, die heilig ist. Jeder Italiener hat Verständnis dafür, dass die Familie geschützt werden muss. Auch wenn der Vater ein international gesuchter Mafioso ist, werden seine Qualitäten als Vater nicht angezweifelt. Nicht mal von den Ermittlungsbehörden.

Umso revolutionärer war die Entscheidung der Staatsanwaltschaft Reggio Calabria, die im November 2008 zum ersten Mal einem untergetauchten Mafioso das Vormundschaftsrecht über seine Kinder entzog. Die Staatsanwälte aus Reggio Calabria brachen dieses ungeschriebene Gesetz mit dem Hinweis, dass die Erziehungsziele eines Mafiosos ganz gewiss nicht die seien, die sich günstig auf die Entwicklung der Kinder auswirkten. Es handele sich bei dieser Entscheidung aller-

136

dings erst um einen Teilsieg: »Wir haben noch weitere Probleme zu lösen, etwa das der Ehefrauen der Mafiosi, die ja zuallererst die Mafiakultur auf ihre Kinder übertragen. Aber wir geben nicht auf, verkündeten die Staatsanwälte.«

Was die Sippenhaft in Deutschland betrifft, so kennt niemand die Schwächen der Deutschen besser als die Mafiosi, die in Deutschland leben. Sie wissen, wie sehr man hier fürchtet, des Rassismus bezichtigt zu werden. Deshalb machen die Mafiosi den Deutschen genau das zum Vorwurf. Der Hinweis, dass sich die Mafia in Deutschland keineswegs auf die sechs toten Kalabresen aus der Pizzeria Da Bruno beschränkt, wird mit dem Vorwurf gekontert: Wollen Sie jetzt etwa alle Italiener in Sippenhaft nehmen?

Ich beschließe, den Umweg nach Gevelsberg zu machen, zu Don Cataldo. Einige Kilometer nach Osten, über sanfte Hügel, wo Gevelsberg in der Flussmulde der Ennepe liegt. Don Cataldo leitet seit über dreißig Jahren die italienische Mission von Gevelsberg. Auf dem Beifahrersitz liegt das Buch meiner Freundin Francesca Viscone, das den schönen Titel *Die Globalisierung der bösen Ideen* trägt. Und das ich Don Cataldo als Geschenk von ihr mitbringen soll. Das Buch handelt von dem Siegeszug der Mafiamusik in Deutschland.

Francesca kennt Don Cataldo noch aus Studienzeiten, als sie nachmittags in der italienischen Mission von Gevelsberg die Hausaufgabenhilfe leitete – für Kinder, die aus einer fernen Vergangenheit Italiens aufgetaucht schienen, Kinder, die weder Italienisch noch Deutsch, sondern nur sizilianischen Dialekt sprachen und die nach den Stationen des Kreuzwegs benannt waren. Die Mädchen trugen Vornamen wie Immacolata, die Unbefleckte, oder Addolorata, die Schmerzensreiche, oder Preziosa, die Kostbare. Ein Mädchen war sogar mit dem Vornamen Crocefissa geschlagen, Kruzifixin. Es wurde

137

von seinen Freundinnen liebevoll Fifina gerufen. Die Jungen hießen entweder Giuseppe oder Giovanni.

Weil ich offenbar die strenge Stimme der Handarbeitslehrerin im Navi überhört habe, verfahre ich mich auf dem Weg zu Don Cataldo. Dass ich mich in einer Einbahnstraße in der falschen Richtung befinde, merke ich erst, als mir ein Auto entgegenkommt und wütend hupt. Ich versuche so zu tun, als sei ich unsichtbar, eine Ortsfremde, ja praktisch eine Ausländerin, für die das deutsche Straßenverkehrssystem ein Mysterium ist, bis mir einfällt, dass mein Auto kein italienisches, sondern ein deutsches Kennzeichen hat. Und dann ist auch schon alles egal, ich fahre einfach unbeirrt bis an das Ende der Einbahnstraße weiter.

Später hupt mich wieder ein Auto an. Obwohl ich richtig herum fahre. Die Fahrerin reckt sich erbost aus dem Fenster und versucht, mich zum Stehenbleiben zu zwingen. Das ist der Nachteil, wenn man einen weißen Alfa Spider fährt: Man kann nicht darauf hoffen, übersehen zu werden. Resigniert lasse ich das Fenster herunter. Ein Wortschwall ergießt sich über mich. Die einzigen Worte, die ich verstehe, sind: »fahrlässig« und »anzeigen«. Ich überlege mir, ob ich Italienisch sprechen soll, in der Hoffnung, bei der Frau etwas Mitgefühl auszulösen.

»Ich habe mich verfahren, es tut mir leid«, sage ich schließlich. Schuldbewusst. Und schließe das Fenster wieder.

Wenn ich mich in Italien verfahre, wollen mich alle retten. Und hier will man mich verhaften.

Nachdem ich die Innenstadt durchquert habe, bestaune ich ein fast mittelalterlich anmutendes Kopfsteinpflaster unter einer Platanenallee, die aussieht, als sei sie aus Südfrankreich eingeflogen worden, und finde endlich die italienische Mission, einen nüchternen Kubus, rechtwinklig, zweckmäßig wie eine Getränkelagerhalle. Don Cataldo Ferrarese steht bereits auf der Straße und winkt mich wie ein Verkehrspolizist in die Parkbucht ein. Er ist ein kleiner, runder Mann im Wollpullover.

Auf dem Weg in sein Büro schafft er es, ein Mädchen aus der sizilianischen Volkstanzgruppe zu loben, den danebenstehenden Vater zu seiner Tochter zu beglückwünschen, den Duft eines frischgebackenen Mandelkuchens zu preisen, im Vorbeigehen zwei Hallelujah singende Klavierspielerinnen zu würdigen, um schließlich mit einer zärtlichen Geste eine Rose in eine selbstgetöpferte Vase auf seinen Schreibtisch zu stellen. Wer es noch nicht ist, will schlagartig katholisch werden, wenn er Don Cataldo fünf Minuten kennt.

Die Wände seines Büros sind mit Fotos geschmückt: Don Cataldo inmitten der Gevelsberger Feuerwehrmänner, Don Cataldo beim Sankt-Martins-Zug, Don Cataldo umringt von seinen Salesianer-Brüdern. Daneben hängen gutgemeinte Kinderzeichnungen und Erinnerungsfotos vom letzten Ausflug nach Butera, der italienischen Partnerstadt von Gevelsberg. Die rund tausend hier lebenden Sizilianer stammen fast alle aus Butera, einem kleinen Ort unweit von Caltanissetta, im Südwesten Siziliens. Im gesamten Ennepe-Ruhr-Kreis leben sechstausend Italiener.

Die erste Generation der Sizilianer kam als Gastarbeiter in den sechziger Jahren, um in den Eisenfabriken zu arbeiten, die heute alle geschlossen sind. Nun lebt bereits die dritte Generation in Gevelsberg, die Don Cataldo unverdrossen in die deutsche Gesellschaft zu integrieren versucht wie einen Stein in ein Mauerwerk. Auch wenn der Stein immer wieder herausfällt und das Mauerwerk brüchig geworden ist, Don Cataldo gibt nicht auf. Er bietet Hausaufgabenhilfe und berufliche Weiterbildung an, er veranstaltet Informatikseminare und Deutschkurse. Bildung ist das Wichtigste für die Integration! Das hat er auch schon der Generation der Eltern und der Großeltern gepredigt. Und sie angehalten, sizilianische Volkstänze zu tanzen. Tänze, die in Sizilien niemand mehr tanzt.

Man wollte nur verdienen und sich nicht integrieren, sagt Don Cataldo. So sei es anfangs gewesen, als die ersten Sizilianer nach Gevelsberg kamen, in jenen Zeiten, als die Deutschen die italienische Mission noch als Zigeunerlager schmähten. Don Cataldo verstand das nicht. Als er nach Gevelsberg kam, kannte er nur eine einzige deutsche Wendung: *Danke schön!* Aufgewachsen ist er in Potenza, in der Basilikata, einem der sprödesten und ärmsten Landstriche Italiens. Er weiß um die Stärken und um die Schwächen Süditaliens. Warmherzigkeit und Toleranz, Unterdrückung und Gewalt. Er kennt den Krieg der Mafia gegen die Armen, er weiß, was es bedeutet, in diesem Krieg aufzuwachsen, einem Krieg gegen Kultur, Zivilisation und Menschenwürde.

»Früher waren wir die Spaghettifresser«, sagt Don Cataldo, »heute lieben die Deutschen die italienische Küche.« Er lächelt nachsichtig. Als ließe sich die italienische Kultur auf Rezepte reduzieren. Aber das würde er nicht laut sagen. Er sagt nur, dass es nicht einfach sei. Die Deutschen seien verschlossen, es sei schwer, von ihnen aufgenommen zu werden. »Und dann das Klima! Die Diaspora! Die Mentalität!« Wenn eine Mutter auf Knien durch eine deutsche katholische Kirche rutsche, weil sie so für ihre kranke Tochter bete, dann wird sie von dem deutschen Pfarrer hinausgeworfen! Don Cataldo hält es vor Empörung kaum auf seinem Drehstuhl. Resigniert blickt er nach oben, an die Zimmerdecke, auf ein himmlisches Zeichen hoffend. Aber die Italiener wären auch verantwortlich dafür. Die erste Generation habe in Gevelsberg gelebt wie in einer Bahnhofshalle. Alle warteten auf den Zug zurück in die Heimat. Bauten sich Häuser in Butera, richteten sie mit schönen Möbeln ein und ließen die Kinder bei den Großeltern in Sizilien aufwachsen. Und wenn die Kinder groß genug waren, um auch in Deutschland zu arbeiten, dann verboten die Eltern ihnen Lehrberufe, weil man da weniger verdiente. Und selbst der Schulbesuch galt als verlorene Zeit. »Heute stehen die von den Eltern unter großen Opfern gebauten Häuser in der Heimat leer, die schönen Möbel werden von den Mäusen aufgefressen, und die Kinder wollen nicht mal mehr die Ferien in Butera verbringen«, sagt Don Cataldo.

Auch wenn von den Kindern einige bereits Deutsche geheiratet haben, sehen alle immer noch das italienische Fernsehprogramm, per Satellit. Ihre wahre Heimat ist das Frühstücksfernsehen, die Quizshow am Sonntagnachmittag und die tränenreiche Familientalkshow mit den Fernsehballetteinlagen. Man hat viel Zeit, denn die meisten Italiener in Gevelsberg sind inzwischen arbeitslos. In Butera gibt es keine Arbeit und in Gevelsberg auch nicht – vor allem nicht für ungelernte Arbeiter.

»Sie haben eindeutig zu viel Zeit!«, ruft Don Cataldo und springt von seinem Stuhl hoch. Dies umso mehr, als die italienischen Eltern ihre Kinder bis um vier Uhr nachmittags in der Gesamtschule parken! Und der Staat ernährt alle. »Die Sozialhilfe würde ich sofort abschaffen«, ruft Don Cataldo, »den Arbeitslosen geht es doch viel besser als denen, die den ganzen Tag arbeiten! Sie spielen Karten, den ganzen Tag!«

Einmal versuchte Don Cataldo den Bürgermeister von Gevelsberg dazu anzuregen, die Arbeitslosen die Straßen reinigen zu lassen. Denn die seien inzwischen schmutziger als in Italien. Der Bürgermeister habe seinen Vorschlag abgelehnt, weil es gegen die Menschenwürde verstoße, wenn die Arbeitslosen in der Straßenreinigung eingesetzt würden.

»Die Menschenwürde, ha! Entspricht es denn der Menschenwürde, schon morgens Karten zu spielen?«, ruft Don

141

Cataldo und blickt wieder nach oben an die Zimmerdecke, wo sich immer noch nichts tut.

Und auch Deutschland habe sich verändert, es sei nicht mehr das Land der perfekten Ordnung und des Respekts, für das es in Italien oft noch gehalten werde. Heute seien die Fenster in Gevelsberg vergittert, das habe sich früher niemand vorstellen können. Die Deutschen seien schockiert gewesen, als die Welt nach der EU-Osterweiterung nicht mehr die war, die sie kannten. Und dann entdeckten sie auch noch die Mafia vor ihrer Haustür!

»Die Mafia, das ist das Feuer unter der Asche«, sagt Don Cataldo. Die Mafia bediene sich der Leute hier. Ihr Sohn sei versorgt, sagten die Mütter, wenn ihr Sohn zur Mafia gehöre.

Don Cataldo weiß, dass ein Windhauch genügt, um die Glut zu entfachen. Als der Bischof von Locri nach dem Blutbad von Duisburg zur sogenannten Versöhnungsmesse nach Duisburg anreiste, gab Don Cataldo ihm zu verstehen, dass es keine gute Idee sei, wenn der Bischof die Familien der Opfer zu Hause besuchen würde, so wie es Don Pino geraten hatte, der Pfarrer von San Luca. Denn damit hätte der Bischof Position bezogen: für den Clan der Pelle-Romeo, gegen den gegnerischen Clan der Nirta-Strangio, der mutmaßlichen Killer. Und sich selbst gefährdet.

»*Pesce è pesce e carne è carne*«, sagt Don Cataldo. Das ist die süditalienische Version des Kempowskischen »Ein Pfund Rindfleisch ist ein Pfund Rindfleisch, und alles andere ist Einbildung«. Es hat keinen Zweck, sich etwas vorzumachen.

Don Cataldo nimmt das Buch über die Mafiamusik in die Hand. Er liest den Titel: *Die Globalisierung der bösen Ideen* und nickt anerkennend. Er feuchtet die Fingerspitze an und beginnt zu blättern. Francesca beschreibt, wie ihr Deutschlandbild die ersten Sprünge bekam, als sie schon lange wieder in Kalabrien lebte und in einer Zeitung vom Erfolg der Lieder

der 'Ndrangheta las, Musik der kalabrischen Mafia, die in Deutschland auf drei CDs erschien.

Francesca hat in Deutschland Germanistik studiert, heute lebt sie als Schriftstellerin in Kalabrien. Ihr gewähltes Deutsch klingt wie eine Kostbarkeit. Ich traf sie in Reggio Calabria, in einem der schönen Cafés an der Uferpromenade, wo man im Schatten von Ficusbäumen sitzt und auf das Meer und Sizilien blickt. Ich erzählte Francesca, wie oft ich gefragt worden war, warum ich nie über die Mafiamusik geschrieben hätte. Und dass ich das instinktiv stets abgelehnt hätte. Weil sich in mir etwas sträubte, die Mafia als Folklore zu beschreiben.

»Ein Deutschland, das der Musik der Mafia lauscht, passte nicht zu dem Deutschland, das ich kenne«, sagte Francesca und wies darauf hin, dass es eine deutsche Soziologin der Universität Cosenza gewesen war, Renate Siebert, die festgestellt hatte, dass die Mafia und der Totalitarismus auf der gleichen Geringschätzung des menschlichen Lebens basieren und sich auf dieselben Werte berufen. Wie konnte es also sein, dass die Deutschen dies nicht bemerkten?

»Es sind abstoßende, von den Kalabriern verabscheute Lieder«, sagte Francesca. Lieder, voll mit den »bösen Ideen« der mafiosen Vorstellungswelt. Es werde so getan, als handele es sich um geschichtliche Wahrheiten oder glaubhafte soziologische Analysen. Bemerkenswert an dem Erfolg sei allerdings nicht die Musik gewesen, sondern die Falschinformation. Mit Hilfe einer Pressekampagne konnte sich die Mafia folkloristisch tarnen. Unterstützt von Journalisten, die kein Italienisch sprachen, aber behaupteten, mit flüchtigen Mafiosi und Bossen im tiefsten Aspromonte-Gebirge Interviews geführt zu haben. Journalisten, die weder ein Buch über die italienische Geschichte noch eine einzige Prozessakte gelesen hatten – und die so inbrünstig die Aufnahmerituale der Mafia beschrieben, als ob sie dabei gewesen wären.

143

Der *Spiegel*, das *Hamburger Abendblatt*, die *Hamburger Morgenpost*, die *Bild*, der *Stern*, die *Frankfurter Rundschau* und die *Frankfurter Allgemeine Zeitung*, ja, sogar die *Zeit* – hatte Francesca festgestellt –, sie alle haben über die musizierende Mafia berichtet, als handele es sich um die Musik eines kleinen, tapferen, vom Aussterben bedrohten Volkes, das sich an einen althergebrachten Ehrbegriff klammert.

Und nicht nur die deutsche Presse machte Ausflüge nach »Mafialand«, nein, auch Schweizer Zeitungen wie die *Neue Zürcher Zeitung, Alert, Massiv* berichteten über die Mafiamusik. Später setzte die Pressekampagne der Mafiamusik ihren Siegeszug durch die Welt mit *Le Monde* und *Libération* fort, es folgte der *Guardian, Times Magazine, Newsweek*.

Als Francesca die Artikel las, schauderte sie. Die Bewohner Kalabriens tauchten nur als hässliche Wilde auf, die kalabrischen Berge waren nichts anderes als Zufluchten für Verbrecher, die Mafia als ein kalabrischer Wesenszug. Alle Journalisten waren ihrer Faszination für die Mafia erlegen. Die Artikel über die Mafiamusik erinnerten Francesca daran, dass es für sie in den Jahren, als sie in Deutschland lebte, immer einen Moment gegeben hatte, in dem sie ihre Herkunft negativ definieren musste: Ich bin nicht so ... Wir sind nicht so ...

»Ich musste klarmachen, dass ich mit den Schlächtern nicht mehr als die Herkunft gemein hatte«, sagte Francesca. Leider sei sich die Presse ihrer Verantwortung kaum bewusst gewesen, als sie mit wohligem Schauder schrieb, dass die Musik der Mafia in Italien verboten sei. »Falsch«, sagte Francesca: »Die CDs und Kassetten finden sich auf den Verkaufsständen der Märkte, und alle tragen den Stempel der italienischen GEMA, der Verwertungsgesellschaft für musikalische Aufführungsrechte. Ihre Produzenten sind steuerpflichtig.«

Francesca las, dass die Lieder von einem deutschen Journalisten entdeckt worden seien. Auch das sei falsch: In Italien kennt man die Lieder seit Jahrzehnten als marginales Musikphänomen, ohne jeden künstlerischen Wert. Die Journalisten schrieben, dass die Mafiosi so etwas wie Robin Hood seien, Erben der Briganten. Die Mafiosi hätten gegen die ausländischen Eroberer rebelliert, gegen die Spanier, die Habsburger, die Bourbonen. »Falsch«, sagte Francesca. »Die Briganten waren gesellschaftliche Rebellen, Mafiosi hingegen sind und waren immer nur an der Macht interessiert.«

Die Mafia sei entstanden, um das Volk zu verteidigen, las Francesca. »Falsch«, sagte sie. »Die Mafia setzt die Ärmsten immer schon als bewaffneten Arm ein, um sich ihrer zu entledigen, wenn sie nicht mehr gebraucht werden.«

Die Mafiamusik sei keineswegs Ausdruck der kalabrischen Volkskultur. Anders als die junge und erbarmungslose mafiose Subkultur sei die tausendjährige kalabrische Volksmusik weder grausam noch blutrünstig, sagte Francesca. Und hob hervor, dass die Journalisten die Mafiamentalität mit der Kultur der Unterschicht gleichsetzten und damit die Existenz des mafiosen Bürgertums übersähen. »Die Mafia aber verläuft quer durch alle Klassen und Parteien hindurch«, sagte Francesca.

Auch sei die Tarantella keineswegs ein mafioser Tanz, es sei vielmehr der Tanz der sozialen und individuellen Befreiung, kathartisch, religiös, mit Ursprüngen in der Antike. Weil die Mafia immer zur Gesellschaft gehören wollte, hat sie sich unter das Volk gemischt, sie hat seine Werte missbraucht, seine Musik, seine Sprache und seine religiösen Feste vereinnahmt. Die Mafialieder sind nichts anderes als eine vertonte Rechtfertigung der Mafiamorde. »Unsere Volkskultur rechtfertigt keine Morde«, sagte Francesca, »und sie bedauert die Toten. Die Mafia aber nimmt selbst den Toten ihre Würde.«

Mindestens ebenso gefährlich sei es, die Mafia als archai-

145

sches Phänomen zu beschreiben, das ausschließlich aus Mord und Brutalität bestehe. »Wenn es so einfach wäre, wären die Mafiosi leicht zu erkennen«, sagte Francesca. Tatsächlich aber versteckten sie sich hinter einer anständigen Arbeit, sie sind Teil der besseren Gesellschaft und der Politik, sie investieren in die internationalen Finanzmärkte.

Es sei ein katastrophaler Fehler zu glauben, dass die Mafia ein kulturelles Phänomen sei, das ausschließlich ein kleines anderes Volk betreffe. Man kann sich nicht gegen ein Übel wehren, wenn man sich von vornherein dagegen immun glaubt, stellte Francesca fest. Dank der Mafiamusik sollten die ausländischen Journalisten in Sicherheit gewiegt werden – und jene Deutschen, die die Nähe der Mafia schon spürten, sollten beruhigt werden, indem die organisierte Kriminalität als Folklorephänomen dargestellt wurde. Die Öffentlichkeit sollte die Mafia nicht als gefährlich betrachten, nicht wie ein Ungeheuer, gegen das man sich wehren muss, sondern wie etwas, mit dem man tanzen, singen und, warum nicht, auch Geschäfte machen kann.

»Die Mafia kann ohne den sozialen Konsens, ohne politische Komplizen nicht existieren«, sagte Francesca und fügte hinzu: »Und kein europäisches Land kann sich freisprechen. Es gibt kein europäisches Gesetz gegen das Eindringen der Mafia in die legale Wirtschaft.«

Don Cataldo liest immer noch, beim Umschlagen berührt seine Nasenspitze fast die Seiten des Buches. Er atmet so tief wie Kinder, die in die Lektüre eines Buches versinken, bis die Welt um sie herum nicht mehr existiert.

»*Brava*, Francesca«, sagt Don Cataldo schließlich anerkennend und legt das Buch wieder auf seinen Schreibtisch. Draußen auf dem Flur singen die beiden Klavierspielerinnen immer noch ihr Halleluja. Und mir fällt ein, dass man es in

Sizilien »Engel machen« nennt, wenn junge Männer in die Mafia aufgenommen werden.

Don Cataldo begleitet mich zu meinem Auto, küsst mich zum Abschied knallend auf beide Wangen und sagt: »Kommen Sie mich wieder besuchen! Und grüßen Sie Francesca von mir!« Dann geht er auf die Straße, hält mit einer gewichtigen Geste die herankommenden Autos an und leitet mich aus der Parkbucht in die Straße. Beim Blick in den Rückspiegel sehe ich, wie mir Don Cataldo so lange nachwinkt, bis ich aus seinem Blickfeld verschwinde.

Wieder auf der Autobahn, denke ich noch lange über Don Cataldo nach. Und über die Mafiamusik. Es mag ein Zufall gewesen sein, dass die Universität Bochum keinen Geringeren als Francesco Sbano, den in Hamburg lebenden Produzenten der Mafiamusik, und Antonio Pelle, den aus San Luca stammenden Betreiber des Duisburger Hotels Landhaus Milser einlud, um über die 'Ndrangheta zu reden. Und »exklusives Videomaterial« zu zeigen, wie es hieß. Der Mafiamusikproduzent Sbano hatte einen Film über die »ehrenwerten« Männer gedreht, *uomini d'onore*, der vermummte Männer in den Wäldern des Aspromonte-Gebirges zeigt, die so kehlig nuscheln, als hätte man ihren Mund mit Teppichklebeband verklebt.

Sie posieren auf nervös tänzelnden Pferden und erklären, dass die Mafia so etwas wie das Weltkulturerbe sei.

Die Eigentümlichkeit der Einladung der Ruhr-Universität war auch von der SPD-Opposition im Düsseldorfer Landtag bemerkt worden. Weshalb es in ihrer Großen Anfrage zum Thema Mafia heißt: »Gibt es in Nordrhein-Westfalen keine Mafiaexperten, oder wie ist es zu erklären, dass ein mehrfach im BKA-Bericht genannter, aus San Luca stammender Duisburger Gastronom sowie ein im Zwielicht befindlicher Produzent von kalabrischer Mafiamusik an der Universität

147

Bochum Schülern und Studenten das Wesen und die Eigenschaft der Mafia erklären?«

Das Innenministerium erklärte daraufhin, dass die beiden im Rahmen eines landeskundlichen italianistischen Projekts der Ruhr-Universität Bochum eingeladenen Referenten ein »aus Duisburg stammender Gastwirt, der zufällig denselben Namen trägt wie ein mutmaßlicher kalabrischer 'Ndrangheta-Clan, und ein in Hamburg lebender Journalist, der auch eine in Italien von der RAI gezeigte Dokumentation über Geschichte und Verhaltensregeln der kalabrischen Mafia vorführte«, gewesen seien.

Nun sind in Italien bereits hinreichend viele Mitglieder des Clans Pelle-Romeo rechtskräftig wegen Mafiazugehörigkeit verurteilt worden, dass man sich bei einer Erwähnung des Clans das Wort »mutmaßlich« guten Gewissens sparen kann. Und der italienischen RAI kann man sicher einiges vorwerfen, nicht aber, vermummte Männer gezeigt zu haben, die durch das Aspromonte-Gebirge reiten und die Mafia nuschelnd zum Weltkulturerbe verklären. Die Dokumentation wurde von der RAI nie gesendet – wie diese auf Anfrage mitteilt.

Der Abend dämmert, und wenn ich in den konkav gewölbten Seitenspiegel blicke, verwandelt sich die Landschaft in ein Bild von Magritte, mit den nachtschwarzen Umrissen der Bäume und einem Himmel, der noch taghell ist, azurblau, mit einem goldenen Streifen am Horizont. Zuletzt sah ich so einen Himmel am Rhein, irgendwo bei Unkel, im Siebengebirge, der Rhein war ein breites, blaues Band, die Bäume am Ufer schwarz, und im Himmel trieb rosa Dunst. Am Tag zuvor war ich noch in Palermo gewesen, inmitten von Abgasdunst und den Polizeisirenen der gepanzerten Limousinen der Staatsanwälte, inmitten von aufgeplatzten Mülltüten, die sich am Straßenrand stapelten, weil die Müllabfuhr seit Tagen streikte. Als ich am Ufer des Rheins stand, erschien mir

Deutschland plötzlich so heil, so unversehrt, so romantisch, dass ich vor mir selbst erschrak.

Insgeheim bedaure ich etwas, dass mein Weg nicht über die Kölner Rheinbrücke führt, denn ich freue mich jedes Mal wie ein Kind am Anblick des Kölner Doms. Der erste Schulausflug meines Lebens hatte Köln zum Ziel, wo wir unserer Lehrerin lauschten, die uns die steinerne Anmut der Kathedrale nahezubringen versuchte, während wir flüsternd feststellten, dass sich Köln abgesehen von der Kathedrale und dem Rhein nicht wesentlich vom Ruhrgebiet unterschied. Instinktiv spürten wir Kinder, dass die Verwüstung durch den Krieg und die Zubetonierung während der Aufbaujahre das ganze Land betrafen.

Tatsächlich ist mir Köln ans Herz gewachsen, besonders seit ich nach Italien gezogen bin. Was weniger mit den 35 000 Italienern zu tun hat, die in Köln leben, als mit dem rheinischen Katholizismus, der mit dem italienischen eng verwandt ist. Eine Feststellung, die von den Kölnern immer etwas bitter auflachend bestätigt wird, während sie aus dem Stand sämtliche Kölner Korruptionsaffären der letzten zwanzig Jahre aufzählen. Müllskandale, Bestechungsskandale, Bauskandale. Ein schiefer Kirchturm, der Einsturz des Stadtarchivs. Geklautes Baumaterial, gefälschte Bauprotokolle, Schrottbeton, Sand statt Zement, dünn aufgetragene Asphaltdecken, minderwertiger Beton. All das kenne ich aus Sizilien, aus Kalabrien, aus Kampanien, wo die Bauindustrie seit Jahrzehnten in der Hand der Clans ist. Vielleicht ist es das, was Köln mit Italien gemein hat.

Und die Neigung zur Selbstgeißelung. In Italien ist sie weit verbreitet. Der sizilianische Schriftsteller Leonardo Sciascia bemerkte dazu, dass die Suche nach einer Identität, die Begierde, sich zu porträtieren und sich zu erkennen, die erbarmungslose Bereitschaft zur Selbstkritik von Sizilien und den süditalienischen Regionen nach Norditalien vorgedrungen sei. Es sei die Unsicherheit des Südens, die ganz Italien unsicher mache. Eine ähnliche Jagd nach der Selbsterkenntnis finde man – goethisch – nur noch bei den Deutschen und – gogolisch – bei den Russen; aber ganz und gar nicht bei den Franzosen und den Engländern.

Vor mir fährt schon wieder ein Laster mit Deutschlandfahne. Von wegen Selbstgeißelung. Die Neigung dazu scheint seit den Fußballweltmeisterschaften in Deutschland vergangen zu sein. Da hatte sogar Günther Grass den fahnenschwingenden Deutschen die Absolution erteilt.

Als ich das letzte Mal in Köln war, verfolgte ich eine Verhandlung gegen die sizilianische Baumafia im Landgericht Köln. Und stellte beim Betreten des Landgerichts fest, dass es sich in einer jener klassischen Waschbetonfestungen aus den siebziger Jahren befindet wie so viele öffentliche Gebäude in Deutschland. Wobei bei dem Kölner Landgericht der Eindruck der Bastion durchaus erwünscht ist. Ein Staatsanwalt beschrieb nicht ohne Stolz, wie anlässlich einer Verhandlung der Russenmafia sämtliche umliegenden Straßen abgeriegelt und die Russen per Hubschrauber zu der Verhandlung geflogen worden waren.

Dagegen nahmen sich die sizilianischen Mafiosi, über die an jenem Tag gerichtet wurde, vergleichsweise harmlos aus. Und was heißt hier überhaupt Mafiosi – während der Verhandlung gegen die sizilianische Baumafia fiel das Wort Mafia kein einziges Mal. So wie man in Amerika nicht von dicken Amerikanern spricht, sondern von »andersgewichtigen Menschen«, sprach man im Kölner Landgericht auch nicht von Mafia, sondern von einer »bandenmäßig organisierten Struktur, die in gewerbsmäßiger Art und Weise in großem Umfang Steuern hinterzogen und den Sozialversicherungsträgern hohen Schaden zugefügt hatte«. Genau 1,8 Millionen Euro. So viel hatten die fünf Sizilianer, die auf der Anklagebank saßen, an Lohnsteuern und Sozialversicherung hinterzogen.

Die fünf Angeklagten wurden von elf Rechtsanwälten verteidigt. Von Staranwälten, die pro Verhandlungstag Tausende Euro kosten. Manchmal erkennt ein Staatsanwalt schon am Anwaltstarif, dass er es mit der Mafia zu tun hat. Wobei er das allerdings nicht laut sagen würde.

Den elf Staranwälten saß ein schmächtiger Staatsanwalt gegenüber. Und obwohl seine schwarze Robe eine gewisse Aura von Bedeutsamkeit verströmte und seine weiße Krawatte feierlich aus dem Ausschnitt der Robe leuchtete, schien mir eine fußballmannschaftsstarke Verteidigung gegenüber einem einzigen Ankläger doch ein gewisses Missverhältnis auszudrücken. Zumal neben einigen Angeklagten auch noch Übersetzer saßen. Offenbar lässt sich eine Steuerhinterziehung von 1,8 Millionen Euro auch ohne deutsche Sprachkenntnisse bewältigen.

Der Zuschauerraum war durch Panzerglas vom holzvertäfelten Verhandlungsraum des Schwurgerichts abgetrennt. Neben mir saßen die Familienangehörigen der fünf Sizilianer, alle waren vollzählig zur Verhandlung angetreten, ganz so, wie ich es aus den Mafiaprozessen in Sizilien kenne. Nicht nur die Ehefrauen waren da, wohlbeleibte falsche Blondinen, die ihren Männern sehnsüchtig Kusshände zuwarfen, sondern auch ihre Brüder, Väter, Schwager und Cousins. Wer von den Männern noch Haare besaß, trug sie mit viel Gel zurückgekämmt, wem die Haare bereits ausgingen, trug den Schädel mönchisch kahlrasiert. Die Söhne fehlten auch nicht, kleine Jungen, in deren Ohrläppchen winzige Brillanten funkelten, kleine Jungen, die mit ihren Schwestern darum wetteiferten, »Papa, Papa« zu rufen und ihren hinter dem Panzerglas auf der Anklagebank sitzenden Vätern zuzuwinken. Alle sprachen Sizilianisch. Einige der Kinder waren so klein, dass sie

151

noch im Kinderwagen saßen. Ich fragte mich, ob sie schon gelernt hatten, die Welt in »sie und wir« einzuteilen.

Die Angeklagten stammten fast alle aus Licata, einer Stadt im Südosten von Sizilien, in der Provinz Agrigent. In der Antimafia-Staatsanwaltschaft von Palermo widmet sich eine ganze Abteilung ausschließlich der Mafia von Agrigent und den benachbarten Hochburgen Licata, Palma di Montechiaro und Gela. Die Heimat jener Clans, die traditionell die engsten Verbindungen nach Deutschland haben. Speziell nach Köln. Und die traditionell beste Beziehungen zur Bauwirtschaft haben. Als der Boss Giuseppe Stracuzzi aus Licata im Jahr 2009 zusammen mit seinem Sohn festgenommen wurde, beschlagnahmten die Ermittler in Sizilien Güter im Wert von dreißig Millionen Euro, darunter 147 Wohnungen, drei Baufirmen, 57 Autos, eine Betonherstellung, eine Sandgrube und einen Steinbruch.

Die Verhandlung in Köln dauerte nicht lange, dann wurde das Urteil verkündet. Der Richter monierte den Niedergang einer seriösen Bauwirtschaft, betonte die Verantwortung der deutschen Auftraggeberfirmen und der Kolonnenschieber, die sehr wohl gewusst hätten, dass die italienischen Firmen, mit denen sie zusammenarbeiteten, nur Scheinfirmen waren. Er hob anerkennend hervor, dass die Angeklagten alle ein Geständnis abgelegt hatten, was sich ebenso strafmildernd auswirke wie der Alkohol- und Drogenmissbrauch einiger Angeklagter, er lobte die maßvolle Vorstellung vom Strafmaß seitens der Staatsanwaltschaft und verkündete schließlich ein mildes Urteil: Die Höchststrafe lag bei vier Jahren und sechs Monaten, alle anderen lagen darunter, ein Angeklagter wurde freigesprochen.

Als ich versuche, einen Sattelschlepper an einer sehr engen Baustelle zu überholen, denke ich immer noch an das Urteil. Auch in der Urteilsbegründung kam das Wort Mafia nicht vor. Stattdessen wurde wortreich die Vorgeschichte der Angeklagten beschrieben: Der Erste fiel als Kind vom Baum, was einen doppelten Kieferbruch sowie eine luftdruckbedingte Verschiebung der Organe zur Folge hatte, die jedoch vollständig ausgeheilt sei. Wegen der körperlich anstrengenden Arbeit als Eisenflechter auf Baustellen habe er allerdings angefangen, Alkohol zu konsumieren, bis hin zu zehn Flaschen Bier und einem halben Liter Likör täglich. Er habe auch mit Haschisch und Marihuana experimentiert, ebenfalls mit Kokain, allerdings habe ihm der Konsum und die Wirkung nicht zugesagt, weder von Kokain noch von Haschisch und Marihuana.

Der Zweite verließ mit zehn Jahren die Schule, um sich in Sizilien der Vogelzucht zu widmen, sei später in Deutschland aufgrund seiner Nähe zu Jugendlichen mit Migrationshintergrund in Kontakt mit Betäubungsmitteln gekommen – Heroin und Alkohol –, weshalb auch er zu ordentlicher Arbeitsleistung nicht fähig gewesen und deshalb nach Sizilien zurückgekehrt sei. Weil er aber auch dort kein Geld verdiente, sei er wieder nach Deutschland gekommen. Und habe Kokain bis hin zum Realitätsverlust konsumiert.

Der Dritte hatte bis zu seinem Einsatz auf den Baustellen eine Pizzeria in Köln betrieben, allerdings ohne nennenswerten Gewinn zu erzielen. Die Lieferantenrechnungen hätten stets die Umsätze überstiegen.

Der Vierte lernte weder einen Beruf noch die deutsche Sprache, hatte keine nennenswerten Krankheiten, habe aber gelegentlich Kokain konsumiert. Nasal. Erst seit der Inhaftierung habe er damit aufgehört.

Der Fünfte war in Stuttgart zur Welt gekommen, hatte ebenfalls weder einen Beruf noch die deutsche Sprache gelernt, was ihm die Arbeitssuche erschwert habe. Er arbeitete erst in einer Fabrik, dann in einer Kölner Pizzeria, hatte mit seiner sizilianischen Ehefrau vorübergehend und glücklos in Sizilien gelebt und litt an Arthrose in den Kniegelenken. Immerhin hatte er weder ein Drogen- noch ein Alkoholproblem.

Es war also eigentlich ein Wunder, dass diese vom Schicksal benachteiligte Truppe überhaupt in der Lage war, sich auf den Beinen zu halten, geschweige denn Notarverträge für Strohmannfirmen abzuschließen, Gewerbe anzumelden, Wohnungen anzumieten, in denen falsche Rechnungen ausgestellt wurden, Firmenkonten bei sämtlichen deutschen Banken und Sparkassen zu eröffnen, die Kolonnenschieber zu kontaktieren – also jene Vorarbeiter, die regelmäßig mit den gleichen Arbeitern zusammenarbeiten, aber keine eigene Baufirma betreiben, die deutschen Strohmänner zu bezahlen, in der Regel mit dreihundert Euro wöchentlich sowie einer Abschlagszahlung von 25 000 Euro, und sich im Falle einer Durchsuchung der Geschäftsräume rechtzeitig ins Ausland abzusetzen.

Der Richter hatte die Angeklagten dann noch darüber belehrt, dass sie das Recht hätten, Revision einzulegen. Alle Angeklagten verzichteten jedoch darauf.

In der Nacht zu fahren ist, als würde man sich ins Nichts stürzen, einem schwarzen Schlund entgegen, der das lodernde Herbstlaub, die Birken und die Vogelschwärme verschluckt hat. Ich merke, wie ich müde werde, und daran ändert weder Gianna Nannini noch Paolo Conte etwas. Und auch nicht SWR 3. Ich beschließe, die Nacht im nächsten Autobahnhotel zu verbringen, in einem der vielen bienenwabenartigen um den Flughafen Frankfurt herum, ich nehme das erstbeste. Es ist ein Steigenberger und sieht aus wie ein gläsernes Luftschiff. Um der Hotelzimmerdepression zu entgehen, die mich stets befällt, sobald ich meine Magnetkarte in den Schlitz an der Tür schiebe, in einem Zimmer voller Fremdheit und abgestandener Luft stehe und das *Willkommen Frau Reski* auf dem Teletext des Fernsehers lese, beschließe ich, zu Abend zu essen, Frankfurter Würstchen vielleicht, ich liebe Frankfurter Würstchen.

Das Hotelrestaurant trägt den bizarren Namen Unterschweinstiege. Als ich Platz genommen habe, auf meine Würstchen warte und einen Merlot aus dem Trentino trinke, höre ich den Geschäftsmännern vom Nebentisch zu, die sich Sätze zuwerfen, die nur sie verstehen. Einer bemerkt, dass er *challengen* wollte, fragt, wie es um die Erwartungshaltung bestellt sei, worauf sein Nachbar nickt und zu bedenken gibt, dass er *im Vorfeld* etwas hören wolle, was den Dritten dazu beflügelt, festzustellen, dass er von Anfang an *eingebunden* sein möchte. Sie lächeln sich dabei so verständnisinnig an, dass man meinen könnte, sie seien ineinander verliebt. Gleich werden sie sich vor Begeisterung küssen.

Dann höre ich, wie an dem anderen Tisch neben mir Italienisch gesprochen wird. Es sind zwei italienische Geschäftsmänner, die nicht nach Hause fliegen konnten, weil die Alitalia streikt. Die beiden Italiener bemitleiden sich gegenseitig. »*Povera Italia!*«, sagen sie. »*Ah, come siamo ridotti!* Ach, wie sind wir heruntergekommen!«

Die Selbstgeißelung, denke ich, und höre ihnen noch eine Weile dabei zu, wie sie die Korruption im Allgemeinen, die Steuergesetzgebung im Besonderen und den verheerenden Einfluss des Vatikans auf die Politik beklagen. Und nicht müde werden, die Alitalia zu verwünschen. Bis sie schließlich dazu übergehen, die Unverdaulichkeit der deutschen Küche zu beklagen. Ein Schweinebraten würde jeden Italiener umbringen, sagt einer. Dann lachen sie. Und schon bekomme ich Heimweh. Nach Italien.

7

Am nächsten Morgen breche ich schon früh auf. Ich rolle meinen Koffer in die Tiefgarage und bin wieder eins mit dem Spider, der mir sofort so vertraulich zublinkt, als sei er bereit, mich zu beschützen. Was er vielleicht auch fertigbringt, denn seine Türen sind so schwer, dass man meint, sie seien gepanzert. Wenn ich mich beim Aussteigen nicht mit aller Kraft dagegenstemme, wirft mich die Tür wieder zurück auf den Sitz.

»Pass bloß auf dich auf.« Das war der Ratschlag, den ich am meisten hörte. Meine deutschen Freundinnen riefen mich an und hinterließen mir so oft ein »Pass bloß auf dich auf« auf dem Anrufbeantworter, dass ich mich irgendwann fragte, ob ich bekannt dafür sei, mich aus fahrenden Zügen zu stürzen.

Vor vielen Jahren hat mir eine Freundin zum Geburtstag ein Buch mit leeren Seiten geschenkt. Den Buchumschlag hatte sie von einem Grafiker gestalten lassen, mit einem Foto von mir und meinem Namen als Autorin über dem Buchtitel *Die Patin*. Auf die Rückseite des Buches hatte sie Zitate aus imaginären Kritiken drucken lassen: »Reski zeigt ein Land, in dem eine Autobombe leichter zu backen ist als das traditionelle Marzipangebäck.« Oder: »Ein furioser Roman, eine fulminante Geschichte, eine ferlässliche Freundin.« Es wurde sehr gelacht. Besonders über den Stabreim.

Bis gestern war meine Beschäftigung mit der Mafia für sie meine persönliche Extravaganz gewesen. Unverständlich, aber im Grunde harmlos. Ich sprach selten darüber. Denn wenn ich in Deutschland von der Mafia und ihrer Bedrohung sprach, war es so, als würde ich von einer eingebildeten Krankheit sprechen. Man zeigte höfliches Interesse – und dachte: eine fixe Idee. Ich konnte es niemandem verübeln. Die Mafia schien in Deutschland weit weg. Selbst für Journalisten.

Es gab in Deutschland auch Freunde, die offenbar davon ausgingen, dass ich selbst nicht alle Möglichkeiten der Einschüchterung durchdacht hatte. Sie machten mich darauf aufmerksam, dass die Mafiosi vermutlich nicht nur mich bedrohen würden, sondern auch meine ganze Familie. Meine Mutter in Deutschland, meine Familie in Italien. Meinen Mann. Die Kinder. Ich könnte einen Unfall haben. Man könnte in unsere Wohnung einbrechen, auf der Suche nach Informationen. Es könnte auch zu einem Brand kommen.

Und dann gaben sie mir den Rat, endlich damit aufzuhören: Du hast ein tolles Buch geschrieben. Wunderbar. Aber jetzt solltest du leisertreten. Meide die Öffentlichkeit, sag Lesungen ab, steck deine Nase nicht in Angelegenheiten, die dich nichts angehen. Schreib doch mal zur Abwechslung über die venezianische Küche. Du kannst die Welt nicht verändern.

»Pass bloß auf dich auf.« Bevor ich in den Spider steige, fällt mein Blick auf die Zierfelgen. Ein deutscher Freund riet mir nach den Drohungen in Erfurt dazu, in Zukunft stets die Radmuttern meines Autos zu kontrollieren. Der Alfa Spider hat jedoch diese Zierfelgen, unter denen sich ziemlich wahrscheinlich die Radmuttern verbergen. Aber es gelingt mir einfach nicht, sie zu finden.

Eine Decke aus Regenwolken hängt über der Autobahn, und es beginnt so stark zu regnen, dass sich die Welt um mich herum in Wasserdunst auflöst, die Vierzigtonner, die Geschwindigkeitsbeschränkungen, die kleinen Wäldchen neben der Autobahn. Acht Monate Schnee, zwei Monate Regen, und das nennt die Bande Vaterland – soll Napoleon über Deutschland gesagt haben. Um Napoleon zu widerlegen, geschieht ein Wunder: Die Wolkendecke hat plötzlich ein kleines Loch, aus dem ein Regenbogen schimmernd den Weg

157

weist. Die Sonne bricht wieder durch. Eine Herbstsonne, aber immerhin.

Links und rechts von der Autobahn wächst Wein auf sanft abfallenden Hügeln. Ich beginne den Süden zu ahnen. Die Weinberge mit ihrem roten Laub erinnern mich an die erste Reise meines Lebens, als ich in den Schwarzwald fuhr und fassungslos war angesichts einer Landschaft, die nicht aus Kohlenhalden bestand, sondern aus Hügeln, die mit Rebstöcken und blau schimmernden Tannen bewachsen waren. Wo Schlüsselblumen am Wegesrand wuchsen und die Welt ein geranienumrankter Herrgottswinkel zu sein schien.

In Stuttgart gibt es sogar mitten in der Stadt Weinberge, Weinberge neben stolzen Gründerzeitvillen, bürgerliche Burgen mit korinthischen Kapitellen und Wasserspeiern aus Sandstein. Der Spider fällt überhaupt nicht auf, weil die Straßen voll sind mit Cabriolets, BMW und Mercedes und Porsche, die an den Ampeln miteinander wetteifern, wer zuerst aus den Startlöchern kommt. Bei so viel Wohlstand ist es nicht verwunderlich, dass auch die 'Ndrangheta in Baden-Württemberg heimisch ist, und das seit vierzig Jahren.

Wie unangefochten die Clans im Ländle agieren, bewies zuletzt die Wahlfälschungsaffäre um den italienischen Senator Nicola di Girolamo, der nur durch die Stimmen der 'Ndrangheta in Deutschland 2008 in den italienischen Senat eingezogen war. Und der im Frühjahr 2010 als Protagonist der Fastweb-Affäre festgenommen wurde – eines Geldwäscheskandals, dessen Ausmaße selbst die Italiener überraschte: Gemäß dem 1800 Seiten langen Ermittlungsbericht der römischen Staatsanwaltschaft sollen die beiden italienischen Telekommunikationsunternehmen Fastweb und Telecom Italia 2,4 Milliarden Euro für die kalabrische 'Ndrangheta gewaschen und 365 Millionen Euro Steuern hinterzogen haben. Das Geld wurde mittels fingierter Telefondienste, nicht existenter Telefonkarten, ausländischer Briefkastenfirmen und Auslandskonten gewaschen, zwölf der vierzehn von der 'Ndrangheta benutzten Auslandskonten befanden sich in Österreich.

Drahtzieher des gigantischen Stuttgarter Wahlbetruges war laut der Staatsanwaltschaft in Rom der römische Geschäftsmann Gennaro Mokbel – dem nicht nur zehn Morde zur Last gelegt werden, sondern auch beste Beziehungen zu Rechtsterroristen, zur römischen Mafiabande Banda della Magliana und zur 'Ndrangheta. Nicola Di Girolamo, Senator der Berlusconi-Partei Volk der Freiheit, stand auf Mokbels Gehaltsliste. Di Girolamo war, so die römische Staatsanwaltschaft, speziell dank der tatkräftigen Vermittlung des Clans Arena gewählt worden, dessen Wahlhelfer die Wahlzettel der Auslandsitaliener fälschten. So gelang es dem bis dahin völlig unbekannten, politisch nie zuvor aktiven römischen Rechtsanwalt Di Girolamo sich als Kandidat für die Stimmen der in Europa lebenden Auslandsitaliener aufstellen zu lassen und in seinem »Wahlkreis Europa« auf Anhieb 25 000 Stimmen zu erlangen – darunter auffallend viele aus Stuttgart und Umgebung.

Seitdem das Wahlrecht für die im Ausland lebenden Italiener eingeführt worden ist, bot sich die Briefwahl für Wahlfälschung an – was man bis dahin nur in Süditalien erwartete, wo die Wählerstimmen das Kapital der Mafia gegenüber der Politik darstellen. Dort kauft die Mafia Wählerstimmen mit einem Päckchen Pasta. Gewählt wird nur, wer den Clans nutzt. Und das sind heute nicht mehr nur Politiker, die mit der Mafia mehr oder weniger offen zusammenarbeiten, Politiker, die sich von der Mafia benutzen lassen, sondern Mafiosi, die in die Politik eingestiegen sind. Der direkte Weg. Offenbar betrachtet die 'Ndrangheta Stuttgart als ihr ureigenstes Terrain, als eine Art ausgelagertes Süditalien, wo gilt: Hier bestimmen wir.

Um als Abgeordneter für die in Europa lebenden Auslandsitaliener kandidieren zu können, brauchte Di Girolamo einen Wohnsitz im europäischen Ausland – der ihm von einem ehemaligen römischen Rechtsextremisten mit guten Beziehungen zum italienischen Botschafter in Brüssel verschafft wurde. Rechtzeitig für seine Kandidatur gab Di Girolamo eine Adresse in Brüssel an, hinter der sich eine Wohngemeinschaft junger italienischer Stipendiaten verbarg, die im EU-Parlament arbeiteten. Der belgische Wohnsitz des zukünftigen Senators war eine Dreizimmerwohnung, in der Di Girolamo auf einem Klappsofa im Wohnzimmer hätte schlafen müssen. Wenn er denn in die Verlegenheit gekommen wäre, überhaupt an seinem offiziellen Wohnsitz auftauchen zu müssen.

Mokbel war zusammen mit dem Anwalt des Clans Arena mehrfach nach Kalabrien gereist, um dort den mutmaßlichen Boss Franco Pugliese zu treffen, laut Ermittlern der Geldwäschebeauftragte des kalabrischen Clans. Der Clan Arena stammt aus Isola Capo Rizzuto in der Provinz Crotone und gehört zu den ältesten Clans der 'Ndrangheta. Laut der Aussage verschiedener abtrünniger Mafiosi sei Pugliese zwar nicht »getauft«, aber dennoch vollständiges Mitglied des Clans Arena – vor allem dank seiner Verwandtschaftsbeziehung: Er hat die Tochter des Clanchefs Fabrizio Arena geheiratet – dessen Gelder er wäscht und investiert.

Da die Clans die Wählerstimmen der in Deutschland lebenden Italiener als reine Verfügungsmasse betrachten, ging es während der Sondierungsreise nach Kalabrien nur noch um das Wie der Wahlfälschung, die konkreten Geschäftsbedingungen. So wurde der Preis für eine Stimme ausgehandelt, denn die Italiener, die der 'Ndrangheta in Stuttgart ihre Stimmen zur Verfügung stellten, mussten dafür ja angemessen belohnt werden. Außerdem forderte Pugliese als Gegenleistung noch einen kleinen persönlichen Gefallen: Eine von ihm bereits bestellte Yacht sollte auf den Namen irgendeiner Gesellschaft eingetragen werden. Aufgrund seiner engen Verwandtschaftsbeziehungen zum 'Ndrangheta-Clan Arena befürchtete der Boss, dass die Ermittler ihm die Yacht beschlagnahmen könnten.

Nachdem die Geschäftsbedingungen geklärt waren, schickten die 'Ndranghetisti im April 2008 einen Wahlhelfer nach Deutschland, der dort zusammen mit einem Vertrauten Mokbels die Blankowählerstimmen einsammelte und mit dem Namen des Senators ausfüllte. Die Wählerstimmenexpedition begann in Esslingen, als Basislager diente der nächstgelegene Fanclub von Inter Mailand. Von da aus ging es durch ganz Baden-Württemberg bis nach Hessen. Wobei der Orientierungssinn der beiden Kundschafter nicht sehr ausgeprägt gewesen zu sein scheint: Als der zukünftige Senator Di Girolamo anrief, um zu wissen, wo die Stimmen eingesammelt wurden, konnte ihm sein Vertrauensmann nur sagen, dass sie in Esslingen übernachteten und täglich vier- bis fünfhundert Kilometer fahren mussten, nach Norden, Süden, Westen und Osten, um alle italienischen Gemeinden abzuklappern: Kurz, es handelte sich um keine Vergnügungsreise, sondern eine aufopferungsvolle Anstrengung, wie der Emissär dem zukünftigen Senator in einem abgehörten Telefonat klarzumachen versuchte. So ist in der Ermittlungsakte der römischen Staatsanwaltschaft zu lesen:

Heute waren wir in so einem türkischen Viertel, du kannst dir das gar nicht vorstellen, was das bedeutet, wir kamen in die Wohnung von so ein paar elenden Italienern, der Hund bellte, ein kleines Mädchen kackte, und die haben uns so um die zwanzig Stimmen gegeben, ich wollte die Wohnung gar nicht betreten, es ekelte mich, also ist Giovanni reingegangen, mit

seinem kalabrischen Schwung, sagen wir. Er nahm sich die
Stimmen, und dann sind wir abgehauen. Ich kann dir garantieren, Giovanni ist hier der Chef der deutschen Abteilung.

Auch Gennaro Mokbel, der Drahtzieher, rief regelmäßig an,
um sich nach dem Stand der Dinge zu erkundigen. Und um
noch etwas Geld zu schicken, »zwei Säcke voll«, wie sein
Emissär am Telefon orderte. Der Stimmenkauf war am Ende
so gut organisiert, dass die beiden Wahlhelfer nicht mehr reisen mussten, sondern die Wahlscheine in dem Inter-Mailand-
Fanclub bei Esslingen direkt in Empfang nehmen konnten:
»Ich wollte dir nur sagen, die kommen aus der ganzen Gegend von Stuttgart hierunter, sie kommen auch aus Frankfurt,
wir haben jetzt im Inter-Club eine Sammelstelle eingerichtet,
sie kommen wirklich von überall her.«

Die Wahlhelfer bereiteten schon die Wahlparty vor. Auch
der frischgebackene Senator Di Girolamo wurde in Stuttgart
erwartet. Speziell von einem Herrn, der, wie die Fahnder am
Telefon mithörten, sich in Stuttgart besonders für ihn eingesetzt haben soll, ein Mann auf derselben Stufe wie Pugliese,
nur aus einem anderen Ort – ein Herr, der nach Ansicht der
italienischen Staatsanwälte Mario Lavorato war. Der Stuttgarter Prominentenwirt mit den besten Beziehungen zur baden-württembergischen CDU und zum ehemaligen Ministerpräsidenten Günther Oettinger, dem jetzigen EU-Energie-
kommissar.

Wir haben schon alles organisiert. Wir feiern in Stuttgart, weil
hier der Herr ist, der uns Giovanni geschickt hat, einer der
hunderte von Restaurants hat.
Tatsächlich hunderte.
146, um genau zu sein.
Leck mich am Arsch.

Und der ist …

Also dann hast du alles verstanden. Und deshalb das Ganze.
Es würde ihn sehr freuen, auch weil er einer ist, der mit dem
Minister unterwegs ist, mit der ganzen Mannschaft von
dem … also wir würden … es wäre natürlich gut, wenn der
Senator dann auch da wäre … weil ich … also mehr sage ich
nicht.

Natürlich, absolut!

Die kalabrischen Freunde hatten die Wahlkampagne Di Girolamos nicht nur in Deutschland unterstützt, sondern auch in
Holland und Frankreich und Großbritannien.

»Mein Freund, der Senator«, so begrüßte Pugliese am Tag
nach der Wahl den frischgebackenen Senator Di Girolamo am
Telefon. Und der bedankte sich bei ihm wortreich: »Du hast
mir versprochen, dass ich die Früchte mit den Händen greifen
würde – jetzt würde ich sagen, dass wir sie wirklich in den
Händen halten. Wir haben eine große Zukunft vor uns.«

Allerdings nur, insofern der Senator jetzt nicht übermütig
würde und nicht vergäße, dass er nichts anderes war als ein
Leibeigener der 'Ndrangheta. Daran erinnerte ihn der Boss
Mokbel. »Ob du die Kandidatenkrankheit gekriegt hast oder
schon die Senatoritis hast, das ist dein Problem, Nicò … Es ist
mir scheißegal, was du sagst, Nicò, selbst wenn du Ministerpräsident wirst, für mich bleibst du immer der Portier, du
bleibst immer mein Sklave.«

Dass der Senator Di Girolamo dank der Stimmen der
'Ndrangheta gewählt worden war, wurde schon bald nach
seiner Wahl vermutet. Als die Staatsanwälte einen ersten
Haftbefehl gegen ihn ausstellten, lehnte es der römische Senat
jedoch ab, seine parlamentarische Immunität aufzuheben. Senator Totò Cuffaro, der wegen Unterstützung der Mafia bereits in zweiter Instanz zu sieben Jahren Haft verurteilte ehe-

malige sizilianische Ministerpräsident, fühlte sich damals berufen, ein gutes Wort für Di Girolamo einzulegen. »Hochverehrte Kollegen«, hatte er gerufen, »befragen Sie Ihr Gewissen! Wenn Sie für die Aufhebung stimmen, wird dieser Mann verhaftet!«

Dazu kam es erst im März 2010. Nachdem der Senat Di Girolamos parlamentarische Immunität aufgehoben hatte, hielt dieser noch eine herzerweichende Rede und wurde von den Kollegen zum Abschied umarmt.

In Italien fragt man sich: Warum nur er? Und nicht die vielen anderen wegen Begünstigung der Mafia bereits verurteilten Parlamentarier und Senatoren, deren Immunität ungeachtet rechtskräftiger Urteile nicht aufgehoben wurde? Was hat er sich zuschulden kommen lassen, dass ihn seine Parteikollegen und Komplizen so ungerührt fallenließen? Weil er sich, anders als seine Spießgesellen, erwischen ließ?

»Ich habe weder die Cosa Nostra noch die 'Ndrangheta in diese Säle geschleust«, sagte Di Girolamo zum Abschied im Senat. Was richtig ist, denn das Einschleusen war auch nicht mehr nötig. Die Mafia benutzt schon lange den Haupteingang.

Nach einer langen Fahrt durch Stuttgarter Senken, die Hänge hinauf und wieder hinab, vorbei an einer Kirche, die aussieht wie ein umgestürzter Vanillepudding, vorbei an Villen, an deren Eingangstoren Adler sitzen, die ihre Schwingen ausbreiten, vorbei an Menschen, die ihre Mülltonnen von innen putzen und vom Bürgersteig Laub blasen, führt mich das Navigationssystem endlich in die Straße, in der sich die Stuttgarter Staatsanwaltschaft befindet. Am Samstagvormittag scheint ganz Deutschland von dem Drang beherrscht zu sein, etwas Nützliches zu tun. Flaschen zum Glascontainer zu bringen, Katzenstreu zu kaufen, die Hecke zu schneiden. Es ist ein

Drang, der auch noch in meinen Genen steckt und sofort virulent wird, sobald ich in Deutschland bin. Wenn ich am Samstagmorgen nichts Nützliches vollbringe, fühle ich mich schlecht. Aber nur in Deutschland. In Italien fällt das schlechte Gewissen umgehend von mir ab.

»Alles Große in der Welt geschieht nur, weil jemand mehr tut, als er muss«, steht auf einem Blatt Papier, das an der Tür zur Abteilung der Stuttgarter Staatsanwaltschaft klebt. Die Tür ist aus Panzerglas. Dahinter finde ich Oberstaatsanwalt Helmut Krombacher, ein melancholischer Mann mit einer erstaunlich optimistisch wirkenden veilchenblauen Krawatte. Ein Mann, der auch am Samstag arbeitet. Sein Büro sieht so aus, wie man es sich aus Tatortfilmen vorstellt. Voller sprödem Siebzigerjahrecharme samt Resopaltischen, Leitzordnern und ein paar Ermittlerdevotionalien: eine Carabiniere-Mütze, die Ehrenmedaille eines italienischen ROS-Generals, eine Silbermedaille von Leoluca Orlando, dem einstigen Bürgermeister von Palermo, der Krombachers Antimafiaengagement würdigt. Auf einem Kühlschrank steht eine Espressomaschine, die unter einem Höllenlärm einen annehmbaren Behördenespresso fabriziert, die Besucherstühle sind hart.

In Stuttgart gebe es verdächtige Italiener, die als Kaufleute in der Gesellschaft sehr hoch angesehen und aufgestiegen seien, sagt Oberstaatsanwalt Krombacher. Als Staatsanwalt müsse er aber Straftaten nachweisen. Wenn bei den Delikten jedoch das Niveau von Erpressung und Brandstiftung überstiegen werde, dann sei es für die Ermittler schwierig: Bei den Verdächtigen, die als italienische Kaufleute daherkommen, verhalte es sich allerdings so, dass diese keineswegs selbst mit Drogen handeln oder die Erpressungen machen. Sie nähmen nicht mal Falschgeld in die Hand.

Die Affäre von den gefälschten italienischen Wahlzetteln ist auch in Stuttgart dank des Rom-Korrespondenten der

Stuttgarter Zeitung bekannt geworden. Krombacher stellte fest, die Wahlfälschung italienischer Wahlzettel auf deutschem Boden sei kein deutsches Strafdelikt. Anders wäre das bei der Europawahl.

Krombacher leitet die Abteilung für Organisierte Kriminalität seit 1990. Da war die Mafia in Stuttgart erst kurz zuvor entdeckt worden. Eine Hühnermafia, wie Krombacher sie heute nennt. Man entdeckte sie mehr zufällig. Hier eine Brandstiftung, dort eine Erpressung, bis irgendwann die Fäden zusammenliefen und jenes Netzwerk enthüllten, das zusammen mit den Gastarbeitern der Autoindustrie nach Stuttgart gekommen war.

Die Opfer waren Italiener und hatten immer geschwiegen. Und die Tatverdächtigen kamen fast immer aus Cirò und Cariati – jenen winzigen kalabrischen Dörfern, aus denen bis heute die Clans stammen. Sie haben Orte wie Stuttgart, Waiblingen, Ludwigsburg, Esslingen und Fellbach zu ihren Hochburgen ausgebaut. Traditionell herrschen in dieser Gegend die kalabrischen Clans Farao und Greco – die aus Dörfern in der Provinz Catanzaro stammen, aus Cirò, Cariati, Mandatoriccio.

Krombacher gehen die Namen seit langem flüssig über die Lippen. Anfang der neunziger Jahre kam es auch noch ab und zu zu einem Verfahren wegen Schutzgelderpressung – aber nur, wenn die Erpressungsopfer mit deutschen, speziell schwäbischen Ehefrauen verheiratet waren, die nicht einsehen wollten, mit ihrem schwer verdienten Geld die Mafia zu bereichern: Mir gebet nix, mir habe so schaffe müsse.

Wenn es zur Verhandlung kam, schwiegen die italienischen Ehemänner. Oder sagten, sie gäben das freiwillig. Die Erpresser sagten, sie hätten nur für krebskranke Kinder gesammelt. Oder für einsitzende Strafgefangene. Und die Richter stellten fest, also dann sei das doch keine Drohung!

Auf einem der harten Besucherstühle wird auch Vincenzo

Cavallaro gesessen haben, jener abtrünnige Mafioso, der Mitte der neunziger Jahre mit seinen Aussagen dem Clan Farao einen schweren Schlag versetzte. Nicht zuletzt, indem er auch Morde gestand, die bis dahin gar nicht entdeckt worden waren. Zu jener Zeit gab es viel Austausch mit italienischen Kollegen. Man lernte voneinander. Auch über die Bedeutung kleiner Gesten. Etwa als der abtrünnige Vincenzo Cavallaro von einem Staatsanwalt aus Catanzaro verhört werden sollte. Cavallaro wollte dem italienischen Staatsanwalt nur ordentlich gekleidet gegenübersitzen, weshalb ein Stuttgarter Polizist den Auftrag bekam, mit dem Geld des Abtrünnigen einen Anzug zu kaufen. »Und bei mir kam der immer nur im Trainingsanzug zu den Verhören. Da habe ich kapiert, dass ich zu freundlich war«, sagt Krombacher.

Für den Mafioso ist der italienische Staatsanwalt ein Feind, mit dem er auf Augenhöhe kommuniziert – und das auch ohne Worte. Der neue Anzug signalisierte Ehrerbietung, Respekt. Von dem ermordeten Staatsanwalt Giovanni Falcone wird oft die Anekdote erzählt, dass er, als ein Boss es wagte, ihn bei einem Verhör mit »Herr Falcone« anzusprechen »Herr Staatsanwalt, bitte« korrigierte. Und meinte damit: keine Vertraulichkeiten.

Die Mafia nahm Krombacher dennoch so ernst, dass er anderthalb Jahre lang das Leben eines italienischen Antimafia-Staatsanwalts führen musste: Nach einer Bedrohung durch einen Camorra-Clan lebte er unter Personenschutz.

Ich versuche mir ihn mit seinen deutschen Leibwächtern vorzustellen, mit jenen diskreten Herren in Anzügen, Männern, die ab und zu in ihren Ärmel flüstern und die so ganz anders aussehen als die Leibwächter der italienischen Staatsanwälte, die Jeans und verblichene T-Shirts tragen und manchmal auch einen Ohrring im rechten Ohr.

Und dann gab es noch die Ermittlungen gegen Mario La-

vorato. Den Prominentenwirt. Den Oettinger-Freund. Der
Catering für die CDU-Wahlpartys machte. Und der am Ende
der Ermittlungen lediglich wegen Steuerhinterziehung in Ar-
rest genommen wurde. Und der nach einer Zahlung von zwei
Millionen Mark Kaution wieder auf freien Fuß gesetzt werden musste. Später wurde Lavorato zu einer Bewährungsstra-
fe, der Rückzahlung der Steuerschuld von 1,3 Millionen Mark
und zu einer Geldstrafe von 250 000 Mark verurteilt.

»Damals hatten wir gute Erkenntnisse, heute wissen wir so
gut wie gar nichts mehr von der Italienerszene«, sagt Krombacher, »was allerdings nicht daran liegt, dass die Mafia aus
Stuttgart verschwunden wäre, nein, sie ist nur unsichtbar geworden.« Er fügt hinzu: »Heute haben wir hier Geschäftsmänner, die Geldwäsche betreiben, die zu ermitteln ist noch
viel schwieriger, denn es gibt kaum Geschädigte, die sich an
uns wenden. Ich bin mir sicher, dass große Summen Geld aus
Kalabrien nach Stuttgart fließen. Aber wir können ja keine
›anlassunabhängigen Finanzermittlungen‹ machen. Banken
müssen erst ab 15 000 Euro eine Verdachtsanzeige wegen
Geldwäsche machen. Oder wenn etwas auffällig ist. Etwa,
wenn jemand große Summen in kleinen Scheinen einbezahlt.
So etwas kann der Geldwäschebeauftragte uns melden, muss
er aber nicht. Wir müssen nachweisen, dass das Geld aus
Straftaten stammt.« Die Tatsache, dass dieses Geld aus dem
kalabrischen Cariati stammt, reicht allein nicht. Wenn ein
Verdacht nicht bewiesen werden kann, wird die Akte wieder
geschlossen. »Ich muss beweisen, dass die Leute zu dem Clan
gehören. Wir brauchen Fakten, die für uns nach dem Para-
graphen 129 Strafgesetzbuch zählen: kriminelle Vereinigung.
Der italienische Paragraph der Mafiavereinigung, der Paragraph 416 bis, reicht viel weiter. In Italien hat man diesen Pa-
ragraphen so weit gefasst, weil es so schwierig war, die Taten
nachzuweisen«, sagt Krombacher.

Auch in Baden-Württemberg investiert die Mafia schon lange in die legale Wirtschaft. Weshalb die meisten Mafiaermittlungen heute Delikte der Wirtschaftskriminalität sind. Wirtschaftsdelikte bergen das geringste Risiko: Sie sind lohnender als ein Bankraub und werden milder bestraft. Das habe mit dem Grundsatz zu tun, dass die Dauer des Verfahrens bei der Bemessung der Strafe zu berücksichtigen sei. Weil Wirtschaftsverfahren so langwierig seien, fielen die Strafen mild aus, maximal vier bis fünf Jahre Haft. Ein guter Anwalt ziehe das Verfahren so in die Länge, dass die Strafe verkürzt werde.

In der Bauindustrie verdiene die Mafia Millionen, indem sie Lohnsteuer und soziale Abgaben hinterzieht, sagt Krombacher. Erst kürzlich ging in Stuttgart ein langes Verfahren gegen die Baumafia zu Ende. Hauptangeklagter war ein Italiener aus der sizilianischen Mafiahochburg Palma di Montechiaro. Nach der Wende war er in Deutschland als Bauunternehmer sehr erfolgreich: Mit seinen Scheinfirmen machte er mit riesigen italienischen Schwarzarbeiterkolonnen innerhalb von zwei bis vier Wochen Millionengewinne. Aber auf dem Papier standen zwei Angestellte. Am Ende des langwierigen Wirtschaftsverfahrens wurde der Mann aus Palma di Montechiaro zu vier Jahren und zwei Monaten verurteilt, wegen Steuerhinterziehung und Sozialversicherungsbetrugs. Inzwischen ist er wieder auf freiem Fuß und widmet sich dem Immobilienhandel.

Natürlich weiß der große deutsche Bauunternehmer, der den italienischen Subunternehmer beauftragt, dass dieser die Arbeiten nicht für so wenig Geld ausführen kann. Schon aus dem Grunde, weil die erforderliche Masse Stahl oder Beton einen präzisen Preis hat. Der mit legalen Mitteln nicht unterschritten werden kann. Aber wie kann ein Staatsanwalt daraus einen in Deutschland gültigen strafrechtlichen Vorwurf

169

machen? Warum sollte der deutsche Bauunternehmer nicht die billigste Firma nehmen? Nur, damit er auf der sicheren Seite steht?

»Nicht jede Sauerei ist strafbar«, sagt Krombacher. »Heuchelei ist nicht illegal. Ich brauche Anhaltspunkte, belegbare. Ich brauche ›zureichende tatsächliche Anhaltspunkte‹.«

Ansonsten gebe es noch die Russenmafia. Nicht nur in Stuttgart, sondern in vielen anderen deutschen Städten auch, würden keine Strukturermittlungen der italienischen Mafiaszene mehr gemacht, sagt Krombacher. Das bedeute, es wird nicht mehr ermittelt, wie die Clans beschaffen sind. Wer dazu gehört. Wie sie ihr Geld verdienen. Wer mit ihnen zusammenarbeitet. Wie sie ihr Geld waschen. Wer sie deckt. Wer ihnen Bürgschaften des Landes verschafft oder europäische Fördergelder. Es wurden keine V-Männer mehr eingeschleust, kein Mafioso wurde mehr beschattet, abgehört, kontrolliert.

Und weniger Ermittlungen ergeben weniger Delikte. Jedenfalls für die Statistik.

8

Sicherheit ist Geborgenheit«, lese ich auf einem Aufkleber an der Tür. Ein Satz, den ich auf einer Polizeiwache erwartet hätte. Oder in einem Büro für Haftpflichtversicherungen. Nicht aber in einer Autobahntoilette auf der Schwäbischen Alb. Erst recht nicht die Frage: »Kommt zu Hause auch keiner rein?«, die auf einem weiteren Aufkleber an der Toilettenwand zu lesen ist. Im Hintergrund höre ich die Meeresbrandung rauschen, samt Möwengeschrei. Das deutsche Raststättenwesen bietet stets neue Überraschungen. Nach den Wohlfühloasen mit den Segafredo-Bars jetzt auch noch die Sanitas-Hochsicherheitstoilette – die man über ein Drehkreuz betritt, das einer Justizvollzugsanstalt alle Ehre machen würde. Das Drehkreuz öffnet sich nur, nachdem man einen Toilettenbenutzungsbon gekauft hat. Den man in der Raststätte verrechnen lassen kann, etwa mit einem *espressodoppiomacchiato*. Die Methode mit den Gutscheinen wird auf einem Plakat erläutert, es trägt die Überschrift: Unsere Philosophie – unser Versprechen. Die keimfreie, gesicherte Autobahntoilettengesellschaft.

Deutschland verwundert mich immer wieder. Einerseits gibt es hier Hochsicherheitstoiletten. Und andererseits kein vernünftiges Gesetz gegen Geldwäsche. Man fürchtet Einbrecher und den Lauschangriff, aber nicht die Mafia. Häufig habe ich versucht, den Begriff »Lauschangriff« ins Italienische zu übersetzen, etwa mit *il grande attacco d'origliamento* oder *il grande spionaggio telefonico* oder *il grande orecchio*, was auf Italienisch sehr komisch klingt, die große »Horchattacke«, die »große Telefonspionage« oder »das große Ohr«. Ich versuchte zu erklären, dass die deutsche Angst vor dem

171

Abhören aus der Erfahrung mit den nationalsozialistischen und kommunistischen Diktaturen resultiere, als die Bürger vom Staat bespitzelt worden waren. Mitleidig nicken die Italiener mit dem Kopf. Aber am Ende verstanden sie dennoch nicht, warum die angeblich so staatstreuen Deutschen immer noch mehr Angst vor dem Staat haben als vor der Mafia. Das strenge deutsche Abhörgesetz gefiel auch der Berlusconi-Regierung so gut, dass sie es sich zum Vorbild nahm, als es darum ging, das italienische Abhörgesetz abzuschaffen.

Ich beschließe, bis München zu fahren und dort die Nacht zu bleiben. Seitdem ich als Kind meine Ferien am Chiemsee verbracht habe, bin ich Bayern unrettbar erlegen. Sobald ich einen Zwiebelturm sehe, fühle ich mich in meine Kindheit versetzt und verwandele mich wieder in eine staunende Zehnjährige, die den Schuhplattlern vom Chiemsee so ungläubig zuschaut, als handelte es sich um einen Eingeborenenstamm aus Neuguinea. Bayern, das ist für mich immer noch Lüftlmalerei, Hirschgeweihe am Balkon und eiskalte Alpenseen. Das sind Barockkirchen mit flackernden Kerzenfeldern vor Marienstatuen und Biergärten mit rot-weiß-karierten Tischdecken.

Der Alfa Spider fällt in München noch weniger auf als in Stuttgart. Im Gegenteil, ich fühle mich darin fast wie eine arme Verwandte. Denn als ich an einer Ampel an der Leopoldstraße warte, scheint die halbe Stadt in Z3-Cabrios unterwegs zu sein. Und auf dem kurzen Straßenstück zwischen Siegestor und Münchener Freiheit auf und ab zu fahren, vorbei an silbrig schimmernden Pappeln und Kaffeehaustischen, an denen Mädchen mit riesigen Insektenaugen sitzen. Hier trägt man Sonnenbrillen auch wenn es neblig ist, das ist München seinem Ruf als nördlichste Stadt Italiens schuldig.

Diesem Ruf entspricht es wohl auch, dass sich die Mafia seit den siebziger Jahren im »Stützpunkt München« bestens eingerichtet hat, vor allem die Mitglieder der aus dem kalabrischen San Luca stammenden 'Ndrangheta-Familien, jener beiden Clans, zu dem die Opfer und die Täter aus Duisburg gehören. Es sind die altbekannten Namen Pelle, Romeo, Strangio, Nirta, Giorgi. Vielleicht sind ihre immergleichen Namen die beste Tarnung der kalabrischen Mafiosi.

Wie üblich wird in den Restaurants der Clans Geld gewaschen, mit Vorliebe dadurch, dass die Besitzer vieler Lokale kontinuierlich wechseln – und bei jedem Kauf und Verkauf große Summen Geld gewaschen werden können. Wie üblich treffen sich in den Lokalen die Clanmitglieder, wie üblich wird hier Kokain deponiert und verkauft. Die 'Ndrangheta kontrolliert den gesamten Kokainmarkt in Europa, und in einer reichen Stadt wie München gibt es genügend Abnehmer.

In München stammt die letzte Schutzgelderpressung aus dem Jahr 1993 – was bedeute, dass die Mafia mitten in der Gesellschaft angekommen sei, hatte mir einige Monate zuvor ein Münchener Fahnder gesagt. München sei verkauft. Erlegt, zerlegt und geteilt zwischen 'Ndrangheta, Camorra und Cosa Nostra, von den Russen ganz zu schweigen. Die italienischen Mafiosi seien aufgestiegen zu Nobelitalienern, die in der Nobelgesellschaft verkehrten. Nicht solche Dumpfbacken wie die Russen, die ihre Rivalitäten hin und wieder noch offen austragen. Ein Vakuum herrsche nur noch an solchen Orten wie Erfurt.

Als ich ihn fragte, ob die Politik das Problem sähe, sagte er: Politiker seien Wellenreiter. Und die jetzige Welle heiße islamische Terrorgefahr. Wenn Beamte, die eigentlich dafür zuständig waren, Mafiastrukturen zu ermitteln, abgezogen werden, um islamische Terroristen zu bewachen, merke das in Deutschland niemand. Niemand, außer den Mafiosi.

Die letzte Schutzgelderpressung in München richtete sich pikanterweise gegen einen ehemaligen Kellner des Duisburger Restaurants Da Bruno, als sich das Lokal noch in der Tonhallenstraße befand. Der Geschäftsführer einer Münchener Pizzeria musste sein Lokal verkaufen, weil es so verschuldet war. Der Kellner wollte sich damals in München mit einer Pizzeria selbständig machen und wurde dann von dem Geschäftsführer der Pizzeria und drei weiteren mutmaßlichen Mitgliedern des Clans Pelle-Romeo erpresst, die von dem Kellner anstatt 270 000 Mark fast die doppelte Summe als Ablöse für das Inventar verlangten: 500 000 Mark. Das BKA berichtete, dass es zu Drohungen, Erpressungen und auch Zahlungen gekommen sei, bis die Erpresser festgenommen wurden. Drei der Täter wurden durch das Amtsgericht München verurteilt. Der vierte erschien weder zu Vernehmungsterminen noch vor Gericht, er legte ein ärztliches Attest vor, weshalb das Verfahren gegen ihn eingestellt wurde. Die Verurteilung wegen der Münchener Schutzgelderpressung blieb letztlich ein kleiner Betriebsunfall in der Geschichte der 'Ndrangheta in Deutschland, denn sie hielt die Verurteilten nicht davon ab, weiterhin sehr erfolgreich in Deutschland Restaurants zu betreiben.

Die Wege der Clanmitglieder aus Erfurt und Duisburg kreuzen sich auffallend häufig in München. Im Frühjahr 2010 kam es in München zu einer Großrazzia, an deren Ende elf mutmaßliche Mafiosi festgenommen wurden, denen vorgeworfen wurde, Kokain importiert zu haben; sie sollen Mitglieder des Clans Pelle-Romeo sein.

Als ich durch Schwabing fahre, muss ich an jene unternehmerische Wundergeschichte aus dem BKA-Bericht über die 'Ndrangheta in Deutschland denken. Es ist die Geschichte eines italienischen Handelsvertreters von Textilien, über den der BKA-Bericht Folgendes enthält: Der Textilvertreter reiste 1981 nach München ein, meldete ein Gewerbe an, und heute macht sein sogenanntes Familienunternehmen einen

174

Jahresumsatz von 665 Millionen Euro. Ihm gehören Immobilien und Einkaufspassagen in München und in Ostdeutschland, und er wird verdächtigt, für die Mafiaorganisation aus Apulien, die Sacra Corona Unità, Geld zu waschen. Er gibt in München Partys, an denen die Münchener Society gerne teilnimmt. So stellt das BKA mit einer gewissen Resignation fest: »Hier ist nicht nachvollziehbar, wie er innerhalb von fünfzehn Jahren vom einfachen Stoffhändler zum Multimillionär aufsteigen konnte. Die Summen, die er in Leipzig investiert hat, sind enorm hoch und selbst mit einem gutgehenden Unternehmen nicht zu erklären. Weiterhin verfügt er über beste Kontakte zur Wirtschaft und Politik, so dass eine weitergehende Abklärung in Deutschland sehr schwierig sein wird.«

In München ist auch der Clan der Licciardi aktiv, ein bekannter Camorra-Clan, der in Deutschland schon lange seine Geschäfte mit gefälschter Markenkleidung und mit gefälschten Markenlederjacken machte, die in Neapel hergestellt wurden und in Deutschland in Läden verkauft werden, die nebenher als Kokainlager genutzt wurden. Was mich sofort an einen italienischen Schuhladen in Schwabing denken lässt. Er verkauft Herrenschuhe und Damenschuhe, gediegene Modelle, zeitlose Eleganz, nichts Ausgefallenes, keine Stilettos, sondern trittfeste Blocksätze. Jedes Mal, wenn ich in München bin, laufe ich an dem Laden vorbei. Und in zwanzig Jahren habe ich darin nicht einen einzigen Kunden gesehen.

Wenig später sitze ich mit einem italienischen Freund an einem der Holztische des Franziskaner-Brauhauses und bestelle Nürnberger Rostbratwürstchen. Giovanni arbeitet seit kurzem in München als Ingenieur, wir kennen uns aus Venedig, wo er wohnte, bevor er nach München zog. Seine sizilianischen Ursprünge sieht man ihm auf hundert Meter Entfernung an, er sieht aus wie eine jener lebensgroßen sizilianischen

175

Marionettenfiguren. Ein Sarazene mit blauschwarzem Haar und Bart, einer von denen, die mit den Säbeln rasseln und sich in der Schlacht aufopfern. IN JENER GRANDIOSEN! SCHRECKLICHEN! ERBARMUNGSLOSEN SCHLACHT!, für die einst die Puppenspieler in Sizilien in Großbuchstaben auf Plakaten in blutrünstigen Farben warben.

Giovanni isst Wiener Schnitzel und preist die Vollkommenheit dieses Wiener Schnitzels, so dünn!, so delikat!, so leicht!, dass man meinen könnte, er würde vom bayerischen Fleischerverband dafür bezahlt. Am liebsten würde Giovanni jeden Tag Schnitzel essen, behauptet er, und ich befürchte, dass er das ernst meint. Nachdem er in einem italienischen Restaurant in Schwabing erlebte, wie dort ein Boss am Tisch sitzend seine Soldaten empfing, junge Männer mit gegelten Haaren, Rolexuhren und Glücksbändern am Handgelenk, und einem nach dem anderen Instruktionen erteilte, während die deutschen Gäste die Qualität der im Holzofen gebackenen Pizza priesen, geht er nur noch dann italienisch essen, wenn er den Besitzer des Restaurants persönlich kennt. Was seine deutschen Freunde eigentümlich finden. Aber wie soll er ihnen auch erklären, dass er aus Gesten Botschaften liest, die sie nicht verstehen würden? Gesten der Überheblichkeit, des Allmachtswahns, Botschaften, die er aus Sizilien kennt? Und vor denen er geflüchtet ist? Vor den Bossen, denen man in der Bar katzbuckelnd fünf Espressi bereitstellt, Bosse, denen man an der Kasse der Luxusboutiquen in Palermos Via della Libertà sagt: Kein Problem, es ist schon erledigt? Denen niemand Einhalt zu bieten wagt?

Einmal erzählte mir Giovanni die kleine Geschichte von einem Typen, mit dem er ab und zu Fußball spielte: Vor ein paar Jahren bat dieser Giovanni darum, mitten im Winter das Ferienhaus der Familie am Meer mieten zu können. Was bereits ungewöhnlich ist, denn für Sizilianer existiert das Meer nur im Sommer. Während der restlichen Monate geht man ihm aus dem Weg. Wer in Sizilien auf die Idee kommt, im Winter ein Haus am Meer zu mieten, kann nur ein Mafioso sein, der ein Versteck braucht. Ein Freund drängte Giovanni, die Vermietung der Polizei zu melden: Sonst hast du ein Problem, weil du als Gehilfe der Mafia angeklagt werden kannst, sagte er. Es gibt in Italien tatsächlich ein Gesetz, demzufolge nicht nur jeder Mieter, sondern auch jeder Besucher, der länger als drei Tage über Nacht bleibt, der Polizei gemeldet werden muss. Ein Antimafiagesetz. Das vermutlich niemand außer Giovanni respektiert.

Giovanni ging tatsächlich zur Polizei. Als er den Namen des Mieters sagte, wurde der Polizist blass. »Ist der Mann denn gefährlich?«, fragte Giovanni. Und der Polizist antwortete: »Mehr als das.«

Giovanni hatte auch seinem Mieter mitgeteilt, dass er die Vermietung der Polizei gemeldet habe. Den schien das jedoch keineswegs zu beeindrucken. Tatsächlich passierte nichts. Bis kurze Zeit später ein Mafioso per Kopfschuss ermordet wurde – von Giovannis Mieter. Alle im Dorf hatten gesehen, wie die beiden Männer zusammen ins Auto gestiegen waren – und wie das Auto ins Trudeln geraten war, nachdem der eine dem anderen in den Kopf geschossen hatte.

Giovannis Mieter wurde erst viel später festgenommen, weder in Sizilien noch von den Polizisten, die wussten, wo er wohnte. Der Mafioso wurde bei einer Verkehrskontrolle verhaftet, als er in einem Fiat 127 zwischen Neapel und Benevento unterwegs war. Der Fiat steckte voller Pistolen, Kalaschnikows und Sprengstoff.

»Weißt du, ich bekam schon Angst, wenn er mich grüßte«, sagte Giovanni. »Der Typ war sehr herzlich und umarmte mich immer. Und wenn wir zusammen Fußball spielten und er einen Pass verfehlte, dann sagte ich nicht zu ihm: Du Idiot,

177

spiel doch endlich vernünftig, sondern ich sagte: Kein Problem, kann ja jedem passieren.«

Nach dem Essen spazieren wir noch durch die Straßen, die Nacht ist wie ein schwarzer Vorhang auf München gefallen. Wir gehen die Theatinerstraße und die Maximilianstraße entlang, wo hochbeinige Mädchen wie Flamingos über den Asphalt stolzieren, vorbei an einem blondierten Cabriofahrer, um dessen Nase sich das Freisprechkabel seines Handys wie ein Sauerstoffschlauch windet. Wir laufen an Mooshammers ehemaliger Boutique vorbei, aus der keine venezianische Barockmusik mehr dringt. Lediglich die marmorne Carnaval-de-Venise-Plakette ist geblieben, als Hommage an einen bizarren Bayern. Drinnen werden Schweizer Blancpain-Uhren verkauft, die 649 310 Euro kosten und *grande complication* heißen.

Am Ende unseres Spaziergangs schlägt Giovanni vor, dass wir noch zu einer Bar fahren, um einen Cocktail zu trinken. Es ist eine Bar, die zu einem der vielen Clubs gehört, in denen die Münchener After-Work-Partys feiern. Die Bar sieht aus wie ein psychedelisches Farblabor, Barhocker in Zitronengelb und Blutorangenrot, das Ganze beleuchtet von Disko-Glitzerkugeln, original aus den siebziger Jahren, dazu Flachbildschirme, auf denen Fußballspiele übertragen werden, jede Menge gepiercte Mädchen und die üblichen Lounge-Sofas. Jene, auf denen man weder liegen noch sitzen kann. Der Barmann wirft mit den Ginflaschen wie ein Jongleur.

Als wir in dieser halb liegenden, halb sitzenden Stellung unsere Cocktails trinken, betritt eine seltsame Gruppe die Bar, ein Herr in Glencheckjacke, die seinen umfangreichen Bauchumfang nur notdürftig verhüllt, begleitet von zwei jungen Männern in Hip-Hop-Hosen. Als Giovanni sie Italienisch sprechen hört, wechselt er sofort ins Deutsche. Der Herr in der Glencheckjacke setzt sich so breitbeinig auf eines der Sofas, wie manche Schwangere es machen, um ihrem Bauch Platz zu machen, und starrt unverwandt auf den Flachbildschirm. Ein schütterer grauer Haarkranz klebt an seinem Schädel. Die beiden jungen Männer verschwinden in Richtung Tanzfläche, erst der eine, dann der andere. Kurz darauf kommt der eine wieder und spricht mit dem Herrn, dann der andere. Während sie mit ihm sprechen, wendet sich der Dicke keine Sekunde vom Bildschirm ab. Schließlich tauchen noch zwei Figuren auf, die aussehen wie einem billigen Mafiafilm entsprungen, einer trägt einen Nadelstreifenanzug, der andere hat schwarz gefärbte Haare und einen Oberlippenbart, der aussieht wie ein angeklebtes Lakritz. Sie werden von einer sehr kleinen, süditalienisch anmutenden Blondine mit rabenschwarzem Haaransatz begleitet, einer Zwergin in Glitzerlook und Cowboystiefeln, der die beiden Männer beiläufig die Brust tätscheln, so beiläufig, wie man einem Hund den Rücken krault. Auch sie sprechen kurz mit dem dicken älteren Herrn, der immer noch unverwandt auf den Flachbildschirm blickt. Dann gehen die letzteren beiden hinter die Bar und wechseln scherzend ein paar Worte mit dem jonglierenden Barmann.

Picciotti, sagt Giovanni. Und meint damit die Mafiosi des untersten Rangs, Soldaten, niedrige Chargen. In Sizilien sind sie es, die von den Geschäftsleuten die Schutzgelder eintreiben. Die erst Sekundenkleber in die Schlösser der Geschäfte spritzen. Und dann Brandbomben legen. Und die das Kokain transportieren. Von Holland über Deutschland nach Italien. Oder von Spanien über Frankreich und die Schweiz nach Italien. Für einen Boss in Glencheckjacke.

Giovanni schiebt seinen Cocktail von sich weg und sagt: »Gehen wir?«

Später, als wir am nächtlichen Isarufer entlanggehen und die Luft nach Herbst riecht, sagt Giovanni, dass er nie erwartet hätte, die gleichen Situationen in München zu erleben, die

179

er aus Palermo kannte. »Weißt du, Petra, ich hatte immer eine so hohe Meinung von der moralischen Integrität der Deutschen. Ich kann es nicht ertragen, mit welcher Selbstverständlichkeit sich diese Leute hier bewegen können. Die Deutschen waren immer ein Vorbild für uns. Ich hatte gehofft, dass die Deutschen uns Italiener irgendwann im Kampf gegen die Mafia unterstützen würden. Ich hatte gehofft, dass uns Europa retten würde. Aber jetzt habe ich Zweifel. Die Mafia wird auch Deutschland auffressen. Geld stinkt nicht.«

Von der Isar steigt Nebel auf, und ich beginne zu frösteln. Ich ziehe meine Jacke enger um mich herum und stecke die Hände in die Hosentaschen. Eine Weile laufen wir schweigend nebeneinanderher. Und ich denke daran, dass die Italiener in Deutschland die ersten Opfer der Mafia sind: all jene, die von der Mafia in Deutschland in Geiselhaft genommen werden, all die Gastronomen, die von den Mafiosi gezwungen werden, ihnen für überhöhte Preise Lebensmittel, Weine und Restauranteinrichtungen abzunehmen. Und nicht nur sie, im Grunde sind alle anständigen Italiener Opfer der Mafia – weil die Mafia all jene Werte vereinnahmt und für ihre Zwecke pervertiert, für die Italien in der Welt geliebt wird: die Herzlichkeit, die Großzügigkeit, die Gastfreundschaft, die Menschenfreundlichkeit.

Giovanni erzählt davon, dass ein paar Kollegen ihn immer mit »Na, du alter Mafioso« begrüßten. Eine Zeitlang habe er das Spiel mitgemacht. Bis er merkte, dass die Deutschen die Mafia und ihre Machenschaften für ein einziges Spiel halten. Als er sie darauf aufmerksam machte, dass die Mafia keine Soap-Opera sei, waren seine Kollegen beleidigt.

München ist in einer feuchten Nacht versunken, einer Nacht voller Wolken. An einem Taxistand trennen wir uns. »Grüß mir Italien«, sagt Giovanni, als er sich von mir verabschiedet. Und lächelt. Traurig, wie mir scheint.

Am nächsten Morgen scheint die Sonne. Immerhin. Auch wenn es immer noch zu kalt ist, um das Verdeck zu öffnen. Als ich durch das bayerische Voralpenland fahre, fühle ich Vorfreude auf Italien, genauso wie damals, als wir in dem alten Renault unterwegs waren. Das oberbayerische Voralpenland, ja auch das Allgäu wirken auf mich auf angenehme Weise unwirklich, wie ein fremdes Land mit seinen sorgsam aufgeschichteten Holzstapeln vor den Häusern, mit Geranienwolken und Hirschgeweihen an den Balkons. So wie in Kempten. Wo es aussieht, wie ich mir als Kind eine Stadt gewünscht hätte. Mit einer Barockkirche der Benediktiner, in deren Innern goldene Engelsflügel schimmern. Daneben werden bleiche Heilige mit blutigen Herzen angebetet und die Armen seliggepriesen, deren Reichtum Gott ist. Kempten ist eine Stadt mit rosafarbenen Rokokofassaden, die aussehen, wie aus Buttercreme gemacht, mit einem leuchtenden Residenzpalast, der wirkt, als sei er unterwegs gewesen nach Italien und nur durch Zufall hier gelandet, neben einem Allgäuer Brauhaus, das Würste anbietet, die man »Geschwollene« nennt.

In der Fußgängerzone stehen Damen an den Stehtischen des Lavazzo-Cafés, trinken Espresso und rufen sich zum Abschied ein *ciao-ciao* zu. Die Bäckerei am Residenzplatz verkauft *pane rustico*, und über dem Bauerntanzkeller wartet eine Pizzeria auf Gäste. Italien ist in Kempten so allgegenwärtig wie überall in Deutschland.

In Kempten waren den Ermittlern zuletzt zwei mutmaßliche Mitglieder des aus San Luca stammenden Clans der Pelle-Romeo aufgefallen: Sebastiano Romeo und Bruno Scalia. Ein Clan, der den Kemptener Ermittlern nicht erst seit dem Duisburger Massaker bestens bekannt ist. Die Kemptener Staatsanwälte schafften es, die beiden 'Ndranghetisti Romeo und Scalia mit einem europäischen Haftbefehl 2007 in

181

Italien zu verhaften und nach Deutschland ausliefern zu lassen: wegen Handels mit Kokain und Falschgeld. So müssen sie nun in Deutschland eine Strafe absitzen, die ihnen in Italien aufgrund des letzten Amnestiegesetzes erlassen worden wäre. Pech.

Sebastiano Romeo hatte die klassische Laufbahn eines Mafiosos in Deutschland eingeschlagen: Zuerst arbeitete er in Duisburg als Pizzabäcker und kaufte dann, mit einundzwanzig Jahren, in Sonthofen eine Pizzeria, für 80 000 Euro. Viel Geld für einen jungen Pizzabäcker, eigentlich. Aber weil wie gesagt in Deutschland nicht der Pizzabäcker nachweisen muss, dass sein Geld aus sauberen Quellen stammt, sondern die Ermittler belegen müssen, dass das Geld illegal erworben wurde, blieb nicht mehr als ein Verdacht.

Die Kemptener Fahnder ermittelten zwei Jahre lang weiter, sie beschatteten die beiden 'Ndranghetisti und deckten nicht nur den Falschgeldhandel auf, den Sebastiano Romeo mit Camorra-Mitgliedern betrieb, sondern wurden auch Zeugen, wie unbekümmert die beiden Mafiosi über ihre Rauschgifttransporte von Holland über Sonthofen nach Kalabrien und von Kalabrien nach Deutschland plauderten. Die Pizzeria in Sonthofen wurde lediglich zum Schein betrieben und diente als »Relaisstation« für das Kokain auf dem Weg von und nach Duisburg und Erfurt, wie es die Fahnder nennen; im Amateurfunk ist eine Relaisstation eine Funkstation, die nur so lange sendet, wie gesprochen wird. Das Gleiche gilt für die von den Mafiosi betriebenen Pizzerien, die nur so lange betrieben werden, wie sie für ihre anderen, eigentlichen Geschäfte nützlich sind.

Lange bevor die Ermittler die Verbrechen der beiden kalabrischen Mafiosi nachweisen konnten, war Kempten bereits zur Heimstatt für die Mafia geworden. Für kalabrische 'Ndranghetisti, kampanische Camorristi und sizilianische

Mafiosi – die wie überall in Deutschland auch ins Allgäu im Gefolge ihrer süditalienischen Landsleute gekommen waren. In den sechziger Jahren hatte eine Textilfabrik in Kempten Gastarbeiter aus der sizilianischen Kleinstadt Adrano unweit von Catania angeworben. Mit den Gastarbeitern war auch die Mafia gekommen. Über Jahrzehnte gelang es ihnen, inmitten ihrer unbescholtenen italienischen Landsleute unsichtbar zu bleiben. Erpressungen? Brandstiftungen? Ein Sprengstoffanschlag? Die Italiener schwiegen. So sehr, dass sich Kempten in den achtziger Jahren zu einer Fluchtburg der sizilianischen Cosa Nostra verwandelte. In dem barocken Allgäuer Idyll versteckten sich die flüchtigen sizilianischen Mafiosi nicht nur vor der italienischen Justiz, sondern auch vor den eigenen Leuten, in Adrano war Ende der achtziger Jahre ein Mafiakrieg ausgebrochen, in dessen Verlauf innerhalb von drei Jahren mehr als 376 Mafiosi ermordet wurden. Je größer der Druck in Italien wurde, desto mehr Clanangehörige flüchteten nach Kempten – wo sie erfolgreich ihre bewährten Geschäftsfelder betrieben: Waffen- und Drogenhandel. Der Allgäuer Stützpunkt war geboren.

Berühmt wurde Kempten, als 1998 hier auf dem Bahnhof der Kalabrier Giorgio Basile verhaftet wurde – der später als »Engelsgesicht« bekannt werden sollte: Basile war der erste in Deutschland, in Mühlheim, aufgewachsene Mafioso, der beschloss, sein Schweigegelübde zu brechen und mit der Justiz zusammenzuarbeiten. Basile war nach Kempten gekommen, um bei einem Clanmitglied Schulden einzutreiben, und ahnte nicht, dass ihn die Polizei bereits auf dem Bahnsteig erwartete. Später, als Kronzeuge, gab Giorgio Basile in schönstem Ruhrgebietsdeutsch zu, über dreißig Morde begangen zu haben – in Deutschland und in Italien.

Kempten hatte die Mafiosi vor allem wegen seiner Grenznähe angezogen, genau wie auch Traunstein oder Konstanz.

183

In jenen Zeiten, als noch kein Schengener Abkommen den Mafiosi die Arbeit erleichterte, wählten die Bosse mit Vorliebe grenznahe Orte aus, um die Abfertigung an der Grenze zu überwachen: Wann sind Stoßzeiten, wann wird besonders gut, wann besonders nachlässig kontrolliert?

Die Staatsanwaltschaft residiert in genau jenem leuchtenden Residenzpalast, der aussieht, als sei er auf dem Weg nach Italien verloren gegangen. An der Eingangstür steht: »Achtung! Dieser Bereich wird videoüberwacht!« Was mich ein wenig an die von Leibwächtern belagerten Flure der Antimafia-Ermittlungsbehörden in Italien erinnert.

Das Büro von Staatsanwalt Gunther Schatz sieht aus wie frisch bezogen, auf dem Boden stapeln sich die Aktenordner, daneben stehen noch Umzugskartons, und an der Wand zeugen zwei Kunstdrucke von Botero und Munch von einer Welt jenseits vom Verbrechen. Gunther Schatz ist ein in Mafiaangelegenheiten erfahrener Ermittler, was man auch an der Unerbittlichkeit bemerken kann, mit der seine Vorzimmerdame jeden Anrufer abwimmelt. So gesehen wird Staatsanwalt Schatz strenger bewacht als seine Kollegen in Palermo oder Reggio Calabria, vor deren Büros Horden von Leibwächtern herumlungern und aus Langweile ihren Freundinnen hinterhertelefonieren.

Es gibt nur wenige Staatsanwaltschaften in Deutschland, die für den Kampf gegen die Mafia so gut gerüstet sind wie die Bayern – erfahren und technisch gut ausgestattet, dank des Einsatzes teurer *IMSI-Catcher* etwa. Und dann ist da noch die »Schleierfahndung«, sie ist eine »verdachtsunabhängige Ermittlung«, die deshalb von strenggläubigen Verfassungsschützern als Teufelszeug geschmäht wird. Aber seitdem in Bayern in dem 30-Kilometer-Grenzgürtel diese Kontrollen durchgeführt werden – mal fällt ein schlecht angeschraubtes Nummernschild auf, mal ein soeben ausgedrückter Joint im

Aschenbecher –, macht die Mafia einen großen Bogen um Südbayern. »Was inzwischen so weit geht, dass die Bosse Anweisungen gegeben haben, auf gar keinen Fall den Grenzübergang Lindau zu benutzen«, sagt Schatz.

Mafiabekämpfung müsse gewünscht sein, sagt der Staatsanwalt. Weshalb diejenigen Bundesländer, die immer noch vorgäben, dass die Mafia entweder nicht vorhanden, kein Problem oder unter Kontrolle sei, ihre Haltung überdenken müssten. Dies umso mehr, als die Mafiosi sich in Deutschland keineswegs mehr darauf beschränkten, sich vor den italienischen Ermittlern zu verstecken, sondern dank ihrer Immobilienkäufe bereits längst zu einem Teil der deutschen Gesellschaft geworden seien.

»Außerdem ist Mafiabekämpfung teuer. Ermittlungen sind teuer. Übersetzer sind teuer«, sagt Schatz. Wenn gegen italienische Mafia ermittelt wird, brauchen die Ermittler Übersetzer, die den jeweiligen kalabrischen Dialekt beherrschen und die das Mafiamilieu verstehen. In Südbayern gebe es nur zwei Leute, die sich mit süditalienischen Dialekten auskennen. Und wegen der Länge größerer Ermittlungsverfahren würden schnell eine Million Euro für Übersetzerkosten fällig.

Aber selbst wenn in Bayern weder die Existenz der Mafia abgestritten wird, noch die Kosten gescheut werden, sind da noch all die bundesdeutschen Gesetze, die den »Grundrechtsschutz« jener garantieren sollen, die befürchten, in einem Überwachungsstaat zu leben. Das sind nicht nur die Fans des Computerchaosclubs und die Generalsekretäre der FDP. Sondern zuallererst die Mafiosi.

Wenn ein Ermittler eine Privatwohnung abhören will, setzt das ein kafkaeskes Verfahren in Gang. In Bayern muss die Staatsschutzkammer die Abhörmaßnahme genehmigen. Wegen der Geheimhaltung können die Akten nicht einfach per Post geschickt werden, also fährt der Staatsanwalt selbst, womit ein halber Tag verloren ist. Die Staatsschutzkammer ist eine dreiköpfige Berufsrichterkammer, die viel zu tun hat. Und die vielleicht eine Genehmigung erteilt, die nur einen Monat gültig ist. Was aber, wenn die Mafiosi für drei Wochen nach Italien fahren? Dann muss ein Antrag auf Verlängerung der Abhörgenehmigung gestellt werden. Nach sechs Monaten entscheidet aber nicht mehr die ursprüngliche Behörde, sondern die Oberlandesgerichtskammer der Staatsschutzkammer.

Sollte der Staatsanwalt diese ersten bürokratischen Hürden überwunden haben, bleibt nicht nur die praktische Schwierigkeit, eine Wohnung abzuhören – der Ermittler kann nicht einfach in eine Wohnung spazieren und eine Wanze installieren, die Polizisten müssen an die Schlüssel kommen, beobachten, wann niemand da ist, was Wochen dauern kann, sondern es wartet noch ein weiteres Hindernis: Wenn endlich abgehört werden kann, muss laut Gesetz auch noch der »Schutz des Kernbereiches der privaten Lebensführung« gewahrt bleiben: Alles, was nicht konkret zu den Ermittlungen gehört, darf nicht mitgehört werden. Was ein hermeneutisches Problem ist. Was gehört dazu, was nicht? Weshalb die Mafiosi in Deutschland ihre Geschäfte vor allem in Privatwohnungen abwickeln.

Kaum ein deutscher Staatsanwalt unternehme auch mehr den Versuch, eine Privatwohnung abzuhören. Und die Mafia weiß das.

»Die Mafia in Deutschland«, sagt Schatz, »das ist der Mann mit Schlips. Der nette Italiener, der mit der örtlichen Gesellschaft verkehrt. Der den Bürgermeister kennt und die Leute aus der Staatskanzlei, weil sie bei ihm essen. Man weiß das ja: Warum soll mein Freund ein Krimineller sein?«

Michael spürte, wie seine Beine schwach wurden. Er sagte zu Kay: ›Er ist nicht tot, diese Schweine haben ihn nicht getötet.‹ Er las den Bericht noch einmal von vorn. Sein Vater war um fünf Uhr nachmittags niedergeschossen worden. Während er selbst mit Kay geschlafen, gegessen, das Theater besucht hatte, war sein Vater dem Tod nahe gewesen. Er fühlte sich krank vor Schuld.

Als ich damals mit dem alten Renault vier nach Corleone fuhr, fing für mich der Süden in dem Augenblick an, als ich die blaugrauen Umrisse der Alpen sah. So wie jetzt. Ich kneife die Augen zusammen und glaube an eine Luftspiegelung. Als würde ich in einen fremden Himmelsstrich vordringen. Die Luft scheint weicher, ein Rest des Sommers wird über das Gebirge geweht.

Als Goethe Italien bereiste, nannte er sich »ambulanter Wetterbeobachter«. Ich glaube auch, den Süden zu riechen. Ihn an der Beschaffenheit der Luft zu erkennen. So wie die deutschen Reisenden der Grand Tour, die im Übrigen keineswegs alle so schwärmerisch wie Goethe veranlagt waren: So gab es einen preußischen Assessor, Gustav Nicolai, der 1834 ein Buch veröffentlichte mit dem Titel *Italien wie es wirklich ist*, gefolgt von dem Untertitel: *Bericht über eine merkwürdige Reise in die hesperischen Gefilde, als Warnungsstimme für Alle, welche sich danach sehnen.* Der deutschen Italiensehnsucht setzte er entgegen, dass der italienische Himmel nicht schöner sei als der deutsche und die Palmen nicht der Rede wert seien. Und dass man in Italien im Übrigen auch Kartoffeln esse.

Von all dem ahnte ich damals jedoch nichts. Ich kannte nur den *Paten.* Den ich aber, als wir über die Alpen fuhren, schon lange in die Seitentasche neben den Shell-Atlas gesteckt hatte, weil ich nicht verpassen wollte, wie wir uns der italienischen

Grenze näherten. Heute gibt es keine Grenzkontrollen mehr, und wer nicht aufpasst, merkt erst in Bozen, dass er schon lange in Italien ist. Deshalb suche ich nun nach dem Schild »Italia« und gedenke eines italienischen Tankwarts, der mir damals mein Grand-Tour-Erlebnis bescherte.

Es war kurz hinter der Grenze. Ich war aus dem Auto gestiegen, und dann kam mir dieser Tankwart entgegen, ein völlig durchschnittlicher Italiener, leicht ölverschmiert, nicht mal jung und auch nicht schön. Ich wollte sagen: Ein Mal volltanken bitte. Aber bevor ich das sagen konnte, sagte der Tankwart: *Buon giorno, signorina,* und es war um mich geschehen. Es war, als hätte er einen Vierzeiler von Dante zitiert. Das Wort *signorina* überwältigte mich. Es klang so unbeschwert. So anmutig. Und so charmant. Schlagartig vergaß ich den Weiblichkeitswahn, den weiblichen Eunuchen und das andere Geschlecht. *Signorina.* Stumm stieg ich wieder in den Renault. Bis Bozen habe ich geschwiegen.

9

Grüß Göttin steht auf einem Schild am Straßenrand, und kurz hinter dem Brenner sieht die Welt aus, als würde sie unter einem von hinten beleuchteten Glassturz stehen. Ein Schirokko-Himmel wölbt sich über die Landschaft, über die Gipfel, die Wiesen und die Weinberge, und mein innerer Kompass sagt mir, dass ich jetzt eigentlich geradeaus weiterfahren müsste, weiter nach Süden, so wie damals mit dem alten Renault vier, als wir unsere erste Nacht in einer kleinen Pension in den Alpen verbrachten und die zweite im Auto auf einem Parkplatz unweit von Florenz. Aber ich habe Heimweh nach Venedig. Wenigstens eine Nacht will ich in meinem Bett verbringen. Und deshalb biege ich bei Verona einfach Richtung Osten ab.

Ich bin die Strecke nach Venedig schon oft gefahren, in jener Zeit, als ich noch ein Auto besaß und mir nicht vorstellen konnte, jemals ohne die Freiheit existieren zu können, jederzeit aufbrechen zu können und irgendwohin zu fahren. Nach Panama. Oder Livingstone. Oder nach Corleone. Aus dieser Zeit ist mir noch die einsame Schirmpinie vertraut, die etwa in der Höhe von Vincenza mitten auf der Autobahn steht, eingezwängt zwischen die Leitplanken der beiden Fahrbahnen. Sie war für mich die Verheißung des Südens. Wenn ich sie passiert hatte, wusste ich, dass es nicht mehr lange dauerte, bis ich das Meer sähe.

Als ich schließlich über die Ponte della Libertà nach Venedig fahre, schimmert die Lagune wie flüssiges Silber. Früher habe ich die Venezianer belächelt, die mir gestanden, wie sehr ihnen das Wasser fehle, wenn sie das Schicksal in normale Städte verschlägt. Die auch kein Fluss trösten kann, weil ein

Fluss üblicherweise nur in eine Richtung fließt, anders als das Wasser in Venedig, das sechs Stunden in die eine und sechs Stunden in die andere Richtung strömt. Und genauso ging es mir zuletzt, als ich in Berlin war und auf die Spree blickte. Die Spree kannte keine Gezeiten, und plötzlich spürte ich Sehnsucht nach Venedig.

Für die Venezianer ist die von den Österreichern gebaute Ponte della Libertà der Anfang vom Ende, jene Brücke, die Venedig nur noch angeleint im Wasser treiben lässt, wie ein Fisch an der Angel. Seit jenem Tag leiden die Venezianer darunter, mit dem Festland zwangsvereinigt worden zu sein – und damit mit all dem, was ihnen verhasst ist, mit Autos, Straßen und mit Verkehrslärm. Eine Abneigung, die sie jeden Venedig-Besucher spüren lassen, wenn er mit dem Auto anreist und in einem der Parkhäuser an der Piazzale Roma Zuflucht suchen muss, in denen ihn finster lächelnde Männer für den Preis eines Transatlantikfluges sein Auto abstellen lassen.

Einer dieser Männer weist auch dem Alfa einen Platz zu. Und macht mir Komplimente für den Wagen. Für die Zierfelgen, die elegant geschwungene Motorhaube und das schwarz schimmernde Verdeck. Und fragt mich, wie lange ich in Venedig zu bleiben gedenke. Aufgrund des deutschen Nummernschildes hält er mich offenbar für eine Touristin. Ich korrigiere den Eindruck nicht. Zumal er mir gleich einen Spezialpreis für den Parkplatz verspricht. Und mir seine Visitenkarte mit der Nummer seines Mobiltelefons aufdrängt. Nur für den Fall, dass ich Probleme mit dem Spezialpreis haben sollte, wenn ich den Wagen wieder abhole.

Als ich meinen Koffer über die Piazzale Roma zum Vaporetto rolle, rieche ich das Meer. Trotz der Auspuffgase der Autos und der Busse der Pendler. Gegenüber vom Parkhaus liegt die Questura, das venezianische Polizeipräsidium, in einem Kloster, dahinter kann man das Grün des Canal Grande ahnen, der wenige Meter weiter in die Lagune fließt. Vor einigen Jahren ist Venedigs Polizeipräsidium in dieses Kloster gegenüber dem Parkhaus an der Piazzale Roma umgezogen.

Bis zu seiner letzten Beförderung war Alessandro Giuliano Chef der Squadra mobile, des mobilen Einsatzkommandos von Venedig, zuständig für Gewaltverbrechen, für Raub, Diebstahl, Betrug und für organisierte Kriminalität. Ein Sizilianer mit Dreitagebart und dunklen, zurückgekämmten Haaren. Ein Polizist, den man, wie in Italien üblich, mit seinem akademischen Titel ansprach: Dottor Giuliano. Eine sizilianische Freundin hatte mir von ihm erzählt. Einmal hatte ich Alessandro Giuliano in seinem Büro in der Questura aufgesucht, von dessen Fenstern aus man in den Innenhof des Klosters mit seinem Kreuzgang sah. Dottor Giuliano trug Nadelstreifenanzug und ein Hemd, in dem sein Monogramm eingestickt war, was man allerdings nur bemerkte, wenn er seinen Jackenknopf öffnete, um sich zu setzen. In einem Regal zeugten Silberplaketten in dunkelblauen Samtschatullen von den Stationen seiner Karriere: Mailand, Rom, Neapel, Padua. Er hatte fast die Hälfte seines vierzigjährigen Lebens fern von Sizilien verbracht, mit zweiundzwanzig war er weggezogen. Getreu der Devise des sizilianischen Schriftstellers Tomasi di Lampedusa, der in seinem Roman *Der Leopard* jungen Männern empfahl, die Insel spätestens mit siebzehn zu verlassen, weil der Charakter sonst von den sizilianischen Schwächen aufgefressen werde. Vom Fatalismus, der Trägheit und von dem »Alles muss sich ändern, damit es so bleibt, wie es ist«.

Seiner Geburtsstadt Palermo fühlte er sich in Hassliebe verbunden. Wie alle anständigen Sizilianer, fügte er so knapp hinzu, als stelle dieser Satz bereits eine Intimität dar, die er schon bereute, kaum dass sie über seine Lippen gekommen war. An einer Wand hingen Zertifikate von Fortbildungsseminaren beim FBI, Medaillen von erfolgreichen Polizeiaktionen mit Namen wie Filmtitel: Bei »Green Ice« ging es um Geldwäsche, bei »Castello« um Drogenhandel – im Verlauf dieser Aktion wurden fünfzehn Drogenhändler festgenommen, wie Giuliano nicht ohne Befriedigung feststellte. Im Laufe seiner Karriere war er in Neapel für das Aufspüren flüchtiger Camorristi zuständig und in Padua Chef der Squadra mobile gewesen. Aber selbst von seinen Erfolgen erzählte er nur in dürren Nebensätzen. Ein Sizilianer spricht, indem er schweigt. Indem er Pausen setzt. Wörter verrinnen lässt.

In Venedig kannten nur wenige seine Geschichte. Alessandro Giuliano tut alles dafür, dass dies so bleibt. Nur wenige Polizeikollegen wissen, dass Giulianos Vater ebenfalls Polizist gewesen war: Jener legendäre Boris Giuliano, der in Palermo den Heroinhandel der Cosa Nostra mit Amerika aufgedeckt hatte und von dem man in Sizilien bis heute nur mit Ehrfurcht spricht. Weshalb sein Sohn so etwas wie der »Sohn von Zorro« sei, wie ein sizilianischer Fahnder sagte.

Über Giulianos Schreibtisch hing das berühmte Foto der beiden ermordeten Antimafia-Staatsanwälte Falcone und Borsellino. Giuliano spielte mit einem ledernen Zigarrenetui und lauerte darauf, jede meiner Fragen abzuschmettern. Auf dem Schreibtisch lag die venezianische Tageszeitung *Nuova,* die an jenem Morgen von der Verurteilung von drei Kokainhändlern berichtete, die von Giuliano festgenommen worden waren. Kleinigkeiten. Einige Wochen zuvor war ein Gemüsehändler in Cannaregio ermordet worden, am helllichten Tag. Der Tote war in Cannaregio in seinem Gemüselager unweit des Verkaufsstandes gefunden worden. Ich kam fast jeden Tag an dem Lagerraum im Erdgeschoss vorbei, in dem der Mord geschehen war. Vor der Tür stand seither immer eine Vase mit frischen Blumen, Chrysanthemen oder Lilien, Totenblumen. Die Frau des Gemüsehändlers stellte sie dorthin.

Die *Nuova* und der *Gazzettino* schrieben, dass der Gemüsehändler wie eine Ziege zusammengebunden gewesen sei: incapprettato, wie es heißt, wenn das Opfer von der Mafia zu einem langsamen Erstickungstod verurteilt wurde, Hände und Füße auf dem Rücken gefesselt, die Füße und der Hals mit einer Schlinge verbunden, die sich immer fester um den Hals zieht, je mehr sich seine Beine strecken.

Märchen, sagte Giuliano gedehnt. Offenbar sei den venezianischen Journalisten die Phantasie durchgegangen, das Opfer sei lediglich mit Klebeband an Füßen und Händen gefesselt gewesen und an einem Knebel im Mund erstickt. Auch bestätigte Giuliano keineswegs die Hypothese der *Nuova*, der zufolge der Gemüsehändler ein Doppelleben als Drogenhändler geführt und für eine nicht bezahlte Lieferung Kokain mit dem Leben habe bezahlen müssen. Dottor Giuliano lehnte sich hinter seinem Schreibtisch zurück, lächelte nonchalant und schwieg so lange, wie es gerade noch schicklich war. Dann sagte er nur den Satz: »Die Ermittlungen laufen noch.«

Und noch bevor ich eine Frage zu seinem Vater stellen konnte, warf Dottor Giuliano schon mit Fakten und Zahlen um sich, von denen er annahm, dass Journalisten danach gierten: Nur fünfundsechzig Beamte zähle das mobile Einsatzkommando von Venedig, was nichts sei im Vergleich zu Neapel, wo dreihundert Polizisten in der Squadra mobile arbeiteten, zumal diese fünfundsechzig Männer in Venedig für die gesamte Provinz Venedig zuständig seien.

Aber wenn Dottor Giuliano lediglich für die Stadt Venedig verantwortlich gewesen wäre, wäre er vermutlich vor Langeweile gestorben. Denn hier passiert nicht genug, um das mobile Einsatzkommando auf den Plan zu rufen. Abgesehen von Touristenbetrügereien, Diebstählen und diversen Raubdelikten, herrscht in Venedig das reinste Idyll. Jedenfalls, was Gewaltverbrechen betrifft. »Und wenn es mal geschieht, dass eine Bank oder ein Supermarkt ausgeraubt wird, ist der Fall oft schnell geklärt, weil Raubdelikte fast immer von Venezianern begangen werden«, sagte Giuliano. Die Venezianer seien die Einzigen, die sich in der Stadt gut genug auskennen, um schnell zu flüchten. Und die Venezianer sterben bekanntlich aus. Das schlägt sich natürlich auch in der Verbrechensstatistik nieder.

In der Statistik schlägt sich jedoch nicht nieder, wie interessant ein Ort wie Venedig für die Geldwäsche der Mafia ist, etwa wenn mit dem Geld ein venezianischer Palazzo gekauft, renoviert und in ein Luxushotel umgewandelt wird – unter der Federführung einer Finanzierungsgesellschaft mit abstrakt klingendem Namen und guten politischen Beziehungen. Darüber berichten die Lokalzeitungen in Venedig nicht. Zumal dabei kein Blut fließt.

All das war sicher ein Grund dafür, dass sich die venezianischen Journalisten in den Mord des venezianischen Gemüsehändlers verbissen hatten, der so viel konkreter war.

Widerwillig gestattete mir Alessandro Giuliano einen Blick in den Abhörsaal, wo Beamte vor Bildschirmen mit flackernden Tonspuren saßen und versuchten, Gesprächsfetzen festzuhalten. Neben den Polizisten saßen Übersetzerinnen, die aus dem Albanischen, Bulgarischen, Rumänischen, Moldawischen übersetzten. Die Provinz Venedig ist ein Tor zum Osten – auch was die Verbrechen betrifft: Die meisten werden von Ausländern begangen. Venedig ist ein Zentrum des Drogen- und Frauenhandels. Als es darum ging, wurde Giuliano für seine Verhältnisse sogar gesprächig, er erzählte von sechzehnjährigen moldawischen Mädchen, die ihre Zuhälter nicht anzeigen wollten, weil sie Angst um ihre Familien in Moldawien hatten, und von den sechs Kilo Kokain, die seine Männer gerade erst bei einer Kontrolle auf der Autobahn beschlagnahmt hatten.

Vermutlich gilt in seinen Augen jeder als weitschweifig, der auf eine Frage mit mehr als ja oder nein antwortet, dachte ich. Vielleicht aber wird man auch so, wenn man zwölf Jahre alt war, als der eigene Vater in einer Bar in Palermo von einem Mafioso von hinten per Kopfschuss ermordet wurde. Und wenn dieser Vater kurz vor seinem Tod dem Sohn anvertraut hatte, dass er dabei sei, über einen internationalen Rauschgifthandel zu ermitteln. Und dass diese Ermittlungen lebensgefährlich sein könnten.

Boris Giuliano war Chef des mobilen Einsatzkommandos von Palermo gewesen, einer der ersten Ermittler im modernen Sinne: einer, der fließend Englisch sprach und der als erster italienischer Polizist in einem Ausbildungskurs des FBI aufgenommen wurde, einer, der sich nicht arrangierte und bei seinen Ermittlungen keine Rücksichten auf die Befindlichkeiten einer sizilianischen Gesellschaft nahm, die stur die Existenz der Mafia zu leugnen versuchte, einer, der für eine Zeitenwende im Antimafiakampf stand.

Am Morgen des 21. Juli 1979 wurde Boris Giuliano ermordet, in der Bar Lux, in der er immer seinen Kaffee zu trinken pflegte. Drei Tage zuvor hatte er seine Frau und seine drei Kinder in die Ferien geschickt, in ein Dorf zu Füßen des Ätnas. Alessandro Giuliano erfuhr im Radio von der Ermordung seines Vaters. Später kam die Polizei und brachte die Familie nach Palermo zurück. Bei der Beerdigung gab es Pfiffe für die Politiker. Und ein Spruchband: »Die Via dei Biscottari trauert. Wir waren alle Freunde von Boris Giuliano«.

Boris Giuliano hatte enthüllt, dass sich Palermo Ende der siebziger Jahre zum Drehkreuz des internationalen Heroinhandels entwickelt hatte. Das »Theorem Giuliano« besagte, dass die Mafia Opium aus dem Goldenen Dreieck zwischen Thailand, Laos und Burma importierte, in Palermo zu Heroin raffinierte und dann nach Amerika weiterverkaufte – und es

195

wäre ein Theorem geblieben, wenn Giuliano nicht sowohl das Heroin als auch das Geld aufgespürt hätte: das Heroin in Motorbooten unweit einer Uferstraße in Palermo und am John-F.-Kennedy-Flughafen in New York, das Geld der amerikanischen Mafiosi in einem Koffer auf dem Rollband des Flughafens von Palermo.

Als Giulianos Männer in den Motorbooten vier Kilo reinsten Heroins mit einem damaligen Marktwert von 1,5 Millionen Euro beschlagnahmten, hatten sie auch ein Waffenarsenal ausgehoben. Beides gehörte dem Mafioso Leoluca Bagarella aus dem Clan der Corleonesen – der gerade dabei war, zusammen mit seinem Schwager, dem Boss Totò Riina, einen blutigen Mafiakrieg um die Macht in Palermo zu führen. Jener Leoluca Bagarella, dem ich viele Jahre später im Gerichtssaal von Caltanissetta begegnen sollte und dessen Blick mich verfolgte.

Ende der siebziger Jahre gab es in Palermo fast jeden Tag Tote. Nicht nur unter den Mafiosi, sondern auch unter Staatsanwälten, Richtern, Polizisten. Boris Giuliano war einer der Ersten. Als Alessandro Giuliano achtzehn Jahre alt war, sagte er im Maxiprozess aus. Er bezeugte die Befürchtungen seines Vaters, dass seine Ermittlungen über den Drogenhandel lebensgefährlich seien.

Als Alessandro Giuliano neunzehn Jahre alt war, wurde der Polizist Beppe Montana, rechte Hand seines Vaters Boris, von einem Mafioso ermordet. Nur einen Monat später wurde ein weiterer Polizist der Squadra mobile erschossen: Ninni Cassarà. Nach der Festnahme des Mörders von Beppe Montana kam es zu Übergriffen, die Polizisten verloren die Kontrolle und schlugen den Mafioso so zusammen, dass er starb. Danach wurden die Beamten strafversetzt, was für die von Boris Giuliano aufgebaute Squadra mobile von Palermo das Ende bedeutete.

Als Alessandro Giuliano zweiundzwanzig Jahre alt war, trat er in den Polizeidienst ein und verließ Sizilien. Als er fünfundzwanzig Jahre alt war, wurden Giovanni Falcone und Paolo Borsellino ermordet. Als Alessandro Giuliano siebenundzwanzig Jahre alt war, wurde der Mörder seines Vaters, der flüchtige Mafioso Leoluca Bagarella, festgenommen.

Aber zu all dem sagte Alessandro Giuliano nichts. Er sagte nur: »Nein, das ist nicht mein Vater«, als ich ihn nach dem Porträt fragte, das neben den Fotos von Falcone und Borsellino über dem Schreibtisch hing. Es war das Porträt eines Mannes mit Zigarette, ein Schnappschuss, grobkörnig vergrößert, ein privates Bild. »Das ist Beppe Montana«, sagte Alessandro Giuliano. »Er war für mich wie ein Vater, ich bin doch praktisch in der Squadra mobile aufgewachsen.«

Mehr sagte er nicht. Und ich saß da und schwieg und dachte: Eigentlich hat er recht. Eigentlich ist nichts zu sagen. Warum sollte er mir, einer Fremden, auch erzählen, wie es ist, wenn man mit zwölf erwachsen wird? Wenn man erlebt, dass die Guten umgebracht werden und die Bösen ungestraft davonkommen? Wie es ist, wenn man mit dem eigenen Leben versucht, dem Tod einen Sinn zu geben? Wie es war, als die Mutter ihrem Sohn das Versprechen abnahm, dass er, wenn sie schon nicht verhindern könne, dass er Polizist wird, zumindest nicht in Sizilien arbeiten würde? Was er empfindet, wenn er im Sommerurlaub nach Sizilien zurückkehrt, wo seine Mutter und seine Schwestern bis heute leben, ein Sizilien, in dem die Mafia triumphiert, in dem Marcello Dell'Utri, die rechte Hand von Silvio Berlusconi, als Gehilfe der Mafia verurteilt wurde und ein Staatssekretär es bedauert, dass der Flughafen Palermo die Namen der ermordeten Richter Falcone und Borsellino trägt, weil das so unangenehm an die Mafia erinnere? Und wie es Alessandro Giuliano schafft, trotz alledem an seine Arbeit zu glauben, an die Möglichkeit der Gerechtigkeit?

Vielleicht rettete es ihn, die Welt mit den Augen eines Polizisten zu sehen, wo man nicht an Wünsche, Sehnsüchte und Schimären glaubt, sondern an Beweise. Vielleicht auch nicht. Auf jeden Fall war ich am Ende des Gesprächs mit ihm glücklich darüber, in der Ferne das Grün des Canal Grande zu sehen. Weit weg von Palermo.

Als ich das erste Mal als Journalistin nach Palermo kam, 1989, in jenem legendären Frühling von Palermo, als viele glaubten, dass die Mafia nun doch besiegt werden könnte, da lagen die letzten Morde an den Polizistenkollegen der Squadra mobile von Boris Giuliano erst vier Jahre zurück. Letizia Battaglia, die legendäre Mafiafotografin und damalige Stadträtin der Grünen, hatte mir davon erzählt, im Auto, als wir auf das Kommissariat von San Lorenzo fuhren, zu dem Fahnder Saverio Montalbano – der auf den ermordeten Polizisten Ninni Cassarà in sein Amt als Mafiajäger gefolgt war. Und dem später nahelegt worden war, Sizilien zu verlassen, weil man nicht mehr für seine Sicherheit garantieren könne. Als ich ihn kennenlernte, fuhr Montalbano in einem gepanzerten Wagen, begleitet von zwei Leibwächtern. Ein Polizist, der von Polizisten beschützt werden musste.

Jedes Mal, wenn ich von einer Mafiareportage in Sizilien wieder nach Venedig zurückkehrte, war ich erleichtert. Jahrelang glaubte ich mich in Venedig von der Mafia verschont, so wie viele Norditaliener, die mit ähnlichem Befremden nach Süditalien blicken wie die Deutschen auch. Ich glaubte mich verschont, weil in Venedig kein Schutzgeld erpresst wurde und keine Mafiamorde begangen wurden. So wie in Deutschland auch. Ich glaubte daran, obwohl ich es hätte besser wissen müssen. Schließlich hatte mir Leoluca Orlando, der damalige Bürgermeister von Palermo, 1989 bei meinem ersten auf Italienisch geführten Interview gesagt, dass sich die Mafia schon lange nicht mehr auf Palermo beschränken würde, sondern bereits in Mailand in den Aufsichtsräten großer Konzerne säße. Ich weiß noch heute, wie er das sagte, unter einem gewaltigen barocken Deckenfresko sitzend, auf dem rotwangige Putten über unseren Köpfen das Wappen von Palermo schwenkten. Gegen zwei Uhr morgens waren die Fotografin und ich endlich in sein Büro geführt worden, im Palazzo delle Aquile, die Sitzung des Stadtrats von Palermo war erst kurz zuvor beendet worden. Es leuchtete mir ein, dass die Mafia sich nicht auf Palermo beschränken würde, aber ich konnte mir nichts darunter vorstellen. In Palermo konnte man die Mafia riechen, hören, sehen. In Mailand nicht.

Am nächsten Morgen gehe ich schon früh zum Vaporetto. Als ich durch San Lio laufe und meinen Rollenkoffer hinter mir herziehe, ruft mir der ansonsten notorisch mürrische Gemüsehändler ein »Buon viaggio!« nach, was ich als wirklich gutes Zeichen deute. Vor kurzem traf ich bei ihm eine amerikanische Freundin. Sie war mit einer Gruppe von deutschen Freunden unterwegs, vier Frauen und ein Mann, weshalb meine Freundin sofort, mitten auf der Gasse stehend, den zwischen Auberginenkisten und Muskatellertrauben gedrängten Deutschen erzählte, dass ich über die Mafia schreiben würde, was einigen Mafiosi in Deutschland nicht behagt habe, weshalb man mich in Deutschland bedroht habe. Sie erzählte den Deutschen dann auch noch voller Verve davon, dass einige Seiten meines Buches auf Geheiß deutscher Gerichte geschwärzt worden seien, um die Persönlichkeitsrechte verschiedener Personen, die in meinem Buch vorkamen, zu wahren.

Am Ende der Ausführungen meiner amerikanischen Freundin versuchten sich die Deutschen angemessen beeindruckt zu geben, auch wenn sie nicht damit gerechnet hatten, frühmorgens mitten in Venedig, zwischen einem gotischen

Palazzo und einer Barockkirche, über die Mafia reden zu müssen. Eigentlich waren sie auf dem Weg zum Campo Santa Maria Formosa, um die Kirche zu besichtigen. Betreten schwiegen sie, bis sich eine Frau räusperte und sagte, auch sie habe schon lange kein Vertrauen mehr in die deutsche Justiz. Die anderen Frauen nickten zustimmend und blickten in den Himmel, der sich wie azurfarbenes Zellophan über Venedig spannte, wie es sich für Italien gehört. Der Platz zwischen den Gemüsekisten war eng, und es galt, ein Ende zu finden, deshalb sagte der Mann lachend: »Aber die Mafia hat ja auch etwas Gutes. Denn sonst würden Sie ja gar nicht mehr leben!«

Als ich im Vaporetto stehe und wieder zurück an die Piazzale Roma fahre, sehe ich einen Freund, einen Gondoliere, vorbeifahren, der mich bemerkt, mir zuwinkt und über den Canal Grande schreit: »Wohin fährst du schon wieder, Petra?«

Ich zögere nur kurz. Und dann schreie ich tatsächlich: »Nach Corleone!« Worauf mich alle im Vaporetto stehenden Venezianer anstarren, als hätte ich soeben eine Kindesentführung angekündigt. Jedenfalls bilde ich mir das ein.

Der Mann, der mir einen Spezialpreis für meinen Garagenplatz versprochen hat, ist glücklicherweise nicht zu sehen, als ich wieder in den Wagen steige. Aber als ich an der Kasse vorfahre, stelle ich fest, dass er sein Versprechen gehalten hat, ich muss tatsächlich nur die Hälfte des normalen Preises bezahlen. Am frühen Morgen ist die Piazzale Roma schwarz von Menschen, die aus den Bussen steigen und zur Arbeit nach Venedig eilen. Mit Mühe bahne ich mir den Weg am Polizeipräsidium vorbei Richtung Autobahn – und denke im Vorbeifahren daran, dass Alessandro Giuliano vor kurzem zum Chef des mobilen Einsatzkommandos von Mailand befördert wurde. Als seine Mutter ihm zu Beginn seiner Laufbahn das Versprechen abnahm, niemals als Polizist in Sizilien zu arbeiten, konnte sie nicht ahnen, dass Mailand heute als Hauptstadt der 'Ndrangheta gilt. Im Sommer 2010 verhaftete die italienische Polizei 300 'Ndranghetisti, von denen 150 in Mailand ihre Geschäfte betrieben hatten.

Acht Grad Außentemperatur zeigt das Auto an, die Lagune ist nebelverhangen, als ich über die Ponte della Libertà fahre. Heute will ich es bis nach Rom schaffen. Süden! Schon damals, als wir uns mit dem alten Renault vier über die Autobahn quälten, unterschied sich meine Wahrnehmung nicht wesentlich von den Reisenden der Grand Tour zu Beginn des neunzehnten Jahrhunderts: Italien begann für mich erst bei Neapel. Es war das Italien der Myrrhe, der Feigenkakteen und der Agaven, das ich suchte. Städte wie Turin oder Mailand lockten mich nicht, ja die ganze norditalienische Tiefebene schien mir trostlos.

Allerdings ließen die Italiener auch kein gutes Haar an Mailand. Mailand war für sie keine Stadt, sondern ein Schicksalsschlag. Bei dem Schriftsteller Giorgio Manganelli las ich, dass Mailand eine Stadt sei, »die für Schwarzweiß gedacht ist ... Eine Stadt, die immer und ewig nur unter ferner liefen gezeigt wurde, eine Stadt mittleren Alters, nicht richtig neu, aber mit einem Anflug von Beleibtheit, Zeichen eines nicht zur Schau gestellten, aber tröstlichen Wohlstands; ihr idealer Anzug war grau, rauchgrau, grau mit feinen blauen oder braunen Streifen ... Obgleich man dort die ersten Pizzen aß, war Mailand eine Stadt des Nordens, Schwester von Zürich und Cousine von Lübeck.«

Ich war auf das Schlimmste vorbereitet, als ich schon einige Jahre in Italien lebte und zum ersten Mal nach Mailand fuhr. Ich stieg aus dem Zug und traute meinen Augen nicht. Der Bahnhof sah aus wie eine Szenendekoration für Charlie Chaplins Film *Der große Diktator*, Menschen strömten durch eine himmelhohe Halle, alles war für Riesen gemacht, gigantische Portale, kolossale Marmorsäulen, Freitreppen, bei deren Anblick mir schwindelte, mächtige Jugendstilmosaiken, selbst die Zeiger der Bahnhofsuhr schienen eine übergroße Zeit anzuzeigen, und als ich schon längst im Taxi saß, starrte ich immer noch ungläubig auf diesen Bahnhof, der da lag wie ein urzeitliches Ungeheuer, ein Gebirge aus grauem Granit.

Mailand war in meiner Vorstellung eine Stadt der Industrie, vielleicht auch der Mode und des Designs. Aber nicht der Mafia. Jedenfalls keiner Mafia, die man sieht. Und genau das ist es, womit sich manche Lombarden noch heute zu trösten versuchen: Sicher, die Mafia sei heute vielleicht auch schon an der Börse präsent, heißt es in Mailand, aber nicht im täglichen Leben. Die soziale Struktur der Region um Mailand sei gesund. Sie tun so, als hätte die Börse nichts mit dem Leben zu tun. Und so wird in Mailand regelmäßig gegen alles Mögliche demonstriert, was das Stadtbild stört, gegen zu viele Prostituierte, gegen zu viele Drogenhändler in einer Straße, gegen zu viele Handtaschenräuber. Aber nicht gegen die 'Ndrangheta.

Wie in Deutschland auch, kamen die Clans der 'Ndrangheta bereits vor vierzig Jahren nach Norditalien, zusammen mit den Arbeitsemigranten aus dem Süden. Heute kontrollieren die Clans den gesamten Kokainhandel in Mailand, was angesichts der Tatsache, dass Mailand der größte Kokainmarkt Italiens ist, kein unbedeutendes Geschäft ist.

Auch in Mailand profitierte die 'Ndrangheta davon, dass die Aufmerksamkeit in Italien auf die sizilianische Cosa Nostra gerichtet war. Während diese in den neunziger Jahren damit beschäftigt war, nach den Attentaten auf Falcone und Borsellino wieder in der Unsichtbarkeit zu verschwinden, machten die Clans der 'Ndrangheta in Mailand ihre Geschäfte – und hatten die Stadt bereits »kolonisiert«, wie der Bericht der Antimafiakommission des italienischen Parlaments feststellte. Wobei die Drogengelder stets Mittel zu dem Zweck sind, in die legale Wirtschaft einzusteigen, um Geschäfte und Unternehmen zu kaufen. Speziell Bauunternehmen. Denn Bauunternehmen bedeuten öffentliche Aufträge, und öffentliche Aufträge bedeuten Kontakte zu lokalen Politikern, über lokale Politiker gelangt man an nationale Politiker, insbesondere, wenn man so wie die kalabrischen Clans über nahezu unbeschränkte finanzielle Möglichkeiten verfügt. Und nationale Politiker Einfluss bedeuten. Macht.

Als ich den parlamentarischen Antimafiabericht über die Macht der 'Ndrangheta in Mailand und Umgebung las, musste ich an Deutschland denken – an jene Orte, in denen die 'Ndrangheta Kolonien gegründet hat, ähnlich wie in Mailand: Duisburg, Erfurt, Stuttgart. Es gibt erstaunlich viele Parallelen zwischen Deutschland und Norditalien, vor allem was die Überzeugung betrifft, dass die Mafia ausschließlich ein Problem des rückständigen Süditaliens und der arbeitsame und aufrichtige Norden vor einer solchen Gefahr gefeit sei.

Die Bauindustrie sei die Branche, die in Mailand am häufigsten von der Mafia unterwandert sei, stellte ein Bericht der Mailänder Finanzpolizei fest, gefolgt vom Autohandel, von Bars und Restaurants, Spielhöllen, Müllwirtschaft, Diskotheken und Nachtclubs, Transportgesellschaften, Kurierdiensten, Reinigungsunternehmen. Und die Mailänder Antimafiaermittler fügten in ihrem Bericht noch die Lebensmittelunternehmen hinzu, speziell den Obst- und Gemüsehandel. Auch seien viele Wachgesellschaften von der Mafia infiltriert sowie ein großer Teil der öffentlichen Aufträge, speziell im Umland von Mailand – was im Italienischen mit dem deutschen Wort »Hinterland« bezeichnet wird.

In diesem Hinterland südwestlich von Mailand befindet sich auch die Kleinstadt Buccinasco, die in Italien zu zweifelhaftem Ruhm kam. In den siebziger Jahren war fast die Hälfte der Bevölkerung der 'Ndrangheta-Hochburg Platì nach

Buccinasco gezogen und hatte es geschafft, die lombardische Kleinstadt in einen Stützpunkt der 'Ndrangheta zu verwandeln, speziell dreier Clans, der Papalia, Trimboli und Sergi.

In den siebziger Jahren, den Blütezeiten der Entführungsindustrie, versteckte die 'Ndrangheta in Buccinasco viele Entführungsopfer, bevor diese weiter nach Kalabrien gebracht wurden. In den achtziger Jahren teilten sich die beiden miteinander verbündeten Clans der Sergi und Papalia bereits den gesamten Heroin- und Kokainhandel von Mailand untereinander auf, kauften hektarweise Bauland, das später zu Gewerbegebiet wurde – und versteckten flüchtige Mafiosi.

Der erste Bürgermeister, der es wagte, sich gegen die Clans zu stellen, und der keine öffentlichen Bauaufträge mehr an sie vergab, konnte sich nur noch mit Leibwächtern bewegen. Die 'Ndranghetisti steckten ihm zwei Autos in Brand und schickten ihm zu Ostern einen Umschlag mit Maschinengewehrkugeln. Sein Nachfolger hielt sich deshalb auch nicht mehr weiter damit auf, gegen die 'Ndrangheta zu kämpfen, und kündigte stattdessen eine Pressekampagne an, welche die Werte von Buccinasco in das richtige Licht stellen sollte: das Grün, die Schulen und das Familienleben.

Das große Geschäft aber machen die Clans der 'Ndrangheta jetzt in Mailand, mit der Expo 2015. Mit den Aufträgen für die Expo, für den Bau von zwei neuen Stadtvierteln mitsamt achtzehntausend Wohnungen, für den Bau von Pavillons, Büros, Einkaufszentren, Straßen, einem Auditorium, einem Amphitheater und einem künstlichen See. Von einem zu erwartenden Geschäftsumsatz von 44 Milliarden Euro ist die Rede.

Vincenzo Macrì, der stellvertretende Leiter der nationalen Antimafia-Ermittlungsbehörde warnte die Stadtverwaltung von Mailand: An der Expo würden die Clans mehr verdienen als an dem Bau der Brücke über die Meerenge von Messina –

einem Bauprojekt, das bislang stets als Lieblingsprojekt der Mafia galt. Vorübergehend ernannte die Mailänder Stadtverwaltung eine Antimafiakommission, welche die Vergabe der Bauaufträge überprüfen sollte. Aber dann stellte man fest, dass dies für das Bild der Stadt abträglich sein könnte. Und löste die Antimafiakommission wieder auf.

Kurz hinter Padua blicke ich auf mit Zypressen bewachsene Hügel, die im Gegenlicht wie gezackt aussehen, ein Idyll, das nur wenige Kilometer weiter durch den Anblick einer Autobahnraststätte entstellt wird, die sich wie eine Brücke über die Autobahn spannt, einer jener monströsen Siebziger-Jahre-Bauten, die wirken wie für Außerirdische gemacht. Daneben sehe ich mit Sonnendächern überspannte Parkplätze. Diese Parkplätze haben mich damals auf meiner ersten Reise nach Corleone ähnlich beeindruckt wie das *Buon giorno signorina!* an der Tankstelle am Brenner. Die Tatsache, dass die Sonne so heiß schien, dass man sogar die Autos vor ihr schützte, fand ich bemerkenswert. Die Sonnendächer für Autos blieben für mich noch jahrelang der Inbegriff des Südens – so wie die Orangengärten von Sorrent für die Reisenden der Grand Tour. Und gleichzeitig waren diese Autobahnparkplätze auch Inbegriff der Gefahren, die auf den Reisenden im Süden lauerten, hingen doch überall Schilder, die in schlechtem Deutsch und schlechtem Englisch vor Taschendieben und selbsternannten Parkwächtern warnten.

Ich suche nach meinem Lieblingssender, Radio Capital. Als ich ihn endlich gefunden habe, verkünden die Nachrichten gerade die Verhaftung von vierzig 'Ndranghetisti in Rosarno, jenem kalabrischen Ort, in dem es zu einer Treibjagd auf die schwarzafrikanischen Erntehelfer gekommen war, die sich nicht mehr von den Clans ausnutzen lassen wollten und gegen sie rebelliert hatten.

Dann höre ich die Kreuzfahrtmoderatorenstimme von Berlusconi, der sich über die Staatsanwälte mokiert, die gegen ihn ermitteln, nicht mal auf Radio Capital bleibt man von ihm verschont. Erst gestern Abend, als ich schon im Bett lag und zu kraftlos war, um die Taste der Fernbedienung zu drücken, hörte ich, wie Berlusconi »links« rief, alle seien links, die Verfassungsrichter, die das für ihn maßgeschneiderte Immunitätsgesetz gekippt hatten, die Staatsanwälte, die gegen ihn ermitteln, der Staatspräsident, alle Linke. Dann hob großes Geschrei an, wie immer in der täglichen Talkshow »Porta a Porta«. Die auch »heimliches Parlament« genannt wird – wobei sie so heimlich gar nicht ist, sondern *prime time* auf RAI Uno. Weiße Ledersessel rechts, weiße Ledersessel links und in der Mitte der Moderator Bruno Vespa, ein Höfling der Macht, der geschmeidig bis zur Selbstauflösung um die Ledersessel streicht. Mal ist er Vatikansprecher, meist aber Berlusconis Privatsekretär.

In diesen weißen Ledersesseln sitzend, hat Berlusconi gestern Abend zum Volk gesprochen, er hat seine gescheiterte Ehe beklagt und angekündigt, dass er nie zurücktreten werde. Ich spürte noch, wie mich eine große Mattigkeit überfiel, wie jedes Mal, wenn ich höre, wie Bruno Vespa um Berlusconi herumschnurrt. Nur Tierfilme schläfern mich so wirkungsvoll ein wie Bruno Vespas Talkshow. Zeigen Sie mir einen Geparden in freier Wildbahn oder Bruno Vespas weiße Ledersessel, und ich schlafe auf der Stelle ein. Ich träumte von links. Vom Regen, der links ist, genau wie ein Aufzug, der nicht kommt, und um mein Ohr surrte eine Mücke, die garantiert auch links war.

Ich lebe seit zwanzig Jahren in Italien, und seit sechzehn Jahren herrscht hier Berlusconi. Wenn man jetzt mal von kleineren Unterbrechungen wie Romano Prodis Mitte-links-Regierungen absieht. Berlusconi-Jahre sind wie Hundejahre, sie zählen siebenfach. Seit einem gefühlten Jahrhundert also herrscht hier der wegen Steuerbetrugs, Bilanzfälschung, Richterbestechung angeklagte, geliftete und künstlich behaarte, reichste Unternehmer Italiens. Medienmogul und Parteigründer. Berlusconi wurde mit Mädchen auf dem Schoß fotografiert, er trug seine Ehekrise über die Tagespresse aus und führte sich bei Staatsbesuchen oder Wirtschaftsgipfeln wie ein Vorstadtcasanova der fünfziger Jahre auf, der schon beim Anblick eines weiblichen Fußknöchels einen Kontrollverlust erleidet. Und wurde wiedergewählt.

Auf Deutschland übertragen, sähe Berlusconis Macht so aus: Er ist der Mann, dem alle privaten Fernsehsender des Landes bis auf einen gehören, er ist Herrscher über die größte Verlagsgruppe, also Bertelsmann samt Random House, über die größte Filmproduktion samt dazugehörigem Filmverleih, etwa Constantin Film, ihm gehören die Deutsche Bank, dazu die beiden größten Kaufhausketten Karstadt und C&A, der 1. FC Bayern München, die Allianz-Versicherung als größte deutsche Versicherungsgesellschaft, dazu noch die größte deutsche Werbeagentur, zwei der größten überregionalen Tageszeitungen, und weil das alles noch nicht reicht, gehört ihm auch noch ein Viertel des spanischen Fernsehsenders *telecinco* und als *quantité négligeable* noch diverse Investmentfirmen – dreihundert Firmen insgesamt. Und der Witz ist: Niemand stellt das in Frage.

Der Schriftsteller Andrea Camilleri sieht den Grund dafür darin, dass die Italiener in Berlusconi ihr Spiegelbild wähnen: einer, den sie dafür bewundern, dass er betrügt und es am Ende immer schafft, seinen Kopf aus der Schlinge zu ziehen. Denn nur eine Minderheit der Italiener respektiere das Gesetz. Die Mehrheit hinterziehe Steuern.

Dahinter verbirgt sich allerdings weniger der schlechte Charakter der Italiener als das grundsätzlich prekäre Verhältnis zwischen dem italienischen Staat und seinen Bürgern. Dass der Staat in Italien stets hintergangen wird, durch tägliche Sabotageakte, durch Schwarzbauten, Steuerhinterziehung und Parken in der zweiten Reihe, ist ein Gemeinplatz. Viel weniger bekannt ist aber, dass sich der italienische Staat seinen Bürgern gegenüber auch wenig vorbildhaft verhält. Vielmehr argwöhnisch wie eine Besatzungsmacht gegenüber einem fremden Volk, das ständig in Schach gehalten werden muss.

Ich glaubte früher, dass die deutsche Bürokratie nicht zu übertreffen sei. Wer aber jemals versucht hat, auf einem italienischen Amt ein Auto anzumelden, eine Aufenthaltsgenehmigung zu verlängern oder einfach nur den Verlust eines Päckchens anzuzeigen, der weiß, wie es sich anfühlt, ein Bittsteller zu sein. Oder schlimmer noch: ein Verbrecher. Vor kurzem erfuhr ich von einem Galeristen in Venedig, der wegen eines Geländers an seiner Galerie zu acht Monaten Haft und fünfzehntausend Euro Geldstrafe verurteilt wurde. Und das, obwohl er eine ordnungsgemäße, aus dem Jahr 1949 stammende Genehmigung für das Vorhandensein des Geländers vorgelegt hatte. Egal, urteilten die Richter: Das dort seit sechzig Jahren befindliche Geländer sei illegal. Der Richter hatte drei Jahre Haft und dreißigtausend Euro Strafe verlangt. Und der Galerist wird die Haftstrafe nur aus dem Grunde nicht antreten müssen, weil die italienische Regierung vor zwei Jahren eine Generalamnestie erließ, wie es hieß, um die überfüllten italienischen Gefängnisse zu entlasten. Von der Amnestie profitierten allerdings nicht nur unbescholtene venezianische Galeristen, sondern auch sechstausend neapolitanische Kriminelle, Mafiosi, Menschenhändler.

Wenn Berlusconi sich also als Opfer der Justiz darstellt, kann er ohne weiteres auf die Solidarität vieler Italiener zählen, die unter einer byzantinisch anmutenden Bürokratie und einer kafkaesken Gesetzgebung leiden. Aber das allein erklärt Berlusconis Wirkung nicht. Seinen Triumphzug hat er auch der Tatsache zu verdanken, dass ihm die größte Oppositionspartei, die Partito Democratico, seinen Erfolg nie streitig gemacht hat. Ganz im Gegenteil: Bereits der ehemalige Kommunistenchef Massimo D'Alema regierte in schönster Eintracht mit Silvio Berlusconi und machte sich dabei nützlich, das Mafiakronzeugengesetz abzuschaffen, das ein Stachel im Fleisch der Mafia war. Und der ehemalige Justizminister Clemente Mastella sorgte unter der letzten Prodi-Regierung persönlich dafür, dass Staatsanwälte abberufen werden, sobald sie gegen italienische Politiker ermitteln: Dem kalabrischen Staatsanwalt Luigi De Magistris war das Verfahren entzogen worden, nachdem bekannt wurde, dass er sich erkühnt hatte, wegen Veruntreuung von EU-Geldern nicht nur gegen einige Freunde des Justizministers zu ermitteln, sondern auch gegen den damaligen Ministerpräsidenten Romano Prodi selbst. Kurz danach musste Justizminister Mastella wegen Amtsmissbrauchs und Erpressung zurücktreten und brachte so die Regierung Prodi zu Fall. Danach lief Mastella ins gegnerische Lager über und durfte zur Belohnung für die christdemokratische Partei in das europäische Parlament einziehen.

Und in diesem gefühlten Berlusconi-Jahrhundert brachte es die linke Opposition weder fertig, ein Gesetz zu dem Interessenskonflikt – zwischen dem Amt als Ministerpräsident und Berlusconis Stellung als größter Medienunternehmer des Landes – vorzuschlagen, geschweige denn auch nur einen ernstzunehmenden Oppositionsführer hervorzubringen: Berlusconi hat sie alle verschlissen. Obendrein verhinderte die linke Opposition auch noch, ein gigantisches Steueramnestiegesetz zu Fall zu bringen: Im Herbst 2009 stimmte die von Berlusconi geführte Regierungsmehrheit dafür, im Ausland geparktes Schwarzgeld gegen einen geringen Obolus von fünf

209

Prozent wieder in den Klingelbeutel zurückzuholen. Ein Gesetz, maßgeschneidert nicht nur für Steuerflüchtlinge und Bilanzfälscher, sondern vor allem für die Mafia. Es sorgt dafür, dass die Anonymität der jeweiligen Personen gewahrt wird und die Banken davon befreit sind, einen Geldwäscheverdacht melden zu müssen. Bevor das Gesetz beschlossen wurde, hat die kleine, von dem ehemaligen Staatsanwalt Antonio Di Pietro geführte Partei »Italien der Werte« eine Abstimmung darüber erzwungen, ob dieses Gesetz verfassungskonform sei. Leider fehlten die nötigen Stimmen der Opposition, um das Gesetz zu Fall zu bringen; 24 Abgeordnete der Linksdemokraten waren entweder gerade beim Arzt oder in Spanien unterwegs oder hatten angeblich nicht begriffen, wie wichtig diese Abstimmung war. Die Mafia dankt es ihnen.

Ein Strahlenfächer dringt aus dem Himmel und erleuchtet die abgeernteten Kornfelder neben der Autobahn, eine Ansicht wie auf den Deckengemälden barocker Kirchen, gleich werden Heilige aus dem Himmel flattern. Autofahren kann so schön sein. Auf Radio Capital wird *mi sono innamorato di te* gespielt, eines meiner Lieblingslieder. So ergreifend schön und traurig zugleich, dass ich nicht wage mitzusingen. *Ich habe mich in dich verliebt, weil ich gerade nichts zu tun hatte,* singt Luigi Tenco. *Ich habe mich in dich verliebt, und jetzt weiß ich nicht mehr, was ich tun soll. Am Tag bereue ich, dich getroffen zu haben, und nachts suche ich nach dir.*
      Es gibt kaum einen Italiener, der dieses Lied nicht mitsingen könnte – und der nicht, kaum dass der letzte Ton verklungen ist, die tragische Geschichte von Luigi Tenco erzählen würde, der sich am Ende des Schlagerfestivals von San Remo eine Kugel in den Kopf schoss. Wie es hieß, aus Protest gegen das Votum der Zuschauer, die Tencos Lied auf den zwölften Platz verwiesen. Aber an so ein prosaisches Motiv

hat nie jemand geglaubt. Vielmehr verberge sich eine unglückliche Liebesgeschichte dahinter, wird mit einer Eindringlichkeit beteuert, dass man meinen könnte, Tencos Selbstmord liege erst Tage zurück und nicht mehr als vierzig Jahre. Italiener lieben ihre Künstler mit Inbrunst, als seien sie mit ihnen verwandt, als sei der unglückliche Luigi Tenco ihr Bruder gewesen, der Schauspieler Alberto Sordi ihr Großonkel und Luciano Pavarotti ihr Cousin.

Als Luciano Pavarotti in Modena zu Grabe getragen wurde, nahmen an dieser Beerdigung Tausende engster Verwandter teil. Jedenfalls hatte ich den Eindruck, als ich unter den Trauernden vor dem Dom stand. Eine Redaktion hatte mich nach Modena geschickt, und am Ende der Trauermesse hatte ich nur noch einen Wunsch: als Italienerin zu sterben. Als berühmte Italienerin. Von einem ganzen Volk betrauert, mit Weihrauch, *Ave Maria* und einer Kunstflugstaffel. Nicht irgendeiner Kunstflugstaffel, sondern der Mutter aller Kunstflugstaffeln, der *frecce tricolori,* die dreifarbigen Pfeile der italienischen Luftwaffe. Befehligt vom italienischen Verteidigungsminister. Und eigentlich nur für Staatsbegräbnisse gedacht. Flugzeuge, die genau in jenem Augenblick im Tiefflug und *fortissimo* über unseren Köpfen hinwegdonnerten, als der Sarg von Luciano Pavarotti aus dem Dom getragen wurde. Letzter Akt einer großen italienischen Oper. Die spätsommerliche Sonne hüllte sich in Weihrauchdunst, der Applaus rollte wie eine gigantische Meeresbrandung über die Piazza Grande hinweg, und alle weinten wie die Kinder. Finanzgeneräle in goldbetressten Uniformen, Leibwächter in schmalen schwarzen Anzügen, italienische Fernsehsternstäubchen, schärpengeschmückte Bürgermeister. Die Journalisten schluchzten, bis sie Schluckauf bekamen, die Menge rief *Lu-cia-no, Lu-cia-no, Addio Lu-cia-no,* der Vorhang fiel, und ich wollte dazugehören. Zu Italien, zu jener seltsam zänki-

211

schen Familie, in Schmerz und Freude vereint, die um *Lu-cia-no* wie um einen nächsten Verwandten trauerte.

Und während man in Modena um Pavarotti trauerte, hatte der italienische Starkomiker Beppe Grillo nur wenige Kilometer weiter in Bologna zum V-Day aufgerufen, zum *Vaffan-culo*-Day, dem Haut-ab-ihr-Ärsche-Tag, zu dem sich mehr als anderthalb Millionen Italiener versammelten, um die Parteien nicht nur zu verdammen, sondern auch per Petition dazu aufzufordern, vorbestraften Parlamentariern das Mandat zu entziehen, im italienischen Parlament sitzen 24 vorbestrafte Parlamentarier sowie 77 Abgeordnete, die in erster und zweiter Instanz verurteilt worden sind. Was den Taxifahrer, der mich nach Pavarottis Beerdigung zum Bahnhof von Bologna bringen sollte, verzweifeln ließ. Nicht weil er für die vorbestraften Parlamentarier gewesen wäre, sondern weil fast die gesamte Innenstadt Bolognas wegen der Demonstration abgeriegelt war.

Es war eine bizarre Koinzidenz, dass auf nur wenigen Kilometern so viele Italiener zusammengekommen waren. Die einen, um zu trauern, die anderen, um zu protestieren. Daran muss ich denken, als ich die padanische Tiefebene durchquere und Reisfelder bis an den Horizont reichen. »Bologna 35 km« steht auf einem Schild, und vor mir fährt ein Fiat cinquecento, den ich ungläubig staunend überhole, plötzlich sieht alles aus wie in *Bitterer Reis*, es fehlt nur noch Silvana Mangano mit hochgekrempelten kurzen Hosen und spitzem Busen.

Wenn ich in Deutschland sage, dass ein Komiker wie Beppe Grillo eine der Heldenfiguren und Hoffnungsträger jenes Italiens ist, das sich von der herrschenden italienischen Politikerkaste nicht repräsentiert fühlt, dann sehe ich immer die befremdeten Blicke: Ein Komiker, der Politik macht? Dabei ist Grillo immer mehr gewesen. Grillo ist der Antichrist, der italienische Politikwüterich, Umweltschützer, Moralist, Nationalheiliger in Personalunion. Und Anführer einer gewaltigen Protestbewegung, die hinter den erstarrten Rücken der italienischen Politiker im Netz gewachsen ist, Anführer einer Gegenöffentlichkeit, den rechte wie linke Politiker fürchten wie der Teufel das Weihwasser – weshalb sie keine Gelegenheit auslassen, um Grillo als Demagogen und Populisten zu verhöhnen.

Ich traf Grillo zum ersten Mal in Turin, an einem grauen Wintertag, als die Stadt so verhangen daherkam wie in den neorealistisch angehauchten Filmen. Filme, in denen süditalienische Arbeitsemigranten stets mit einem Pappkoffer in der Hand durch Turins Nebel laufen. Als wir ein Café betraten, blickten die Leute erst so ungläubig, als hätten sie eine Erscheinung, dann lächelten sie beseelt und wollten Autogramme. Sie wollten Beppe Grillo anfassen, so wie den Papst oder Padre Pio oder einen Bucklisten, der Glück bringt, wenn man seinen Buckel mit den Fingerspitzen berührt. Grillo kritzelte auf Papierservietten und Streichholzschachteln, bitte schreiben Sie: für Elena, und mit einem Mal sahen die Leute aus wie erleuchtet. Als seien sie dem Retter begegnet. Der sie erlösen soll von Berlusconi und vom Feinstaub, von vorbestraften Parlamentariern und arsenverseuchten Käfighühnern.

Grillo war daran gewöhnt, dass man ihn stets in jenem vertraulichen Ton anspricht, in dem man einem Arzt sein geschwollenes Knie zeigt: Sie als Komiker, Sie kennen sich doch aus … Und dann geht es um Anlagebetrügereien. Oder um die Löcher im Gesetz über die Beschlagnahmung von Mafiagütern. Oder um den Parmalat-Skandal.

Bei einem Abendessen hatte ihm ein ehemaliger Parmalat-Manager erzählt, dass die Schulden des Unternehmens längst über dem Umsatz lagen. Das war zwei Jahre vor dem Zusammenbruch des Lebensmittelkonzerns. Beppe Grillo machte daraus eine Nummer seiner Show. Später luden ihn die Staatsanwälte als Zeugen vor: Sie als Komiker, Sie kennen sich doch aus … Seither ist Beppe Grillo ein Nationalheiliger. Zuständig für aussichtslose Fälle, Mafia und Meineid und schlechtes Wetter, für Krämpfe und Kopfschmerzen, Fußleiden und Epilepsie, kurz: für Italien.

Berlusconi sagt: Ich gebe nicht auf! Und Beppe Grillo sagt: Wir auch nicht! Und das, obwohl er in keiner Fernsehsendung auftaucht, weil er schon lange vor Berlusconis Säuberungswelle aus dem italienischen Fernsehen verbannt wurde. Und selbst für die italienischen Tageszeitungen ist er Persona non grata: Die Berlusconi-Presse verschweigt ihn – und das nicht nur, weil Grillo den Ministerpräsidenten als »Psychozwerg« schmäht – beziehungsweise als »Pädo-Psychozwerg«, nachdem Berlusconis Hang zu Minderjährigen von seiner Ehefrau Veronica bekannt gemacht wurde. Selbst linksdemokratische Blätter wie die *Repubblica* berichten nur dann zähneknirschend über Grillo, wenn die Millionen Italiener nicht mehr zu verschweigen sind, die bei seinen Protestveranstaltungen die Gleichschaltung der italienischen Medien beklagen oder mit der Aktion »Sauberes Parlament« den Rücktritt der vorbestraften Parlamentarier fordern. Millionen, die alle über Beppe Grillos Blog aktiviert werden, der zu den erfolgreichsten Weblogs der Welt gehört.

Beppe Grillo begann seine Karriere zwar bei der RAI, wurde mit sämtlichen Fernsehpreisen überschüttet und erlangte legendäre Einschaltquoten. Aber als er sich nicht mehr damit begnügte, Sitten und Gebräuche zu verspotten, sondern über die soziale und politische Wirklichkeit Italiens herzog, da wurde er vom inzwischen verblichenen Sozialistenchef Bettino Craxi höchstpersönlich eliminiert. Seither tritt Beppe Grillo nur noch in Theatern auf. Und hält Reden an die Menschheit: »Man kann über Italien keine Satire mehr machen! Meine Show ist reiner Hyperrealismus! Wir werden von Zwergen, Showgirls und Freimaurern regiert! Das Aktfoto unserer Gleichstellungsministerin hängt in den Fahrerhäusern der Lkw-Fahrer! Die Situation von Italien ist vergleichbar mit der des Kojoten, der den Road Runner jagt: Er hängt in der Luft und merkt es nicht, weil er nicht nach unten blickt! Wir haben mehr Schulden als Spanien und Griechenland, aber wir tun so, als sähen wir den Abgrund nicht! Das Einzige, was in unserem Land wirklich wächst, ist der Schuldenberg!«

Grillo sprach in Brüssel vor europäischen Parlamentariern über die Macht der Mafiaclans, in deren Taschen die europäischen Fördergelder für Süditalien fließen. Und regelmäßig veranstaltet Grillo seine V-Days, Vaffanculo-Days, Haut-ab-ihr-Ärsche-Tage, bei denen es um Ökonomie und Ökologie geht, um Politik und Konsum und den Fortschritt, der keiner ist. Um Genoveser Pesto, der mit Basilikum aus Vietnam gemacht wird. Um italienische Manager, die Telecom-Aktionäre um ihren Besitz bringen. Um Mafiaclans, die das Wasser privatisieren.

»Ich bin ein Partisan des dritten Weltkriegs«, sagt Grillo, »ich bin ein Partisan des Informationskriegs.« Und so schlachtet er die heiligen Kühe der Linken genau wie die der Rechten, er wähnt die Geheimnisse Italiens im Buckel von Andreotti, er taucht bei Aktionärsversammlungen der Telecom auf, wo er die Kleinaktionäre verteidigt, und verschont nicht mal die italienische Mamma: Mütter, die sich um die Blässe ihrer heranwachsenden Söhne sorgen, werden von Grillo darüber aufgeklärt, dass es sich hierbei um keine Krankheit, sondern um die natürliche Folge von exzessivem Autoerotismus handele.

Beppe Grillo wütet landauf und landab, er trennt auf der Bühne den Müll, jongliert mit Zahlen, Statistiken und Homepages, schreit: »Jetzt habt ihr mich schon wieder fuchtig ge-

215

macht!«, obwohl er eigentlich schon längst verstummt sein sollte. Jedenfalls, wenn es nach dem Willen der italienischen Mächtigen ginge. Die von ihm geschmähten Politiker verklagen ihn reihenweise. Ständig laufen Prozesse gegen ihn, bislang hat er immer gewonnen. Grillos vierzigjähriger Neffe verteidigt ihn. Er wohne zwar immer noch bei seinen Eltern, aber als Anwalt sei er brillant.

Wie die P2, die berüchtigte italienische Geheimloge Propaganda due, deren prominentestes Mitglied Silvio Berlusconi war, will auch Beppe Grillo den italienischen Staat unterwandern. Seine Freimaurer tragen Wollpullover und Pappen, auf denen Steckbriefe abgebildet sind, Steckbriefe all jener Parlamentarier, die vorbestraft sind und dessen ungeachtet weiterhin als Abgeordnete tätig sind – von Giulio Andreotti über den ehemaligen Außenminister Gianni de Michelis, den Chef der Lega Nord Umberto Bossi bis hin zu Marcello Dell'Utri, Berlusconis rechter Hand.

Erst lancierte Grillo von seinem Weblog die Idee der »Meet-Ups«, kleine, renitente Zellen, Hilfe zur Selbsthilfe. In Turin kam es zum ersten nationalen Teffen, »Demokratie von unten«. Grillo bedeutet auf Italienisch Grille – bis heute wird seine Bewegung so genannt: *i grillini*, die Grillen. Man hört sie förmlich zirpen. Meet-ups aus ganz Italien hatten sich in diesem Theater versammelt, und Grillo rief: »Sie können nicht länger so tun, als seien wir unsichtbar!« »Sie« – das ist Italiens herrschende Klasse, die das Land wie eine Privatschatulle betrachtet. Und sich mit der Mafia arrangiert.

»Die Bedingung ist die«, sagte Grillo: »Du musst erpressbar sein.«

Das gelte in Italien nicht nur für die Politik, sondern für den gesamten Alltag. Wer nicht erpressbar sei, finde nirgendwo einen Platz. Man müsse ein Vergehen begangen haben, ein Experte des Betrugs sein, sonst könne man in Italien keinen

Weg machen. Und das gelte inzwischen auch für die anständigen Leute. Denn wie könne eine wirtschaftliche Konkurrenz aussehen zwischen einem anständigen Unternehmer, der sechzig Prozent Steuern bezahle, und seinem Konkurrenten, der nur fünf Prozent bezahle, weil er sein Schwarzgeld im Ausland geparkt habe und jetzt wieder einführen kann, straffrei? Also bezahle der, der in diesem Jahr sechzig Prozent bezahlt habe, im nächsten Jahr nur zehn Prozent. Die verbrecherische Kaste der korrupten Politiker zwinge das Land, so zu werden wie sie. Es sei sehr leicht, in diese Falle zu tappen. Nicht nur für Italiener, auch für Deutsche! Denn es sei ein schönes Gefühl, immer straffrei auszugehen. Es sei schön, die Steuer über das Ohr zu hauen. Man begehe ein Vergehen, werde entdeckt, profitiere aber von der jüngsten Prozessreform und von der letzten Amnestie – und gehe straffrei aus. Es sei anstrengend, ehrlich zu sein.

»Die Mafia durchdringt das soziale Gewebe eines jeden Landes!«, rief Grillo, »und ihr Deutschen habt gegen sie noch keine Immunabwehrkörper entwickelt! Ihr glaubt immer noch, dass die Mafia mit der abgesägten Schrotflinte daherkommt! Wir Italiener sind bereits verloren, aber ihr habt noch eine Chance. Ihr seid so präzise, einen Deutschen kann man daran erkennen, dass er immer einen Stadtplan oder eine Landkarte in der Hand hält. Die er nachprüft. Er sucht nämlich nicht nach einem Weg, er prüft nur nach, ob die Karte richtig ist.«

Und dann hörte ich ihn kichern.

10

Neben mir fährt einer der vielen Vierzigtonner und das keineswegs bei Tempo neunzig, sondern mindestens hundertzwanzig. Ich schiebe mich vorbei und schon befiehlt mir die Stimme, jetzt rechts nach Bologna abzubiegen. In Zeiten von Google Earth und in Zeiten von Handarbeitslehrerinnen, die in Navigationssystemen sitzen und darauf lauern, mich zu ermahnen, kann Beppe Grillo den Witz mit dem auf die Landkarte starrenden Deutschen nicht mehr lange machen.

In Bologna bin ich mit Massimo Ciancimino verabredet. Einem Toten, der spricht, *un morto che parla*, so nennt es die Mafia, wenn sie jemanden geächtet hat, weil er ihre Geheimnisse verrät. Massimo Ciancimino ist der jüngste Sohn des ehemaligen Bürgermeisters von Palermo, Vito Ciancimino. Der als Gehilfe der Mafia verurteilt wurde. Und heute ist Massimo Ciancimino das einzige der fünf Kinder von Don Vito Ciancimino, das mit der Justiz zusammenarbeitet. Der den Staatsanwälten erzählt, was sein Vater bei den Treffen mit dem Boss Bernardo Provenzano besprach, und welche Richter, Politiker, Mafiosi, Polizisten und Geheimagenten im Salon von Don Vito ein- und ausgingen. Und der seitdem verhöhnt, verfolgt und bedroht wird.

Wir treffen uns in einem Café in der Innenstadt, unweit der Arkaden und der Backsteinfestungen der Piazza Maggiore. Ich bin etwas zu früh da und beobachte, wie eine Studentin am Nebentisch ihr soeben bestandenes Examen feiert; sie ist mit einem Lorbeerkranz und einer Siegerschärpe geschmückt und stößt mit ihrer Mutter, den mit ihr angereisten Tanten und den Kommilitoninnen mit Fruchtsaft an. Die

Mutter und die Tanten streichen hin und wieder behutsam über die frisch eingelegten Locken und sitzen etwas steif auf den kleinen Cocktailhockern, als säßen sie auf Thronsesseln, die ihnen nicht zustehen.

Und dann geht die Tür auf, und Massimo Ciancimino betritt das Lokal. Er wird von zwei Männern begleitet, die an einem Tisch hinter uns Platz nehmen. Mir fallen seine Hippiearmbänder am Handgelenk auf. Und seine geringe Körpergröße. Wenn er die Brille aufsetzt, werden seine Augen groß wie Glasmurmeln. Er legt zwei *telefonini* und ein iPhone auf den Tisch. Und küsst mir die Hand. Palermo sitzt in seinen Poren, es schwingt in seinem weichen sizilianischen Akzent mit, seine Manieren sind davon durchdrungen, der Handkuss verrät ihn.

Ich bin Massimo Ciancimino schon ein Mal begegnet, vor einigen Jahren in Palermo, in einem kleinen Restaurant unweit des Teatro Politeama, in der via Torrearsa, einem jener Restaurants, in denen *tout Palerme* sich traf, die Terrasse war ein Dschungel aus Bambussträuchern, Bananenstauden und Hibiskusblüten, unaufhörlich schwirrten Küsse durch die Luft, junge aufstrebende Vermögensberater mit schmalen Aktentaschen saßen neben Stadträtinnen, die ihre Handys mit abgespreiztem kleinem Finger an ihre Ohren hielten, Forza-Italia-Politiker in doppelreihigen Anzügen hofierten sizilianische Madonnen, in deren Dekolletés kleine goldene Kreuze ruhten.

Kurz zuvor hatte es geregnet, die Nacht roch nach feuchtem Asphalt, Abgasen und nach Afrika, wie immer in Palermo. Ich saß mit einer sizilianischen Freundin am Tisch, wir hatten gerade Weißwein bestellt, als meine Freundin die Augenbrauen hob und sagte: »Da drüben sitzt übrigens Massimo Ciancimino.« Jeder hier kannte ihn, den jüngsten Sohn von Don Vito – dem Bürgermeister, der für den *sacco di Palermo* verantwortlich war, jene Plünderung Palermos in den siebziger Jahren, als die Adelspaläste und Jugendstilvillen der Stadt mitsamt ihren Irrgärten, Laubengängen und Springbrunnen über Nacht dem Erdboden gleichgemacht wurden. Vito Ciancimino war erst Baureferent und dann Bürgermeister – und hat Palermos Gesicht mit einer gigantischen, mafiosen Bauspekulation verwüstet; in vier Jahren vergab er 4200 Baugenehmigungen, 3300 davon an einen Straßenhändler, einen Nachtwächter und zwei Maurer. Alle vier Analphabeten. Strohmänner für die Bosse.

Die sizilianischen Madonnen, die Forza-Italia-Politiker, die jungen, aufstrebenden Vermögensberater, alle drängten sich um den Tisch, an dem Don Vitos Sohn Massimo saß, alle wollten ihn umarmen und küssen. Sein Vater war einer der wenigen italienischen Politiker, der als Gehilfe der Mafia verurteilt worden war und der wegen dieses Verbrechens tatsächlich eine Gefängnisstrafe absitzen musste. Was Don Vito zu der sarkastischen Bemerkung hinriss, er könne nicht an die berühmte Theorie vom *terzo livello* über der Mafia glauben, dem »drittes Stockwerk« genannten Überbau der Politik, von dem aus die Mafia gelenkt werde: »Von wegen drittes Stockwerk, mir kommt es eher so vor, als handele es sich um eine Einzimmerwohnung«, sagte Vito Ciancimino. »Denn ich soll ja wohl der einzige Politiker sein, der je mit der Mafia zusammengearbeitet hat.«

Meine Freundin hatte Massimo Cianciminos Namen in dem spitzen Ton ausgesprochen, den sie für Bekannte reserviert hat, die heute Justizminister sind oder Ratspräsidenten oder Mafiosi und die sie bereits kannte, als sie noch kurze Hosen trugen und mit ihr am Strand von Mondello spielten. In Palermo kennt jeder jeden, und jeder weiß alles von allen, wessen Schwiegervater gerade der Besitz wegen Begünstigung der Mafia beschlagnahmt wurde, wessen Tochter einen Boss geheiratet hat und welche Frau eine Affäre mit welchem Stadtrat hat.

Von Massimo Ciancimino hieß es an jenem Abend, dass er kurz davor sei, sich eines der berühmten Messerschnitt-Gemälde von Lucio Fontana zu kaufen, so wie sich andere Leute eine Tüte Kartoffelchips kaufen. Ich hielt ihn für ein reiches, verwöhntes Kind, einen, der seine Winter in Cortina verbrachte und mit einem Ferrari durch Palermo fuhr. Als wir das Lokal verließen, grüßte ihn meine Freundin freundlich, und ich tat so, als würde ich durch ihn hindurchblicken.

Und jetzt sitzt mir Massimo Ciancimino gegenüber, sagt: »*Ciao Petra*«, und bereits nach wenigen Minuten ist es so, als hätte auch ich meine Sommer mit ihm am Strand von Mondello verbracht. Als wüsste ich schon lange, dass er seinen Vater *Padrone Padre* nennt, in Abwandlung des Filmtitels der Gebrüder Taviani: *Padre Padrone*, mein Vater, mein Herr. Ein Film, der die allmähliche Befreiung eines jungen Mannes aus der Unterdrückung von seinem gewalttätigen Vater beschreibt. Mein Herr, mein Vater, so nennt Massimo Ciancimino seinen Vater und sagt, dass er während der Beerdigung seines Vaters versucht habe, sich an einen glücklichen Moment seines Zusammenlebens mit seinem Vater zu erinnern. Einen Moment, der ihm ermöglicht hätte zu sagen: Er fehlt mir.

»Es ist mir nicht gelungen«, sagt er.

Diese kleinen Bemerkungen, die Ciancimino macht, lassen ahnen, dass sich hinter seinen Aussagen vor Gericht mehr verbirgt als der kalkulierte Schachzug, der ihm von seinen Gegnern unterstellt wird. Wenn Massimo Ciancimino jetzt nach Palermo kommt, um seine Aussagen zu machen, drängen sich keine Forza-Italia-Abgeordneten mehr um ihn, keine sizilianischen Madonnen, keine jungen, aufstrebenden Vermögensberater, sondern seine Leibwächter. Seitdem die Mafia ihn geächtet hat, wurde unter seiner Wohnung in Palermo eine Bombe gefunden, verfolgte ihn ein Motorradfahrer auf einem gestohlenen Motorrad, wie es für Killer üblich ist, vom Flughafen bis nach Hause, schickte man ihm anonyme Drohungen – bis ihm eine Leibwache gestellt wurde. Und man ihm zu verstehen gab, dass es für seine Sicherheit besser sei, Palermo zu verlassen. An seinem letzten Geburtstag erhielt er einen Anruf: Du bist ein Toter, der spricht.

Massimo Ciancimino macht dennoch weiter seine Aussagen. Trägt Kartons mit Notizen seines Vaters und mit von Bossen handgeschriebenen Zetteln in die Staatsanwaltschaft von Palermo. Wird verhört – und von Berlusconis journalistischen Hofhunden verhöhnt, diskreditiert, verleumdet. Es sei ihm nur darum gegangen, seine Gefängnisstrafe wegen Geldwäsche zu tilgen, heißt es. Oder: Seine einzige Absicht sei gewesen, den von seinem Vater angehäuften Schatz in Sicherheit zu bringen.

Tatsächlich ist Massimo Ciancimino wegen Geldwäsche verurteilt worden, als Einziger von den fünf Ciancimino-Kindern. Die Strafe belief sich auf drei Jahre und sechs Monate. Bei guter Führung hätte er das Gefängnis nach zwei Jahren verlassen können. Niemand hätte ihn dann daran hindern können, danach auf die Bahamas zu gehen und dort den vermeintlichen Schatz seines Vaters zu genießen. Denn selbst nach dem Tod seines Vaters hielt ein Agent des Geheimdienstes mit dem Decknamen »Signor Franco« noch die Hand über Massimo Ciancimino. Signor Franco war bei seinem Vater ein und aus gegangen. Als Don Vito starb, überreichte Signor Franco bei der Beerdigung einen Kondolenzbrief des damals noch untergetauchten Bosses Bernardo Provenzano. Und zehn Tage vor der Verhaftung von Bernardo Provenzano im Jahr 2006 rief Signor Franco Massimo Ciancimino an und empfahl ihm, vorübergehend ins Ausland zu fahren, weil gewisse Dinge passieren würden.

Signor Franco war sicher auch nicht entgangen, dass Massimo Ciancimino seinen Vater schon zu Lebzeiten dazu gedrängt hat, mit der Staatsanwaltschaft zusammenzuarbeiten. Bei einem Verhör im Jahr 1993 hatte Don Vito dem damaligen Staatsanwalt von Palermo gesagt: »Wenn es Ihnen gelingt, einen wichtigen Politiker außer mir auch nur für einen Tag wegen seiner Verbindungen zur Mafia ins Gefängnis zu bringen, erzähle ich Ihnen, wie das System funktioniert.«

Als Giulio Andreotti im Jahr 2002 in erster Instanz als Auftraggeber des Mordes an dem Journalisten Mino Pecorelli verurteilt wurde, rief Massimo seinen Vater an, der damals in Rom unter Hausarrest lebte. Er sagte ihm: »Erinnere dich an das, was du versprochen hast. Du musst dein Versprechen halten.«

Vier Stunden später starb Don Vito an inneren Blutungen. Als sein Sohn den toten Vater sah, war die Autopsie bereits erfolgt. Und das Zimmer, in dem sein Vater starb, von der Polizei versiegelt.

Am Nebentisch wird die Laureatin immer noch gefeiert. Mit noch mehr Fruchtsaft. Was der Stimmung offenbar bestens bekommt. Die Frauen kichern, als seien sie beschwipst. Massimo Ciancimino erzählt, wie es war, als man ihm eine Leibwache gab. Der Staatsanwalt, der wegen der Drohungen gegen ihn ermittelte, erinnerte Ciancimino daran, dass sein Umzug nach Bologna nur eine trügerische Sicherheit verheiße – schließlich sei Bologna die Stadt, in der die Roten Brigaden den Regierungsberater Marco Biagi ermordet hatten – dem wenige Monate zuvor die Leibwächter entzogen worden waren. Und nebenher gab der Staatsanwalt noch zu bedenken, dass bei einem Attentat auf ihn es auch andere unschuldige Bologneser treffen könnte – als Kollateralschaden sozusagen.

Während er spricht, spielt Ciancimino mit den Perlen seiner Hippiearmbänder, er kontrolliert nebenbei Mails, drückt eintreffende Anrufe weg und sagt dann: »Sollen wir gehen?« Er wirkt wie ein hyperaktives Kind, das zappelt, mit dem Knie wippt, dann wirkt er wieder gefasst, wie es einem Mann von siebenundvierzig Jahren zu Gesicht steht. Als wir bereits auf der Straße stehen, sieht er sich nach den Leibwächtern um, die erst jetzt mitbekommen, dass wir das Lokal verlassen haben. Nicht sehr beruhigend. Das mit den Leibwächtern sei so eine Sache, sagt Ciancimino. Er grinst. Oft habe er sich gefragt, ob es Zufall sei, dass die Autos, die man ihm zur Verfügung stellte oder auch dem Staatsanwalt Ingroia, jenem Staatsanwalt, der in Palermo die Ermittlungen führt, so klapprig seien, dass sie oft mitten auf der Strecke zusammenbrächen. Und von ihnen angeschoben werden müssten.

Draußen riecht es nach nassem Backstein, in dem das Mittelalter steckt. Wir wollen unser Gespräch bei ihm zu Hause fortsetzen und laufen unter Bolognas Arkaden weiter, die Leibwächter folgen uns mit etwas Abstand. Manche Passanten blicken auf Massimo Ciancimino, als sei ihnen sein Gesicht bekannt, nur wissen sie nicht, woher. Man hat ihn in vielen Zeitungen gesehen, manchmal auch im Fernsehen – immer wenn es in Artikeln oder Talkshows um jene Prozesse in Palermo ging, die Licht in das Dunkel der vergangenen zwanzig Jahre bringen sollten, wurde Massimo Ciancimos Foto gezeigt.

Es sind Prozesse, die nicht nur für Palermo wichtig sind, sondern für ganz Italien. Es sind historische Prozesse, die erklären sollen, was hinter dem plötzlichen Einstieg Berlusconis in die Politik steckte, hinter der plötzlichen Gefangennahme des Bosses Totò Riina, während der Boss Bernardo Provenzano jahrzehntelang weiter unbelligt in Sizilien leben konnte, wer sich hinter dem Attentat auf Paolo Borsellino verbarg. »Nur wer die Vergangenheit versteht, kann auch die

Gegenwart interpretieren«, sagte der palermitanische Staatsanwalt Antonino di Matteo.

Zu den historischen Prozessen zählt derjenige, in dem Marcello Dell'Utri verurteilt wurde. Auch die Wiederaufnahme des Prozesses gegen die Attentäter des Staatsanwalts Paolo Borsellino zählt dazu. Bis heute besteht der Verdacht, dass die Mafiosi das Attentat auf Geheiß »fehlgeleiteter« Geheimdienste ausgeführt haben. Der Prozess gegen den ehemaligen Carabiniere-General Mori, der beschuldigt wird, nach der Verhaftung des Bosses Totò Riina dessen Wohnung absichtlich nicht durchsucht zu haben, gehört dazu, und nicht zuletzt auch die Ermittlungen wegen der sogenannten *trattativa*, der Verhandlungen zwischen dem italienischen Staat und der Mafia Anfang der neunziger Jahre. In diesen Prozessen sagt Massimo Ciancimino über das aus, was er in den Jahren erlebt hat, die er an der Seite seines Vaters verbracht hat.

All diese unbeantworteten Fragen in Italien betreffen jene Jahre, die heute die »Jahre der Blutbäder« genannt werden, Anfang der frühen neunziger Jahre. Was wussten die italienischen Politiker von den Attentaten auf die Staatsanwälte Falcone und Borsellino? Wie sah die Rolle der italienischen Geheimdienste aus? Wer waren die wirklichen Auftraggeber der Attentate? Waren die Mafiosi nur willige Handlanger? Wer hat mit den Mafiosi verhandelt? Mit welchem Ergebnis?

Ich laufe neben Ciancimino her und beobachte einen Radfahrer, der ihm zuwinkt und ruft: »Weiter so!« Ciancimino lächelt etwas gequält.

Er ist nicht der einzige Zeuge, der die Verhandlungen zwischen der Cosa Nostra und dem italienischen Staat enthüllt hat, Verhandlungen, die das Schicksal Italiens bis in die Gegenwart bestimmen. Und in deren Folge Silvio Berlusconi an die Macht kam. So rekonstruierte es die Staatsanwaltschaft von Palermo in ihrer Anklageschrift im Prozess gegen Mar-

225

cello Dell'Utri, an dessen Ende der Forza-Italia-Gründer, Senator, Europaparlamentarier und wichtigste Freund und Mitarbeiter von Silvio Berlusconi als Gehilfe der Mafia in erster Instanz zu neun Jahren Haft verurteilt wurde. Und der im Frühsommer 2010 in der zweiten Instanz keineswegs, wie von *tout Palerme* erwartet, freigesprochen wurde, sondern zu sieben Jahren Haft verurteilt wurde.

Es gibt etliche Mafiaabtrünnige, die bereits vor vielen Jahren darüber berichtet hatten, wie sich die Dinge in Palermo und in ganz Italien dank der Verhandlungen wieder aufs schönste ins Lot gefügt haben. Die Kronzeugen Antonino Giuffrè und Giovanni Brusca sind nur einige von ihnen. Zuletzt hat der Abtrünnige Gaspare Spatuzza im Prozess gegen Marcello Dell'Utri beschrieben, wie euphorisch die Bosse Filippo und Giuseppe Graviano gewesen seien, nachdem sie über Dell'Utri die Verbindung zu Silvio Berlusconi geknüpft hätten. Bei einer Vernehmung im Hochsicherheitsgerichtssaal von Turin schilderte Spatuzza, wie beglückt Giuseppe Graviano ihm in Rom in der Bar Doney in der Via Veneto erzählt habe, dass die Verhandlungen nun endlich zu einem erfolgreichen Abschluss gekommen seien, man habe das Land in der Hand, dank eines sizilianischen Landsmannes und »dem von Canale 5«, eben Berlusconi.

Aber erst seitdem der Sohn von Don Vito vor Gericht aussagt, hat die These von den Verhandlungen zwischen Mafia und Politik ein Gesicht bekommen, das Gesicht von Massimo Ciancimino. Der erste Prozess gegen Marcello Dell'Utri war noch weitgehend unter Ausschluss der Öffentlichkeit geführt worden; jede Affäre einer Fernsehansagerin lockte mehr Journalisten als dieser Prozess, in dessen Mittelpunkt die Verhandlungen zwischen Berlusconis rechter Hand und der Mafia standen. Nun aber konzentriert sich die gesamte italienische Presse auf Ciancimino. Ganz so, als hätte man dank seiner zum ersten Mal von den Verflechtungen von Mafia und Politik erfahren.

Ciancimino wohnt in einem mittelalterlichen Palazzo, einer jener Backsteinfestungen, die Bolognas Gesicht prägen. Hier lebt er mit seiner Frau Carlotta und seinem kleinen Sohn, der zur Welt kam, als Cianciminos Vater bereits tot war. Ciancimino hat auch erst nach dem Tod seines Vaters geheiratet. Als hätte er erst angefangen zu existieren, als sein Vater tot war. Und gleichzeitig schwebt Don Vito über ihm wie ein Gespenst, das ihn nicht zur Ruhe kommen lässt.

Zwischen Wohnzimmer und Eingangsflur hängt ein Bild von Marlon Brando, ein Schwarzweißbild, das aussieht wie ein Standbild aus dem *Paten*. Don Vito Corleone blickt leidend in die Ferne, wie ein Mann, der soeben erfahren hat, dass er von seinem besten Freund verraten wurde. Rechts über dem Kopf des Paten ist der Schriftzug von Chicco zu lesen, dem italienischen Kinderwagenhersteller. Moderne Kunst. Massimo Ciancimino liebt solche Entweihungen. Vielleicht ist das seine Art, mit dem Geist seines Vaters klarzukommen. Mit dem Vater, der seine Kinder per Klingelzeichen zu sich rief: einmal klingeln für den Erstgeborenen, viermal für Massimo, den Letztgeborenen. Die einzige Tochter zählte nicht, jedenfalls gab es kein Klingelzeichen für sie.

Als Massimo Ciancimino in der Schule sitzenblieb, fesselte ihn Don Vito mit Ketten an das Bett, drei Monate lang. Und die Ketten wurden auch nicht gelöst, wenn ihn seine Freunde besuchten. Weil Massimo das einzige der Kinder war, das nicht studierte, er wollte Fotograf werden, behandelte ihn sein Vater wie einen persönlichen Besitz. Er benutzte ihn als Sekretär, Fahrer und Gesellschafter.

Als Don Vito wegen der Zusammenarbeit mit der Mafia von Palermo in die Verbannung nach Rotello geschickt wurde, in ein Tausendseelendorf der Region Molise, ein Dorf, in

227

dem die Zeitungen erst am nächsten Tag ankamen, war es Massimo, der ihm dort Gesellschaft leisten musste. Als Don Vito im römischen Gefängnis Rebibbia seine Strafe absaß, war es Massimo, der keine der wöchentlichen Besuchszeiten versäumte. Und wenn sich sein Vater mit Bernardo Provenzano traf, jenem legendären flüchtigen Gottvater der Cosa Nostra, der vierzig Jahre lang unentdeckt in Sizilien lebte, war es Massimo, der seinen Vater zu den Treffen fuhr. Massimo kannte Bernardo Provenzano nur als Signor Lo Verde – bis er eines Tages beim Friseur in der Zeitschrift *Epoca* das Phantombild von Provenzano sah. Und begriff, dass der freundliche Herr, der oft bei seinem Vater zu Besuch war, der mit ihnen Pizza aß, der ihm in die Wange kniff und der Frieden zu stiften versuchte, wenn sich Vater und Sohn mal wieder gestritten hatten, die Nummer eins von der Cosa Nostra war.

»Sei vorsichtig: Es gibt Dinge, vor denen selbst ich dich nicht schützen kann«, sagte Don Vito damals zu seinem Sohn Massimo, nachdem er bemerkt hatte, dass Massimo den Signor Lo Verde auf dem Fahndungsfoto erkannt hatte.

Von dem Moment an, in dem der Vater zum ersten Mal verhaftet wurde, bis zu seinem Tod wich ihm Massimo nicht von der Seite, achtzehn Jahre lang. Massimo wählte für seinen Vater das richtige Jackett aus, er stellte für die Gäste eisgekühltes Wasser bereit, holte aus dem Salon den Band der Enzyklopädie, zwischen dessen Seiten wichtige Dokumente versteckt wurden, und stellte die Klimaanlage an oder aus. Er machte den Wagen bereit, wenn sein Vater es wünschte, er buchte Flüge, überbrachte Botschaften, half seinem Vater beim Verfassen nie veröffentlichter Memoiren und wuchs damit auf, dass im Salon seines Vaters nicht nur Mafiabosse verkehrten, sondern auch Verteidigungsminister, Staatsanwälte, Polizisten, Richter.

Massimo Ciancimino sitzt auf einem Sofa und rutscht immer tiefer, bis er fast im Liegen erzählt, in jener schlechten Haltung, die pubertierenden Jungen eigen ist. Und ich frage ihn, warum er nicht schon damals rebelliert hat, warum er nicht einfach geflüchtet ist aus dieser Welt, verschwunden nach Indien, wo er bereits einmal drei Monate verbracht hatte. Ausgebrochen aus seinem Leben als Leibeigener.

»Aber er hätte mich doch überall auf der Welt gefunden«, sagt Massimo Ciancimino. »Er hätte seine Leute losgeschickt, und sie hätten mich wieder zurückgebracht.«

»Und wenn Sie damals schon, noch zu Lebzeiten von Don Vito, auf die andere Seite übergewechselt wären?«

Massimo Ciancimino lächelt mild.

»Angenommen, ich hätte mich damals schon entschieden, alles anzuzeigen, dann sagen Sie aber bitte mal: An wen hätte ich mich wenden sollen? An die Carabinieri, die bei meinem Vater ein und aus gingen? Oder sollte ich die Polizei anrufen oder vielleicht die Staatsanwaltschaft, von denen einige auch bei meinem Vater verkehrten? Ich bin nie ein Held gewesen, ich bin ein Mensch wie jeder andere, mit seinen Ängsten. Und bis heute ist das so. Es gibt keinen Tag, an dem ich mich nicht frage: Lohnt sich das? Wofür machst du das eigentlich alles?«

Und dann rutscht er noch tiefer in die Polster und erzählt von jener Zeit der Attentate 1992 und 1993, Höhepunkten eines blutigen Bürgerkriegs der Mafia gegen den italienischen Staat und seine Protagonisten, gegen Staatsanwälte, Politiker, Polizisten. Und gegen Journalisten. Damals nach der Ermordung von Giovanni Falcone hatte Don Vito Ciancimino sich als Vermittler angeboten – zwischen der Mafia, die ein Ende der Strafverfolgung forderte, und den Vertretern des italienischen Staates, die ein Ende der mafiosen Terroraktionen erhofften.

Don Vito hatte sich nicht ganz uneigennützig als Unterhändler offeriert. Er hoffte, dass sich sein Einsatz günstig auf seine drohende Gefängnisstrafe auswirken würde. Ihm war klar, dass die Zeit drängte. In Mailand liefen die Schmiergeldermittlungen, die nicht nur Sozialisten und Christdemokraten, sondern das gesamte italienische Parteiensystem in den Abgrund gerissen hatten. Für jeden öffentlichen Auftrag war Geld geflossen. Tausende Politiker und Industrielle waren verhaftet worden. Don Vito wusste längst, dass die Cosa Nostra hektisch auf der Suche war nach einem neuen politischen Bündnispartner – dem sie das Ende der Terrorakte und Wählerstimmen anbieten könnte. Und dafür mit einer präzisen Forderungsliste das Ende der Strafverfolgung verlangte.

1. Revision der Urteile des Maxiprozesses.
2. Abschaffung der Hochsicherheitshaft für Mafiosi.
3. Ende der Beschlagnahmung von Mafiagütern.
4. Abschaffung der Kronzeugenregelung.
5. Einführung eines Gesetzes, das den Mafiosi Straffreiheit garantiert, wenn sie sich von der Mafia lossagen – ohne jedoch über ihre Taten aussagen zu müssen.
6. Keine Haft für über siebzigjährige Mafiosi.
7. Schließung der Hochsicherheitsgefängnisse.
8. Verlegung der Mafiabosse in Gefängnisse in Heimatnähe.
9. Schluss mit der Zensur der Post von Mafiabossen.
10. Vorbeugende Maßnahmen gegen die Beschlagnahmung von Gütern, die Familienangehörigen gehören.
11. Verhaftungen sollen nur dann möglich sein, wenn der Täter auf frischer Tat ertappt wird.
12. Abschaffung der Benzinsteuer nach dem Vorbild der Region Aosta.

Der letzte Punkt, die Abschaffung der Benzinsteuer, war Totò Riinas persönlicher Wunsch.

Die *papello* genannte Forderungsliste war in Druckbuchstaben geschrieben, mit leichten Orthographiefehlern, und es war Don Vitos Sohn Massimo, der sie von einem Mittelsmann im Café Caflish in Palermos Strandbad Mondello abgeholt und zu seinem Vater gebracht hatte. Heute liegt diese Forderungsliste in der Staatsanwaltschaft von Palermo. Ciancimino vermutet, dass es die Handschrift des Bosses Totò Riina ist, der ungelenk und in großen Druckbuchstaben die Forderungen der Mafia aufschrieb.

Bald darauf sollte Totò Riina selbst das erste Bauernopfer dieser Verhandlungen werden. Er wurde auf dem Höhepunkt der Terrorjahre verhaftet, im Januar 1993. Es war eine Verhaftung wie aus dem Bilderbuch. Riinas Fahrer habe ihn verraten, hieß es. Bilderbuchreif war auch, dass die Wohnung mitten in Palermo, in der Riina mit seiner Frau und seinen Kindern gewohnt hatte, erst von der Polizei durchsucht wurde, nachdem alle verdächtigen Unterlagen beseitigt worden waren; der Mafia blieb sogar noch so viel Zeit, die Wände frisch zu streichen. Verantwortlich für die nicht erfolgte Durchsuchung der Wohnung war der Carabiniere-General Mario Mori, dem in Palermo deshalb viele Jahre später der Prozess gemacht werden sollte.

Die Unterlagen, die Totò Riina in der Wohnung aufbewahrte, hätten ausgereicht, um die gesamte italienische Republik zu Fall zu bringen, sagte Massimo Ciancimino später während des Prozesses gegen den Carabiniere-General aus. Der misstrauische Riina, so habe ihm sein Vater offenbart, habe für den Fall einer Verhaftung stets genügend belastendes Material in seinen Verstecken aufbewahrt, aus dem hervorging, welche Politiker ihm nützlich gewesen waren. Wenn sie nicht verhinderten, dass er verhaftet wurde, sollten sie gemeinsam mit ihm untergehen.

Riinas Verhaftung war das erste Ergebnis der *trattativa*.

Riinas Festnahme war Bernardo Provenzanos Morgengabe, sein Zugeständnis für die Umsetzung der Forderungen in der *trattativa*. Der italienische Staat brauchte dringend einen Fahndungserfolg und sollte ihn bekommen. Riinas Festnahme sollte die Italiener besänftigen, zumindest vorübergehend: Seht her, der italienische Staat ist noch nicht geschlagen!

Später sagte Massimo Ciancimino vor Gericht in Palermo aus, dass sein Vater gemeinsam mit dem Boss Bernardo Provenzano die Gefangennahme von Totò Riina vorbereitet hatte, oder besser: die Auslieferung des »Verrückten«, wie ihn Provenzano und Ciancimino zu nennen pflegten. Der mit seinem blutigen Krieg nach innen und nach außen den Rückhalt in der Bevölkerung und in der Mafia verloren hatte – jenen Humus, ohne den die Mafia nicht gedeihen kann. Niemand wusste das besser als Vito Ciancimino und Bernardo Provenzano.

Dass Totò Riina ein Geschenk von Bernardo Provenzano war, ahnten schon damals viele, nicht zuletzt Totò Riinas Sohn Giovanni. Als Provenzano nach seiner Verhaftung 2006 ins Hochsicherheitsgefängnis von Terni gebracht wurde, in dem Giovanni Riina bereits seine lebenslängliche Strafe verbüßte, da schmähte er Provenzano als *sbirro,* als Polizeispitzel.

Allerdings brachte selbst die Verhaftung von Totò Riina die Verhandlungen zwischen Staat und Mafia noch nicht zu einem erfolgreichen Geschäftsabschluss. Cosa Nostra hatte immer noch keinen verlässlichen neuen politischen Ansprechpartner gefunden. Und auch Don Vito Ciancimino sollte seine Vermittlerrolle kein Glück bringen: Kurz nach der Verhaftung Riinas wurde er als Gehilfe der Mafia festgenommen und in das römische Gefängnis Rebibbia gebracht, wo er die nächsten sieben Jahre verbringen sollte. Don Vito war überflüssig geworden. Für die Verantwortlichen des italienischen Staates, mit denen er zusammengearbeitet hatte, war er ein lästiger Zeuge für die Machenschaften zwischen Mafia und Staat geworden. Und für die Mafia war er, als Protagonist des alten Parteiensystems, als Repräsentant der inzwischen verblichenen Democrazia cristiana, auch nicht mehr nützlich, jener Partei, die mehr zum Totenreich als zur Zukunft gehörte.

Um die Umsetzung der *trattativa* zu beschleunigen, trieb die Mafia die Strategie des Terrors weiter: Im Sommer 1993 folgte eine ganze Serie von Attentaten, die Cosa Nostra sprengte mit TNT gefüllte Autos in die Luft, in Florenz in der Via dei Georgofili unweit der Uffizien, in Rom gegenüber der Kirche San Giorgio al Velabro, in Mailand in der Via Palestro, unweit der Galerie für Moderne Kunst. Das letzte geplante Attentat im römischen Olympiastadion hätte Hunderte von Carabinieri töten sollen. Doch dann habe der Zeitzünder der Autobombe nicht funktioniert, sagten abtrünnige Mafiosi später aus. Dass der Zeitzünder nicht funktioniert haben soll, nährte den nie ausgeräumten Verdacht, dass die Cosa Nostra zu jenem Zeitpunkt bereits einen neuen politischen Ansprechpartner gefunden hatte.

Gleich nach der Verhaftung von Don Vito hatte die zweite Phase der Verhandlungen mit dem Staat begonnen – nun mit der rechten Hand von Silvio Berlusconi, Marcello Dell'Utri. Sizilianer. Dieser sei von der Cosa Nostra ausgesucht worden, weil er bereits die Gelder des Bosses Stefano Bontade so erfolgreich investiert habe – in Berlusconis Unternehmen Fininvest. So sagte das nicht nur Massimo Ciancimino aus, sondern bestätigten es auch zahlreiche andere abtrünnige Mafiosi.

Drei Monate später gewann 1994 Silvio Berlusconi seine ersten Wahlen. Und die Mafia begann wieder unsichtbar zu werden. Dank des Bosses Bernardo Provenzano, der wusste, dass die Cosa Nostra nur dann überleben würde, wenn sie sich nicht gegen den Staat stellte. Sondern wieder in ihn kriecht.

Provenzanos Strategie war erfolgreich. Und selbst wenn man alle Rekonstruktionen der Staatsanwaltschaften, die Aussagen der abtrünnigen Mafiosi und die von Massimo Ciancimino für eine gigantische Verschwörungstheorie hält, so konnte doch jeder aufmerksame Zeitungsleser in Italien verfolgen, dass die Forderungen der Mafia in den folgenden Jahren Punkt für Punkt umgesetzt wurden: Die Kronzeugenregelung wurde geschwächt – ein Mafioso muss alles, was er weiß, in 180 Tagen gestehen, danach gemachte Aussagen sind nicht mehr verwendbar. Die Hochsicherheitshaft für Mafiabosse wird in der Praxis nicht mehr angewendet, die Hochsicherheitsgefängnisse sind geschlossen, ranghohe Mafiabosse kommunizieren aufs schönste miteinander beim Freigang und mit der Außenwelt, sie schreiben offene Briefe an Tageszeitungen und versichern ihre Unschuld in italienischen Klatschblättern. Familienmitglieder schmuggeln Kassiber in Wäschepaketen aus dem Gefängnis – wie eh und je. Dreizehn Bosse der Terrorjahre wurden aus »Altersgründen« vorzeitig auf freien Fuß gesetzt, ein Gebot der Menschlichkeit, so hieß es. Nach dem Willen der Berlusconi-Regierung sollen beschlagnahmte Mafiagüter bald wieder zum Verkauf stehen – wodurch sie über Strohmänner wieder von der Mafia aufgekauft werden könnten. Und was die Verlegung der inhaftierten Bosse in Gefängnisse in Heimatnähe betrifft, so wurde dieser Forderung immerhin so weit entsprochen, dass man die Regelungen des Verwandtenbesuches lockerte – was den Bossen ermöglichte, ihre Geschäfte auch aus dem Gefängnis heraus zu betreiben.

Einer, der in den Genuss dieser Erleichterungen kommen sollte, war der inhaftierte Don Vito. Immer wieder schrieb ihm Bernardo Provenzano kleine Botschaften, die ihm von seinem Sohn Massimo überbracht wurden – und in denen er in seinem weihevollen Duktus voller Tippfehler versicherte, dass er sich bei seinen neuen politischen Gesprächspartnern für eine Amnestie einsetze: *»Mi è stato detto dal nostro Sen. e dal nuovo Pres.; che spigeranno la nuova soluzione per la sua sofferenza; appena ho notizie velifaro avere.«* »Von unserem Senator und vom neuen Ministerpräsidenten wurde mir gesagt, dass sie die neue Lösung für Ihr Leiden vorantreiben werden; sobald ich Neuigkeiten weiß, werde ich sie wissen lassen.« Mit »unserem Senator« sei unzweifelhaft Marcello Dell'Utri gemeint gewesen, erklärte Massimo Ciancimino im Gerichtssaal. Don Vitos Gefängnisstrafe sollte ein Ende gemacht werden.

Inzwischen ist Massimo Ciancimino bis an den Rand des Sofas gerutscht, das Kinn liegt auf seiner Brust, wenn er spricht. Es sieht aus, als würde er gleich vom Sofa fallen. Er sagt, dass er erst Vertrauen zur Justiz gefasst habe, als seine Aussagen von den Staatsanwälten ernst genommen wurden, die einst die ärgsten Feinde seines Vaters waren: Staatsanwalt Roberto Scarpinato, dem einstigen Chefankläger von Ministerpräsident Giulio Andreotti, und Staatsanwalt Antonio Ingroia, dem einstigen Vertrauten des von der Mafia ermordeten Richters Paolo Borsellino.

»Für mich war das eine Garantie«, sagt Ciancimino. »Scarpinato konnte auf gar keinen Fall zu jenen Staatsanwälten gehören, die einst mit meinem Vater unter der Decke gesteckt haben. Staatsanwälte wie Scarpinato, Ingroia, Di Matteo – da dachte ich, ich bin in guten Händen.«

Ganz Italien fragt sich, was Massimo Ciancimino treibt. Italiener sind leidenschaftslos in der Beurteilung der Beweggründe eines Menschen. Keiner glaubt daran, dass einer allein aus Liebe zur Wahrheit eine solche Entscheidung trifft. Also bleibt die Wahrung des angeblichen väterlichen Schatzes als Motiv übrig. Die natürliche Skepsis der Italiener wird von allen Berlusconischen Medien bedient: Um Massimo Cianciminos Glaubwürdigkeit zu untergraben, wurde die ganze Berlusconische Medienmacht aufgeboten, Chefredakteure der Hauptnachrichten von Rai Uno, Leitartikler, Moderatoren – alle versuchten sich gegenseitig darin zu übertreffen, Ciancimino als »Bauchredner« zu diffamieren, einen, der nichts belegen könne, weil er nur das referiere, was ihm sein Vater gesagt habe, und der auch deshalb nichts wisse, weil er ja kein abtrünniger Mafioso sei, der die Mafia von innen kenne.

Dieser Vorwurf lässt Ciancimino auf dem Sofa hochschnellen. »Das ist doch völliger Schwachsinn, soll ich etwa erst einen Staatsanwalt umbringen, um glaubwürdig zu sein?«

Allerdings haben viele Italiener ungeachtet des Propagandafeldzuges bereits festgestellt, dass die Wahrung des Schatzes von Don Vito allein kein Motiv für Massimo Ciancimino sein kann, mit der Justiz zusammenzuarbeiten. Denn der Preis dafür ist zu hoch. Massimo Ciancimino hat sich jede Menge Feinde gemacht. Nicht nur die Mafiosi selbst, sondern auch die sogenannten »fehlgeleiteten« Geheimdienste, die mit der Mafia zusammenarbeiteten und zu denen der mysteriöse Signor Franco gehörte – der frei von jedem Ungemach weiter seinen Dienst versah, bis in die Gegenwart hinein, wie die Ermittler feststellten. Und natürlich Marcello Dell'Utri, den die Aussagen von Massimo Ciancimino schwer belasteten.

Vielleicht ist es viel mehr die Hassliebe zu seinem Vater, die Massimo Ciancimino bis heute treibt. Die Hassliebe zu einem Vater, der ihm das Leben raubte, ihn demütigte und zum Kammerdiener degradierte – und ihn andererseits zu seinem einzigen Vertrauten machte. Vielleicht ist es der ewige Wunsch eines Sohnes, geliebt zu werden, der ihn dazu brachte, jenes Gespinst aus Heuchelei anzuprangern, unter dem sich all jene verbergen, die genau wie sein Vater mit der Mafia zusammengearbeitet haben: Polizisten, Carabinieri-Generäle, Geheimdienstler, Ministerpräsidenten, Senatoren. Und die, anders als sein Vater, nicht dafür büßen müssen, sondern sich bis heute größter Anerkennung erfreuen.

Ich erwähne die Söhne von Bernardo Provenzano. Was würde geschehen, wenn sie sich dazu entschlössen, auszusagen über das, was sie in den Lebensjahren im Versteck erfahren haben?

»Oh, sie wüssten sicher viel zu berichten«, sagt Massimo Ciancimino. »Aber ich kann ihnen auch nicht verübeln, wenn sie nichts sagen. Denn letztlich ist es doch so, dass sich zu schweigen auszahlt. Kein einziger Sohn eines Bosses wurde je kritisiert und öffentlich bloßgestellt. Nur ich. Weil ich gesprochen habe.«

Jetzt hat Massimo Ciancimino bemerkt, dass er kurz davor ist, vom Sofa zu rutschen. Er rafft sich wieder auf. Kontrolliert die eingehenden Mails auf dem iPhone. Abends fliegt er wieder nach Palermo, am nächsten Morgen wird er im Justizpalast erwartet.

Als ich aufbreche, sehe ich Spielzeug in einer Ecke liegen, Bauklötze, Autos, ein Dreirad. Ich frage ihn, wie sein Sohn heißt.

»Vito«, sagt er. Und fügt hinzu: »Mein Vater hätte das nicht gewollt. Niemand sollte so heißen wie er. Einmal sagte ich ihm: ›Wenn ich einmal einen Sohn haben werde, werde ich ihn Vito nennen.‹ Und mein Vater sagte: ›Bloß nicht. Der Name wird alle immer an mich erinnern.‹ Und ich erwiderte: ›Sei nicht so eingebildet. Denn vielleicht wird es eines Tages eher so sein, dass man sagen wird: Vito? Ist das nicht der Vater von Massimo Ciancimino? Man wird sich an dich als meinen Vater erinnern.‹ Ich bin auf einem guten Weg.«

Er begleitet mich zur Tür, vorbei an dem Paten mit dem

Kinderwagen-Logo. Jetzt erinnert er sich auch wieder daran, dass ich ja keine italienische Journalistin bin, sondern Deutsche. Und erklärt: »Habe ich eigentlich schon gesagt, dass sich mein Vater und Provenzano in Deutschland treffen wollten? Nach der Verhaftung von Riina dachten sie, dass es keine gute Idee sei, in Palermo zusammen gesehen zu werden. Also beschlossen sie, sich das nächste Mal in Deutschland zu treffen, bei Provenzanos Bruder. Weil sie in Deutschland niemandem aufgefallen wären.«

Tatsächlich.

11

Auf den Hügeln und Bergrücken rechts und links neben mir stehen Dörfer und Städte, die aus der Ferne aussehen, als hätte das Mittelalter hier nie aufgehört. Die Toskana. Zypressenbestandene Hügelketten im Gegenlicht. Das klassische Italienbild. Kaum habe ich die Poebene hinter mir gelassen, geht mir wieder das Herz auf. Weil ich am Rand der Autobahn nicht mehr die Baumärkte, Outlets und sumpfigen Wiesen Norditaliens sehe, sondern Olivenhaine, Festungsmauern und Weinberge. Deren Laub mal flammend rot leuchtet, mal goldgelb. Die Farben wachsen sauber voneinander abgetrennt, wie in einem Farbkasten.

Überhaupt muss an dieser Stelle der toskanische Hügel gerühmt werden. Als Gott die Hügel verteilte, da wählte er die anmutigsten, die ebenmäßigsten für die Toskana aus. Die toskanische Hügellandschaft ist perfekt. Später wird sie etwas flacher, das Tibertal dehnt sich vor meinen Augen, am Horizont steigen die blauschwarzen Umrisse der umbrischen Berge auf – und in einer Notfallbucht stehen ein paar pinkelnde Männer.

Zwei Stunden später bin ich in Rom und suche die Via della Conciliazione. Was die Handarbeitslehrerin etwas überfordert, denn in italienischen Städten kennt sie sich nicht aus. Die sind auf ihrer Navigations-CD nicht vorgesehen. Also vertraue ich auf meinen Orientierungssinn und den lieben Gott – dem ich etwas nähergerückt bin, denn die Via della Conciliazione führt geradewegs zum Petersdom.

Die Antimafiaorganisation »Libera« hat an diesem Wochenende die »Generalstäbe der Antimafia« in einem Auditorium versammelt – was sehr kriegerisch klingt. Und auch genauso gemeint ist. Italien ist ein Land im Kriegszustand.

239

Einem Krieg, der seit mehr als sechzig Jahren andauert. Einem Krieg der Mafia gegen die Schwachen. Gegen die Menschenwürde. Gegen die Selbstbestimmung. Gegen die Freiheit. Ein Krieg, der mit ungleichen Waffen geführt wird. Die Mafia kämpft mit Kalaschnikows und Raketenwerfern, mit Parlamentariern, die für sie Justizreformen durchsetzen, mit Staranwälten, Verleumdungsklagen. Und ihre Gegner kämpfen mit bloßen Händen.

Die Generalstäbe der Antimafia, das sind Studenten mit Spitzbärten, stark gepuderte Damen, die aussehen, als kämen sie gerade vom Nachmittagskaffee, und kaugummikauende Journalisten, deren Notizblöcke bereitliegen. Das sind junge Priester, die ihre Priesterbinde gelockert haben, Universitätsprofessoren in currybraunen Breitcordhosen und Mädchen mit ernstem Blick und Augenbrauenpiercing. Militante Optimisten, die in Italien ehrenamtlich für die eintausendfünfhundert Antimafiavereinigungen arbeiten: Sekretärinnen, die ihre Freizeit dafür opfern, in Schulen Lesungen von Mafiabüchern zu veranstalten, Regisseure, die Theaterstücke gegen die Mafia inszenieren, Studenten, die via Facebook Protestmärsche gegen mafiose Parlamentarier organisieren und Mafiainfiltrationen in Stadträten anprangern.

Es ist der Priester Don Luigi Ciotti, der die Antimafiabewegung Libera gegründet hat, die nicht nur beschlagnahmte Mafiagüter bewirtschaftet, sondern sich auch im Kampf gegen das Schutzgeld einsetzt, an Mafiaopfer erinnert, informiert. Es gibt Libera-Aktivisten in ganz Italien, nicht nur in Süditalien, auch in winzigen norditalienischen Dörfern, Antimafiakrieger, die jetzt alle durch das Foyer des Auditoriums laufen und inmitten derer ich Laura suche, eine Journalistenfreundin, mit der ich verabredet bin. Plötzlich steht sie vor mir, wie aus dem Nichts aufgetaucht, und bevor ich etwas sagen kann, zieht sie mich lächelnd in den Saal.

240

Es ist der Moment, als der italienische Staatspräsident Giorgio Napolitano unter großem Applaus das Auditorium betritt, ein Greis mit scharfgeschnittenen Zügen. Er wird nicht nur von den üblichen Leibwächtern in dunkelblauen Anzügen begleitet, sondern auch von römischen Gardesoldaten in weißen Uniformen, die sich mit Degen, silberbetressten Epauletten und goldschimmernden Helmen wie eine Prätorianergarde hinter ihm aufbauen.

Ein Mädchen mit einem glitzernden Palästinenserschal um den Hals steigt auf die Bühne. Es ist ein Mädchen, dessen Mutter in Neapel von der Camorra ermordet wurde – eine junge Mutter, die zufällig die Straße passierte, als ein Boss ermordet wurde. Eine Kugel traf sie in die Schläfe. Ihre Tochter war damals zehn Jahre alt und sah vom Balkon der Wohnung aus, wie ihre Mutter erschossen wurde. Heute ist sie siebzehn Jahre alt und liest mit fester Stimme die Begrüßungsworte des Staatspräsidenten vor, der zu Mut und Tapferkeit aufruft und Gerechtigkeit verspricht, und ich höre, wie sich hinter mir jemand die Nase putzt.

Im Auditorium sitzen auch Ehefrauen und Kinder von ermordeten Polizisten und Staatsanwälten, Brüder, Schwestern und Eltern von Mafiaopfern. Einige bezahlten mit dem Leben für ihren Kampf um Gerechtigkeit, andere befanden sich nur durch Zufall zur falschen Zeit am falschen Ort, als eine Bombe hochging, als sie bei einer Schießerei ein Querschläger traf, als sie Augenzeuge einer Blutfehde wurden und deshalb beseitigt werden mussten.

Es ist ein untröstliches und zorniges Volk, das hier sitzt und seine Toten vor dem Vergessen bewahren will, mit Wikipedia-Einträgen und Gedenktagen, mit Stiftungen und Facebook-Gruppen. Es tut ihnen gut, sich nicht allein zu fühlen. Die Mafia versucht ihre Gegner stets zu isolieren, zu diskreditieren, zu verhöhnen, viele noch bis in den Tod.

Auch der Vater von Antonino Agostino ist wieder da, jenem Polizisten, der 1989 zusammen mit seiner schwangeren Frau ermordet wurde. Er war einer der beiden Polizisten, deren Spuren bei dem vereitelten Attentat gegen den Staatsanwalt Falcone gefunden worden waren, als Mafiosi vor der Ferienvilla des Staatsanwaltes zwischen den Felsen Sprengstoff deponiert hatten. Beide Polizisten wurden danach ermordet. Der Vater von Antonino schwor, sich den Bart erst wieder zu schneiden, wenn der Tod seines Sohnes aufgeklärt sei – und jedes Mal, wenn ich ihn sehe, ist sein Bart ein Stück länger geworden.

Danach geht Don Ciotti auf die Bühne, der Gründer von Libera. Wie immer trägt er einen dunkelblauen Seemannspullover, in dem er aussieht wie ein Marinepfarrer. Don Ciotti prangert eine Gesellschaft der Ungleichheit an, geißelt nebenbei den Individualismus, bis die Farne auf der Bühne wackeln, und präsentiert schließlich eine Liste mit den Namen der Mafiatoten. Von 1893 bis heute.

Nach Don Ciotti spricht der Chef der nationalen Antimafia-Staatsanwaltschaft, der einen Seitenhieb auf Berlusconi austeilt, der den Richtern die Legitimation abspricht, weil sie, anders als er selbst, nicht vom Volk gewählt seien. Und dann erwähnt er den Fall einer Mutter, der vor wenigen Tagen mitgeteilt wurde, dass die Knochen ihres Sohnes gefunden worden seien, vierzehn Jahre nach seiner Ermordung. Endlich könne sie ihn begraben. Denn das sei ihr einziger Wunsch gewesen: Sie wollte nur einen Ort haben, an dem sie weinen könne.

Später, als die Eröffnungsreden beendet sind und wir zum Ausgang gehen, sehe ich, wie sich die Menschenmasse immer wieder teilt, um einen Staatsanwalt mitsamt seinen Leibwächtern passieren zu lassen, wie üblich im Laufschritt. Es gibt auch Journalisten, die von Leibwächtern begleitet werden, der schnauzbärtige Sizilianer Pino Maniaci etwa, Gründer und Betreiber des sizilianischen Antimafia-Fernsehsenders Telejato. Er eilt mit seiner Tochter und einer Fernsehkamera in der Hand vorbei, auf dem Weg zum Treffen mit einer der zahlreichen Antimafia-Arbeitsgruppen, die sich in Rom versammeln. Die einen informieren über die in der Adria versenkten Giftmüll-Schiffe, die anderen diskutieren, was mit beschlagnahmten Mafiagütern geschehen soll, andere analysieren die Darstellung der Mafia in Film und Fernsehen.

Nachdem wir wieder ins Freie getreten sind, laufe ich eine Weile wie benommen neben Laura her, die mir von ihrem letzten Mafiafilm erzählt, den sie soeben abgedreht hat – über die Arbeit eines Polizisten in Trapani und über eine junge Journalistin in Kalabrien. Der Himmel über Rom schimmert wie rosa Porzellan, und in den Platanen entlang des Tiberufers sitzen Schwärme von Zugvögeln, die ohrenbetäubend laut zwitschern. Bevor ich die Brücke über den Fluß überquere, drehe ich mich noch einmal um und sehe den Petersdom im Gegenlicht.

Als Papst Johannes Paul II. gestorben ist, bin ich über die Via della Conciliazione zum Petersdom gepilgert, zwölf Stunden lang, zusammen mit unzähligen anderen Pilgern und im Schlepptau von vier Nonnen, die zum Orden der Töchter der Unbefleckten Maria gehörten und gemeinhin *le immacolatine*, die kleinen Unbefleckten, genannt wurden. Als wir nach Stunden endlich am Ende der Via della Conciliazione angekommen waren und den Petersdom sahen, wo Johannes Paul II. aufgebahrt lag, waren wir kurz davor, aufzugeben, weil wir nur noch eine Masse aus dicht aneinandergepressten, der Ohnmacht nahen Leibern, steifen Beinen und tauben Füßen waren. Aber dann wurden wir von einer großen Welle erfasst, die uns in den Petersdom spülte, kurz bevor er für den Rest der Nacht geschlossen wurde, worin eine der kleinen Unbefleckten das erste Wunder des toten Papstes sah.

Es mutet bizarr an, dass die größte italienische Antimafiaorganisation von einem Priester angeführt wird, und der Vatikan sich gleichzeitig sehr bedeckt hält, was den Kampf gegen die Mafia angeht. Anders als Johannes Paul II., der die Mafia immerhin als Ausgeburt des Teufels verdammte und die Mafiosi aufrief, sich zu bekehren, hat Papst Benedikt zwar den Gebrauch von Präservativen gegeißelt und die Homosexualität als Gefahr für die Menschheit angeprangert, aber kein Wort über die Mafia verloren. Bis heute gibt es kein offizielles Antimafiadokument des Vatikans, sondern nur vereinzelte, mutige Priester und Bischöfe.

Die letzte offizielle Stellungnahme der katholischen Kirche war der italienische Bischofsbrief vom März 2010, in dem die italienischen Bischöfe die Menschen in Süditalien aufriefen, sich von den »Fesseln der Mafia« zu befreien. Ein frommer Wunsch. Der so klingt, als hätte keiner der italienischen Bischöfe jemals einen Fuß nach Süditalien gesetzt. Wie sollen die Menschen den Mut haben, sich von den »Fesseln der Mafia« zu befreien, wenn der Papst nicht einmal den Mut hat, das Wort »Mafia« zu benutzen, geschweige denn sie zu verdammen? Wenn die Priester, die unter Einsatz ihres Lebens gegen die Mafia gekämpft haben, isoliert waren, so wie Padre Puglisi in Palermo oder Don Diana in Casal di Principe? Und wenn viele Priester in Süditalien immer noch kein Vergehen darin sehen, flüchtigen Mafiosi in ihren Verstecken die Beichte abzunehmen?

Seit ihrem Bestehen hat die Mafia die katholischen Werte für sich vereinnahmt. Und pervertiert. Anders als die kommunistische Partei ahnte sie, dass sie keine Zukunft haben würde, wenn sie die Macht der katholischen Kirche in Frage stellte. Also geben sich die Bosse bis zum heutigen Tag gottesfürchtig, machen der Kirche Geschenke und reklamieren das Privileg, bei der Prozession den Heiligen zu tragen – weniger aus Frömmigkeit, sondern weil sich an der Prozessionsordnung die Machtverteilung im Dorf ablesen lässt.

Natürlich gibt es auch kritische Stimmen. In Sizilien etwa die des Bischofs von Mazara del Vallo, Monsignor Mogavero, in der Nähe von Trapani, der die Priester ermunterte, gegen den Wucher zu kämpfen, gegen das Schutzgeld, gegen die Bestechlichkeit der Lokalpolitiker; der Bischof forderte die Priester sogar auf, das Geld der Mafiosi für religiöse Volksfeste abzulehnen. Oder der Bischof von Agrigent, Francesco Montenegro, der selbstkritisch sagte: »Manchmal fehlt uns der Mut. Wir schließen uns in den Kirchen ein und machen uns die Schuhe nicht in den Straßen schmutzig. Dabei sollten wir uns darin engagieren, christliche Gemeinschaften aufzubauen, die gegen die Resignation kämpfen, gegen die Gewalt, gegen den Wucher, gegen die Schutzgelder, gegen die Schwarzarbeit!«

Der Bischof schlug vor, jedes religiöse Volksfest in Orten zu verbieten, in denen Mafiamorde begangen wurden. Und Monsignor Luigi Renzo, der Bischof in der kalabrischen Stadt Mileto kündigte an, Mafiosi von religiösen Volksfesten auszuschließen. Aber als Don Franco Fragalà, der Pfarrer des kalabrischen Dorfes Sant'Onofrio, im April 2010 den Mut hatte, die Aufforderung seines Bischofs in die Tat umzusetzen, und den Bossen verbot, die Christusstatue bei der Osterprozession zu tragen, schickte man ihm einen Briefumschlag mit dreißig Patronen vom Kaliber 38. Die Prozession wurde daraufhin verschoben. Und fand eine Woche später unter Polizeischutz statt.

Im Schatten des Vatikans muss ich an meine Begegnung mit Don Onofrio Giglio denken, dem Pfarrer der sizilianischen Mafiafestung San Giuseppe Jato, hoch auf jenen Ber-

245

gen, von denen man auf Palermo herabblickt. In San Giuseppe Jato erlaubten sich weder Straßen noch Häuser ein Abweichen von der geraden Linie. Aus den Fenstern wehten stahlblaue Fliegenvorhänge, Plastikrohre endeten im Nichts, Stromkabel verirrten sich auf bröckelndem Putz, aber daneben funkelte ein Neubau aus Carraramarmor, glänzend wie ein Mausoleum. In diesen Häusern hatten die Brüder Brusca gelebt – Giovanni, Enzo und Emanuele – allesamt kaltblütige und gehorsame Diener der Cosa Nostra. Söhne einer alten sizilianischen Mafiafamilie, engste Verbündete des Bosses Totò Riina. Als Kinder waren die Brüder Brusca Messdiener, und Don Giglio hatte ihnen über das Haar gestrichen.

Als ich zum ersten Mal nach San Giuseppe Jato kam, hatte ich auf der Piazza mit einigen jungen Mädchen gesprochen, die unweit der Bar in kleinen Grüppchen herumstanden und ihre Invicta-Rucksäcke mit Herzen bemalten. Damals waren die Brüder Brusca noch nicht verhaftet worden, sondern noch untergetaucht. Und die jungen Mädchen aus San Giuseppe Jato schwärmten von den Bossen wie von Filmstars: »Sie sind besser als alle anderen«, sagten sie. Sie schwärmten von ihnen, obwohl sie wussten, dass Giovanni Brusca es war, der auf den Knopf der Fernbedienung gedrückt hatte – jener Fernbedienung für die Bombe, die Staatsanwalt Giovanni Falcone, seine Frau und fünf Leibwächter zerfetzte.

Wenig später wurde die Geschichte von dem kleinen Giuseppe di Matteo bekannt. Und die Mädchen hörten auf zu schwärmen. Giuseppe di Matteo war elf Jahre alt, als ihn Giovanni Brusca entführen ließ. Zwei Jahre und drei Monate lang wurde er in einem unterirdischen Verließ gefangen gehalten, schließlich erwürgt und in Säure aufgelöst. Der Vater des kleinen Giuseppe di Matteo war zum Abtrünnigen geworden, einer, der mit den Schergen zusammenarbeitete.

Aber das schlimmste Verbrechen, das die Brüder Brusca in

den Augen der Bewohner San Giuseppe Jatos begehen konnten, war, selbst zur Justiz überzulaufen. Anders als ihr Vater, Bernardo Brusca, der im Gefängnis gestorben war – aufrecht, wie es unter Mafiosi heißt, wenn sie angesichts des Todes nicht um ihr Leben betteln: Bis zum letzten Atemzug lehnte er es ab, auszusagen. Nur seine Frau Antonina Brusca lebte noch in San Giuseppe Jato und beweinte ihr Schicksal. Als sie erfuhr, dass ihr Giovanni den kleinen Sohn eines abtrünnigen Mafiosos entführt, gefangen gehalten, erwürgt und in Säure aufgelöst hatte, um dessen Vater zum Schweigen zu bringen, da berief sie sich auf Gott und verfluchte nicht ihren Sohn, sondern den Vater des ermordeten Kindes als gottlose Seele: ein Lügner wie alle anderen Reuigen auch. Sie zeterte und spie Galle – bis zu jenem Tag, als ihre drei Söhne ihr jenen Stoß versetzten, von dem sie sich nie mehr erholte: Auch sie liefen zur Justiz über, auch sie hatten sich über Nacht in gottlose Seelen verwandelt. Wochenlang zeigte sich die Mutter nicht im Dorf. Sie ertrug die Blicke nicht. Von jenem Tag an verließ sie das Haus nur noch, um zur Früh- und Abendmesse zu gehen und sich in der Kirche die Augen auszuweinen. Diese Schande.

»Ach, Mafia«, seufzte Don Giglio, als ich ihn vor seiner Kirche traf und nach den Brusca fragte. Diese ganze Propaganda um die Mafia herum sei letztlich doch größer als die Mafia selbst. Heute säßen doch alle im Gefängnis, es gebe gar keine Mafiosi mehr.

Der Pfarrer stand in der Bar am Fuß der Piazza, er setzte die Espressotasse an die gespitzten Lippen und sog langsam und bedächtig den schwarzen Sirup in den Mund. Don Onofrio Giglio war seit einem ganzen Menschenleben Pfarrer in San Giuseppe Jato, ein behender Achtzigjähriger mit listigen Augen. Er war keine dreißig Jahre alt, als er die Pfarrei übernahm, im Krieg, als man den Fall der Faschisten schon rie-

247

chen konnte. Liebe deinen Nächsten wie dich selbst! Das sei seine Aufgabe. Nicht mal den Kommunisten hatte er die Sakramente verweigert! Nur den Bürgermeister hatte er abgewiesen, denn bei ihm habe der Kommunismus im Kopf gesessen und nicht im Bauch wie bei allen anderen.

Der Herr sucht nach dem verlorenen Schaf, nach dem verlorenen Sohn, er vergibt der Sünderin! Natürlich muss Don Giglio auch zum Mafioso gehen, wenn er ihn ruft! Seelen retten! Das ist die Aufgabe eines Pfarrers. Man habe hier noch Achtung vor dem Priester, der seine Pflicht tut.

Dann nahm er wieder einen Schluck Espresso und erzählte von den Umbauarbeiten in seiner Kirche, die dank der großherzigen Spenden einiger Wohltäter nun endlich zu einem Ende gekommen waren. Seine Kirche war sein Schatzkästlein. Ihr Inneres funkelte im milden Nachmittagslicht und roch nicht nach Weihrauch, sondern nach Wandfarbe. Und während Don Giglio die neuen Marmorfliesen, die moderne Fußbodenheizung und die noch feuchte Trompe-l'Œil-Malerei am Chor zeigte, versuchte ich mir vorzustellen, wie in dieser Kirche alle zusammen beten, Mörder und Opfer, nebeneinander in der Kirchbank.

Don Giglio aber sprach nur über die zehntausend Euro, die für die Via Crucis ausgegeben wurden, Öl auf Seide, abstrakt, der Maler war ein Südafrikaner. Die Bank von Sizilien spendete, die Cassa Rurale, ein Freund aus New York, eine alte Dame – und am Ende hatte Don Giglio fünfzehntausend Euro gesammelt. Die Namen der Spender waren im Altar eingraviert. »Ihre Herzen wärmen den kalten Marmor, denn es sind Herzen von Gläubigen, die auch den Armen helfen!«, rief Don Giglio. »Die Barmherzigkeit! Die Barmherzigkeit! Für alle! Christus hat gegen die Sünde gekämpft, aber er liebte den Sünder!«

»Auch diejenigen, die Kinder in Säure auflösen?«, fragte

248

ich. Und sah, wie ein Hauch von Unverständnis, eine leichte Irritation Don Giglios Mund zerknitterte. »Meinen Sie die Ärzte, die Abtreibungen vornehmen?«, fragte er gedehnt. Dann tat er so, als würde er gerade erst begreifen. »Ah, Brusca«, sagte er. Natürlich seien die Brüder für ihre Vergehen zu tadeln. Er kenne sie doch von Kindesbeinen an, oft hätten sie als Ministranten die Altarschellen geschwenkt, Emanuele, der Älteste, sei sogar Seminarist gewesen. Jeden Abend sei er bei ihm im Pfarrhaus zusammen mit den anderen Jugendlichen der Azione Cattolica gewesen, einmal im Mai habe er sogar das Motto der Predigt lesen dürfen. Und der Vater, Bernardo Brusca, er sei nicht so ruchlos gewesen, wie alle immer behaupten, eher besänftigend. Für die Mutter sei es selbstverständlich ein Drama gewesen, als ihr Sohn Giovanni vor Gericht gestand, den kleinen Giuseppe di Matteo umgebracht zu haben. »Aber ist nicht der Staat heute den drei Brusca-Brüdern gegenüber zu nachsichtig? Zu großherzig? Nur weil sie aussagten? Ist nicht die Denunziation die größte Sünde?«

Die Mutter besuche die Frühmesse und die Abendmesse, Tag für Tag. Und weine sich die Augen aus dem Kopf. Sie habe doch niemanden mehr, außer drei Söhnen, die zu Abtrünnigen geworden seien. Sie leide, sagte Don Giglio, aber sie gebe sich Gottes Willen hin: »Ich bin in den Händen Gottes, ich habe den Glauben«, habe sie gesagt. Was könne man mehr von ihr verlangen? Don Giglio stand ihr in der schweren Stunde bei. Und zeigte sich keineswegs darüber erstaunt, dass der Mutter kein Wort des Bedauerns für die Morde ihrer Söhne über die Lippen gekommen war.

Dann schloss er sein Schatzkästlein wieder ab und trat auf die Straße. Er war zum Mittagessen mit Mailänder Freunden verabredet; die Trattoria war geschlossen, aber zwei Frauen aus der Gemeinde hätten sich bereit erklärt, für den Pfarrer und seine Gäste zu kochen. »Die Gemeinde«, sagte er, »ist meine Familie.« Wobei festzuhalten sei, dass es auch in Sizilien bereits Gemeinden gebe, in denen der Glaube schwach sei und die Ehrerbietung gegenüber dem Pfarrer zu wünschen übrig lasse. Verächtlich schnalzte er mit der Zunge. Dann eilte er über die kleine Piazza vor seiner Kirche, die frisch getüncht in den sizilianischen Himmel strebte. Nirgendwo anders wolle er Pfarrer sein. Denn nur hier, in San Giuseppe Jato liege noch Respekt in der Luft.

Als ich am nächsten Morgen Rom verlasse, ist die Stadt in rosa Dunst gehüllt, ein Gespinst, das sich unter der Morgensonne langsam auflöst. Es ist jene Uhrzeit, während derer Rom noch sich selbst gehört und nicht den gepanzerten Lancias der Parlamentarier. Keine Vespaschwärme, keine Sekretärinnen in kurzen Röcken, keine Kofferträger in Nadelstreifenanzügen, keine überfüllten Busse. Rom sieht aus wie auf Piranesis Kupferstichen, im Vorbeifahren bewundere ich die Anmut des Tempels von Vesta, die Säulenordnung des Forum Romanum, die Mauern des Teatro Marcello, bis ich schließlich die Randbezirke erreiche, da, wo die Stadt ausfranst, wo die Neubauten so seelenlos sind wie überall auf der Welt. In diesem Niemandsland habe ich Emanuele Brusca getroffen, den ältesten Sohn der Mafiafamilie Brusca.

Es war nicht seine Wohnung, es war nicht seine Stadt. Es war irgendwo, in irgendeiner Wohnung, die vom Innenministerium angemietet worden war, für Mafiaaussteiger. Der Tisch, an dem wir saßen, hatte abgestoßene Ecken, die Sessel waren durchgesessen, und die Luft roch verbraucht, als hätte noch wenige Stunden zuvor eine vierköpfige Familie hier gelebt und die Wohnung überstürzt verlassen. Und vielleicht war das auch so. Servizio protezione, so heißt die Abteilung des römischen Innenministeriums, die sich um abtrünnige Mafiosi und ihre Familienangehörigen kümmert. Die unter fremdem Namen irgendwo in Italien ein neues Leben aufzubauen versuchen. Fern vom Planeten Mafia, auf dem sie ihr ganzes Leben verbracht haben, reich und geachtet. Manchmal müssen sie über Nacht ihre falsche Existenz aufgeben und sich an einem anderen Ort eine neue aufbauen, nur weil sie jemand beim Einkaufen länger als üblich angesehen hat.

Wenige Tage zuvor hatte ich erfahren, dass meinem vor Monaten beim römischen Innenministerium gestellten Antrag, Emanuele Brusca zu treffen, stattgegeben worden war. Ein Polizist hatte mich angerufen, ohne seinen Namen zu nennen, und mich gebeten, nach Rom zu kommen. Nein, eine Adresse könne er mir noch nicht sagen. Er gab mir nur eine Telefonnummer. Die sollte ich anrufen, sobald ich in Rom gelandet sei. Als ich die Nummer anrief, sagte man mir, ich solle ein Taxi nehmen, gleich würde mich wieder jemand anrufen und mir die Adresse durchgeben.

So war ich in diese abgewohnte Wohnung am Rande von Rom gelangt, wo ich inmitten von Polizisten auf Emanuele Brusca wartete und bemerkte, dass die Tapete im Wohnzimmer an einer Stelle Stockflecken hatte und unter dem Schrank ein Knopf lag. Die Wände waren so dünn, dass man das Gefühl hatte, die Niagarafälle zu hören, wenn jemand in der Wohnung darüber die Wasserspülung betätigte. Was für einen Abstieg muss ein Leben in einer solch armselig möblierten Behausung für jene Mafiafamilien darstellen, die an ein Leben mit goldenen Wasserhähnen und Marmor aus Carrara gewöhnt waren. Und daran, dass sich ihnen alle Türen öffneten, wenn sie nur die Augen aufschlugen.

Als Emanuele Brusca schließlich die Wohnung betrat, war es, als würde das Haus von einem Rollkommando gestürmt. Fünf Polizisten begleiteten ihn, im Laufschritt, dicht an ihn gedrängt, lebende Kugelfänger. Und dann stand er vor mir, ein rundköpfiger Mann in einem Pfeffer-und-Salz-Jackett.

251

Sein Körper war füllig und sein Gesicht so konturlos weich, dass er mit jeder Menschenmenge hätte verschmelzen können. Niemand hätte ihm seine Vergangenheit angesehen, seine Geschichte als Ex-Priesterseminarist, Ex-Medizinstudent, Ex-Mafioso. Nur wenn er sprach, spürte man die Distanz, die immer noch zwischen ihm und der Welt lag. Als würde er sich immer noch dem auserwählten Volk zugehörig fühlen, als sei er immer noch von der Distanz eines Ehrenmannes getragen. Eines, der in Andeutungen spricht. Der seine Botschaften in die Pausen zwischen den Sätzen legt. Und der einst daran gewohnt war, dass man ihn mit *Vossia* begrüßte, Euer Ehren.

In seinen Augen lag Schwermut. Die wurde er nicht mehr los, selbst dann nicht, wenn er ein paar Witze mit den Polizisten machte, die ihn begleiten mussten, wenn er für ein paar Stunden in sein altes Leben zurückkehrte – wenn er im Gerichtssaal den Staatsanwälten erklärte, wie es war, als er für seinen Vater Botengänge unternahm, zu Mafiabossen und Rechtsanwälten, zu Abgeordneten und zu Finanzgrößen. Wie es war, als er von dem Treffen zwischen Giulio Andreotti und dem Boss Totò Riina erfuhr. Wenn er den Staatsanwälten wieder mal bestätigte, dass sein kleiner Bruder Giovanni die Wahrheit, die Wahrheit, nichts anderes als die Wahrheit sagt.

Emanuele Brusca quälte sich in langen Pausen durch seine Vergangenheit. Durch jenes Leben, in dem er als Diplomat der Mafia tätig war. Kein Blut, kein Mord, nur Botschaften. Emanuele Brusca unternahm die Botengänge zu den Abgeordneten, die als Statthalter Andreottis in Sizilien galten: dem Abgeordneten Salvo Lima und den Brüdern Ignazio und Nino Salvo, den Steuereintreibern auf Sizilien.

Für das Blut war sein jüngerer Bruder Giovanni zuständig – ein halber Analphabet, dem erst ein Rechtsterrorist im Gefängnis Lesen und Schreiben beibrachte. Giovanni war es, der die dreihundertfünfzig Kilo Sprengstoff für das Attentat auf den Richter Falcone vorbereitete – in Waschpulvertonnen verpackt und in ein Abflussrohr unter die Autobahn geschoben. Er war es auch, der den Knopf der Fernbedienung drückte – für die Bombe, die den Richter, seine Frau und die fünf Leibwächter zerfetzte. Emanuele Brusca hingegen wurde *u dutturi* genannt, das Doktorchen. Bis er sechzehn Jahre alt war, besuchte er das Priesterseminar von Monreale. Dann entschied er sich dagegen, Priester zu werden, und besuchte das Seminar weiter als Externer bis zum Abitur.

Hinter Emanuele Brusca lagen zwei Generationen Mafia. Sein Großvater Emanuele war Boss der ersten Stunde nach dem Fall des Faschismus gewesen. Sein Vater Bernardo war der treueste Verbündete der Corleonesen, des Clans um Totò Riina. Sein Bruder Giovanni war *il mostro*, das Ungeheuer. Der zugab, »mehr als 150, weniger als 200« Menschen umgebracht zu haben, erschossen, in die Luft gesprengt oder mit einem dünnen Nylonseil erdrosselt. Und der Wert darauf legte, beim Auflösen der Leichen in Salzsäure nie Handschuhe getragen zu haben. Der jüngste Bruder Vincenzo war Giovannis rechte Hand.

Die Brüder Brusca zählen bis heute zu den wichtigsten Mafiaabtrünnigen Italiens: Sie waren lange Zeit die einzigen direkten Verbündeten des Bosses Totò Riina, die sich zur Aussage entschlossen hatten. Giovanni Brusca war der erste Boss unter den abtrünnigen Mafiosi der Corleonesi gewesen, *capomandamento*, Boss von drei Mafiafamilien, ganz oben in der Hierarchie. Bis dahin waren alle anderen Reuigen nur einfache Soldaten gewesen, die Brusca als einfache Soldaten unterstellt waren.

Weshalb Brusca zum Abtrünnigen wurde? Vielleicht bereute er. Vielleicht fühlte er sich verraten. Vielleicht hoffte er auf Hafterleichterung. Auf ein anderes Leben. Vielleicht. Anfangs sagte er nicht die ganze Wahrheit. Er versuchte einige Bosse zu schützen. Bis er sich entschloss, endgültig die Brücke zur Vergangenheit abzubrechen, vergingen Jahre. Nachdem er diesen Schritt gewagt hatte, tat es ihm sein jüngerer Bruder Vincenzo gleich. Obwohl dieser formal nie von der Mafia aufgenommen worden war.

Als Emanuele Brusca erfuhr, dass sein Bruder Giovanni auf die andere Seite wechseln wollte, schrieb er ihm einen Brief. Er ermahnte ihn, alles zu sagen. Alles. Die ganze Wahrheit. Emanuele Brusca hatte in jenem Moment bereits den größten Teil seiner fünfjährigen Hochsicherheitshaft hinter sich, zu der ihn die Richter wegen Mafiazugehörigkeit verurteilt hatten. Wegen guter Führung durfte er das Gefängnis ein Jahr früher verlassen. Bis heute ist er formal kein Mitarbeiter der Justiz, wie die abtrünnigen Mafiosi genannt werden, die für ihre Aussagen mit Hafterleichterung belohnt werden. Er saß seine Strafe ab, darauf legte er Wert. Er legte auch Wert darauf, zu betonen, dass er sich von seinem abtrünnigen Bruder hätte lossagen können. Aber er wollte zeigen, dass er dessen Entscheidung zu sprechen mittrug. Als Blutsverwandter zweier Abtrünniger steht er unter Polizeischutz und bekam eine neue Identität.

Nach San Giuseppe Jato, wo sie aufgewachsen sind, werden die Brüder nie mehr zurückkehren. Nicht mal zu der Beerdigung ihres Vaters hätten sie gehen können. Der sich zu seinen reuigen Söhnen nur ein einziges Mal äußerte. Er sagte nicht viel. Er sagte nur: »Meine Söhne sagen immer die Wahrheit.« Sich auf das gesprochene Wort verlassen zu können ist allerdings weniger eine Charakterstärke als eine Überlebensnotwendigkeit der Cosa Nostra, die über keine schriftlichen Aufzeichnungen verfügt. Es gilt das Wort eines Ehrenmannes.

Weder sein Vater noch seine Mutter hätte ein Urteil über

ihre Söhne abgegeben, die sich für einen anderen Weg entschieden haben, für den Weg, mit der Justiz zusammenzuarbeiten, sagte Emanuele Brusca. Er habe viele Leute gesehen,
die in solchen Momenten ihre Söhne verstoßen haben. Das sei
in seiner Familie nicht so gewesen. Also werde das wohl eine
Bedeutung haben.

Vielleicht habe sich die ganze Familie von der Mafia befreit? Selbst sein Vater, auch wenn er es nicht zugab?

Sein Vater habe nie bereut, jedenfalls nicht vor der Justiz.
Aber er sei davon überzeugt, dass sein Vater tief in seinem
Innersten seine Taten bereut habe – und dass er Gott wahrscheinlich um Vergebung gebeten habe. Es sei nicht seine Art
gewesen, im Gerichtssaal Zeugnis abzulegen, anzuklagen, mit
dem Finger auf jemanden zu zeigen. Er habe seine Strafe im
Hochsicherheitsgefängnis von Pianosa verbüßt. In der Spezialhaft für Mafiabosse, wo er dann einsam gestorben sei.

Er habe stets großen Respekt vor seinem Vater gehabt, sagte Emanuele Brusca. Als Vater sei er ein sehr ausgeglichener
Mensch gewesen. Und draußen – das sei eben eine andere
Welt gewesen. Nie habe er seinem Vater eine Schuld zugewiesen. In seiner Familie sei es so natürlich gewesen, von der Mafia zu leben, wie zu atmen. Und das seit mehreren Generationen. Eigentlich merke man es gar nicht. Es sei ein Lebensstil,
eine ganz natürliche Kindheit, ein ganz normales Leben gewesen. Eine Kindheit ohne Alternativen. Jeder im Dorf habe
gewusst, dass die Bruscas zur Mafia gehörten. Und jeder habe
sich darum gerissen, ihn zum Abendessen oder Mittagessen
einzuladen.

Deshalb habe er nur wenige Freunde gehabt. Weil er nie
gewusst habe, ob der, der ihn einlud, ihn wirklich mochte.
Oder ob er nur heuchelte, weil er eine Empfehlung von Bruscas Vater brauchte, eine Gefälligkeit, eine Fürsprache, eine
Referenz. An Weihnachten sei das Haus stets vor Präsentkör

ben übergequollen, so dass seine Familie gar nicht mehr wusste, wohin mit den Geschenken. Und sein Vater habe immer betont, dass es ein Unterschied sei, gefürchtet zu werden oder respektiert. Er habe respektiert werden wollen, nicht gefürchtet.

Wie pervers es doch ist, wenn ein Mörder auch noch um seiner selbst willen geachtet werden will, dachte ich, während Emanuele Brusca seinen Vater rühmte. Auch wenn ein Massenmörder ein guter Vater ist, ändert das nichts daran, dass er vor allem ein Massenmörder ist. Emanuele Brusca jedoch klang, als würde er über die Herrschaft eines guten, aber doch strengen Königs sprechen. So wie es der Mafiawelt entspricht. Der gerechte König in seinem Reich, jovial, freigiebig, selbstlos. Dahinter verbirgt sich die Tatsache, dass die Mafia ohne den sozialen Konsens nicht leben kann. »Wir leben vom Volk«, sagte der Mafioso Antonio Rotolo einmal am Telefon zu einem anderen Boss. »Zuallererst muss man die kleinen Leute aus dem Stadtviertel respektieren. Du darfst nicht gefürchtet werden, sie müssen dich mögen, das ist etwas ganz anderes. Denn der Respekt ist die eine Sache, die Untertänigkeit eine andere: Kaum drehst du den Rücken, nutzt einer die Gelegenheit für einen Dolchstoß.«

Auch die Frau von Vittorio Mangano, dem Mafioso, der als Stallmeister auf Berlusconis Anwesen gelebt hatte, hat die Mafia mal als »Lebensstil« bezeichnet, als ich sie fragte, was das Wort »Mafia« für sie bedeute. Ebenso die Frauen von San Luca. Ganz so, als entspräche der »Lebensstil Mafia« anderen Lebensstilen, etwa auf dem Land zu leben oder keine Kinder zu haben oder viel Sport zu treiben. Als wäre es ein Lebensstil, wenn man sich einer Gemeinschaft anschließt, die ihr Leben damit bestreitet, zu morden, zu erpressen, zu betrügen, zu terrorisieren. Die Lüge mit dem »Lebensstil« ist fester Bestandteil der Mafiapropaganda. Damit will sie den Eindruck

256

erwecken, als handele es sich um eine Kultur. Denn eine Kultur ist nicht justiziabel.

Als hätte Emanuele Brusca meine Gedanken gelesen, sagte er nun zu mir: »Wachsen Sie mal in dieser Atmosphäre auf und sagen Sie mir dann, was es für Möglichkeiten gibt, dem zu entkommen!«, und blickte mich vorwurfsvoll an.

»Aber fanden Sie es normal, wenn Ihre Familie mit Geschenken überhäuft wurde?«, fragte ich.

»Ich könnte jetzt sagen: Mein Vater hatte eben viele Freunde …«, sagte Emanuele Brusca. Und lächelte wehmütig.

Mit der Zeit habe er begriffen. Nicht zuletzt nachdem er selbst in die Mafia aufgenommen worden war. Mit siebenundzwanzig Jahren. Gegen seinen Willen. Was ihn von den meisten jungen Männern im Umkreis der Mafia unterscheidet, die davon träumen, endlich dazuzugehören. Auch sein Bruder Giovanni und sein Vater seien dagegen gewesen, ihn aufzunehmen. Weil sie ihm eine andere Zukunft gewünscht hätten. Dass er studieren würde, um einen guten Beruf zu ergreifen. Aber es habe Personen gegeben, die darauf gedrängt hatten, ihn aufzunehmen. Nicht weil sie ihn für besonders fähig gehalten hatten, sondern weil er sonst gestört hätte. Wenn es im Hause Brusca zu Treffen von »Ehrenmännern« kam, sei er stets freundlich aufgefordert worden zu verschwinden.

Weil er gegen seinen Willen aufgenommen worden war, klang Emanuele Brusca anders als die anderen Abtrünnigen, denen ich begegnet bin. Bei ihnen hatte ich den Schmerz der Entzauberung gehört, jenen Phantomschmerz, der sie nie mehr losließ. Sie alle hatten wie enttäuschte Liebende geklungen, die den Schmerz der Verlassenheit damit zu lindern versuchten, indem sie sich immer wieder jenen magischen Augenblick beschworen, als sie endlich erhört worden waren. Als sie endlich den Blutstropfen auf das Heiligenbild träufeln und schwören konnten, zu Asche zu brennen wie dieses Hei-

257

ligenbildchen, wenn sie die Cosa Nostra jemals verraten würden. Emanuele Brusca aber war gegen seinen Willen mit der Mafia verheiratet worden.

Sein Vater habe vergeblich darauf hingewiesen, dass sein Sohn Emanuele keine Mutprobe hinter sich habe. Er habe darauf hingewiesen, dass er dem Druck vielleicht nicht standhalten würde. Aber selbst das habe seine Aufnahme nicht verhindert, im Gegenteil, um ihn aufzunehmen, wurde das Prozedere sogar leicht abgewandelt: Er habe keine einzige Mutprobe ablegen müssen, keinen Mord begehen müssen, nichts. Es habe genügt, der »Sohn von« zu sein. Und als er aufgenommen gewesen sei – ja, was hätte er tun sollen? Seinen Vater und seinen Bruder anzeigen? Seine Verwandten verraten? Seine Freunde ausliefern? Sich umbringen lassen? »Es gab keine Möglichkeit, sich der Aufnahme zu widersetzen«, sagte Emanuele Brusca. »Mein einziger Ausweg war das Schweigen.«

Die Personen, die darauf gedrängt hatten, dass Emanuele Brusca in die Mafia aufgenommen wurde, waren der Boss Totò Riina und seine Männer. Dank seines Vaters blieb Emanueles Aufnahme *riservata,* vorbehalten. Was bedeutete, dass nur die Mitglieder seiner engsten Mafiafamilie von seiner Aufnahme wussten. Vielleicht tröstete Emanuele Brusca sich damit, dass seine Aufgabe lediglich darin bestanden hatte, seinen Vater im Auto zu begleiten. Jeder Mafiaboss hat stets einen Vertrauten, der ihn zu den Treffen mit den anderen Bossen fährt. Oft sind es die Söhne, die ihren Vätern als Chauffeure zur Verfügung stehen müssen, manchmal sind es aufstrebende Mafiosi, Kofferträger.

Er habe seinen Vater auf allen seinen Wegen begleitet, sagte Brusca. Der Vater habe keinen Führerschein gehabt, deshalb habe er ihn fahren und vertrauliche Botengänge für ihn erledigen müssen. Er habe dann auch das Medizinstudium aufgegeben, obwohl er da bereits alle Examen bis zum dritten Jahr in der Tasche hatte. Sein Vater habe deswegen zeitlebens Gewissensbisse gehabt, sagte Emanuele Brusca. In dem Moment spürte ich, wie sehr er noch in seiner alten Welt gefangen war, in der Männer wie sein Vater Herr über Leben und Tod waren, auch über sein Leben. Denn letztlich war er doch nichts anderes als ein Leibeigener der Mafia gewesen. Wenn der Auftrag »Mord« gelautet hätte, hätte er sich nicht entziehen können. Egal, ob er *riservato* war oder nicht.

»Wenn man aufgenommen wird, heißt es: Du wirst Morde begehen«, sagte Emanuele Brusca. »Das bedeutet: Du stehst der Mafia zur totalen Verfügung.« Was er getan hätte, wenn er tatsächlich jemanden hätte umbringen müssen?

»Vielleicht nach Amerika gehen, für andere arbeiten?«, sagte Emanuele Brusca. Dann machte er eine Pause, wendete den Blick von mir ab, schaute zum Fenster, dessen Rollläden halb geschlossen waren, und fügte hinzu: »Ich weiß es nicht.«

Ich fragte mich, wann Emanuele Brusca zum ersten Mal bemerkte, dass sein Vater und seine Brüder Morde begingen. Giovanni Bruscas Fähigkeiten als Killer waren in ganz Sizilien bekannt. Viele Bosse gaben bei ihm Morde in Auftrag, oft kannte Giovanni Brusca seine Opfer gar nicht. Für ihn war das Töten so normal wie für andere, eine Wand anzustreichen. Auch das Beseitigen der Leichname fiel ihm leicht. Anfangs verbrannte er sie, was sieben Stunden dauerte, auf jenem Rost, den Brusca speziell für die Leichen konstruiert hatte. Aber weil man dafür einen ganzen Laster voller Holz braucht, ging er bald dazu über, die Leichen in Salzsäure aufzulösen. Für eine Leiche brauche man fünfzig Liter Salzsäure und drei Stunden Zeit, erzählte Giovanni Brusca später einem Journalisten. Die Reste wurden in den Fluss Jato geschüttet, der das Trinkwasser nach Palermo führt. Und wenn sich die Bosse

259

aus Palermo mal wieder über die Provinzler aus San Giuseppe Jato lustig machten, dann sagten die nur: »Ein schönes Wasser trinkt ihr da in Palermo!«

Aber darüber sprach Emanuele Brusca nicht. Er wand sich, verlor sich in Schweigen und sagte schließlich, dass ihm nie jemand gesagt habe: »Ich habe getötet.« Dennoch habe es Zeichen gegeben, aus denen er etwas habe rekonstruieren können, Zufälle vielleicht. Nie habe er einen hundertprozentigen Beweis gehabt, aber natürlich habe er es ahnen können. Wenn einer hinausgeht und dann wiederkommt, dann habe er verstanden, wohl oder übel.

Das sagte er, und ich fragte mich, woran er gemerkt hatte, dass jemand getötet hatte. An Blutspritzern auf den Schuhen? An einer bestimmten Art zu blicken? Ich dachte an die Aussage seines Bruders Giovanni, der keineswegs ausweichend, sondern mit dem Stolz eines Berufskillers über seine Morde gesprochen hatte, erzählte, dass, wenn er ein Opfer mit einem dünnen Nylonseil erdrosselt habe, zwei Männer den Todgeweihten an den Armen festgehalten hätten, zwei an den Beinen. Dass der Todeskampf zehn Minuten gedauert habe. Und der Eintritt des Todes dadurch festgestellt worden sei, dass der Ermordete unter sich gelassen habe. Das sei das Zeichen gewesen.

Emanuele Brusca schaute wieder aus dem Fenster und schwieg. Bis er sagte, dass er in solchen Momenten, wenn er spürte, dass sie getötet hatten, keine Angst gehabt habe. Sondern ganz ruhig gewesen sei. Er habe versucht, den Gedanken an das Töten zu verdrängen. Er habe einfach nicht daran denken wollen, dass es Wirklichkeit war.

Mit seinem Bruder habe er nie darüber gesprochen. Es habe keine Gelegenheit dazu gegeben. Sie hätten zwei unterschiedliche Leben geführt. Giovanni Brusca handele instinktiv, er sei impulsiv. Er habe aber immer ein gutes Verhältnis zu

260

ihm gehabt, er kenne seinen Bruder als großmütig und großzügig. Und was die anderen Dinge betreffe ... Emanuele Brusca machte eine lange Pause. »Man hat so seine Schwierigkeiten, darüber zu sprechen. Dass er ... Ich weiß nicht.«

Ich dachte wieder an den Priester von San Giuseppe Jato, der den tiefen Glauben der Familien Brusca gerühmt hatte. Und das alles ohne jeden Zweifel? Konnte Emanuele Brusca an Gott glauben und sich gleichzeitig zur Mafia bekennen? Ob es nicht einen Moment gab, wo er so etwas wie einen Widerspruch empfand? Oder ist Mord auch nur eine Arbeit, die erledigt werden muss? Kein Vergehen gegen das fünfte Gebot?

Als er im Hochsicherheitsgefängnis von Asinara in Isolationshaft für Mafiosi eingesessen habe, da habe er unglaublich viele Männer mit Inbrunst beten sehen, sagte Emanuele Brusca. Einer sei sein Zellennachbar gewesen, der etliche Morde begangen hat und zu lebenslänglich verurteilt worden war. Diesen Zellennachbarn habe er gefragt: »Wie schaffst du es bloß, zu beten? Mit dieser Leidenschaft? Bei dem, was du getan hast?« Für ihn sei das unvereinbar. Und der Zellennachbar habe ihm geantwortet, dass es Emanuele nicht zustehe, seinen Glauben zu beurteilen. Er sei bereit, seine Fehler einzugestehen, und vor Gott habe er wahrscheinlich schon bereut, aber er verabscheue es, andere anzuklagen, wie es ein Abtrünniger tun müsse.

Bis heute, sagte Emanuele Brusca, sei er davon überzeugt, dass man nicht morden und gleichzeitig beten könne. Er fragte sich, ob die Bosse beteten, um einen Vorteil zu erlangen, einen Nutzen, eine Hilfe? Denn auch bei seinem Zellennachbarn habe er die Intensität seines Glaubens spüren können.

»Ihr Bruder ist der Mörder des Richters Giovanni Falcone und des Richters Rocco Chinnici«, sagte ich. »Er hat den kleinen Giuseppe di Matteo ermordet und insgesamt mehr als

261

hundertfünfzig Morde gestanden.« Es drängte mich, das zu sagen. Obwohl Emanuele Brusca so höflich war und so zurückhaltend. Vielleicht weil er mich auf diese höfliche und zurückhaltende Weise daran erinnerte, wie viele Priester in Sizilien immer noch predigen, dass es nur zähle, vor der göttlichen Justiz zu bereuen. Weil die der irdischen überlegen sei. Priester, die die Macht über die Seelen und das Land nicht aufgeben wollen.

Bis er nicht wirklich wusste, wie die Dinge sich verhielten, habe er versucht, den Gedanken zu verdrängen, dass einer seiner Brüder persönlich an dem Attentat auf Falcone beteiligt gewesen sei, sagte Emanuele Brusca. Er sei in Haft gewesen, als immer mehr Erkenntnisse über das Attentat auf Falcone durchsickerten. Inständig habe er darum gefleht, dass sein Bruder nicht auch darin verwickelt sein würde. Als er dann die Wahrheit erfuhr, habe er sich wie lebendig begraben gefühlt.

Wieder machte er eine Pause. Er blickte auf seine Hände. Es sei jetzt natürlich einfach, zu sagen, er hätte dieses oder jenes anders gemacht, sagte er. Aber jeder habe sein Schicksal selbst in der Hand.

Emanuele Brusca war immer noch im Gefängnis, als er aus dem Fernsehen davon erfuhr, dass sein Bruder Giovanni sich entschlossen hatte, mit der Justiz zusammenzuarbeiten. Es sei für ihn heikel gewesen, sagte Emanuele, weil er zusammen mit den größten Mafiabossen inhaftiert gewesen sei, in Isolationshaft. Er habe Angst gehabt, weil er nicht wusste, wie die Sache mit seinem neuerdings abtrünnigen Bruder für ihn da drinnen ausgehen würde. Wenn er nur angedeutet hätte, dass er die Entscheidung seines Bruders gutgeheißen habe, hätte er im Gefängnis damit sein Todesurteil unterschrieben. Und wenn er es missbilligt hätte, dann wäre das geheuchelt gewesen. Also habe er geweint. Und die anderen inhaftierten Bosse hätten geglaubt, dass er aus Wut weinte, aus Wut gegenüber seinem Bruder Giovanni. Für ihn aber seien es Tränen der Befreiung gewesen: Endlich ist es für uns vorbei.

Emanuele Brusca hat zwei Söhne, die jetzt erwachsen sind. Als er sich entschloss, als Angehöriger eines Mafiaabtrünnigen in das Zeugenschutzprogramm aufgenommen zu werden, waren seine Söhne noch Kinder. Er habe ihnen gesagt, dass er sich auch ihretwegen zu diesem Leben entschlossen habe. Denn wenn die Familie in San Giuseppe Jato geblieben wäre, hätte ihnen niemand geglaubt, wenn er eines Tages gesagt hätte, dass er nichts mehr mit seinem alten Leben zu tun haben wolle. Wenn die Söhne dort in die Bar gegangen wären, hätte der Barmann sie die Orangina nicht bezahlen lassen, und im Geschäft gegenüber hätte man ihnen nur gesagt, sie sollten sich keine Sorgen machen, es sei alles schon beglichen. Es geschehe automatisch, ohne jeden bösen Willen, man werde von diesem System aufgesaugt, ohne ihm entkommen zu können. Die einzige Möglichkeit sei, den ganzen Mut zusammenzunehmen und abzuhauen. Schließlich hätten seine Söhne keinerlei Schuld und keine Verantwortung für das, was geschehen sei. Er sei aber dafür verantwortlich, dass sie in einer besseren Welt aufwachsen. Beide Söhne hätten begriffen, dass Bildung der einzige Weg in eine bessere Zukunft sei. Aber dennoch sei ihr Leben kompliziert. Es sei schwer gewesen, ihnen zu erklären, dass sie ein Leben unter fremdem Namen führen müssten. Schon als die Söhne in einen Fußballclub eintreten wollten, sei das ein Problem gewesen.

Seine Söhne hätten ihn nie gefragt, wie es dazu gekommen sei, dass er ein Mafioso wurde, sagte Emanuele Brusca und machte eine lange Pause. Aber manchmal sei es härter, wenn jemand schweigt, als wenn er mit dem Finger auf dich zeigt, fügte er hinzu. So versuchten sie ein möglichst normales Leben zu führen. Und den Gedanken an die Vergangenheit zu verdrängen.

263

Er blickte wieder zum Fenster und dann zu mir. Ich spürte seine Ungeduld. Vom Zimmer nebenan hörte ich die Polizisten flüstern, und ab und zu rauschte die Wasserspülung wieder über unseren Köpfen hinweg wie die Niagarafälle. Als ich ihn fragte, ob seine Frau seine Entscheidung sofort akzeptiert habe, unter fremdem Namen im Zeugenschutzprogramm zu leben, änderte sich sein Gesichtsausdruck. Er war nicht mehr ungeduldig, er sah aus wie jemand, der weiß, dass er unter einer unheilbaren Krankheit leidet, einer Krankheit, die ihn langsam, aber unausweichlich auffrisst.

Ja, sagte er dann gedehnt, seine Frau habe seine Entscheidung sofort gebilligt. Er machte eine Pause, als wägte er ab, ob er weitersprechen, sich vor einer Fremden weiter entblößen sollte. Aber dann gab er sich einen Ruck und sagte, dass die größte Enttäuschung seiner Frau jedoch eine andere gewesen sei. Das war, als sie erfahren musste, dass er der Mafia die Treue geschworen hatte. Es sei für sie Verrat gewesen. Auch wenn die Gesetze der Mafia ihm verboten, ihr zu sagen: »Man hat mich aufgenommen.« Aber das sei ihr egal gewesen. Für sie sei es Verrat gewesen, an ihrer Liebe, an ihrer Verbindung als Mann und Frau. Er wisse nicht, ob sie ihm verziehen habe oder ob sie ihm je verzeihen werde.

Seine Frau habe sehr viel gelitten, fügte er hinzu. Sie habe Nervenzusammenbrüche gehabt, Depressionen und sei in Therapie gewesen. Und sie sei immer noch nicht geheilt. Plötzlich habe sie vor diesem Abgrund gestanden. Sie habe immer eine hohe Meinung von ihm gehabt, ihr Vertrauen in ihn sei grenzenlos gewesen, unbeschreiblich, absolut. Heute habe sie Zweifel. Wegen dieser Erfahrung. Wegen der Lüge. Wie solle sie sich danach noch auf etwas verlassen können?

»Heute vertraut sie nur noch auf Gott«, sagte er, »viel mehr als auf mich.«

Dann stand er auf, knöpfte sich sein Jackett zu und verab-

264

schiedete sich von mir. Als er den Stuhl zurückschob, knarrte dieser leicht, was auf die im Nebenzimmer wartenden Polizisten offenbar wie ein Signal wirkte. Sofort umringten sie ihn und stürmten mit ihm wieder durch den Hausflur nach unten.

Ich sah ihm nach und bemerkte, dass Emanuele Bruscas Rücken bereits leicht gebeugt war. Noch lange dachte ich daran, dass die größte Strafe für ihn der Blick seiner Frau ist. Dass er einer anderen die Treue geschworen hat, wird sie ihm nie verzeihen. Auch wenn es keine Frau, sondern die Mafia war.

12

Das Thermometer zeigt sechzehn Grad Außentemperatur an. Was einen eindeutigen Fortschritt bedeutet. Bald werde ich offen fahren können. Und das an Allerheiligen. Einem Feiertag, an dem ganz Italien unterwegs ist, um die Gräber der Verwandten zu besuchen und dort ewige Lichter zu entzünden. Ewige Lichter, die selbst an dieser Tankstelle kurz vor Caserta verkauft werden. Während der Tankwart den Spider betankt, wiege ich eine der Grableuchten in der Hand. Sie sieht genau wie jene aus, die meine Mutter und ich immer an Allerheiligen auf dem Grab meines Vaters aufstellten.

Um in die Bar der Raststätte zu gelangen, muss ich das typische italienische Autogrill-Labyrinth durchqueren: Raststätten, die man nur über einen speziellen Parcours betreten und auch wieder verlassen kann, einen Parcours, in dessen Verlauf Menschen wie im Drogenrausch CDs mit Liedern von Adriano Celentano, Familienpackungen Tempotaschentücher, eingeschweißten Pecorinokäse mit geringem Cholesteringehalt und schwarze Daunenjacken im Sonderangebot kaufen. Als ich endlich den Kassenbon für mein Tramezzino in der Hand halte und es mir gelingt, eine Barrikade von Daunenjackenträgerinnen zu durchbrechen, um mich bis an die Theke vorzukämpfen, bin ich so stolz, als hätte ich den Regenwald durchquert. In italienischen Warteschlangen hat nur derjenige eine Chance, der über die Wachsamkeit eines Dschungeljägers verfügt. Diese Erfahrung habe ich zuerst in venezianischen Bäckereien gemacht, in denen sich selbst hinfällig wirkende venezianische Großmütter als gewiefte Vordränglerinnen erwiesen. Heute weiß ich die Gesten zu lesen: An der Art, wie ein Fuß vorgeschoben wird, wie ein Arm leicht anwinkelt und dem Barmann ein sehnsuchtsvoller Blick zugeworfen wird, ahne ich, wann welche Italienerin die Gegnerinnen nach hinten zurückdrängen will.

Nach dem Tramezzino und einem Espresso sind es nur noch wenige Kilometer bis nach Santa Maria Capua Vetere. Eine Gegend, die von der Mafia aufgefressen wurde, bis nichts mehr von ihr übrig blieb als ein Höllenpfuhl aus Einkaufszentren, Parkplätzen, und nigerianischen Prostituierten, die zwischen umherwehenden Plastikfetzen, Metallgerümpel und Glassplittern auf Freier warten. Betonpfeiler ragen aus dem Nichts heraus, umgeben von Bergen, die aussehen, als hätte man aus ihnen ein Stück herausgebissen. Es sind Marmorsteinbrüche. Deren Anblick mich an eine Szene aus dem Film *Gomorrah* erinnert, in der von Kindern gesteuerte Laster in den Marmorsteinbrüchen Giftmüll abladen.

Das Umland von Caserta ist das Land der Casalesi, jenes mächtigen Camorra-Clans aus Casal di Principe, den Roberto Saviano beschrieb, und über den die Mafiareporterin Rosaria Capacchionne seit fast einem Vierteljahrhundert berichtet. Ich bin mit ihr im Gerichtssaal von Santa Maria Capua di Vetere verabredet. Dort wird der Mord an sechs Afrikanern verhandelt, die im September 2008 von einem mit Maschinenpistolen bewaffneten Killerkommando getötet wurden. Angeklagt sind sechs Angehörige des Clans. Rosaria war eine der Ersten am Tatort.

Mit dem Massaker an den Afrikanern wollten die Casalesi ein weiteres Mal beweisen, wer die Kontrolle über diesen Landstrich unweit von Neapel hat. Die Opfer waren unschuldige Afrikaner, die sich in einer Schneiderei befanden, als die Killer kamen. Einige der Opfer arbeiteten in dieser Schneiderei, andere waren zufällig anwesend. Die Afrikaner waren weder in Drogenhandel noch in Prostitution verwickelt. Die Botschaft, welche die Casalesi den in der Gegend lebenden

267

Afrikanern vermitteln wollten, war: Hier geschieht nichts ohne unseren Willen. Entweder mit uns. Oder.

Als ich an einem verdörrten Acker vorbeifahre, muss ich an die Begegnung mit einer neapolitanischen Contessa denken. Eine Freundin hatte mich zu ihr geschickt, die Contessa würde mir vielleicht etwas Interessantes über Neapel erzählen, hatte sie gesagt, und ich muss zugeben, dass ich widerstrebend zu dem Treffen ging. Ich erwartete, einer jener adeligen Damen zu begegnen, deren Leben im Wesentlichen im Arrangieren der Fotos ihrer Lieben im Silberrahmen besteht.

Die Contessa Visocchi lebte im obersten Stock eines einstigen Palastes mit Blick auf den Golf von Neapel – der an jenem Nachmittag wie ein Silbertablett dalag, hinter pompejanisch roten Fin-de-Siècle-Villen, Palmenwipfeln und kardinalroten Bougainvilleen. Die Contessa ist eine breitschultrige Dame mit Perlenkette und einem Hang zu ausdrucksstarken Halstüchern. Sie empfing mich freundlich. Ich versank ergeben in einem weichen Sessel und erwartete, dass die Contessa nun starken Espresso servieren lassen und über philippinische Hausboys klagen würde. Vielleicht auch über Probleme bei der Restaurierung von Renaissanceporträts. Nicht aber über vergiftete Milch.

Die Visocchis hatten einst auf dem familieneigenen Gut in Marcianise eine Rinderzucht betrieben – wenige Kilometer von hier, unweit von Casal di Principe, dem Land der Casalesi. Vor ein paar Jahren mussten alle dreitausend Rinder und Kühe notgeschlachtet werden, weil die Dioxinbelastung in der Milch zu hoch war. Die Kadaver seien nach Mailand gebracht worden, wo sie in einer Spezialanlage verbrannt werden mussten.

»Es war Dioxin aus der Luft«, sagte die Contessa, »nicht Dioxin aus dem Futter.« Wäre es Dioxin aus dem Gras gewesen, hätte sich die Contessa damit trösten können, dass es sich hier um ein ungewöhnlich verseuchtes Stück Erde gehandelt habe, auf dem ihre Kühe weideten, ein Stück Erde, das man hätte abtragen und entsorgen können, vielleicht. Aber Luft? Wie soll man die Luft entsorgen?

Die Handarbeitslehrerin in meinem Navigationssystem ist überfordert. Sie schweigt. Weshalb ich den Auskünften eines Verkehrspolizisten glauben muss, dessen Wegbeschreibung mich zum Hochsicherheitsgerichtssaal des Gefängnisses führt. Vor dem Eingangstor warten die Ehefrauen der Camorristi darauf, endlich zur Besuchszeit eingelassen zu werden. Es sind Frauen mit Oberarmen von Zehnkämpfern und blauschwarz gefärbten Haaren, Frauen, die mich und den Spider argwöhnisch mustern und neugierig zuhören, als mich ein Gefängnisbeamter belehrt, dass der Prozess gegen die Afrikaner nicht hier im Hochsicherheitsgerichtssaal, sondern im Justizpalast stattfindet.

In Santa Maria Capua del Vetere soll es auch ein römisches Amphitheater geben, das zweitgrößte nach dem Kolosseum in Rom, aber es gelingt mir nicht, es zu entdecken, inmitten all der Baumärkte, wilden Müllkippen mit ausrangierten Kühlschränken, halbverputzten und schon verfallenen Neubauten und Betonburgen mit vergitterten Fenstern. Dazwischen steht der antike Hadriansbogen – den ich allerdings erst erkenne, als ich das zweite Mal an ihm vorbeifahre. Man übersieht ihn leicht, weil hier alles verfallen aussieht. Aber vielleicht kann die Zerstörungswut der Casalesi dem Hadriansbogen nichts mehr anhaben, er hat schließlich schon die Langobarden und die Sarazenen überlebt.

Als ich endlich im Justizpalast auftauche, kommt mir Rosaria bereits entgegen, die Verhandlung wurde soeben beendet. Die Mafiareporterin trägt Puffärmel. Und Plateauschuhe, obwohl sie so groß ist, dass sie die Hälfte der hier im Ge-

269

richtssaal anwesenden Männer auch barfuß überragt. In ihrer Armbeuge hängt eine lila Handtasche, ihre Fingernägel sind schwarz lackiert, und als Armreifen trägt sie eine Hundekette in Plexiglas gegossen. Als ein Kollege ruft: »Du bist mir heute zu elegant!«, schnauft Rosaria nur kurz und verächtlich. Dann streicht sie den Rock ihres grauen Kostüms glatt.

Rosaria Capacchione ist Gerichtsreporterin der neapolitanischen Tageszeitung *Il Mattino,* für die sie in der Redaktion von Caserta arbeitet. Sie weiß, wo die Casalesi ihr Geld waschen und dass sie mit Vorliebe Socken von Brioni tragen, im Farbton »Londoner Grau«. Sie weiß, welcher Clan mit wem Allianzen schmiedet, welcher Camorrista mit welchem Politiker befreundet ist und wie Müll zu Gold wird. In ihrem Buch hat Rosaria die Verbrechen der Casalesi wie in einer wissenschaftlichen Habilitation akribisch mit Fußnoten belegt.

Auf dem Flur des Justizpalastes hängt eine Gedächtnistafel für die beiden ermordeten Staatsanwälte Falcone und Borsellino, »zerrissen von der mörderischen Grausamkeit des Jahres 1992«. Daneben steht eine Gruppe von ratlos blickenden Afrikanern. Es sind die Verwandten der ermordeten Afrikaner, die einen Anwalt umringen, der für seine Robe etwas zu klein geraten scheint, er zieht den Saum seiner Robe wie eine Schleppe hinter sich her.

Rosaria führt mich in die Bar des Justizpalastes. An der Theke stehen Journalisten, Staatsanwälte und Anwälte, auf deren Lippen noch ein schwärzlicher Schatten vom letzten Schluck Espresso liegt. Ein Carabiniere flüstert vertraulich mit Rosaria, und erst jetzt fällt mir auf, dass sich eine Frau etwas zu dicht neben sie drängt. Eine Frau, die an ihr klebt wie eine enge, aber etwas penetrante, neugierige Freundin. Sie trägt eine Lederjacke und ein Piercing an der Unterlippe und weicht selbst dann nicht von der Seite, als ein Mafiaanwalt sich zu Rosaria vordrängelt und versucht, ihr etwas ins Ohr zu raunen, was aber misslingt, weil sie da schon weiterläuft, laue Wangenküsse verteilend an jene, die sie nicht schätzt. Bis Redaktionsschluss will sie zwei Artikel über die Angehörigen der Opfer schreiben.

Am Ende des Prozesses »Spartacus«, der die Führungsriege der Casalesi zu lebenslanger Haft verurteilte, kündigten die Camorristi an, die Journalistin für ihre Enthüllungen bezahlen zu lassen. Seitdem wird sie bei jedem Schritt von zwei Polizisten begleitet: Als wir den Justizpalast verlassen, gesellt sich zu der penetranten Freundin ein grauhaariger, durchtrainierter Mann, den ich bis vor wenigen Minuten für einen Journalisten hielt, tatsächlich ist es Rosarias zweiter Leibwächter. Rosaria folgt ihnen zum Parkplatz, wo sie nicht in einen gepanzerten, schwarz verspiegelten Lancia einsteigt, den der italienische Staat fast jedem Lokalpolitiker zur Verfügung stellt, sondern in einen schwindsüchtigen Fiat Punto. Wenn Rosaria in der Lokalredaktion des *Mattino* in Caserta arbeitet, warten die beiden Leibwächter unten auf der Straße auf sie, die selten vor Mitternacht die Redaktion verlässt.

Rosarias Büro ist mönchisch kahl, die Aussicht deprimierend. Den Betonbunkern, Baugerüsten und Satellitenantennen vor ihrem Fenster wendet Rosaria den Rücken zu. Vor dem Schreibtisch liegen staubige Papierstapel, eine kaputte Jalousie, daneben steht ein Aktenschrank. An der Tür hängt außen ein Blatt mit »Nützlichen Anweisungen für Journalistenkollegen, die auf eine Unterredung mit Rosaria Capacchione warten«. Darunter Ratschläge wie: »Die C. schläft lange und läuft erst am Nachmittag auf Hochtouren, deshalb ist es besser, sie nicht vor zwölf Uhr anzurufen.« Oder: »Die C. mag es nicht, wenn man ihr widerspricht.« Oder: »Die C. darf nicht im Profil fotografiert werden.« Seitdem Rosaria Capacchione bedroht wurde und man ihr Leibwächter gab, wurde sie selbst zum Gegenstand der Berichterstattung. Jedes Mal, wenn Fernsehreporter von den Machenschaften der Casalesi berichten, wird Rosaria Capacchione interviewt, kettenrauchend an ihrem Schreibtisch in der Redaktion sitzend.

Sie habe eine laizistische Einstellung zu ihrem Beruf, sagt sie kühl. Sie führe keinen Krieg gegen die Mafia, sondern schreibe nur das auf, was sie wisse. Und das ist nicht wenig, nach zwanzig Jahren. Häufig weiß sie mehr als die Staatsanwälte, die hier oft nur so lange arbeiten, bis es ihnen gelingt, sich wieder versetzen zu lassen.

»Man sagt von mir, dass ich böse sei«, sagt Rosaria. »Aber ich mache nichts anderes, als zu informieren. Dinge zusammenzufügen.«

Als das Telefon klingelt, faucht sie die Namen einiger Bosse in den Hörer, erinnert an einige Camorra-Prozesse – »Denk an Spartacus due!«, knurrt verdrießlich und dann sofort wieder versöhnlich, bis man merkt, dass sie nicht mit einem schlecht erzogenen Kind, sondern mit einem Staatsanwalt spricht.

Beruflich bedingt, muss sie auch Kontakte zu den Anwälten der Bosse pflegen. Wenn der Anwalt seinen Klienten jedoch über die Klage hinaus noch berate, betrachte sie ihn nicht mehr als Anwalt, sondern als Camorrista, sagt Rosaria.

Wenn es hier Preußen gäbe, Rosaria wäre eine. Sie will keine Antimafiaheilige sein, sie will nur über das berichten, was sie weiß. Und genau das fürchtet die Camorra, der es stets um das Geschäft geht. Und wenn ihr Ruf durch Rosarias Enthüllungen ruiniert ist, gestalten sich die Geschäfte mit den Unternehmern und den Politikern schwieriger.

Rosaria lebt allein, hat keine Kinder – aber fünf Geschwister, die samt Schwägern und Schwägerinnen, Nichten und Neffen über sie wachen wie eine Löwenfamilie. Niemand habe je zu ihr gesagt: »Hör auf damit!« Weder ihre Geschwister noch ihre Freunde. Auch keiner ihrer Kollegen.

272

»Weil ich sie sonst von meiner Liste gestrichen hätte«, sagt Rosaria.

Unlängst hat man bei ihr eingebrochen. Gestohlen wurde nichts – außer einem Preis, den sie für ihre Antimafia-Berichterstattung erhalten hat. Eine Warnung. Wir könnten, wenn wir nur wollten. Und in der Eigentümerversammlung sorgte sich ein Hausbewohner über eine etwaige Wertminderung der Wohnungen wegen der von der Mafia bedrohten Nachbarin. Daraufhin sei er fast von den anderen Mietern gelyncht worden.

Natürlich macht es Rosaria glücklich, wenn sie so nachdrücklich verteidigt wird. Denn ein von der Mafia bedrohter Journalist ist vor allem eines: allein. Das sagte mir Alberto Spampinato. Der Gründer des *Osservatorio sui cronisti minacciati e le notizie oscurate con la violenza*, des »Nationalen Observatoriums für bedrohte Journalisten und gewaltsam unterdrückte Informationen« ist Redakteur der Nachrichtenagentur Ansa – und Bruder des 1972 von der Mafia ermordeten Journalisten Giovanni Spampinato. In den letzten dreißig Jahren ermordete die Mafia in Italien dreizehn Journalisten. Ich hatte ihn in Rom auf dem Antimafiakongress getroffen, einen Mann mit dunkel verschatteten Augen und einem akkuraten Seitenscheitel, der inmitten der kahlgeschorenen Schädel der Mehrheit seiner Journalistenkollegen wirkte, als sei er aus einem längst vergangenem Jahrhundert aufgetaucht.

Die Ersten, die dem von der Mafia bedrohten Journalisten in den Rücken fallen, seien die Kollegen selbst, stellte Alberto Spampinato nüchtern fest. Stets sei jemand zur Stelle, der beweisen möchte, dass der Journalist einen Fehler gemacht habe, als er über die Mafia schrieb, stets sei jemand bereit, die möglichen Konsequenzen der Bedrohung kleinzureden und gegen den Vorteil aufzurechnen, der aus der steigenden Bekanntheit resultiere. Sie beschuldigten den von der Mafia bedrohten Journalisten, »unvorsichtig« gewesen zu sein und aus Eitelkeit jenen stillschweigenden Pakt verletzt zu haben, der darin besteht, bestimmte Nachrichten zu verschweigen. Spampinato sagte, vor allem in Süditalien machten sich immer noch unzählige Zeitungen zum Sprachrohr der Bosse, nur wenige hätten den Mut, sich von der schweigenden Mehrheit zu distanzieren. Die Haltung ist diejenige: »Er hat es nicht anders gewollt, niemand hat ihn dazu gezwungen, für wen hält er sich eigentlich?« Und ein bedrohter Kollege lebe umso gefährlicher, je namenloser er sei. Den Edelfedern, den erfolgreichen Schriftstellern, den Fernsehprominenten hingegen billige man zu, über sich und ihre Bedrohung zu sprechen. Wehe aber, wenn sie so schwach sein sollten, auch über den ersten Augenblick der öffentlichen Neugier hinaus noch Schutz und Aufmerksamkeit für ihre Bedrohung einzufordern. Dann werde ihnen vorgeworfen, sich als Opfer zu gerieren, mit ihrer Bedrohung zu spekulieren.

»Jeder, der über die Mafia schreibt, tut das auf eigene Gefahr«, sagte Alberto Spampinato. In den letzten drei Jahren wurden mehr als zweihundert Journalisten in Italien von der Mafia bedroht – nicht nur mit Brandsätzen und unverhüllten Morddrohungen, sondern auch ganz legal: mit Verleumdungsklagen und astronomischen Schadensersatzforderungen. Spampinato erzählte mir von dem Fall des sizilianischen Politikwissenschaftlers Claudio Riolo – der auf eine absurde, fünfzehn Jahre währende Prozessgeschichte zurückblicken kann. Ich traf ihn in Palermo, wo er mir zwischen den Zimmerpalmen und verstaubten Marmorspringbrunnen des Grand Hotels seine Prozessgeschichte erzählte. Sie hat die Ursache in der juristischen Terrortaktik der Mafia, die sich in einem Satz zusammenfassen lässt: Einen treffen, um Hunderte zu erziehen.

Im Jahr 1994 hatte Claudio Riolo für eine Antimafia-

274

zeitschrift einen Artikel über die Seltsamkeit geschrieben, dass Francesco Musotto, Strafverteidiger und damaliger Präsident der Provinz Palermo, es fertiggebracht hatte, im Prozess gegen die Attentäter von Staatsanwalt Falcone gleichzeitig als Geschädigter und als Verteidiger aufzutreten: Einerseits vertrat Musotto die Provinz Palermo als Geschädigte, andererseits verteidigte er einen der angeklagten Mafiabosse. Riolos Artikel trug den Titel »Der eigentümliche Fall von Anwalt Musotto und Mister Hyde«.

Fünf Monate nach dem Erscheinen strengte Musotto eine Verleumdungsklage an und forderte 350 000 Euro Entschädigung. Sechs Jahre dauerte der Prozess in der ersten Instanz – an dessen Ende der Politikwissenschaftler Claudio Riolo schuldig gesprochen und zu einer Zahlung von 70 000 Euro verurteilt wurde. Anders als bei Strafprozessen ist in Italien das Urteil eines Zivilprozesses sofort gültig. Das Gericht verfügte, ein Fünftel des Gehalts des Politikwissenschaftlers zu pfänden – eine Pfändung, die auch für seine in einigen Jahren einsetzende Pension gilt. In den beiden folgenden zwei Instanzen wurde das Urteil bestätigt: Am Ende des zwölf Jahre dauernden Prozesses wurde Riolo auch vom Kassationsgericht für schuldig befunden. Dann geschah das, was es in Italien noch nie gegeben hatte: Riolo legte am Europäischen Gerichtshof für Menschenrechte Berufung ein und gewann den Prozess Riolo gegen Italien. Der italienische Staat wurde für schuldig befunden, die Meinungsfreiheit nicht geschützt zu haben. Der Artikel über den Mafiaanwalt sei keine Verleumdung gewesen, sondern eine mit Fakten belegte, für demokratische Staaten zulässige Meinungsäußerung. Im Oktober vergangenen Jahres wurde Italien zur Zahlung einer Entschädigung von 72 000 Euro verurteilt. Da das europäische Urteil das italienische nicht außer Kraft setzt, sondern nur ergänzt, verhält es sich nun so, dass der italienische Staat die Kosten

275

für die vermeintliche Verleumdung des Mafiaanwalts trägt. Ironie der Justiz.

Nur eines haben selbst die hart geprüften italienischen Mafiajournalisten noch nicht gesehen, und das sind geschwärzte Abschnitte in einem Buch über die Mafia. Die italienischen Medien berichteten ausgiebig über die Merkwürdigkeit, dass es dem Erfurter Gastronomen Spartaco Pitanti und dem Duisburger Hotelier Antonio Pelle gelang, einige der sie betreffenden Passagen in meinem Buch *Mafia. Von Paten, Pizzerien und falschen Priestern* schwärzen zu lassen – qua einstweiliger Verfügung.

Wenige Monate später verklagten die beiden Erfurter Gastronomen Spartaco Pitanti und Domenico Giorgi gemeinsam einen Reporter des italienischen Wochenmagazins *Espresso*, Paolo Tessadri, der im März 2009 einen Artikel über die Mafia in Deutschland veröffentlicht hatte. Für die »Verleumdung in besonders schwerer Form« forderte der Anwalt die stattliche Entschädigungssumme von 518 000 Euro.

Einen treffen und Hunderte erziehen. Ein Verleger wird sich fragen, ob er ein Mafiabuch überhaupt veröffentlichen soll. Der Journalist wird sich fragen, ob er bei seinem nächsten Artikel wirklich Namen nennen soll. *Chi me lo fa fare?* Warum sollte ich? Denn wie soll ich meine Anwaltskosten bezahlen?

Rosaria hat inzwischen eine halbe Packung Zigaretten geraucht und einige Sätze ihres Artikels geschrieben. Ohne Elan, weil sie ständig von Telefonaten unterbrochen wird. Jetzt schon wieder.

»Hör mal zu, Dicker, ich habe zu tun«, nuschelt sie drohend, mit der Zigarette im Mund.

Und ich wette, dass es wieder ein Staatsanwalt ist, der sich von ihr beleidigen lässt. Während der Anrufer spricht, schreibt

Rosaria seelenruhig weiter, murrt ab und zu ein skeptisches *mah* in den Hörer, was in ihrem Fall so viel heißt wie: Du kannst mir viel erzählen. Bis sie am Ende des Gespräches schreit: »Amore mio? Du kannst mich mal gern haben!« Und auflegt.

Weil sie ohnehin nicht zum Arbeiten kommt, beschließt sie, dass wir nun in einem Restaurant ihres Vertrauens zu Mittag essen. Sie ruft die unten auf der Straße stehenden Leibwächter an und kündigt an, dass sie gleich hinunterkommt.

Bis Rosaria unter Personenschutz gestellt wurde, lief sie immer zu Fuß, denn sie hat bis heute keinen Führerschein. Als Fußgängerin sei sie schwerer zu verfolgen gewesen, sagt Rosaria. Tatsächlich haben die Camorristi sie dennoch vier Monate lang verfolgt, ihre Gewohnheiten ausgespäht, wo sie ihren Morgenkaffee zu trinken pflegte, wie lange sie ihre Mutter besuchte, wo sie zu Mittag aß. Bis sie schließlich die Leibwache bekam.

Als wir auf die Straße treten, steht die Beamtin mit der gepiercten Lippe schon bereit – in der Hand hält sie die Tüte eines Unterwäschegeschäfts, wo sie gerade eingekauft hat; für irgendetwas muss das Warten ja gut sein. Rosaria schlägt vor, mit ihr und den Leibwächtern zu fahren, also lasse ich den Alfa stehen, im Halteverbot, was aber kein Problem sei, versichert zumindest Rosarias Leibwächter, als ich in den Fiat Punto einsteige.

Im Restaurant wird Rosaria von dem Wirt abgeküsst, als sei sie eine lang vermisste Verwandte und nicht ein Gast, der erst gestern hier zu Mittag aß. »Wir sind glücklich, dass wir unsere Steuern für so etwas wie die Leibwache für Rosaria Capacchione bezahlen dürfen!«, sagt er und verordnet uns Pasta mit Paprikaschoten. Am Nebentisch sitzen Anwälte, die Rosaria kurz begrüßt, als ein Fernsehteam eintrifft, das gerade in Caserta Aufnahmen für eine Sendung über die Morde an den Afrikanern macht und Rosaria überreden will, am Abend ein längeres Interview zu geben. Einer der Redakteure des Fernsehteams, der schnauzbärtige Sandro Ruotolo, wurde kurz zuvor von der Mafia bedroht, seither bewegt auch er sich mit Leibwache.

Während die bewachte Rosaria mit dem bewachten Fernsehredakteur am Nebentisch verhandelt, kontrolliere ich meine Mails auf dem Blackberry, was mir der Wirt allerdings streng verbietet. Anstatt ständig zu arbeiten, soll ich lieber essen, essen, essen, Mozzarella mit Tomaten und eingelegte Auberginen und frittierte Zucchiniblüten. Er belädt den Tisch mit Vorspeisen, und ich versuche zu erkennen, welche der an den Nebentischen sitzenden Gäste Leibwächter sind. Gewöhnlich sind es die mit dem unbeteiligten Gesichtsausdruck.

Natürlich ist es verrückt, dass Journalisten unter Bewachung stehen müssen, wenn sie über die Mafia schreiben. Aber noch verrückter ist es, wenn sie nicht beschützt werden. Wie Gianni Lannes etwa, ein Reporter und Fotograf, der über die Giftmüll-Schiffe berichtet hat, die von der 'Ndrangheta in der Adria versenkt wurden – und dem daraufhin sein Auto in die Luft gesprengt wurde. Ich traf ihn auf einer Antimafiaveranstaltung in Palermo, wo ich neben ihm auf dem Podium saß und er seine Geschichte erzählte. Das Podium war so grell beleuchtet, dass der Zuschauerraum vor uns im Dunkel versunken war. Als Gianni Lannes sprach, sah ich, wie die feinen Speicheltropfen seiner Wut durch den Lichtkegel des Scheinwerfers in das Dunkel flogen. Es sah aus, als spreche er in einen leeren, zeitlosen Raum. Am Ende sagte er, dass sein jüngster Sohn erst ein Jahr alt sei und fing an zu weinen.

Ich dachte auch an Marco Travaglio, den wohl berühmtesten italienischen Enthüllungsjournalisten. Er schreibt Bestseller: über die Mafiaverbindungen Berlusconis, über die nicht erfüllten Wahlversprechen der Linken, über die Geschäfte des Außenministers und ehemaligen Kommunisten Massimo D'Alema, über Berlusconis Prostituiertenpolitik. In den fünfundzwanzig Jahren seiner Karriere handelte er sich 250 Anzeigen ein, sowohl strafrechtliche Klagen als auch Zivilklagen, darunter zwei von Berlusconi, die Travaglio beide gewonnen hat und eine von dem Senatspräsidenten Renato Schifani, über den Travaglio im Jahr 2008 berichtet hat, dass dieser im Jahr 1979 zusammen mit einigen Mafiabossen die Gesellschaft Siculabrokers gegründet hatte. Im Jahr 2008 wurde Schifani von Ministerpräsident Berlusconi zum Senatspräsidenten ernannt und bekleidet damit kein geringeres als das zweithöchste politische Amt in Italien, was zumindest heikel ist. Zumal einer dieser Mafiabosse, Nino Mandalà, sich viele Jahre später der Freundschaft zu Renato Schifani rühmte – und diese freundschaftliche Verbindung sich in den Akten verschiedener Mafiaprozesse niederschlug. Renato Schifani verklagte Marco Travaglio auf zwei Millionen Euro. Am Ende des Prozesses erkannte ein Gericht in Turin Schifanis zwielichtige Freundschaften als berichtenswerte Tatsache an und verurteilte Travaglio lediglich zu einer Zahlung von 16 000 Euro, weil er Schifani in einer Fernsehsendung als »Schimmel« bezeichnet hatte.

Allein das Buch, das Berlusconis Mafiaverbindungen enthüllt, brachte Travaglio nicht nur acht Klagen ein, sondern auch Drohungen von Bossen der 'Ndrangheta, darunter von einem Geschäftsfreund von Marcello Dell'Utri. Travaglio wurde auch von den beiden Vertrauten Berlusconis verklagt, Marcello Dell'Utri und Cesare Previti: Dell'Utri ist in zwei Instanzen als Gehilfe der Mafia verurteilt worden, und Cesare Previti ist nicht nur ehemaliger Verteidigungsminister und ehemaliger Anwalt von Berlusconis Firmengruppe Fininvest, sondern wurde auch wegen Richterbestechung rechtswirksam verurteilt.

279

»Sie wollen die wenigen, die noch darüber schreiben, zum Schweigen bringen. Wenn mehr Journalisten darüber schreiben würden, kämen sie nicht auf die Idee mit den Klagen«, sagte Marco Travaglio – in jener spöttisch-spröden Art, die den wahren Piemonteser auszeichnet. Travaglio trägt stets Jackett und oft auch Krawatte und echauffiert sich nie, jedenfalls nicht in der Öffentlichkeit. Er ist höchstens ironisch. Allerdings ist sein Spott so schneidend wie ein Laserstrahl. Travaglio ist ständiger Gast in Beppe Grillos Blog mit einer »Montagsansprache«, die per streaming übertragen wird, und hat 2009 auch noch eine Tageszeitung gegründet, *Il Fatto Quotidiano*, für sie hat er einige der besten italienischen Journalisten, die sich selbst »Das dreckige Dutzend« nennen, gewinnen können, und sie kündigten ihre Festanstellung mit Pensionsanspruch. Seither geben sie zusammen mit Travaglio die einzige Tageszeitung heraus, die weder einem Industriellen noch einer Partei gehört, sondern einer Kooperative, die überdies auf die in Italien üblichen öffentlichen Zuschüsse verzichtete – und die es inzwischen auf eine Auflage von 100 000 Exemplaren bringt. Travaglio schreibt darin täglich mindestens den Leitartikel.

»Die Rechten betrachten mich als Kommunisten, die Linken als Faschisten«, sagte mir Marco Travaglio. »Die Medien sollten eine Leibwache der öffentlichen Meinung sein. Tatsächlich aber betrachtet das politische Establishment die Medien hier als Schoßhund. Und wenn du kein Schoßhund bist, dann wirst du ständig verklagt, und die Zeitung, in der du schreibst, wird bedroht. Nur wenige machen das, was Journalisten eigentlich tun sollten, und deshalb wirken diese wenigen sonderbar«, sagte Marco Travaglio. »Ich empfinde mich nicht als besonders mutig. Ich mache nichts Besonderes.«

Auch der kalabrische Journalist Francesco Saverio Alessio empfindet sich nicht als etwas Besonderes. Seine Gegner schon. Denn seitdem er ein Buch geschrieben hat, das die Verbindungen zwischen der kalabrischen 'Ndrangheta, der kampanischen Camorra und den Freimaurern aufdeckte, wird er bedroht, verklagt, beleidigt, eingeschüchtert. Bei einer Antimafiaveranstaltung in Mailand schrie er seine Wut heraus: »Und wenn ihr mich umbringt, ihr erbärmlichen Scheißkerle, verkauft sich das Buch drei Millionen Mal!«

Und ich dachte an Rino Giacalone, Mafiareporter der Tageszeitung *Sicilia* in Trapani – der eigentlich nichts anderes macht, als an Pressekonferenzen des Polizeipräsidiums teilzunehmen und über die Ermittlungen der Staatsanwaltschaft zu berichten, staubtrockenes Gerichtsreportergeschäft eigentlich. Aber so entlarvend, dass der Präfekt persönlich Rinos Kündigung verlangte. Außer Rino gibt es keinen anderen Gerichtsreporter mehr in diesem Landstrich, dem ehernen Sockel der Cosa Nostra, wo es keine Abtrünnigen gibt und der seit sechzehn Jahren flüchtige Boss Matteo Messina Denaro unangefochten regiert. Als ich Rino das letzte Mal traf, in seinem nach Jahrzehnten nach Zigarettenrauch riechenden Redaktionsbüro, vor dessen Fenster Schwalben zirpten, hatte ihn gerade der Bürgermeister von Trapani wegen eines seiner Meinung nach ungebührlichen Kommentars verklagt, in dem Rino auf die kuriose Koinzidenz hingewiesen hatte, dass sowohl der Bürgermeister als auch der flüchtige Boss Messina Denaro stets von Inquisition sprechen, von der sie sich verfolgt wähnen: Der eine, wenn es um die Ermittler geht, der andere, wenn es um Antimafiajournalisten geht. Der Bürgermeister verklagte Rino auf die stolze Summe von 50 000 Euro. »Wenn es hier wenigstens noch einen Kollegen gäbe, der auch über die Mafia schreibt, wäre ich ruhiger«, sagte Rino.

Wenig später hörte ich seine Stimme im Studio des Lokalradios RMC 101 in Marsala, wo Rino über die Verhaftung eines Cousins des Bosses Matteo Messina Denaro berichtete,

281

der wegen Kokainhandels mit Prominenten festgenommen worden war. Die Wände des Radiostudios waren mit Schaumgummi gepolstert, und vor mir am Mikrophon saß ein junger Mann mit Fusselbart, Krawatte und indischem Glücksband am Handgelenk: Giacomo Di Girolamo, Chefredakteur des einzigen Lokalsenders von Marsala – eine Stunde Autofahrt von Trapani entfernt, da, wo Sizilien ganz nah an Afrika rückt, wo das Licht gleißend ist und wo die Häuser ockerfarbene Würfel sind. Und wo alle zwei Wochen eine Bar, eine Werkstatt, ein Geschäft angezündet wird, weil der Besitzer nicht genügend Schutzgeld bezahlt hat.

Di Girolamo legte die »Matteo, wo bist du?«-Jingle ein, der die neuesten Nachrichten über den flüchtigen Boss Messina Denaro ankündigte. An jenem Tag war in Alcamo ein dem Boss nahestehender Clan verhaftet worden, der im Wesentlichen aus drei Achtzigjährigen und zwei Frauen bestand. In der Lokalzeitung wurde der Polizeichef von allen Honoratioren der Stadt zu der Festnahme beglückwünscht.

»Komisch eigentlich«, sagte Di Girolamo, »an Tagen wie diesem benehmen sich manche Honoratioren wie auf einer Hochzeit: Niemand will sich vorwerfen lassen, kein Glückwunschtelegramm geschickt zu haben.«

Dann kündigte er seinen Hörern ein Interview mit einem Stadtrat an, der gleichzeitig Regionalassistent für Legalität und Anwalt eines Mafiosos war, was Di Girolamo etwas eigentümlich fand und das auch zum Ausdruck brachte. Als der Mafiaanwalt zugeschaltet wurde, sagte dieser spitz: »Ihre Bemerkung gerade war etwas bösartig.«

Andere Botschaften waren deutlicher. Di Girolamos Auto wurde zerkratzt, bespuckt und aufgebrochen. Seitdem er Rad fährt, sind ihm drei Fahrräder geklaut worden. Eines Abends sei jemand vor ihm aufgetaucht, der ihm etwas zugenuschelt habe, eine Botschaft, die allerdings vom Regen und von der

Dunkelheit verschluckt worden sei, sagte Di Girolamo: »Ich habe nur verstanden, dass ich auf ihn hören sollte. Aber nicht, warum.« Ein weiteres Mal wurde ein namensgleicher Fotograf fälschlicherweise am Telefon bedroht, und zuletzt wurde die Kanzlei über dem Radiostudio in Brand gesteckt, offenbar hatten sich die Brandstifter in der Etage geirrt.

»Drei Drohungen, und keine davon haben sie richtig hingekriegt«, sagte Giacomo di Girolamo. »Wenn ich mir das ansehe, sieht es schlecht aus für die Mafia.«

Ironie ist seine Rettung. Zum Abschied sagte er: »Ich kann hier nichts verändern. Aber ich muss es erzählen. Damit niemand sagen kann, er hätte nichts gewusst.«

Der Wirt serviert die Pasta und ruft Rosaria mit väterlicher Strenge wieder an den Tisch zurück. Als ich ihr von Giacomo Di Girolamo und den missglückten Drohungen erzähle, zieht sie die Augenbrauen hoch und lächelt spöttisch. Sie stimmt auch Di Girolamos nüchterner Einschätzung seiner Arbeit zu. »Ich habe keine heiligen Kühe«, sagt sie. Sie würde auch nicht die Fehler der Antimafiabewegung verschweigen: Wenn morgen der Chef der Antimafia-Ermittlungsbehörde verhaftet würde, täte ihr das als Bürgerin leid, aber nicht als Journalistin. Und dann erwähnt sie beiläufig, dass sie ihre Schadensersatzklagen bislang immer gewonnen hat. Bislang.

Als wir schließlich das Lokal verlassen, bleibt Rosaria nur kurz auf der Straße stehen, um ein paar Züge zu rauchen, unruhig beäugt von ihrem Leibwächter, der erleichtert wirkt, als sie wieder im Auto sitzt.

Es ist die Uhrzeit, in der Caserta Mittagsschlaf hält, die Gassen, Straßen und Plätze sind menschenleer. Einzig ein paar alte Männer sitzen auf weißen Plastikstühlen, an einer Hauswand aufgereiht. Wir fahren am Königspalast von Caserta vorbei, jener barocken Residenz der Bourbonen, die aus

283

dem Land der Casalesi wie eine Luftspiegelung auftaucht. Aber bevor ich einen Blick von ihm erhaschen kann, hat uns eine Unterführung verschluckt. Wenig später kommen wir wieder vor der Lokalredaktion des *Mattino* an, und der Alfa steht immer noch im Halteverbot, unberührt und ohne Strafzettel.

»Die Rückfahrt war aber viel kürzer als die Hinfahrt«, sage ich zu dem Leibwächter. Er lächelt mich nachsichtig an. Und sagt: »Wir nehmen jedes Mal einen anderen Weg. Und nie den direkten.«

13

Vor mir fährt ein Südfrüchtetransporter mit dem polnischen Namen Morelewski, ein fahrendes Kühlhaus, das mit überdimensionalen Orangen, Zitronen und Ananas bemalt ist, die von Sizilien nach Warschau gefahren werden. Die Orangen und Zitronen sehen so rührend aus, als seien sie von einem Zirkusplakatmaler gemalt worden, in grellen Farben und mit naiven Formen. Die alte Sehnsucht nach dem Süden. Nach Orangen und Zitronen. Nach Sonne und Palmen. Nicht weit von hier ist Goethe seiner ersten Palme in freier Natur begegnet, was er für so bemerkenswert hielt, dass er am 23. Februar 1787 notierte: »Ein Palmbaum zeichnet sich aus und ward begrüßt. So viel für diesen Abend. Verzeihung der laufenden Feder. Ich muss schreiben, ohne zu denken, damit ich nur schreibe.«

Als ich noch Goethes Palme gedenke, der er in der Ebene von Fondi auf dem Weg von Rom nach Neapel begegnet war, katapultiert mich eine Meldung auf Radio Capital wieder in die Wirklichkeit: In Neapel sei gerade ein Schlag gegen die Gemüsemafia gelungen, auch genannt *frutta connection*. Sizilianische Mafiosi und kampanische Camorristi beherrschen in schönster Eintracht den gesamten Obst- und Gemüsehandel in Italien, die Großmärkte von Mailand über Fondi bis nach Vittoria in Sizilien. Die Clans der kampanischen Camorra und der sizilianischen Cosa Nostra kontrollieren alles, die Gemüsekooperativen, die illegalen Erntehelfer, die Speditionen, jeden einzelnen Gemüsestand, bis hin zu den Sägereien, die die Obstkisten herstellen. Sie bestechen Lebensmittelkontrolleure und bestimmen den Preis jeder einzelnen Erdbeere. Ein Geschäft von fünfzig Milliarden

285

Euro. Leicht verderbliche Ware, wie geschaffen für die Geldwäsche.

Nicht umsonst hat die Mafia ihre Ursprünge auf dem Land. Seit Jahrhunderten stehlen die Mafiosi Vieh und Ernte, zünden Felder an, erpressen die Bauern, verlangen Wucherzinsen und lassen ihr Vieh auf fremden Weiden grasen. Der kalabrische Clan der Morabito beherrschte den Gemüsemarkt von Mailand: eine Million Tonnen Obst und Gemüse pro Jahr, neuntausend Arbeiter, vierhundert Firmen. Zusammen mit den Clans der Casalesi kontrollieren die aus Kalabrien stammenden Clans der Bellocco und der Tripodi den Großmarkt von Fondi, wo sie nicht nur Zucchini, sondern auch Kokain lagern. Und Waffen: Maschinenpistolen, Raketenwerfer, Handgranaten, die bei einer großangelegten Verhaftungsaktion im Frühjahr 2010 gefunden wurden. Das kommt mir bei Fondi und Goethes Palme in den Sinn.

Neapel beginnt mit einem Gewirr aus ineinander verknoteten Hochstraßen. Fiat Puntos, Vierzigtonner und Vespas sind im Feierabendverkehr ineinander verkeilt. Der Wind lässt Plastiktüten wie Vögel herumfliegen, trockene, staubige Blätter von Gummibäumen wirbeln über die Straße, gelber Saharasand und leere Kartons. Und ich habe den Ehrgeiz, mein Hotel ohne Handarbeitslehrerin und ohne Stadtplan zu finden. Es liegt im spanischen Viertel, unweit der Via dei Tribunali. Die Gassen sind so eng, dass sich zwei Passanten in einen Hauseingang drücken, um den Alfa vorbeizulassen. Ansonsten nimmt von meinem Wunderwerk niemand Notiz. In Neapel sind die Leute Besseres gewöhnt, violett schimmernde, allradbetriebene Hummer, Kampffahrzeuge für jeden Tag, Lamborghini und Ferrari Testarossa, in denen die Camorristi durch das Viertel rasen und ab und zu mitten auf der Straße stehen bleiben, einfach so, um zu beweisen, dass sich hier kein Blatt bewegt, wenn es der Boss so will.

Am unteren Ende der Via dei Tribunali, zwischen mit Totenköpfen geschmückten Barockkirchen, marmornen Füllhörnern der Renaissance und Hausaltären für Maradona liegt Ginos Fotostudio, eines der unzähligen neapolitanischen Hochzeitsfotografen, mit dem ich mich auf einer Reportage angefreundet habe. Das Erste, was mir an Gino auffiel, war, dass er die Augenbrauen gezupft trug. Wie es sich für neapolitanische Männer gehört. Am äußeren Brauenbogen wuchsen die Haare allerdings bereits wieder nach, weil seine Frau keine Zeit zum Zupfen gehabt hatte.

Gino inszeniert Neapels heilige Rituale – Hochzeiten, Kommunionfeiern und Taufen. Er besorgt vierspännige Kutschen und frische Rosenblüten, die aus einem Hubschrauber über dem Haus einer Braut regnen. Gino liebt es, von den Exzessen zu schwärmen, denen sich seine Kunden hingaben, Feuerwerke für zehntausend Euro, Hubschrauberflüge nach Capri, um sich während der Hochzeitsfeier zwischen Vorspeise und Spaghetti vor den Faraglioni-Felsen fotografieren zu lassen – vierzehntausend Euro kostet sein Einsatz dann, Hubschrauberflug inbegriffen.

Dreharbeiten mit Kommunionkindern, wobei Gino das Kommunionkind wie eine laszive Nymphe auf dem Rücken eines Pferdes am Strand von Ischia filmte, für ein Video, das den geladenen Gästen am Ende der Feier zur Erinnerung überreicht wurde.

Aber als ich an Ginos Laden vorbeifahre, brennt kein Licht, und der Fotokasten ist leer. Als wir uns kennenlernten, war dort das Bild einer Braut ausgestellt, die ganz in Schwarz vor den Altar getreten war, eine üppige Neapolitanerin mit schwarzer Spitzenhaube, die einen ebenso üppigen Mann mit messerrückenschmalem Bart umarmte. Ja, sagte Gino, das sei eine besonders schöne Hochzeit gewesen, mit einer Serenade und zwei Feuerwerken, die Braut habe darauf bestanden, in

287

Schwarz vor den Altar zu treten, weil sie mit dem Bräutigam bereits zwei Kinder hatte.

Nur wagemutige Touristen durchqueren das Spanische Viertel – mit in den Unterhosen versteckten Kreditkarten. Für das neapolitanische Bürgertum, das in mit Nummerncodes gesicherten Straßenzügen auf dem Vomerohügel wohnt oder unter den jahrhundertealten Zypressen von Posillipo, ist die Altstadt ein dunkler Kontinent, den es nie betreten wird. Und dennoch, oder vielleicht gerade deshalb, wurde Gino nicht müde, seine Straße zu preisen: »Hier wird keine Tasche, kein Auto, keine Vespa geklaut, hier wird alles kontrolliert! Kein Vergleich zu Camorra-Hochburgen wie Forcella! Oder Sanità!« Und es klang, als befänden sich Forcella und Sanità in einer anderen Zeitrechnung. Und nicht eine Straße weiter. Die Mafia, das sind immer die anderen. In Deutschland tröstet man sich damit, dass die Mafia in Italien sitzt, in Neapel in der Via dei Tribunali redet man sich ein, dass sie eine Straße weiter herrscht.

Ich habe sie schon tausendfach gehört, die Lüge von der edlen Mafia, die in Abwesenheit des Staates für Recht und Ordnung sorgt. Es ist eine Lüge, die von der Mafia jeden Tag wie eine Glückspille verabreicht wird, damit ihre Opfer die Schmerzen nicht mehr spüren. In Neapel ist es der Camorra seit zweihundert Jahren erfolgreich gelungen, ihr Terrain gegen den Staat zu verteidigen. Der Staat ist abwesend, weil die Camorra das so will – und die neapolitanische Gesellschaft zersetzt hat wie ein Schwamm das Mauerwerk. Aus der Camorra ist *il sistema* geworden. Nicht zufällig ist der neue Name der Camorra kein dialektaler Ausdruck, sondern sprachlich neutral, als sei dieses »System« das Natürlichste der Welt, eine Gesellschaftsordnung, ein Gegenstaat, eine Alternative. Das Wort *sistemare* kennt jeder Italiener. Es bezeichnet nicht nur: in Ordnung kommen, sich einrichten, sondern auch: jemandem eine Arbeit besorgen, eine Position verschaffen. In Neapel sieht diese Position so aus, dass Kinder im Monat tausendfünfhundert Euro damit verdienen, einen Drogenumschlagplatz zu bewachen.

Jeden dritten Tag wird in Neapel ein Mensch umgebracht. Selbst im legendären Jahr 1994, als Antonio Bassolino seit kurzem Bürgermeister war und den Weltwirtschaftsgipfel in die Stadt geholt hatte, als Bill Clinton unter Missachtung der Bodyguards eine Pizza Margherita im Stehen gegessen hatte und die Medien eilig die neapolitanische Wiedergeburt ausgerufen hatten, selbst in jenem Jahr gab es hundertfünf Tote in Neapel, keine ausreichende Trinkwasserversorgung und Analphabetismus unter den Jugendlichen, von denen jeder dritte unter fünfundzwanzig Jahren arbeitslos war – genau wie heute.

Und gleichzeitig gibt es in Kampanien die meisten abtrünnigen Mafiosi. Was aber nicht damit zu tun hat, dass die Camorristi mehr Gewissensqualen litten als andere Mafiosi, sondern damit, dass die Camorra horizontal geordnet ist – anders als die streng hierarchisch vertikal organisierte sizilianische Mafia und die monolithische kalabrische 'Ndrangheta, deren Clans föderal gegliedert sind und untereinander stets Verständigung zu erreichen versuchen. Auch wenn das, wie das Blutbad von Duisburg beweist, nicht immer klappt. Bei der Camorra hingegen gibt es keine Hierarchie, was zur Folge hat, dass sich die Clans ständig untereinander bekriegen, was einen hohen Blutzoll fordert. Da ist die Zusammenarbeit mit der Justiz oft die einzige Möglichkeit, das Leben zu retten.

Aber Gino gegenüber tat ich einfach nur so, als glaubte auch ich an die Kraft seiner Glückspille. Und verschwieg ihm, dass zwei Jungs bereits zwei Mal versucht hatten, mir meine Tasche zu klauen, mitten auf der von ihm als so sicher gepriesenen Via dei Tribunali. Zwei Jungs auf dem Fahrrad – wenn sie wenigstens auf einer Vespa gesessen hätten.

289

Eines Nachmittags fuhr ich mit Gino zu dem Grand Hotel La Sonrisa, unweit von Pompei, einem Anwesen mit Säulenalleen aus weißem Stuck, künstlichen Wasserfällen, einem Hochzeitsmarsch, der aus Pfingstrosenbüschen dröhnte, wenn ein Hochzeitspaar über einen roten Teppich einzog, und Kellnern, die mit echten Baccararosen Spalier standen. Vier Hochzeiten fanden gleichzeitig statt, jede Hochzeitsgesellschaft feierte in einem eigenen Pavillon, in einem sah es aus wie in der Spiegelgalerie von Versailles, der daneben erinnerte an die Sixtinische Kapelle, ein anderer war mit einem Wald aus venezianischen Lüstern geschmückt. Zwischen den Gängen wandelten die Gäste über die Alleen. Eine Gesellschaft von weniger als siebenhundertfünfzig Gästen galt als armselig. Alle sahen aus wie Komparsen für den *Paten*, Männer im Gehrock und mit steifen Hemdkragen, hinter denen Tätowierungen den Hals heraufkrochen, kleine Jungs in Anzug mitsamt Krawattennadeln, dicke Frauen in bodenlangen Ballkleidern und mit kunstvoll hochgesteckten Haaren, die wie Belle-Epoque-Prinzessinnen ihr Kleid rafften, um nicht auf den Saum zu treten. Wenn sie lachten, sah man, dass ihnen ein paar Schneidezähne fehlten. Über allem lag eine Wolke aus Haarspray und *Poison,* Zigarrenrauch und Schweiß, und Gino sagte: »Weißt du, entscheidend war für mich, zu Beginn meiner Karriere ein paar wichtige Hochzeiten zu machen. Danach lief alles von ganz allein.«

Das Herz des Spanischen Viertels ist eine Verschlingung aus Einbahnstraßen, man fährt hinein und wird verschluckt, Menschen, Autos, Vespas. Nun passiere ich bereits zum zweiten Mal die Kirche von Santa Catarina di Formiello. Ein Mann empfiehlt mir eine Abkürzung, aber die Gasse erweist sich als nicht kompatibel mit dem Spider, nur für Fiat Puntos geeignet, nach wenigen Metern sieht es so aus, als würde ich stecken bleiben, inmitten von Müllhaufen und dem bröckelnden

Putz der Häuserwände. In den der Name der Mastiffs wie ein Brandzeichen geprägt wurde, des neapolitanischen Fußballclubs. Also fahre ich zurück und stehe schon wieder ratlos vor der Kirche, während der neapolitanische Verkehr über mir wie ein gewaltiger, kreischender und stinkender Ozean zusammenschlägt.

Einmal war ich in dieser Kirche bei einer Taufe, einer wichtigen Taufe, wie Gino betonte. Und dabei nicht unerwähnt ließ, dass die nur wenige Schritte von seinem Studio entfernte Kirche Santa Catarina di Formiello jene Kirche ist, in der sich die Camorra der Legende nach einst gegründet haben soll.

Die Frau, die in Schwarz vor den Traualtar getreten war, ließ ihren erstgeborenen Sohn taufen. Als sie die Stufen zur Kirche hinaufstieg, bebte ihr gewaltiger Busen vor Zorn. Ein Verwandter hatte sie daran erinnert, dass nach ihrer Hochzeit einige Journalisten von dem Priester hatten wissen wollen, ob es sich bei dem Brautpaar, das in Schwarz vor den Traualtar getreten war, um Camorristi gehandelt habe. Und der Priester habe die Aussage verweigert, zischte sie wütend. Als hätten sie etwas zu verbergen! Dann betrat sie die Kirche wie ein fremdes Hoheitsgebiet. Nachlässig bekreuzigte sie sich, ließ ihren schweren Körper auf die Kirchenbank fallen und tupfte sich mit einem Taschentuch etwas Schweiß von den Achseln und dem Taufkind die Spucke vom Mund. Als der Priester die Kirche betrat, erhob sie sich als Letzte.

Mit scheinbar demütig geneigten Häuptern murmelten die Gäste der Taufgesellschaft: »Durch meine Schuld, durch meine Schuld, durch meine große Schuld« – und wirkten doch so abwesend wie eine Schulklasse auf einem Wanderausflug. Gino war bei dieser Taufe der einzige Mann im Anzug, als Zeichen des Respekts, alle anderen trugen Jeans und karierte Hemden. Das Taufkind, ein dicker Junge namens Guglielmo,

291

trug ebenfalls Karohemd. Und eine schwere, silbern schimmernde Kette, an der ein mit Glitzersteinen übersätes Kruzifix hing: ein Geschenk seines Taufpaten, der gleichzeitig sein Großvater war und der von den Eltern des Taufkindes ebenfalls mit einem dicht mit Glitzersteinen besetzten Armreif beschenkt wurde.

»Bergkristalle?«, fragte ich flüsternd zwischen zwei Vaterunser, und Gino zischte: »Spinnst du? Fünfzehntausend Euro, von wegen Bergkristall!«

Der Pfarrer ermahnte alle, sich zum Beten zu erheben: »Nur wer Hämorrhoiden hat, darf sitzen bleiben!«, rief er. »Habt ihr schon mal jemandem dabei geholfen, das Leben zu ändern? Ein vorbildhaftes Leben zu führen anstatt eines in Sünde?«

Kirchenbänke knarrten, Füße scharrten ungeduldig, und ab und zu hüstelte jemand. Der Pfarrer mahnte, stöhnte und drohte. Und klang doch wie ein Sozialarbeiter, der schwererziehbare Jugendliche mit einer Theater-AG dazu bringen will, in Zukunft niemanden mehr in der U-Bahn zusammenzuschlagen.

Die letzten Meter bin ich eine Einbahnstraße rückwärts gefahren. Endlich habe ich es geschafft. Das Hotel. Als ich den Innenhof betrete, ist Neapels Gebrüll verstummt, Katzen streichen herum, und man hört nichts anderes als das Plätschern eines Brunnens und die Stimmen von zwei dicken, rotgesichtigen Amerikanern, die auf der kleinen Terrasse neben dem Eingang sitzen und Caffè latte trinken.

Das Hotel ist ein kleiner, verwinkelter Palazzo mit vielen Terrassen, überwuchert von Jasminsträuchern, die auch jetzt noch duften, im November.

Ich bin mit meiner neapolitanischen Freundin Alessandra an der Piazza Bellini verabredet, das Auto steht sicher auf dem Parkplatz unter einem riesigen Magnolienbaum, und als ich das Hotel verlasse, sehe ich, wie sich eine der streunenden Katzen auf der Kühlerhaube zusammengerollt hat. Die umliegenden Geschäfte lassen rasselnd ihre eisernen Rollläden hinunter, und ich laufe zur Piazza Bellini, vorbei an einem Christus, der aussieht wie eine Wasserleiche, vorbei an den Wäscheständern, mit denen der Parkplatz vor der Tür verteidigt wird, vorbei an den *bassi,* den ebenerdigen Einzimmerwohnungen, die sich in die Barockpaläste gegraben haben.

In einem dieser Bassi wohnte Bijou, die man Schmuckstück nannte, weil sie so hübsch war, als junge Frau. Blonde Haare hatte sie immer noch und ein verwelktes Mädchengesicht, als Gino sie mal mit mir besuchte, mit einem gewissen Stolz für den Unternehmergeist, der in seinem Stadtviertel um die Via dei Tribunali herrschte und der Bijou und ihre Mutter in besonderer Weise auszeichnete, wie Gino betonte.

Bijou wohnte mit ihrer Mutter in zwei ebenerdigen Zimmern, einem Schlafzimmer und einer Küche mit hellgrauem Fliesenboden, Einbauschränken und der heiligen Rita im Hausaltar. Unter der Küchenlampe hing immer Zigarettenrauch, denn von drei Uhr nachmittags bis acht Uhr abends verwandelte sich diese Küche in eine Spielhölle für die Frauen des Viertels. Bijou und ihre Mutter verdienten bei jeder Runde fünf bis zehn Euro pro Spielerin. Nach acht zogen die Frauen weiter zur nächsten Bingohalle, wo sie bis zum Morgengrauen weiterspielten.

Es war am frühen Abend, Bijou stand im zerschlissenen Unterrock in ihrer Küche und fegte die Zigarettenkippen zusammen, mit denen der Fliesenboden übersät war. Für sie und ihre Mutter sei die Spielhölle die einzige Einkommensquelle, ihr Bruder könne nicht für sie aufkommen, sagte sie entschuldigend. Er hatte eine kleine Taschenfälscherwerkstatt betrieben – bis böse Menschen die Finanzpolizei geschickt hätten, wie die Mutter sagte.

293

Wenig später stand auch der Bruder in der Küche, Sergio. Auf einen Arm hatte er ein Porträt von Al Pacino tätowieren lassen, das man allerdings unter der dichten Behaarung nur erahnen konnte. Sergio arbeitete nun bei einem Lederwarenfabrikanten. Für zweihundert Euro pro Woche stellte er »personalisierte« Taschen her: Taschen, die aussahen wie Gucci-Taschen, aber »Mario« hießen. Sie wurden von afrikanischen Taschenhändlern verkauft, denn die seien die Einzigen, die nie verhaftet würden. Bei ihnen drücke die Polizei ein Auge zu, wohl um nicht als Rassisten zu gelten. Produziert wurde je nach Auftragslage. Meist war sie schlecht.

»Unser Ruin waren die Chinesen«, sagte Sergio. »Sie kopieren noch schneller. Und billiger.«

Ein schwacher Charakter ginge natürlich zur Camorra, sagte er, und Bijou nickte. Und dann zog auch er weiter zur nächsten Zockerhöhle, einem fensterlosen Billardsaal, wo Carambole gespielt wurde, Billard ohne Queue, und wo an der Wand ein Foto des ermordeten Bosses Beppe Giuliani hing. Neben Padre Pio, dem Lieblingsheiligen der Mafia.

Wieder komme ich an Ginos Laden vorbei. Der immer noch dunkel ist. Auch unter seiner Telefonnummer meldet sich niemand. Gegenüber sitzt eine Frau auf einem Plastikstuhl und döst. Oder besser, sie tut nur so, als döste sie, und beobachtet jeden meiner Schritte. Ich frage sie nach Gino. Sie zuckt mit den Schultern. Und schnalzt kurz und so abfällig mit der Zunge, dass ich nicht wage, eine weitere Frage zu stellen. Vielleicht ist Gino nur eine Straße weitergezogen, vielleicht ist er tot, vielleicht im Gefängnis? Oder ist er zum Hoffotografen eines Camorrista aufgestiegen? Die Frau schließt die Augen.

Inzwischen ist es dunkel geworden, aber an der Piazza Bellini kann man noch draußen sitzen, unter einem Sternenhimmel, bei dessen Anblick man an ewigen Sommer glaubt.

Über den Platz zieht ein zerlumpter Mann, der einen Kinderwagen vorbeischiebt, in dem Britt-Schwämme, Klobürsten, Plastikhandschuhe, Tempotaschentücher, Feuerzeuge in Form einer Handgranate und Spülmittel mit Blutorangenaroma liegen. Am Verdeck des Kinderwagens baumeln pinkfarbene Handfeger im Sonderangebot, und der Zerlumpte lächelt resigniert, als ich sein Angebot ablehne, drei Handfeger für den Preis von einem zu kaufen.

Ich setze mich an einen der letzten freien Tische im Café Intra Moenia. Am Nebentisch sitzt ein Mann mit bläulichen Lippen, ein Mann, der weder isst noch trinkt, sondern wie besessen schreibt, gebeugt, hingebungsvoll, mit blauer Tinte. Er schreibt, ohne aufzublicken, Seite um Seite, und wird von niemandem außer mir beachtet. Die Seiten stapeln sich auf seinem Tisch, sie sind schräg beschrieben, oben ist der Rand breiter als unten, das schiefe Schriftbild hat etwas rührend Kindliches an sich. Ob er einen Roman schreibt?

Die bläulichen Lippen des Mannes erinnern mich an den Staatsanwalt Franco Roberti. Als ich ihn zum ersten Mal in der Antimafia-Staatsanwaltschaft von Neapel traf, saß er im eisigen Hauch einer Klimaanlage und zog mit seinen bläulichen Lippen an einem erloschenen Zigarillo. Roberti hatte mir von den Geschäften des Clans Licciardi in Deutschland erzählt – eines Camorra-Clans, dessen erfolgreiche Auslandsgeschäfte zum Vorbild für viele andere Camorra-Clans wurden.

Nach dem Krieg hatten die Liccardis damit Geld verdient, dass sie in Italien von Haustür zu Haustür zogen und Kleidung verkauften – bis sie schließlich Deutschland entdeckten. Hier fingen sie als *magliari*, als Textilvertreter, an, verfeinerten ihr Angebot und verkauften schließlich gefälschte Markenkleidung. Nicht umsonst ist Neapel das Mekka der Fälscher, in Neapel wird alles gefälscht, von der Gucci-Handtasche bis zum Büffelmozzarella. Die Clans waren auch die

Ersten, die den globalisierten Markt für sich zu nutzen wussten: Sie stellten die gefälschte Markenkleidung nicht länger in Neapel her, wo selbst die Schwarzarbeit zu teuer war, sondern in China und in Thailand. Dann wurden die in China oder Thailand gefälschten Designerlederjacken oder Lacoste-Hemden nach Neapel gebracht, per Schiff oder Flugzeug, und in großen Lagerhallen in Norditalien gelagert – und schließlich in Deutschland und in Osteuropa verkauft.

Der aus Secondigliano im Hinterland von Neapel stammende Clan der Licciardi dominierte das Geschäft mit den gefälschten Waren in Deutschland. Der später inhaftierte Boss Pierino Licciardi wurde von den anderen Camorristi erfürchtig »römischer Kaiser« genannt. Der Kronzeuge Gaetano Guida sagte den Ermittlern aus:

In Deutschland, in Städten wie Hamburg, Dortmund und Frankfurt, gibt es viele dieser Geschäfte, die Lederjacken verkaufen, Geschäfte, die von Pierino Licciardi gesteuert wurden, aber der Boss Costantino Sarno hatte auch Geschäftsinteressen. Ich weiß sicher, dass Pierino Licciardi auch internationalen Drogenhandel betrieb. Seine Bekleidungsgeschäfte dienen ihm auch als Deckung für den Rauschgifthandel. Das Geschäft mit den Lederjacken bietet bereits eine enorme Gewinnspanne, und die Geschäftsräume selbst dienen darüber hinaus auch als Treffpunkte für die internationalen Rauschgifthändler. Mit dem Geld aus dem Verkauf der Lederjacken werden die Rauschgiftlieferungen bezahlt. Deshalb hat man in diesen Geschäften immer enorme Summen von Bargeld zur Verfügung, um die Drogen zu bezahlen. Der Handel mit den gefälschten Lederjacken und der Rauschgifthandel sind also eng miteinander verknüpft, weil der Gewinn aus dem Verkauf der Lederjacken in den Kauf von Drogen investiert wurde.

Die neapolitanischen Ermittler waren bereits kurz nach dem Fall der Mauer darauf aufmerksam geworden, dass die Licciardi von Hof in Oberfranken aus nicht nur die Märkte in Ostdeutschland, sondern auch in Ungarn und Rumänien eroberten – Ende der neunziger Jahre hatten sie ihr Angebot ausgeweitet, von gefälschter Markenkleidung über gefälschte Bosch-Bohrmaschinen bis hin zu Fotoapparaten. Hinzu kam das Kokain, das ebenfalls in den Geschäften gelagert wurde. In Geschäften in Chemnitz, Hof, Dortmund, München, Frankfurt, Berlin. Ein lohnendes Geschäft. Die Gewinnspanne für eine gefälschte Lederjacke liegt bei über dreitausend Prozent. Dessen Erlöse wurden umgehend investiert. In Drogen und Immobilien, in Luxusrestaurants und Hotels.

»Bis heute investieren die Camorristi in Deutschland vor allem in Bekleidungsgeschäfte und Restaurants«, sagte Staatsanwalt Roberti. »Wenn ihr in Deutschland einen Italiener seht, einen Kalabresen oder einen Neapolitaner, der ein Geschäft eröffnet, dann solltet ihr genau hinsehen, woher sein Geld kommt.«

Der Mann mit den blauen Lippen schreibt immer noch. Ein ganzer Stapel engbeschriebener Seiten liegt auf dem Tisch. Wieder schaue ich dem Mann über die Schulter und versuche etwas zu entziffern. »Durchmesser: 90 Zentimeter« steht da. Ich kneife die Augen zusammen und lese: »Metallschüssel«. Das klingt nach einer bedrückend prosaischen Natur. Doch nicht etwa ein Kriminalautor? Oder ist er Avantgardist? Experimentelle Literatur? Ich rücke näher. Verstohlen lese ich den letzten Absatz. Er beginnt mit: »Angesichts der Tatsache, dass das Delikt straffrei ist.« Doch kein realistischer Roman. Sondern die Verteidigungsschrift eines Rechtsanwalts. Es geht um eine unrechtmäßig angebrachte Satellitenantenne. Schade.

Alessandra überquert die Piazza Bellini und winkt mir

schon von weitem zu, bahnt sich einen Weg durch die Tische zu mir, umarmt und drückt mich, bis ich das Gefühl habe, nach langer Zeit wieder nach Hause gekommen zu sein. Sie schlägt vor, dass wir wie üblich unten in Santa Lucia zu Abend essen, bei Zi' Teresa, in einem Lokal am Borgo Marinaro, wo wir jedes Mal unser Wiedersehen feiern. Eines der ältesten Lokale Neapels. »Mit den ältesten Kellnern Neapels«, wie Alessandra wieder einmal feststellt, als wir wenig später auf der Terrasse der Zi' Teresa sitzen und vergeblich darauf warten, dass jemand unsere Bestellung aufnimmt.

Alessandra spricht von ihrer Hassliebe zu ihrer Heimatstadt, einer Stadt, in der permanenter Ausnahmezustand herrscht, ein permanenter Bürgerkrieg, eine permanente Müllkrise, eine permanente Daseinskrise. Und noch dazu müsse man hier auch noch politisch korrekte Lippenbekenntnisse aushalten, etwa als der damalige Regionalpräsident Antonio Bassolino verkündete: »Die Moral war immer mein Leitstern« – nachdem die Staatsanwaltschaft Anfang 2008 gegen ihn Anklage wegen Betrugs und Amtsmissbrauchs erhoben hatte.

Zu Beginn seiner Amtszeit wurde Bassolino in Neapel wie ein Heiliger verehrt, er stand als Krippenfigur in der Via San Gregorio, der Straße, in der die traditionellen Krippenfiguren verkauft werden. Später hingen lebensgroße Puppen mit der Aufschrift »Bassolino« in den Bäumen der Innenstadt. Bassolino, der einstige Gewerkschafter, verhieß Hoffnung, als es ihm gelungen war, den G8-Gipfel in die Stadt zu holen, aber schon bald machte sich der Linksdemokrat mit seiner Vetternwirtschaft verhasst. Resigniert mussten die Neapolitaner erkennen, dass die Camorra selbst in den Jahrzehnten der Bassolino-Linksregierung bestens weiter gedieh.

Und doch, denke ich, wer auf der Terrasse des Borgo Marinaro sitzt, dem bricht Neapel das Herz. Mit dem im Mondlicht glitzernden Golf von Neapel, mit den ins Licht getauchten Mauern des Castel Dell' Ovo, dieser Festung im Meer, und mit dem türkisblau leuchtenden Schriftzug Transatlantico, der wie eine Verheißung klingt, obwohl er nur der Name des gegenüberliegenden Restaurants ist. Und obwohl Alessandra mir gerade eindrücklich davon erzählt, dass die Polizei vor wenigen Jahren hier im Hafen Schwärme von Hubschraubern einsetzte, um die Zigarettenschmuggler zu jagen, was man von den Tischen bei Zi' Teresa nur allzu gut beobachten konnte, denke ich, wie einfach es ist, zu Füßen von Santa Lucia alles zu vergessen, den Müll und die Toten und die Schamlosigkeit. Denn hier hört man nichts anderes als sanften Wellenschlag, das Ächzen einiger Segelmasten und den Gläserklang des Aperitifs.

Nebenan ist die Terrasse des Circolo Italia, des ältesten und exklusivsten Segelclubs Neapels. In den man hineingeboren wird, insofern man zu den zweihundert Gründungsfamilien des Clubs gehört, zu denen Neapels namhafte Industrielle und Universitätsprofessoren gehören, Richter und Aristokraten, darunter auch jene, die zur Schatzkommission von San Gennaro gehören, jenes Schutzheiligen der Stadt, dessen Blut sich zweimal im Jahr verflüssigt.

Einmal durfte ich dort zu Mittag essen, auf Vermittlung eines guten Freundes. Den Aperitif nahmen wir vor einem offenen Kaminfeuer ein, in nilgrünen Ledersesseln. Zu Tisch baten uns Kellner, die weiße Handschuhe trugen und eine weiße Livree mit goldenen Schultertressen, Kellner, die ihrerseits Söhne von Circolo-Italia-Kellnern waren und die geduzt wurden, weil die Mitglieder keinen Wert auf Förmlichkeiten legten. Die Damen wurden mit Handkuss begrüßt, und die Benutzung eines Mobiltelefons war unerwünscht. An dem Tisch, der den allein essenden Gründungsmitgliedern vorbehalten war, saßen zwei alte Herren, die schweigend und mit aufgestützten Ellbogen aßen, einer von ihnen sah aus wie ein vertriebener König. Er rollte vergrämt seine Spaghetti auf, und aus der Brusttasche seines maßgefertigten Jacketts ragte ein Seidentüchlein wie eine welke Blüte.

Ich weiß noch, dass neben mir ein Rechtsprofessor saß, dem Haare aus den Ohren wuchsen, und dass sich die Tischkonversation ausschließlich um die Beschaffenheit von Mürbeteig drehte. Angeregt erörterte man, wie der Teig auszurollen sei und ob sich als Füllung besser Aprikosenmarmelade eigne oder bittere Schokolade, weil Letztere einen größeren Kontrast zur Süße des Teiges ergebe. Und ich dachte daran, dass die englischen Kolonialherren in ihren Clubs in Indien sicher auch Plätzchenrezepte ausgetauscht haben.

Auf der Terrasse saßen Männer, die aussahen wie alte Agnellis, mit sonnengegerbter Haut, Siegelringen und der Überzeugung, dass sich der Wind immer zu ihren Gunsten dreht. Schöne alte Männer mit türkisblauen Augen. Die im Schimmer eines vanillefarbenen Leinenjacketts ruhten. Die Eiswürfel in ihren Aperitifgläsern klingen ließen und jahrhundertealte Anekdoten erzählten. Etwa, als sich die *Gazette de Nice* während einer Segelregatta gefragt habe, ob die Mitglieder des Circolo Italia tatsächlich Prinzen oder nicht vielmehr Seemänner seien, weil sie an keinem Gesellschaftsempfang teilnähmen. Was die Clubmitglieder dazu inspiriert habe, am nächsten Tag im Frack zu segeln. Oder dass Damen lediglich als Gäste erwünscht seien, nicht jedoch als Mitglieder, weil der Circolo sonst zu einem Canasta-Club verkomme.

Während der Ehrenpräsident erzählte, streichelte der Sommerwind ganz sanft über mein Gesicht. Und obwohl ich mich für meine Gedanken schämte, über den Müll und das verseuchte Leben und das, was man *Il sistema* nennt, war es plötzlich da, das schreckliche Wort. *Camorra*. Mit einem Mal gefror alles, als sei die Rede von einer Obszönität. Die alten

Agnellis blickten stumm in ihre Aperitifgläser. Die Segelmasten ächzten nicht mehr. Der Wellenschlag erstarrte. Und der Mann mit den türkisblauen Augen sagte: »Ach, wissen Sie, das ist ein Problem der Peripherie, die Neapel überrennt.«

Alessandra lächelt. Sie kennt ihre Stadt und deren Abgründe. Eine Zeitlang lebte sie in Kuba, und wie jeder Neapolitaner fühlte sie sich schuldig, weggegangen zu sein. Als hätte sie Neapel im Stich gelassen. Dann kehrte sie wieder zurück. Und die Stadt tat so, als sei das gar nicht nötig gewesen. Eine Stadt, deren Golf wie ein glitzernder Umhang ausgebreitet vor uns liegt – ein Anblick, den Alessandra jetzt allerdings nicht genießen kann, weil sie unter das Steuerrad ihres Autos gekrochen ist, wo sie mit einer komplizierten Abfolge von Schließen und Entriegeln die stählernen Fesseln und Riegel zu lösen versucht, mit denen in Neapel Autos gesichert werden müssen.

Alessandra setzt mich kurz vor dem Hotel ab, die letzten Meter mache ich zu Fuß, wegen der Einbahnstraße. Auf dem Bürgersteig sind so viele Menschen unterwegs, als sei Mittagszeit und nicht fast Mitternacht. Kurz vor dem Eingang zum Hotel höre ich, wie mich jemand ruft. Ich drehe mich um und sehe Gino. Er umarmt mich wie eine wiedergefundene Schwester. Im Schein der Straßenlaterne sehe ich, dass seine Augenbrauen frisch gezupft sind. Nein, er habe die Stadt nicht verlassen, er sei nur an das andere Ende der Via dei Tribunali gezogen, in einen neuen Laden, dessen Miete etwas niedriger sei. »Warum sollte ich denn aus Neapel weggehen?«

14

Am nächsten Morgen kann ich endlich das tun, wovon ich seit zweitausend Kilometern geträumt habe: auf den Knopf drücken. Sirrend faltet sich das Verdeck zusammen und verschwindet in dem Fach am Heck. Doch schon als ich an einer Ampel unweit des Archäologischen Museums stehe, bereue ich meine Kühnheit, denn in dem flachen Alfa Spider sitze ich genau in der Höhe der Auspuffrohre der Laster. Bereits nach der ersten Ampelphase fühle ich mich wie betäubt. Spiderfahren hat seinen Preis.

Auch ohne Stadtplan habe ich die Straße gefunden, die zur Autobahn führt, der Spider schraubt sich höher und höher, vorbei an Läden, in denen Terrakottatöpfe und Padre-Pio-Statuen aus Marmor verkauft werden, Kurve um Kurve, bis man nichts anderes sieht als das Meer, den Vesuv und den Himmel. Der ganz hoch und licht ist, immer noch gläsernes Blau, das von kleinen Wolken wie mit weißen Federstrichen durchzogen wird.

Vor mir fährt ein tomatenroter Laster, auf dessen Ladeklappe in riesigen schwarzen Buchstaben steht: *Sempre invidia, mai pietà*. Was der italienischen Redensart entspricht, dass es erstrebenswerter sei, beneidet zu werden, als bemitleidet. Vor dem Kassenhäuschen der Stadtautobahn lagert ein Schwarm aus Bettlern, albanischen Fensterputzern, afrikanischen Tempotaschentuchverkäufern und Zigeunerinnen, die Babys in Tüchern um die Hüfte gebunden haben. Ich fahre vor, und sofort klebt der Schwarm an dem Alfa. Damit ich nicht gleich an der erstbesten Ampel ausgeraubt werde, hatte ich meine Handtasche im Kofferraum eingeschlossen. Was sich nun als Problem erweist. Unter den begierigen Blicken der Bettler steige ich aus, öffne den Kofferraum, entnehme das Portemonnaie und zahle mein Billet. Und der Kassier zischt: »Sind Sie verrückt geworden? Fahren Sie schnell weiter, die Leute sind gefährlich!«

Das will ich auch tun, aber als ich losfahren will, rufen die Bettler: »Signora! Signora!« Und machen mich darauf aufmerksam, dass die Kofferraumklappe noch geöffnet ist. Ein afrikanischer Tempotaschentuchverkäufer schließt sie mit hoheitsvoller Geste. Und winkt mir nach.

Ich bin zum Mittagessen in Nocera verabredet, mit der Baronessa Cettina Lanzara. Sie wohnt dort in der Villa ihrer Familie, jedenfalls die Sommermonate über, wie es sich für neapolitanische Aristokraten gehört. Die Baronessa ist über neunzig Jahre alt, was man bei einer Dame eigentlich nicht erwähnen sollte, aber dennoch von Belang ist. Denn mit neunzig, so pflegt sie zu sagen, ist man entweder tot oder verblödet.

Als ich sie anrief, um meinen Besuch anzukündigen, gab sie mir eine detaillierte Wegbeschreibung durch: »Nach der Autobahnabfahrt links abbiegen, die dritte rechts nach der Ampel, dann wieder rechts, an der großen Kreuzung hinter dem Bahnübergang links und dann wieder rechts, an der Tankstelle vorbei, schließlich rechts in die etwas schmale Gasse, vorbei an dem Supermarkt, dahinter links abbiegen. Können Sie mir das bitte wiederholen?« »Nein«, sagte ich. Also entschied die Baronessa, dass mich ihr Hausdiener in der Stadt auflesen werde, hinter der dritten Abzweigung nach dem Bahnübergang, gleich vor der Tankstelle, links von – und als ich mich noch fragte, ob ich links oder rechts abbiegen sollte, da hatte mich der Diener bereits bemerkt und fuhr nun mit seinem Wagen voraus.

Nocera ist das, was von einer Stadt übrig bleibt, wenn die Camorra zusammen mit willfährigen Politikern und Unternehmern die Herrschaft übernimmt: ein Labyrinth aus Beton. Wohntürme, die aussehen wie gestrandete Ozeanliner, umringt von stahlbewehrten Mauern, vielgeschossige Beweise für den *condono*, den Straferlass für Schwarzbauten, der in Italien regelmäßig von jeder Regierung erlassen wird, dazwischen Garagen, Supermärkte, Lagerhallen. Und Geschäfte für Büffelmozzarella, die Spezialität Kampaniens.

Und mittendrin steht die Villa Lanzara, der einzige Ort, der noch nicht vom Beton verschlungen wurde: ein zweihundert Jahre alter Landsitz, in dessen Park die Baronessa auf einer weißen Bank sitzt und mich zu sich winkt. Über die moosigen Wege laufe ich zu ihr hin, vorbei an Malmaisonrosen, Zypressen, Palmen, Eichen, Kamelienbäumen und einer himmelhohen Palme, einer dreißig Meter hohen Washingtonia robusta, deren Wipfel wie ein Zeichen des Widerstands über Nocera weht.

Die Baronessa hat karmesinrote Lippen und karmesinrote Fingernägel, und der Blick ihrer grünen Nixenaugen ist wie immer spöttisch. Sie trägt eine Perlenkette und ein pinkfarbenes Kostüm, ihr Haar hat die Farbe von Ebenholz und ist sorgfältig frisiert, ihre Hände ruhen auf dem Elfenbeinknauf eines Spazierstocks – und erheben sich nun ganz leicht, um dem Hausdiener mit einer matten Geste zu bedeuten, er möge bitte das Aperitif-Gebäck reichen.

In der Tat ist die Villa Lanzara ein Nest des Widerstands in Nocera. Des Widerstands gegen die Herrschaft derer, die man in Neapel *lazzaroni* nennt, Lumpenpack. Das schon der Bourbonenkönig Ferdinand IV. mit Geschenken bedachte, um sich seine Macht zu sichern – so wie die italienischen Politiker bis heute mit der Camorra kungeln. Die Camorra, die aus den Bandenstrukturen der *lazzaroni* hervorgegangen ist.

Erst kam der Zweite Weltkrieg, dann das Erdbeben von Irpinia, das weite Teile des neapolitanischen Hinterlandes zerstörte, dann der Triumph der Camorra: Viele neapolitanische Adlige verließen die Stadt. »Aus Feigheit«, wie die Baronessa bemerkt. Sie hingegen blieb, während die Landschaft um sie herum zum Zerrbild verkam. Bis hin zu einem Schwarzbau, der über die Mauern der Villa Lanzara ragt. Immer noch wird in der Villa eingebrochen. Die Diebe stahlen Kommoden, Empiretische, Gemälde, aus dem Garten verschwanden alle Statuen. Und die Baronessa erzählt davon so gleichmütig, als würde sie einen verregneten Sommer beklagen. Bis in die sechziger Jahre war Nocera eine kleine, anmutige Stadt, umgeben von Eichenwald – gerühmt von Goethe und vom schwedischen König Gustav VI. Adolf, der als passionierter Archäologe den Ort eigens wegen des frühchristlichen Taufbeckens von Santa Maria Maggiore besuchte – der einzigen Sehenswürdigkeit. Die vermutlich nur noch existiert, weil die Camorra den Wert der byzantinischen Säulen der Taufkirche nicht einschätzen konnte.

Ungeachtet ihres hohen Alters organisiert die Baronessa Empfänge, im Sommer in der Villa, im Winter in Neapel, Empfänge für hundert Personen. Sie schreibt und hält Reden, sie ist Präsidentin der historischen Residenzen der Region Kampanien, sie versucht, die Meisterwerke des neapolitanischen Barocks zu bewahren, und sie hat nach dem Vorbild der Women's Voters League die Vereinigung italienischer Wählerinnen gegründet, die Preise an besonders engagierte Antimafiakämpferinnen verleiht. Was sie nicht daran hindert zu sagen: »Ich hasse Feministinnen.«

Wir essen im Jugendstilsalon, in dem von den antiken Lichtschaltern bis hin zum marmornen Bidet auf der Gästetoilette seit hundert Jahren alles unverändert ist. »Bitte setzen Sie sich doch mit Blick auf den Garten«, sagt die Baronessa und gibt den beiden livrierten Hausdienern ein Zeichen. Während des ganzen Essens stehen sie da wie Statuen, in die von Zeit zu Zeit Bewegung gerät, weil sie noch etwas Lasagne reichen, Wein nachschenken, die Teller abräumen, Brotkrümel mit einem kleinen, silbernen Messer entfernen, all das unter den Nixenaugen der Baronessa, der keine Bewegung ihrer weißbehandschuhten Angestellten entgeht. Den Kaffee nehmen wir vor dem Kaminfeuer ein, unter der Chronologie der italienischen Könige sitzend. Über dem Kaminsims hängen ein Florett und eine verstaubte Fechtmaske.

Manchmal kann es schon Widerstand sein, wenn man einfach nur darauf beharrt, zu bleiben.

Es dauert nicht lange, und ich sehe wieder das Meer. Es liegt da wie grau schimmerndes Metall, der Horizont verschwimmt in rosa getränkte Wolken. Das Stück Autobahn kurz vor Salerno windet sich fast so atemberaubend wie die Amalfitana an der Küste entlang, manchmal verläuft die Autobahn sogar zweigeschossig, weil nicht mehr als eine Fahrspur am Hang Platz findet.

Nach Salerno biegt die Autobahn in das Land ein, bald kann man das Meer nur noch ahnen, ein Leuchten in der Ferne. Schöner ist es, die Strecke Neapel–Reggio Calabria direkt am Meer entlang mit dem Zug zu fahren. Wo sich die Buchten mit melancholischen, verlassenen Stränden aneinanderreihen. Gegen Abend will ich in Lamezia Terme sein, in der Provinz Cosenza.

Schon nach wenigen Kilometern gerate ich wegen einer Baustelle in einen Stau. An der Autobahn Salerno–Reggio Calabria wird seit Menschengedenken gearbeitet. Sie ist so etwas wie der Turmbau von Babel. Obwohl hier nichts Besonderes vollbracht werden soll, jedenfalls nichts, was die Ingenieurskunst überfordern könnte. Die Herausforderung besteht vielmehr darin, die Bosse der 'Ndrangheta zufriedenzustellen.

Für jedes Teilstück der Autobahn ist ein anderer Clan zuständig. Alle wollen an der Autobahn verdienen. Ohne ihre Gnade bewegt sich kein Bagger, keine Straßenwalze, kein Baulaster. »Sicherheitssteuer«, so nennen die beiden verantwortlichen italienischen Baufirmen das Schutzgeld hier: Drei Prozent verlangen die Clans für die Ausführung der Arbeiten – darüber hinaus werden als Subunternehmer nur Firmen zugelassen, die den Bossen genehm sind. Nicht zuletzt hängt ihr Prestige davon ab, wie sehr es ihnen gelingt, die großen italienischen Bauriesen gefügig zu machen.

Über der Ebene hängen große Wolken, zum Horizont hin dehnen sie sich aus und zerflattern. Schon verwandelt sich die Landschaft vor meinen Augen wieder in ein Altarbild. In der Ferne über einem Hügel fällt aus dem Wolkendach ein Sonnenstrahl, der sich zur Erde hin auffächert. Gleich wird es Heilige regnen. Ich merke, wie mir ganz fromm zumute wird. Wie als Kind, wenn ich einen Regenbogen sah. Don Tonino würde sagen: Gott ist überall, in den Wolken, im Regenbogen, Gott steckt selbst in diesem Teilstück der Autobahn Salerno–Reggio Calabria, in der zu dünn aufgetragenen und deshalb aufgeplatzten Asphaltdecke, man muss IHN nur sehen!

Don Tonino Vattiata ist ein Antimafiapriester aus dem kalabrischen Vibo Valentia. Lange bevor die Bischöfe die süditalienische Bevölkerung in ihrem Bischofsbrief 2010 dazu aufforderten, sich von den Fesseln der Mafia zu befreien, schloss Don Tonino die Bosse von den Prozessionen aus.

Als ich Don Tonino kennenlernte, traf ich ihn zusammen mit Giovanna Fronte, einer Anwältin, die Mafiaopfer und abtrünnige Mafiosi vertritt. Don Tonino ist sehr groß und auch etwas dick, oder besser: fest. Sein umfangreicher Leib ist vielleicht das Einzige, womit er der Vorstellung eines süditalienischen Priesters entspricht, ein Leib, den Don Tonino sehr

307

leichtfüßig bewegt. Seine Priesterbinde hängt immer etwas lose um seinen Hals, ein Plastikstreifen, von dem man nicht weiß, wozu er gut sein soll. Giovanna Fronte dagegen ist klein und elektrisch aufgeladen; ich erwarte immer, dass es knistert, wenn sie mich auf die Wange küsst.

Der Don und die Anwältin sind miteinander so verbunden wie Sherlock Holmes und Watson oder Hercule Poirot und Captain Hastings. Wenn es nötig ist, treffen sie sich auch nachts, etwa um nachzuforschen, wo der letzte Kronzeuge Bomben gelegt hat. Beide sind Sizilianer. Beide sind bei der Antimafiaorganisation »Libera« engagiert. Womit sie sich in einer Stadt wie Vibo Valentia wenig Freunde machten. Umso mehr, als sich dieses Engagement bei Don Tonino keineswegs auf Sonntagsreden beschränkt. Das mag an einer anderen Besonderheit liegen: Don Toninos Vater war Polizist im mobilen Einsatzkommando Palermos. Weshalb Don Tonino zwar an die göttliche Gerechtigkeit glaubt, im Zweifel aber dafür sorgt, dass der irdischen Vorrang eingeräumt wird. Dafür greift er gelegentlich auch zu unkonventionellen Methoden. Etwa wenn er mit Sturmhaube auf dem Kopf nachts den Ort zu finden versucht, an dem ein Container mit Wasserversorgung und Klimanlage vergraben wurde – das übliche Versteck für flüchtige Bosse. Und in dem Don Tonino ein Waffen- und Munitionslager der 'Ndrangheta entdeckt.

Von seinem Vater hat er auch schießen gelernt. Einmal, es war an einem Feiertag, ganz Vibo drängte sich zwischen den Jahrmarktsbuden und kaufte Luftballons und gebrannte Mandeln, gefälschte Bohrmaschinen und Herrensocken, als Don Tonino mit einigen Ministranten die Kirche verließ. Er hörte das Lachen einer Gruppe von 'Ndranghetisti, die umso lauter lachten, je näher der Priester kam. Da entschloss er sich, mit seinen Ministranten zum Schießbudenstand zu gehen. Wo er mit einer Kugel zwei Dosen schoss. Und spürte, wie es hinter ihm still wurde. Ein Boss fragte ihn: »Predigen Sie auch so, wie Sie schießen?«

»Schießen ist für mich ein Spiel, Predigen eine Pflicht«, sagte Don Tonino kühl.

Der Don und die Anwältin begleiteten mich zu dem Mann, mit dem für sie alles angefangen hat: Der Optiker Nello Ruello war der Erste, der in Vibo Valentia die Bosse angezeigt hat, die von ihm Schutzgeld erpressten – und die zu dem Clan Lo Bianco gehörten. Giovanna Fronte war seine Anwältin. Sie sorgte dafür, dass er in ein Zeugenschutzprogramm aufgenommen wurde und dass ihm ein staatlicher Kredit gewährt wurde. Und dass eine Bank gefunden wurde, die bereit war, ihm diesen Kredit auszuzahlen.

Wir betraten sein Geschäft, es war erst wenige Monate zuvor eröffnet worden. Giovanna stellte mir den Optiker vor, ein hochgewachsener, schüchtern wirkender Mann, in dessen Stimme immer noch die Verwunderung darüber mitschwang, nicht aus Verzweiflung Selbstmord begangen, sondern gekämpft zu haben.

In den Auslagen lagen Armani-Brillen und die neuesten Gucci-Modelle, tropfenförmige Ray-Ban als Sonderangebote für den Sommer, daneben waren Fotoapparate ausgestellt und Bilderrahmen. Zwischen den Regalen standen zwei Männer in Safarijacken. Denn der Optiker verkauft seine Brillen bis heute unter Polizeischutz.

An der Wand hing ein Foto, das die Einweihung des Geschäftes zeigte, in Gegenwart von Polizisten, Carabinieri, Staatsanwälten und des nationalen Antimafiaermittlers Pietro Grasso. Alle trugen eine gelbe Gerbera in der Hand. Sie ist in Kalabrien das Symbol für den Kampf gegen die 'Ndrangheta. Auch der Optiker Nello Ruello hielt eine gelbe Gerbera in der Hand, ihr Stiel war mit dünnem Draht umwickelt. Ob es Zufall war, dass die Gerbera zum Antimafiasymbol ausge-

309

wählt wurde? Eine Blume, die ohne künstlichen Halt umknickt?

Ich überschreite jede Geschwindigkeitsbegrenzung. In der Hoffnung, dass die Blitzanlagen sich in dem gleichen desolaten Zustand wie die Autobahn befinden. Außerdem hoffe ich darauf, dass die internationale Strafverfolgung von Temposündern noch nicht ganz ausgereift ist. Und so erreiche ich Lamezia Terme schneller, als es Google Maps sich vorstellen kann.

Leider ist es schon dunkel, als ich ankomme, die Palmen rechts und links der Straße lassen sich nur ahnen, es sind Washingtonia robusta, wie ich mit von der Baronessa geschärftem Blick erkenne. Daneben stehen Orangenbäume, deren Früchte im Dunkeln leuchten. Das Hotel liegt etwas erhöht auf einem Hügel, ich kenne seinen Ausblick auf das goldgleißende Meer, da, wo jetzt nur schwarze Nacht ist. Aber ohne den Ausblick bleibt nichts anderes als ein Zimmer mit einem neunzig Zentimeter breiten Bett, senffarbenem Teppichboden und Neonlicht im Badezimmer.

In der Kanzlei eines Rechtsanwalts in Lamezia Terme erwartet mich eine Mutter, die glücklich darüber ist, endlich den Knochen ihres von der Mafia ermordeten Sohnes wiedergefunden zu haben. Endlich einen Ort zu haben, wo sie ihn beweinen kann – wie ich in Rom bei den »Generalständen der Antimafia« erfahren habe. Ihre Geschichte will ich hören.

Als ich mit einer leichten Verspätung in der Kanzlei ankomme, wartet die Mutter bereits auf mich. Eine schwarzgekleidete Frau mit roten Haaren und einem seltsam wiegenden Gang. Angela Donato. Meine kalabrischen Freunde hatten mir von ihr erzählt. Alle kennen sie hier, alle kennen hier die Geschichte von dem Knochen.

Die Signora läuft vor mir in den Konferenzraum der Kanzlei, als kennte sie sich in diesen Räumen gut aus. Schon sitzt

sie unter dem Neonlicht an dem Konferenztisch, vor blank-
polierten Nussbaumregalen, in denen Aktenordner stehen.
Auf dem Schoß hält sie ihre Handtasche, wenn sie auf dem
Stuhl sitzt, berühren nur ihre Fußspitzen den Boden. Ihre
Arme sind weiß, mit kleinen Sommersprossen übersät. Ihre
Hände sind sehr klein. Gleichzeitig sehr kräftig.

Sie kann es kaum erwarten, ihre Geschichte zu erzählen.
»Nicht alle hier haben den Mut, die Wahrheit zu sagen!«, ruft
sie kämpferisch und schlägt mit der Handfläche auf den Tisch.
Dreiundvierzig junge Männer sind in den letzten Jahren rund
um Filadelfia verschwunden, einem kleinen Ort unweit von
Lamezia Terme. Ihr Sohn Santo war einer von ihnen. Alle waren junge Männer ohne Vorstrafen, von der 'Ndrangheta angeworben, *facce pulite,* saubere Gesichter. Eine Zeitlang habe
Santo in Bozen gearbeitet, ein paar Kalabrier meldeten unter
seinem Namen Baugesellschaften an, Unternehmen, die immer dann in Konkurs gingen, wenn sie kurz davor waren auf-
zufliegen. Als das nicht mehr funktionierte, arbeitete er in
einem Lager in Turin weiter für die Bosse. Und natürlich habe
sie als Mutter alles gewusst, von Anfang an.

Sie knetet ihre Handtasche. Ich frage sie, ob ihr Sohn geahnt habe, dass sie alles wusste. Sie gibt mir keine Antwort.
Sie ist es nicht gewohnt, auf Fragen zu antworten. Stolz
lächelnd sagt sie, dass man ihr nichts vormachen könne.
Denn schon ihr erster Mann habe ein paar Probleme mit der
Justiz gehabt. Und macht eine Pause. Und ich frage mich, ob
sie wirklich zögert oder ob die Pause ihrer Geschichte dienen soll. Aber dann scheint es wieder, als treibe sie der Ge-
ständnisdrang, der Wille, ihre Geschichte loszuwerden. Sie
präzisiert: Ihr verstorbener erster Mann sei ein Mafioso gewesen, einer, für den sie schon als junges Mädchen ihre Familie verließ, weil sie sich in ihn verliebt hatte. Ein Boss sei
er gewesen und sie die Frau des Bosses. Zwar sei sie nicht

311

mit ihm verheiratet gewesen, aber seine Geheimnisse habe sie alle gekannt. Weshalb ihr Sohn ihr nichts habe vormachen können, als er sich mit bestimmten Leuten herumgetrieben habe. Santo, ihr Leben, ihr Fleisch und Blut, ihr Erstgeborener, ihr Heiliger, Santo, sie habe von Anfang an gewusst, dass es so enden werde.

Erst fing es mit ein paar gestohlenen Motorrädern an, dann verschwanden Autos, schließlich nahmen die Carabinieri ihren Sohn mit einem gestohlenen Wagen fest, einem Wagen, den die 'Ndranghetisti aus dem Dorf gestohlen hatten, zwei Brüder, die eine Autowerkstatt betrieben und mit denen ihr Sohn Santo befreundet war. Von da an hatte sie keine ruhige Minute mehr. Aber das war erst der Anfang. Denn dann entdeckte sie, dass ihr Santo eine Freundin hatte. Sie hatte es daran gemerkt, dass er mehr Geld als gewöhnlich gebraucht hatte. Dass er angeblich sogar etwas Geld aus einem Drogengeschäft für sich behalten habe. Für eine Freundin, die sie nicht zu Gesicht bekam. Das war es, was ihren Argwohn weckte.

Sie habe geahnt, was sich dahinter verbarg. Seiner Mutter konnte ihr Sohn nichts vormachen, ihr, der Ex-Frau eines Bosses. Sie fragte seine Freunde, ob Santos Freundin die Tochter von *jemandem* sei. Einem Boss. Santos Freunde schnalzten nur kurz mit der Zunge, so wie man es tut, wenn man alles und nichts sagen will. Es dauerte nicht lange, dann fand sie heraus, dass sie nicht die Tochter, sondern die Frau von *jemandem* war.

Das sei der Moment gewesen, an dem Signora Donato zu ihrer Tochter gesagt habe: »Wir haben deinen Bruder verloren.« Sie habe es ihm sogar selbst gesagt, ihrem Santo: »Wir werden dich nicht finden, sagte sie, wir werden kein Grab haben, an dem wir dich beweinen können.«

Ich will sie fragen, was Santo darauf geantwortet habe. Doch als ich nur Luft hole, sagt sie schon, dass die Liebesgeschichte weitergegangen sei, immer weiter, eine Geschichte, die sich jenem unausweichlichen Ende entgegengewunden habe, das für solche Geschichten hier vorgesehen sei. Und dennoch habe Signora Donato versucht, den Lauf der Dinge aufzuhalten. Sie habe sie angerufen, SIE, in Großbuchstaben, so nennt sie die Geliebte ihres Sohnes bis heute, und manchmal sagt sie auch: »diese Frau«. Signora Donato habe es erst im Guten versucht, dann im Bösen. Sie habe sie angeschrien. Schreiend habe sie ihr klarzumachen versucht, dass man den Mann nicht betrügen dürfe, weil es sonst schlimm endete. Aber nichts sei geschehen. Jedenfalls nichts, was sie hätte hoffen lassen. Immer wieder sei SIE aufgetaucht. Zuletzt auf einer Reise ihres Sohnes nach Assisi, auf der Rückfahrt wollte er in San Giovanni Rotondo beten, der Wallfahrtsstätte von Padre Pio. Später habe Signora Donato erfahren, dass sie auch dabei gewesen war, auf dieser Reise nach Assisi und zu Padre Pio. Diese Frau. Die selbst dann nicht von ihrem Sohn habe lassen wollen, nachdem der Boss, ihr Mann, aus dem Gefängnis entlassen wurde.

Als Signora Donato das erfuhr, habe sie gedacht: Es ist alles vorbei, das ist das Ende. Aber sie habe es noch einmal versucht. Sie habe ihren Sohn noch nicht für verloren erklären wollen. Etwas Vernunft musste doch möglich sein. »Ihr Mann wird sie nicht anrühren«, habe Signora Donato zu ihrem Sohn gesagt, »aber dich, dich wird er anrühren. Du wirst einen Unfall mit einem Lkw haben, irgendetwas wird passieren.« Aber Santo habe die Stimme seiner Mutter nicht mehr gehört. Am 9. Juli 2002 verschwand er. Und SIE sei es gewesen, die sie anrief, seine Mutter, um zu erfahren, wo Santo sei. Und sie, seine Mutter, habe nicht mal gewusst, wie ihr Sohn angezogen war, als er verschwand. Ob er ein weißes T-Shirt trug oder ein kariertes Hemd.

Schließlich habe sie den Anwalt angerufen. Er fragte im

313

Krankenhaus nach, die Carabinieri, die Finanzpolizisten. *Niente.* »Santo kehrt nicht mehr zurück, ich fühle es«, habe sie zu einem *maresciallo dei carabinieri* gesagt, dem Einzigen, dem sie vertraute. Nach zwei Tagen gab sie eine Vermisstenanzeige auf. Und dann suchte sie nach ihrem Sohn, vierzig Tage lang, vierzig Nächte. Sie war überzeugt, dass der Boss und sein Bruder ihren Santo umgebracht hätten. Auch wenn die wahre Mörderin SIE gewesen sei.

Als die Signora auf der Suche war, habe sie sich eine Perücke aufgesetzt, einen Wagen gemietet und der Momente gedacht, in denen ihr Sohn mit ihr gesprochen hatte, voller Zärtlichkeit. Sie habe zur Madonna gebetet: Du hast ihn mir geschenkt, du musst ihn mir zurückgeben. Sie habe Tagebuch geführt. Die Mörderin, das sei SIE, wiederholte Signora Donato. Aber schon damals habe sie niemand hören wollen.

Einer der Helfershelfer der Bosse musste wissen, wie ihr Sohn umgebracht worden war. Ihn wollte sie zum Reden bringen. »Ich wollte ihm auflauern«, sagt Signora Donato. »Ich wollte ihn an einem Baum erhängen, bis er die Wahrheit sagt.«

So habe sie den Hinterhalt vorbereitet. Zusammen mit den Kindern aus der ersten Ehe ihres verstorbenen Mannes. Sie wollte so tun, als hätte sie eine Reifenpanne. Und wenn das Opfer anhalten und ihr seine Hilfe anböte, wollte sie den Kindern ein Zeichen geben.

Sie hatte die Reifenpanne, der Mann hielt und bot ihr an, den Reifen zu wechseln. Aber dann sei da etwas gewesen, was sie davon abgehalten habe, den Kindern das verabredete Zeichen zu geben. Zum Mord. Denn etwas anderes wäre es ja nicht gewesen.

»Und dann wären wir natürlich nicht mehr aus dem Gefängnis rausgekommen«, sagt Signora Donato. »Mit einem Mord auf dem Gewissen.«

»Ja«, sage ich. Und klinge so, als hätte Signora Donato gerade erwähnt, dass sie lieber Fisch statt Fleisch esse. Und während Signora Donato weiterredet, davon, wie sie Vertrauen gefasst habe in den *maresciallo* der Antimafiaeinheit von Catanzaro, der ihr versprach, ihren toten Sohn wiederzufinden, starre ich auf die kurzen, kräftigen Finger der Signora Donato, die immer noch die Handtasche umklammern.

Vier Jahre nach dem Verschwinden ihres Sohnes, im Jahr 2006, wurde schließlich sein Schlüsselbein gefunden. Nicht mehr. Der Rest sei vermutlich von Wildschweinen aufgefressen worden. Der Helfershelfer, der kurz davor gewesen war, von der Signora erhängt zu werden, wurde wenig später verhaftet, mangels Beweisen wieder freigelassen. Und entschloss sich dann aber überraschend, mit der Justiz zusammenzuarbeiten.

»Ich hätte ihn sonst doch noch um die Ecke gebracht«, sagt Signora Donato freundlich. Und wischt mit der Hand über den Konferenztisch.

»Ja«, sage ich. Und frage mich, ob das wirklich die Geschichte von der Mutter ist, die nichts anderes wollte als einen Ort, an dem sie ihren toten Sohn beweinen könnte. Ich frage mich, ob mir eine trauernde Mutter gegenübersitzt. Oder eine Beinahemörderin. Eine Rächerin. Für die nur das Auge um Auge, Zahn um Zahn, Blut für Blut zählt. Und wie es dazu kommen konnte, dass es hier so leicht klingt, so leicht und so ungeheuerlich zugleich, jemanden umzubringen. Ihn um die Ecke zu bringen, *farlo fuori*, wie es auf Italienisch heißt.

Die eisige Luft der Klimaanlage ist in meine Glieder gekrochen. Als ich aufstehe, fühle ich mich wie betäubt, als sei ich gerade aus einem Alptraum erwacht. Ich bin erleichtert, als wir endlich den Konferenzraum und die Kanzlei verlassen. Signora Donato läuft neben mir zum Parkplatz, in jenem seltsam wankenden Gang, den sie ihrer Hüftkrankheit verdankt. Die Luft draußen ist warm und feucht, Schirokko.

Als wir uns verabschieden, frage ich die Signora, ob sie nicht erleichtert war, als sie die sterblichen Überreste ihres Sohnes endlich beerdigen konnte.

»Den Knochen, meinen Sie?«, fragt Signora Donato und winkt ab. »Nein, nein, den habe ich nicht. Den wollte ich auch gar nicht. Die 'Ndranghetisti hätten mir doch unsere Gruft kaputt gemacht. Der ist noch im gerichtsmedizinischen Institut in Messina. Sie brauchten doch neue DNA-Proben für den Prozess.«

Später, als ich mit meiner Freundin Francesca beim Abendessen sitze, stellt sich heraus, dass die Mutter, über die in Rom gesprochen wurde, eine andere war.

Wir sitzen an einem großen Tisch, zusammen mit Freunden, die meine Freundin zusammengerufen hat. Alles Antimafiaaktivisten. Der Don und die Anwältin sind da, ein weiterer Priester, ein Geschäftsmann, der eine Organisation gegen die Schutzgelderpressung auf die Beine gestellt hat, außerdem der ehemalige Chef der parlamentarischen Antimafiakommission, und später taucht sogar noch der Bürgermeister von Lamezia Terme auf. Ihm ist gerade die Aufgabe zugefallen, vierhundert Häuser abzureißen, die von der 'Ndrangheta errichtet wurden und die ein Gericht nun für illegal erklärt hat.

Der Geschäftsmann, der gegen die Schutzgelderpressung kämpft, erzählt eine kleine Episode aus seinem Arbeitsalltag. Ein Mann sei in ein Versicherungsbüro gekommen und habe gesagt: Ich habe nur fünf Euro in der Tasche. Können Sie mir hundert geben? Die Bosse machten sich nicht mal mehr die Mühe, jemanden einzuschüchtern, um Schutzgeld zu erpressen.

An den Nebentischen sitzen die Leibwächter. Die Leibwächter für den Bürgermeister von Lamezia Terme, die Leibwächter für den ehemaligen Präsidenten der Antimafiakommission, die Leibwächter für den Mann, der gegen die Schutzgelderpressung kämpft.

Wir trinken den fast schwarzen kalabrischen Rotwein. Wer unsere Gespräche nicht hört, könnte meinen, wir wären eine lustige Tischgesellschaft.

15

Wenn ich die Hand ausstrecke, kann ich Sizilien berühren. Ich stehe auf der Autofähre nach Messina, die uns über jenen Meeresspalt hinwegtragen soll, der Sizilien vom Festland trennt, vom Kontinent, wie es in Sizilien heißt. Reggio Calabria liegt hinter mir, in der Ferne verschwindet seine Uferpromenade im Dunst mitsamt seinem marmornen Triumphbogen und dem nur wenige Meter entfernten Polizeipräsidium, das am meisten fotografierte Gebäude in Reggio Calabria. Jedes Mal, wenn es zu Verhaftungen von Bossen kommt, stehen vor dieser Treppe Journalisten, Kameraleute und Fotografen und warten darauf, dass die inhaftierten 'Ndranghetisti am Ende der Verhöre in Handschellen die Treppe hinuntergeführt werden, um in die bereitstehenden Polizeiwagen zu steigen, die sie in das Gefängnis bringen. Die Strangio-Schwestern schritten die Treppe wie Märtyrerinnen mit stolz erhobenen Häuptern herab, andere aus dem Clan von San Luca versuchten ihre Gesichter zu verbergen, andere spuckten aus und verfluchten die Journalisten.

Nachdem der Boss Giuseppe Tegano, Chef eines der mächtigsten Clans von Reggio Calabria, nach siebzehn Jahren im Untergrund festgenommen worden war, standen nicht nur Fotografen da, sondern auch unzählige Kalabresen. Als er von zwei maskierten Polizisten herabgeführt wurde, brach Jubel aus. Der allerdings nicht der erfolgreichen Polizeiaktion galt. Sondern dem Boss. »Er ist ein Mann des Friedens«, schrie eine Frau gellend, »des Friedens, des Friedens!« Die Menge applaudierte, und manche hielten ihre Kinder hoch, als schreite der Papst vorbei.

Als ich die Szene in den Fernsehnachrichten sah, musste

ich an Renato Cortese denken, den Leiter des mobilen Einsatzkommandos von Reggio Calabria. Was er gedacht haben mag, als der Jubel für den Boss ausbrach? Vermutlich kann ihn nichts mehr überraschen, wahrscheinlich dachte er an die nächste Verhaftungswelle.

Die Verhaftung der mutmaßlichen Killer von Duisburg ist nicht der einzige Erfolg von Renato Cortese. An der Wand seines Büros hängt eine auf Pergamentpapier mit schwarzer Tinte kalligraphierte Lobrede auf Corteses Meisterstück, die Gefangennahme des über vierzig Jahre flüchtigen Mafiabosses Bernardo Provenzano in Corleone. Renato Cortese, der demütige Staatsdiener im Kampf gegen die Geißel Mafia, wird gewürdigt, von Opfermut ist die Rede, von Leidenschaft und von Mission. Hartnäckig habe Cortese ein ehrgeiziges Ziel verfolgt.

Und genau an dieser Stelle wurde der Kalligraph berichtigt: Das »ehrgeizige« wurde mit blauem Kugelschreiber hinzugefügt. Denn eigentlich stand da: »ein anmaßendes Ziel«.

Das Übersetzen nach Sizilien dauert zwanzig Minuten. Ein Gespinst aus Nebel liegt über dem Meer. Ich gehe hoch auf das Deck, wo sich die Raucher fröstelnd ihre Zigaretten anstecken. Neben mir steht ein altes Ehepaar, Emigranten auf Heimatbesuch, Kalabrier mit amerikanischem Firnis. Die Frau hat silbergraue Haare mit einem starken Stich ins Violette. Sie trägt einen rosafarbenen Jogginganzug und zieht unaufhörlich an ihrer Zigarette und an ihrem Mann, der eine Baseballkappe trägt und orthopädisch geformte Sportschuhe. Sie sprechen kalabrischen Dialekt und fallen häufig ins Amerikanische. Sie betrachten die Küste von Reggio Calabria wehmütig, als ahnten sie, dass diese Reise ihre letzte sein würde.

Später, auf der Autobahn Richtung Palermo, fahre ich an Orangenplantagen vorbei, Blutorangen. Damals, als ich mit dem alten Renault vier hier ankam, war der Anblick der Orangenbäume für mich ein Schlüsselerlebnis. So wie die Palme für Goethe. Ich konnte nicht ahnen, dass ich viele Jahre später die Orangenbäume mit einer ganz anderen Geschichte verbinden sollte. Mit der des Orangenbauern Mario Caniglia.

Ich traf ihn in seinem Heimatdorf, Scordia, einem Dorf westlich von Catania. Blutorangen wachsen nur hier. Der Wind war warm und afrikanisch und wurde ab und zu vom Diesel eines durchfahrenden Lasters durchzogen, als ich an der verabredeten Stelle auf das Auto des sizilianischen Orangenbauern wartete. Ich hielt nach einem lehmverdreckten Fiat Punto Ausschau. Oder einem alten Renault. Als dann aber ein graphitgrauer Alfa Romeo hielt, aus dem zwei junge Männer heraussprangen und mich baten, ihnen zu folgen, glaubte ich an eine Verwechslung. Bis ich hörte, wie die Türen ihres Alfa Romeos mit jenem schweren Klang zufielen, der einem Tresor eigen ist. Mario Caniglia baut seine Orangen unter Polizeischutz an. Weil er sich geweigert hatte, Schutzgeld zu bezahlen.

Die Leibwächter des Orangenbauern fuhren schnell. Sehr schnell. Durch eine Landschaft aus Orangenhainen und Zement. Aus Industrieruinen und wildem Fenchel. Aus Dornenbüschen und einem verlassenen Bahnhofsgebäude. Vorbei an den Feldern mit roter Erde und Olivenbäumen, vorbei an Mauern aus verwitterten Feldsteinen, bis sie schließlich an einer Lagerhalle ankamen, vor der zwei Carabinieri warteten – mit Maschinenpistolen, die sie so beiläufig hielten wie ein Gärtner seine Gießkanne. Hinter ihnen tauchte Mario Caniglia auf, der Orangenbauer. Ein kleiner, kompakter Mann in einem türkisfarbenen Trainingsanzug.

Der Schädel des Orangenbauern war kahl und braungebrannt, und seine Hände waren so groß, dass sie kaum in seine Hosentaschen passten. Eilig führte er mich durch sein

Reich, vorbei an den Paletten mit den Orangenkisten, an der Sortieranlage, in das Orangenkühlhaus und in sein Büro, in dem die gleiche Temperatur wie im Orangenkühlhaus herrschte und in dem das Bild der Mutter Teresa der einzige Schmuck war.

Er bot mir Espresso an und erzählte wie einer, der keine Zeit mehr zu verlieren hat. Und der keinen Widerspruch duldete. Er faltete die großen Hände ineinander und sprach in einfachen, klaren Sätzen. In Sätzen, die klangen wie für ein Lesebuch gemacht.

Alles begann mit einem Telefonat. Am Abend. Eine Stimme sagte zu ihm: »Verdammter Gehörnter, entweder bezahlst du fünfhundert Millionen Lire oder wir bringen dich und deine Familie um.« Mario Caniglia dachte: Ein Irrer!, legte auf und sagte kopfschüttelnd zu seiner Frau: »Stell dir vor, da war so ein Schakal, der wollte fünfhundert Millionen Lire von mir.« Danach ging er ins Bett und schlief. Tief und traumlos.

Am Tag nach dem Telefonat stand er wie immer um fünf Uhr morgens auf, um auf seinen Orangenfeldern zu arbeiten, die er bewirtschaftet, seitdem er elf Jahre alt ist und sein Vater starb. Als er zum Mittagessen nach Hause kam, zitterte seine Familie vor Angst. Seine Frau, seine beiden Töchter, seine Schwiegersöhne. Der Erpresser hatte wieder angerufen und damit gedroht, seinen jüngsten Sohn, der in Catania seinen Militärdienst absolviert, zu köpfen. Und seinen Kopf hinter der Haustür abzulegen. Und falls Mario Caniglia die Polizei einschalten sollte, würde sein ganzer Betrieb in die Luft gesprengt.

Mario Caniglia benachrichtigte die Polizei dennoch, was in Sizilien, wo man einen Mann bis heute tödlich beleidigen kann, wenn man ihn als Carabiniere beschimpft, nicht selbstverständlich ist. Noch während er den Beamten berichtete, was ihm zugestoßen war, rief ihn sein Erpresser wieder an. Die Polizisten bedeuten Caniglia, weiterzusprechen und nicht aufzulegen. Also sprach er weiter, er bettelte um Nachsicht und einen Preisnachlass – und verspürte grenzenlose Wut in sich aufsteigen. »Ich wollte ihnen ins Gesicht sehen«, sagte er.

Er ließ sich von der Polizei mit Wanzen ausstatten und begab sich auf die Suche. In eine Welt, in der man sich mit Andeutungen, mit Halbsätzen und mit Schweigen verständigt. Eine Suche unter Freunden. Freunde, die wichtige Freunde haben. Freunde, die man in der dritten Person Plural anspricht, mit *Vossia*, Euer Ehren. Freunde, die man anflehen, beschwören und manchmal auch bedrohen muss. Ohne sie jedoch in ihrer Ehre zu verletzen.

Mario Caniglia begann seine Suche bei dem Wächter seiner Orangenplantage: »Du musst mir helfen, ich will zahlen, aber ich weiß nicht, bei wem.« Der Wächter verstand. Schließlich ging es doch nur darum, eine kleine Gefälligkeit zu erweisen. Wenige Tage später hatte er ein Treffen mit einer wichtigen Person in dem Orangenhain arrangiert. Mario Caniglia winselte um Hilfe, und die wichtige Person verkündete ihm, dass der Erpresser unweit seines Hauses wohne. Mario Caniglia kannte ihn, es war der Bruder eines inhaftierten Mafiosos. Als Mario Caniglia ihn traf, machte dieser ihm klar, dass er schon lange auf ihn wartete. »Es hat ja gedauert, bis du kommst«, sagte er.

Bevor der Mafioso sich dem Geschäftlichen widmete, warb er zunächst um Verständnis für die eigene missliche Lage: Nachdem seine halbe Familie umgebracht worden sei und er selbst nur knapp einem Attentat auf einem Friedhof entkommen sei, habe er zum gegnerischen Clan überlaufen müssen, um zu überleben. So sei es dazu gekommen, dass er nun die Schutzgelder eintreiben müsse. Er zeigte Verständnis für die finanzielle Lage von Mario Caniglia, schließlich sei man kein Unmensch, und verlangte statt fünfhundert Millionen nur noch zwanzig. Als Gegenleistung versprach er ein sorgenfreies Leben: »Wenn dir ein Lkw gestohlen wird, ersetzen wir ihn dir, wenn ein Traktor gestohlen wird, bringen wir dir einen neuen nach Hause.«

Weil das Haus von Carabinieri umzingelt war, wurde Mario Caniglia mutig und begann zu feilschen: nur fünf statt zwanzig Millionen, als einmalige Zahlung. Und er wolle dem Boss selbst in die Augen schauen. Wenige Tage später wurde er angerufen: Der Boss möchte ihn sehen. Und als Mario Caniglia an dem verabredeten Treffpunkt eintraf, stand vor ihm ein junger Mann, der im Sommer am Strand Wasserskooter vermietete. Vielleicht war es das, was ihn am meisten erzürnte: Dass er von einem Niemand erpresst wurde. Von einem Nichts. Von einem, der nur dank der Angst der anderen mächtig ist. Mario Caniglia aber zeigte keine Angst, er ging aufs Ganze, er gab sich als ehemaliger Mafioso aus, drohte mit wichtigen Freunden und mit Krieg: »Es wird Tote auf beiden Seiten geben. Fünf Millionen. Das letzte Angebot.«

Dann herrschte Stille. Wochenlang. »Die Stille bringt dich um«, sagte Mario Caniglia. Bei jedem vorbeirasenden Motorradfahrer sah er sich mit dem Gesicht in der eigenen Blutlache liegen. Abends saß die Familie in der Küche und belauschte das Nichts. Jedes Klappern, jedes Klirren wurde zur Bedrohung. Wenn der Wind einen Fensterladen zuschlug, glaubten sie, sterben zu müssen.

Die Polizei las aus der Stille heraus, dass Mario Caniglia ein doppeltes Spiel gespielt und das Schutzgeld bezahlt haben musste. Jetzt hatte Mario Caniglia keine Carabinieri mehr, die ihn zu den Treffen mit wichtigen Freunden von Freunden begleiteten. Er trug auch keine Abhörgeräte mehr am Körper. Er war allein. Und er nahm sich vor, im Stehen zu sterben, *in*

323

piedi, wie man es in Sizilien nennt, wenn einer nicht um sein Leben fleht.

Nach Wochen der Ungewissheit wurde er eines Nachts in dem Orangenhain von einer wichtigen Person erwartet. Das richtete ihm der Wächter aus. Als er vor dem Orangenfeld stand und niemanden sah, sagte ihm der Wächter: »Auch die Sterne haben Augen. Geh nur hinein.« Und Mario Caniglia, der in seinem Leben noch nie Angst hatte, merkte, wie seine Hosen nass wurden. Es war Palmsonntag.

Eine Stimme in dem Dunkel sagte: »Komm näher.« Es war wieder der Freund des Wächters. Er sprach sehr höflich. Er habe sich in der Angelegenheit mit wichtigen Freunden beraten. Man wolle sich mit seinen angebotenen fünf Millionen begnügen: Er solle sie jedoch bald bringen, damit die *picciotti,* die Mafiosi untersten Rangs, Ostern feiern könnten.

»Für viele Sizilianer wäre die Geschichte hier zu Ende. Aber ich wollte keinen Pakt mit dem Teufel«, sagte Mario Caniglia. Er informierte die Polizei, und die filmte die Geldübergabe. Bald danach wurden die Mafiosi festgenommen. Und als alles vorbei war, als seine Erpresser hinter Gittern saßen und ihn niemand mehr bedrohen konnte, als er sich nicht mehr vor jedem Motorradfahrer und jedem Windstoß fürchten musste, da dachte Mario Caniglia an Selbstmord.

Denn wenn er in der Bar auftauchte, spuckte man aus, zischte: *Gehörnter, Scherge, Carabiniere.* Wenn sein Sohn die Straße überquerte, flüsterte man: *Sohn eines Gehörnten, Scherge, Carabiniere.* Jeder Schritt wurde zum Spießrutenlaufen. Nie mehr mit offenem Gesicht auf die Straße. Am Tag, als seine Erpresser verhaftet wurden, standen Beamte des Personenschutzdienstes in seiner Küche und boten ihm an, Sizilien zu verlassen, die ganze Familie über Nacht an einen unbekannten Ort aufs Festland zu bringen, auf den Kontinent, Ehefrau und Sohn, Töchter, Schwiegersöhne und Enkelkinder – wo sie sich ein neues Leben aufbauen sollten, unter falschem Namen und mit einer falschen Vergangenheit und Geld vom italienischen Staat.

Flüchten wie ein Verräter? Wie ein Ruchloser? Warum sollte ausgerechnet er Sizilien verlassen? Er, der einen Hektar Land von seinem Vater geerbt und daraus fünfunddreißig Hektar gemacht hatte? Der aus Not zum Unternehmer wurde, weil er in jenem schlechten Jahr, in dem seine Orangen auf den Bäumen zu verfaulen drohten, seine Ernte zum ersten Mal in jenem Land anpries, in das er bis dahin noch nie einen Fuß gesetzt hatte: dem reichen Italien? Der in Mailand schließlich nicht nur seine ganze Ernte, sondern auch die von anderen Orangenbauern verkaufte? Der Reichtum für sich und für andere geschaffen hat? Und was für eine Schuld hätten seine Enkel gehabt, dass sie hätten leben müssen wie Davongelaufene, fern von jener Erde, die sie hervorgebracht hat, fern vom Orangenblütenduft? Und er, wer wäre er gewesen: ein Mann ohne Vergangenheit? Was für ein Mann ist das?

»Nein«, sagte seine Frau. Flucht, das wäre noch schlimmer gewesen als die Erpressung. Sie saßen in der Küche, an jenem großen Esstisch aus Olivenholz, an dessen Kopfende Mario Caniglias Platz war, der Platz des Patriarchen, und um den die Familie versammelt war, als es darum ging, zu fliehen oder zu bleiben. »Nein«, sagte Mario Caniglia, »nein«, sagten seine Töchter, »nein«, sagte sein Sohn und sagten seine Schwiegersöhne.

Seither lebte Mario Caniglia mit vier Leibwächtern und einem gepanzerten Wagen. Und seine Wohnung über der Lagerhalle, jene tanzsaalgroßen Räume in Bleu und Rosé, die aussehen wie Ausstellungsräume, mit funkelnden Fliesen und falschem Stuck und Kronleuchtern, mit Kristallgläsern, die nur ein Mal im Jahr zum Anstoßen benutzt werden, mit Trockenblumensträußen und offenem Kamin und Whirlpool-

325

Badewanne, mit dem sepiafarbenen Porträt seines Vaters, unter dem sich die ganze Familie bei jeder Hochzeit, Taufe, Silberhochzeit versammelt und mit ernstem Sonntagsblick in die Kamera schaut – diese Wohnung ist seine Burg.

Seine Töchter, seine Frau und sein Sohn haben auf Leibwächter verzichtet – und versuchen ein normales Leben zu führen. Man hat ein paar Freunde verloren. Einige Verwandte grüßen nur noch mit Müh und Not.

Es ist sein Mut, vor dem sie sich fürchten. Denn Mario Caniglia hat es nicht bei seiner Weigerung belassen, zu zahlen, er hat nicht geschwiegen. Er hat dazu aufgerufen, Widerstand zu leisten, sich nicht zu beugen, er hat andere Unternehmer ermutigt, ihre Erpresser anzuzeigen: Wenn ich, Mario Caniglia, ein kleiner Orangenbauer es schaffe, dann kann es jeder schaffen. Hätte er geschwiegen, hätte ihn die Mafia, die immer pragmatisch denkt, als Betriebsunfall verbuchen können, aber so ist er zu einem Symbol geworden, zu einer Bedrohung.

»Eines Tages werden sie mich bezahlen lassen«, sagte Mario Caniglia, »und ich hoffe, so spät wie möglich.« Trotz der Polizeipatrouille, die rund um die Uhr seine Orangenfelder bewachte, wurden immer wieder Orangen gestohlen. Nichts Bedeutendes. Nur kleine Gesten, die ihm zu verstehen geben sollen: Wir sind immer noch da. Wir warten auf dich. »Aber wenn ich tot bin, mache ich mehr Lärm als lebendig«, sagte Mario Caniglia. »Und deren Geschäfte sind auf die Stille angewiesen.«

Es ist sehr still in Sizilien. In Palermo zahlen neunzig Prozent aller Unternehmer Schutzgeld, vom Schuster bis zur Supermarktkette. Manchmal sieht man in Palermo kleine Aufkleber mit Trauerrand auf Papierkörben kleben: »Ein ganzes Volk, das Schutzgeld zahlt, ist ein Volk ohne Würde«. Es sind die Aufkleber von *Addio Pizzo,* »Schluss mit dem Schutzgeld«, wie jene aus einer Studentengruppe hervorgegangene Organisation heißt, die zur Rebellion gegen die Schutzgeldzahlungen an die Mafia aufruft. Dank ihrer hatte der italienische Unternehmerverband endlich den Mut, dazu aufzurufen, diejenigen Unternehmer auszuschließen, die Schutzgeld zahlen.

Zusammen mit der deutschen Botschaft hat die Vereinigung *Addio Pizzo* nun einen Stadtplan von Palermo herausgegeben, in dem die Lokale und Hotels verzeichnet sind, die kein Schutzgeld bezahlen. Damit die deutschen Urlauber kein schlechtes Gewissen haben müssen, wenn sie in Sizilien Urlaub machen – einen mafiafreien, politisch korrekten Urlaub gewissermaßen.

So lobenswert die Initiative auch ist, aber ist es nicht ein Widersinn, wenn der deutsche Urlauber, der in Sizilien seine mafiafreien Ferien verbracht hat, nach Deutschland zurückkehrt und bei seinem Stammitaliener einkehrt, der vielleicht seit Jahrzehnten Geld für die 'Ndrangheta wäscht? Wie wäre es, in Deutschland einen Antimafia-Restaurantführer zu veröffentlichen – mit der Liste der von der 'Ndrangheta betriebenen Lokale, die der Polizei bekannt sind?

Zartes Frühlingsgrün zieht sich über die Hügel und die Felder entlang der Autobahn nach Palermo, als bereite sich die Natur nicht auf den Winterschlaf vor. Ewiger Sommer. Endlich den atlantischen Tiefausläufern entkommen. Hier wird es wahr. Nicht umsonst stellte Goethe fest: »Vom Klima kann man gar nicht Gutes genug sagen.« Und nicht nur das, er schrieb auch: »Italien ohne Sizilien macht gar kein Bild in der Seele: hier erst ist der Schlüssel zu allem.«

Als ich in Palermo ankomme, sehe ich, dass in der Altstadt unweit des Botanischen Gartens immer noch einige Karren von der Santa-Rosalia-Prozession stehen, der Schutzheiligen der Stadt. Sie stehen seit Mitte Juli da, verblichene Triumph-

327

wagen, Karren in Form einer Schiffsbrücke, darauf eine Treppe und ein Sockel mit der Statue der Schutzpatronin, einer Walküre, die einen Arm siegesgewiss in die Höhe streckt. Hinter der heiligen Rosalia weht ein bräunliches Segel, das der Wind knallend gegen die Voluten, Schnecken und Skulpturen schlägt, von denen das Gold abgeblättert ist.

Ich bin glücklich, wieder in Palermo zu sein. Hier hat es begonnen, 1989, als mich eine deutsche Redaktion beauftragte, eine Reportage über den »Frühling von Palermo« zu machen. Es war der Moment, in dem in Palermo große Euphorie und Enthusiasmus herrschten – eine Stimmung, von der ich mich sofort anstecken ließ. Auch ich wollte mit meinen Reportagen dazu beitragen, dass die Mafia endlich besiegt werde. Journalisten überschätzen sich nun mal gern.

Jedes Mal, wenn ich nach Palermo zurückkehre, denke ich daran. Und daran, dass mir eine Redakteurin in Hamburg einen Ratschlag mit auf den Weg gab: Ich solle mir auf keinen Fall einen kurzen Rock anziehen. Das könne man sich als Frau in Sizilien nicht erlauben. Also trug ich Jeans, in denen ich schon zu schwitzen begann, kaum dass ich den Boden von Palermo betreten hatte. Die Fotografin, mit der ich zusammenarbeiten sollte, hieß Shobha und wartete am Flughafen auf mich. Sie trug Minirock.

Als mein Telefon klingelt, stehe ich auf dem kleinen, marmornen Balkon meines Hotelzimmers gegenüber vom Teatro Massimo und beobachtete einen Polizisten, der eine Straßenabsperrung in der Via Maqueda bewacht. Er steht in dem Lichtkegel einer milden Herbstsonne und bewegt sich mit gestrafftem Oberkörper und erhobenem Kopf, als wollte er Flamenco tanzen, er streckt die Arme graziös über den Kopf und führt die Trillerpfeife mit abgespreiztem, kleinem Finger zum Mund. Der Polizist schillert in seiner weißen Uniform wie eine Erscheinung. Palermo schwimmt im Azur des Himmels, und das Teatro Massimo wirkt wie eine überdimensionale, ockerfarbene Hutschachtel. Die Kutscher vor dem Theater sitzen zeitunglesend in ihren Kutschen, und über die Via Maqueda sind Glitzergirlanden für eine Prozession gespannt, Glühbirnengirlanden, die aussehen wie Diademe. Es riecht, wie es immer riecht in Palermo. Nach Abgasen und Bratfett. Und nach Jasmin. Nach Verwesung. Und nach der dunklen Erde Afrikas.

Am anderen Ende der Leitung ist meine Freundin Shobha, die Fotografin, mit der ich seit jener ersten Reportage zusammenarbeite. »*Ben tornata*«, ruft sie, willkommen zurück, ganz so, als gehörte ich hier hin. Als sei ich in Palermo zu Hause und endlich wieder zurückgekehrt. Sie will mich nach Corleone begleiten. Es gefällt mir, die letzten Kilometer dieser Reise mit ihr zu machen. Wenig später sitzt sie neben mir im Alfa Spider, sagt anerkennend: »Endlich mal ein schönes Auto«, und wir lachen wie die Kinder.

Auf dem Weg nach Corleone fahren wir durch Brancaccio, jenes Viertel, in dem die Kirche von Padre Puglisi steht, dem Priester, der von der Mafia ermordet wurde. Ich erzähle Shobha davon, dass der Duisburger Pfarrer Lücking diese Gedenkstätte ein Jahr vor dem Mafiamassaker von Duisburg besucht hat. Und Shobha sagt: »*Fatalità*«, obwohl sie nicht an den Zufall glaubt. Vielleicht ist es tatsächlich kein Zufall gewesen. Genauso wenig, wie es Zufall ist, dass der Mörder von Padre Puglisi, Gaspare Spatuzza, jetzt zu den Hauptbelastungszeugen von Silvio Berlusconi wurde, als er in den Ermittlungen über die *trattativa* aussagte. »Italien ohne Sizilien macht gar kein Bild in der Seele: hier erst ist der Schlüssel zu allem.« Goethe war noch nie so aktuell.

In Palermo war es, wo zum ersten Mal gegen die Politiker ermittelt wurde, die mit der Mafia zusammenarbeiten. Gegen Don Vito, den Vater von Massimo Ciancimino, gegen An-

329

dreotti, gegen Marcello Dell'Utri. Und dafür werden die Staatsanwälte von Palermo bis heute diffamiert. Jakobiner seien sie, heißt es dann, rote Roben, Kommunisten allesamt, bis hin zum »anthropologischen Anderssein«, das Berlusconi ihnen vorwarf.

Einer, der die Staatsanwälte von Palermo auf sehr hintergründige Weise geschmäht hatte, war der Jesuitenpater Pintacuda. Er war einer der Protagonisten des palermitanischen Frühlings und spiritueller Mentor des ehemaligen Bürgermeisters Leoluca Orlando gewesen, mit dem er zusammen die Partei *La Rete,* das Netz, gegründet hatte. Später wechselte Pintacuda umstandslos die Seiten: Er beriet in Palermo Berlusconis Forza Italia.

Jesuitenpater Pintacuda hatte sein Büro im Castello Utveggio, einer flamingofarbenen Burg hoch auf dem Monte Pellegrino, höher noch als die Grotte, in der die heilige Rosalia, Palermos Schutzpatronin, begraben liegt. Als ich den Padre traf, saß er unter einem konfettibunten Bild, das seine verblichene Partei symbolisieren sollte, und blickte auf einen goldfunkelnden, pinkfarbenen Alptraum aus Totenköpfen und zähnefletschenden Mäulern, der den Titel »la strage« trug, das Blutbad, und der an das Attentat an den Richtern Giovanni Falcone und Paolo Borsellino erinnern sollte.

Die Beziehung der Italiener zum Himmel sah er sehr nüchtern. »Wissen Sie, katholisch zu sein, heißt in Italien nicht automatisch christlich zu sein«, sagte er. Für viele sei es einfach eine Gewohnheit. Und was den Willen zum Verzeihen, zur Amnestie, zum schnellen Vergessen betreffe, so verberge sich dahinter weniger der katholische Drang zum Verzeihen als ein normales Phänomen der Massenpsychologie, demzufolge auf große historische Momente eine große Müdigkeit folge. Anfang der neunziger Jahre sei im Zuge der

Aufdeckung des Schmiergeldskandals *tangentopoli* die moralische Frage sehr lebendig gewesen, aber dann habe doch die Müdigkeit gesiegt.

»Erst herrscht ein großer Enthusiasmus, dann die Leere«, sagte Padre Pintacuda. »Italiener haben immer die Neigung, diejenigen in den Staub zu treten, die sie zuvor auf den Altar gehoben haben! Die Jakobiner wurden auch alle geköpft«, sagte er und kicherte. Da war sie. Die Schmähung.

Er verschwand fast hinter dem riesigen Schreibtisch, seine Augenhöhlen waren schwarz und seine Ohren sehr groß. Er sieht aus wie Andreotti, dachte ich damals.

Einige Zeit später erfuhr ich, dass der italienische Geheimdienst an jenem 19. Juli 1992, als der Staatsanwalt Paolo Borsellino ermordet wurde, sein Hauptquartier hier in dem Castello Utveggio hoch über Palermo gehabt hatte. Von hier soll das Signal ausgegangen sein, um die Autobombe hochgehen zu lassen, die Borsellino und seine Leibwächter tötete.

Roberto Scarpinato, der Antimafia-Staatsanwalt – einen jener Jakobiner, von denen Silvio Berlusconi die italienische Justiz verseucht und sich selbst verfolgt wähnt, traf ich in seinem Büro im Justizpalast, wo an der Wand gegenüber von seinem Schreibtisch ein Gemälde des sizilianischen Malers Fiume hing, drei schwarze Schönheiten in Gold.

»Das größte Unglück der Italiener ist die Vorherrschaft des persönlichen Interesses über die Interessen des Kollektivs«, sagte Scarpinato. Es gebe keine Kultur der Verantwortung, das mache auch einen starken Staat kaputt. Dann blickte er auf die drei goldenen Frauen vor ihm und sagte: »Vielleicht sind wir aber einfach nur den anderen Ländern voraus. Vielleicht ist das, was wir hier erleben, die wahre Postmoderne. Eine als Demokratie verkleidete Oligarchie.«

Und dann fügte er an, dass man auch in Deutschland eklatante Mafiamorde wie die von Duisburg als größere Bedro-

331

hung betrachte als die Verflechtung von Mafia und Wirtschaft. »Der Mord in Duisburg geschah an einem Tag«, sagte Scarpinato. »Was aber die Geldwäsche betrifft, so wirkt sie sich auf Jahre aus. Aus dem Reichtum der Mafia wird wirtschaftliche Macht, und aus der wirtschaftlichen Macht wird politische Macht. Und die kann die Politik ganzer Länder beherrschen, wie es bereits in Afrika oder Südamerika geschieht. Oder in Russland.«

»Also wird die Mafia bald auch die Politik in Deutschland bestimmen?«, fragte ich. Und Scarpinato sagte: »Ich hoffe nicht.«

Die Sonne steht hoch über den Feldern, die alle mit grünem Flaum bedeckt sind. Aus einem brennenden Laubhaufen steigt eine zitternde Rauchfahne auf, Schafe grasen auf den Hügeln. Und Shobha hält ihre Kamera aus dem Wagen und fotografiert so beiläufig, wie andere Leute sich Notizen machen.

Ich erzähle ihr noch mal davon, wie ich zum ersten Mal nach Corleone kam. Sie kennt die Geschichte schon, aber jedes Mal, wenn wir darüber sprechen, schüttelt sie wieder ungläubig mit dem Kopf. Wenn sie hört, dass wir ganz Italien mitsamt seinen Wundern unbeachtet hinter uns liegen gelassen haben, Venedig, Florenz, Rom, nur um so schnell wie möglich nach Corleone zu kommen. Dass wir unsere erste Nacht irgendwo in der Nähe von Messina verbrachten, in einem Hotel, das noch nicht für den Sommer vorbereitet war. Und wie ich mich wunderte, dass Sizilien hier *Ssischilia* hieß. Dass wir Messina hinter uns liegenließen, genau wie Palermo, und immer weiter Richtung Corleone fuhren. Mit dem *Paten* auf dem Schoß.

Die Corleone-Familie schätzte ihn, die Gesellschaft schätzte ihn nicht. Er begriff, dass er in der Welt, die sich die Corleones geschaffen hatten, glücklicher sein würde als in der Welt draußen. Und er begriff, dass die Corleone-Familie innerhalb ihrer Grenzen mächtiger war als die Gesellschaft.

»Absurd«, sagt Shobha.

Vorbei an verfallenen Gehöften, an Dornengestrüpp und Distelbüschen gelangen wir über eine vom Regen unterspülte Straße nach Corleone. Wir parken am Ortseingang. Corleone empfängt uns mit den Worten »Entflamme deine Phantasie«, die flackernd über eine Tafel für Leuchtreklame laufen.

Über einer verrosteten Telefonkabine hängt ein Plakat, das für den Kräuterlikör Don Corleone wirbt, und in einem Laden für Kurzwaren werden *coppole* verkauft, jene Schlägermützen, die Mafiosi in Folklorefilmen tragen. Maria Concetta, die Tochter von Totò Riina, so heißt es, stelle sie her. »Sie kosten zwölf Euro und finden reißenden Absatz«, sagt der Besitzer des Geschäftes. »Besonders bei Touristen.« Tatsächlich sehen wir bald ein in Dreiviertelhosen gekleidetes Touristenpaar, das an die Hauswände gedrückt Richtung Piazza läuft, ängstlich und fasziniert zugleich. Im Vorbeigehen fotografieren sie die Wandmalereien, auf denen man nichts anderes als Männer mit blauen Landarbeiterjacken und Schlägermützen sieht. Männer, die aussehen, als seien sie Partisanen eines Krieges gegen diese Erde. Die nicht ihnen gehörte, sondern den Baronen und Gutsverwaltern.

Shobha schlägt vor, das Museum für Mafia zu besichtigen, das vor kurzem in Corleone eingeweiht wurde und in dem sich nicht nur einige ihrer Mafiafotos befinden, sondern auch Kopien von den Akten des Maxiprozesses. Wir steigen die Straße neben der Kirche hoch, kein Schild weist auf das Museum hin, schließlich stehen wir vor der verschlossenen Tür.

333

Shobha fragt einen der am Straßenrand sitzenden Männer, und schon ist jemand bereit, uns das Museum aufzuschließen, ein alter Mann in einem abgetragenen Cordjackett.

Drinnen riecht es nach Staub und nach abgestandener Luft, und nahe dem Eingang hängt ein Gemälde, das aussieht, als sei es bei einem Volkshochschulkurs für Malerei entstanden: Totò Riinas Gesicht in Schwarzweiß, mit tiefen Furchen, Hängebacken und dem Schriftzug »No Mafia«. In Blutrot.

Beflissen weist uns der Mann durch die Räume und führt uns in den ersten Stock, wo die Aktenordner vom Maxiprozess in Regalen bis an die Decke stehen, vergilbte, staubige Ordner, auf deren Rücken »Michele Greco und andere« steht. Als ich einen Aktenordner aus dem Regal ziehe, klingelt mein Telefon. Am anderen Ende ist meine Mutter.

»Wo bist du?«, fragt sie.

»In Corleone«, sage ich. Und beeile mich hinzuzufügen: »In Sizilien.«

Einen Augenblick lang ist Stille. Dann sagt meine Mutter:

»Ich wusste doch gleich, dass da etwas anderes dahintersteckte, hinter deiner Testfahrt.«

Nachwort

von Franco Roberti
Leitender Oberstaatsanwalt von Salerno

Ende 1990 führte mich meine Arbeit zum ersten Mal nach Deutschland. Zusammen mit Giovanni Falcone stellte ich dort Ermittlungen über eine Ladung mit Waffen und Sprengstoff an, deren Spur wir von Palermo und Neapel aus bis nach Solingen bei Düsseldorf zurückverfolgt hatten. Von dort war der Lastwagen gestartet, der später mitsamt Fahrer, einem Sizilianer aus Capo d'Orlando, in Nola nahe Neapel abgefangen wurde. Die Lieferung war für kriminelle Organisationen in Neapel und Sizilien bestimmt und stammte aus derselben Gegend in Deutschland, von wo aus sich zwei Monate zuvor die Mörder des jungen Richters Rosario Livatino auf den Weg gemacht hatten.

Im Jahr davor hatte ich eine andere Untersuchung über den Camorra-Clan der Licciardi in die Wege geleitet, der das Netz der *magliari,* der Textilvertreter, genutzt hatte, um sich in einigen Städten Westdeutschlands einzunisten. Gewaltsam hatten die Licciardi zahlreiche Läden unter ihre Kontrolle gebracht, wo sie gefälschte Markenwaren verkauften und mit Drogen handelten, während sie darauf warteten, die Märkte Osteuropas zu erobern, was sie nach dem Fall der Mauer auch prompt taten. Mein Gesuch, die Telefongespräche der in Deutschland gemeldeten Mitglieder des Licciardi-Clans abzuhören, um den illegalen Handel zu überwachen, hatte der deutsche Richter rundweg abgelehnt. Einfache Indizien reichten nicht aus, wir brauchten handfeste Beweise.

Wir begaben uns also nach Düsseldorf, in Begleitung eines

Hauptmanns der Carabinieri. Neben diesen Ermittlungen wollte Falcone, der stets mehr Weitblick besaß als alle anderen, herausfinden, wie und warum die Cosa Nostra in Deutschland Wurzeln geschlagen hatte. Er lud die deutsche Justiz und Polizei nachdrücklich zur Zusammenarbeit ein. Sein Ziel war es, einen dauerhaften Kanal für den Austausch von Informationen und gemeinsame Ermittlungsaktivitäten zu schaffen. Wir stießen jedoch auf eine Mauer eisiger Höflichkeit und völliger Unzugänglichkeit. Die eigentliche Sorge der deutschen Polizei, so wurde uns rasch klar, galt nicht der Anwesenheit der Mafia in Deutschland, die wir im Zuge unserer Ermittlungen zweifelsfrei nachgewiesen hatten, sondern unserer Anwesenheit: Aus Furcht vor einem Anschlag hätten sie uns am liebsten die ganze Zeit über in einer Bundeswehrkaserne eingeschlossen. Falcone wollte davon nichts wissen. Er fühlte sich beleidigt und reagierte mit einer Härte, die mir sogar etwas übertrieben erschien. In einer hitzigen Unterredung mit dem Polizeichef setzte er schließlich durch, dass man uns in einem guten Hotel unterbrachte. Das Rechtshilfeverfahren, bestehend aus drei Zeugenbefragungen, die der deutsche Richter vornahm, brachte uns keinen großen Erkenntnisgewinn. Die drei fein säuberlich getippten Protokolle mit Wachssiegel, die man uns aushändigte, waren nutzlos, und an eine Telefonüberwachung war gar nicht zu denken. Tief enttäuscht kehrten wir nach Italien zurück. Wenige Monate später verließ Falcone die Staatsanwaltschaft von Palermo und wechselte ins Justizministerium nach Rom.

Seit damals hat die deutsch-italienische Zusammenarbeit enorme Fortschritte gemacht. Dank der Vernetzung von Antimafiabehörden auf nationaler und Bezirksebene kennen wir heute die Strukturen der kalabrischen, sizilianischen und kampanischen Mafia, die sich seit den 1970er Jahren herausgebildet haben. Aber in den 1990er Jahren wusste man noch nichts darüber (oder wollte nichts davon wissen), auch nicht, dass diese Strukturen in der Zwischenzeit fast in ganz Deutschland Fuß gefasst und sich ausgebreitet hatten. Still, leise und klammheimlich. Bis zu dem Massaker von Duisburg im August 2007.

Ich habe an meinen Aufenthalt in Deutschland zurückgedacht, als ich die italienische Ausgabe von Petra Reskis Buch *Mafia. Von Paten, Pizzerien und falschen Priestern** las. Zu jener Zeit, als Falcone und ich in Düsseldorf ermittelten, hatte die junge Journalistin aus Kamen gerade begonnen, sich intensiv mit dem Thema Mafia auseinanderzusetzen, indem sie – in umgekehrter Richtung – nach Italien reiste und von ihren Erlebnissen berichtete.

Zwei Jahre nach der Veröffentlichung von *Mafia* hat sich Petra Reski erneut auf den Weg gemacht, entlang jener »Achse des organisierten Verbrechens«, die wie ein roter Faden zwischen Nordrhein-Westfalen und Corleone verläuft. Sie wollte wissen, wie die heutigen transnationalen Mafiaorganisationen beschaffen sind und welche Beziehungen sie zur Zivilgesellschaft und zur legalen Wirtschaft geknüpft haben. Zur Kirche mit ihrer ewigen Ambivalenz. Zu den politischen Institutionen auf kommunaler und nationaler Ebene. In Deutschland und in Italien. Mit diesem Buch hat sie einen packenden und hochinteressanten Bericht darüber vorgelegt.

Von Kamen nach Corleone bietet eine Fülle von Denkanstößen, angefangen bei der Frage, warum das Phänomen Mafia allerorts so hartnäckig unterschätzt wird. Solange die Waffen schweigen, ist es, als würde die Mafia nicht existieren und als gäbe es keinen Grund zur Beunruhigung, obwohl der

---

* Die deutsche Originalausgabe ist 2008 bei Droemer erschienen; 2009 wurde die italienische Ausgabe unter dem Titel *Santa Mafia* bei Nuovi Mondi veröffentlicht (Anm. d. Übers.).

Drogenhandel weiterhin blüht und gedeiht und die Mafia unbehelligt immer tiefer in das Wirtschaftssystem eindringt und dort die Fäden zieht. Es ist das altbewährte Muster der Mafia, dem man hin und wieder mit ein paar nutzlosen Sondergesetzen begegnet, anstatt das Problem an der Wurzel zu packen.

Die kriminellen Organisationen Italiens profitieren davon und operieren äußerst wirksam auf internationaler Ebene. Gemeinsam mit ausländischen Gruppen betreiben sie nicht nur einen florierenden Handel mit Drogen und Waffen; zu ihren Geschäftszweigen gehören auch der Schmuggel von gefälschten Markenwaren, das Müllgeschäft – sprich, das Einsammeln, der Transport, die Lagerung und die Entsorgung von Abfällen aller Art, darunter auch Giftmüll und hochgradig schädliche Substanzen – sowie das Waschen und die Investition illegal erwirtschafteter Gelder. Dabei bewahren sie die volle und systematische Kontrolle über ihre Territorien und die Wirtschaftsaktivitäten, denen sie dort nachgehen. Die Präsenz ausländischer Mafiagruppen (Osteuropäer, Kolumbianer, Nigerianer und Chinesen) wird nur geduldet, solange sie kooperieren und sich unterordnen.

Jedwede Strategie zur Bekämpfung der organisierten Kriminalität muss dieser Verquickung von globalen und lokalen Aktivitäten Rechnung tragen, um langfristig erfolgreich zu sein. In ihr offenbart sich das wahre Gesicht der modernen Mafia, die sich in Neapel nicht umsonst als *'o sistema,* »das System«, bezeichnet, um ihre Funktion, ihre alles durchdringende Macht und ihre gesellschaftlichen, politischen, wirtschaftlichen und territorialen Beziehungen zu unterstreichen.

Auf dem internationalen Markt mitmischen und die Machtansprüche vor der eigenen Haustür »vollstrecken« – kurzum: global verdienen und lokal morden. Das ist das Rezept dieses kriminellen Schattenregimes, das als solches wahrgenommen und bekämpft werden muss.

Die Geldwäsche ist der zentrale Hebel der organisierten Kriminalität. Nach Schätzungen des Internationalen Währungsfonds belaufen sich die illegalen Gelder, die jedes Jahr von den diversen italienischen Mafiaorganisationen gewaschen werden, auf eine Summe von 118 Milliarden Euro. Das »saubere« Kapital nach Abzug der Aufwendungen für die Geldwäsche wird auf rund 90 Milliarden Euro geschätzt; davon fließen allein 44 Milliarden auf das Konto der kalabrischen 'Ndrangheta, der reichsten und mächtigsten Mafiaorganisation Italiens.

Da die Entwicklung der legalen Wirtschaft durch die Einflussnahme der Mafia massiv beeinträchtigt wird, müsste das oberste Ziel der Justiz darin bestehen, Vermögen, Reichtümer sowie Kapital- und Gewinnanhäufungen im In- und Ausland aufzuspüren, zurückzuverfolgen und zu zerschlagen. Der frühere italienische Notenbankchef und jetzige Präsident der Europäischen Zentralbank, Mario Draghi, prangert schon seit Jahren die zunehmende Infiltration der Wirtschaft durch die Mafia (Wucherzinsen, Geldwäsche, Aufkauf von Unternehmen) und die Unwirksamkeit der italienischen Antimafiakontrollen an, darunter auch die laxen Bestimmungen des Steueramnestiegesetzes von 2009: Der sogenannte *scudo fiscale* (»Steuerschutzschild«) bot die Möglichkeit, illegal im Ausland gehaltenes Vermögen gegen eine geringe Abgeltungsleistung straffrei zu legalisieren beziehungsweise nach Italien zurückzuführen. Die Herkunft der auf diese Weise legalisierten Gelder spielte indessen keine Rolle, weswegen der »Steuerschutzschild« auch als Einladung zur Geldwäsche kritisiert wurde (vgl. S. 209).

Die kriminelle Wirtschaft hat verheerende und unumkehrbare Auswirkungen auf das legale Produktionssystem: Sie infiltriert die Finanz- und Kreditkreisläufe, greift in den Wettbewerb und in die Entwicklung der Märkte ein, indem sie von

Mitteln Gebrauch macht, die in der legalen Unternehmenswelt nicht zulässig sind, kurbelt die Schattenwirtschaft an und sorgt dafür, dass gewaltige Finanzmassen am Fiskus vorbeigeschleust werden. Schlimmer noch, die kriminelle Wirtschaft schafft Bereiche, in denen ein sozialer Konsens herrscht – eine Art Interessengemeinschaft, die in bestimmten Fällen die Grenze zwischen der Welt des Verbrechens und der Zivilgesellschaft verschwimmen lässt. Auf diese Weise entsteht ein geheimes Netzwerk aus ganz neuen Beziehungsgeflechten zwischen Verbrechern auf der einen und Opfern von Straftaten auf der anderen Seite. Diese »Alibi«-Verbindung führt zum Beispiel im öffentlichen Bauwesen dazu, dass legale Unternehmen sich an mafiose Gruppen wenden, wenn sie Kapital brauchen, um ihre Märkte erweitern zu können. In vielen Fällen sind es also die Mafiosi, die die legalen Unternehmen finanzieren oder sie direkt über einen Strohmann verwalten.

Die Nutzung legaler Geschäftsstrukturen ermöglicht es den mafiosen Gruppen nicht nur, Wirtschaftsressourcen in Form von Schmiergeldern einzustreichen, die im Verhältnis zum Wert der vergebenen Aufträge stehen; sie bietet auch die Gelegenheit, illegale Gelder in den legalen Wirtschaftskreislauf einzuschleusen, die Weitervergabe von Aufträgen an Subunternehmer mittels geheimer Absprachen zu steuern, Mechanismen in Gang zu setzen, um die legalen Grenzen der Auftragsweitervergabe zu umgehen und außerbilanzielle Geschäfte zu tätigen, sprich: Schwarzgeld abzuzweigen – der eigentliche Kern des Systems der Teilhaberschaft zwischen legalem Unternehmen und krimineller Gruppierung.

Die Unterwanderung legaler Betriebe durch mafiose Organisationen wird durch die ureigene Schwäche und Durchlässigkeit der lokalen Institutionen begünstigt, deren Klientelismus zugleich symptomatisch für die Allgemeinheit ist.

Der Teufelskreis zwischen Unternehmertum, Politik und

organisierter Kriminalität beruht auf einem wechselseitigen Austausch von Gefälligkeiten – etwa wenn ein Politiker einer legalen Firma zu einem öffentlichen Auftrag verhilft, und diese den Auftrag ganz oder teilweise an einen mafiosen Subunternehmer weitervergibt. Dieser Mechanismus – »Eine Hand wäscht die andere« – wird dadurch gefestigt, dass mafiose Gruppierungen die Lokalregierungen unterwandern und auf diese Weise die Kontrolle über politisch-administrative Posten übernehmen, die nicht nur Entscheidungsgewalt innehaben, sondern darüber hinaus auch noch direkte Kontakte zu Vertretern der nationalen Politik unterhalten.

Da die Grenze zwischen legaler Wirtschaft und Wirtschaftskriminalität zusehends verschwimmt, ist es kaum möglich, die Akteure ausfindig zu machen, die im Wirtschaftskreislauf operieren, geschweige denn zu erkennen, wo ihre unterschiedlichen Interessen zusammenlaufen. Fest steht, dass das klassische kriminelle Unternehmen, das man mit dem mafiosen »Padrone« assoziierte, durch diese neuen legalisierten Gesellschaften abgelöst wurde, die es oft nicht einmal mehr nötig haben, von den Einschüchterungspraktiken der kriminellen Organisation Gebrauch zu machen; es genügen die Macht des Geldes – wovon sie schier unbegrenzte Mengen besitzen – und der daraus resultierende politisch-institutionelle Einfluss. Der durch Korruption und die Verwicklung von Politikern und lokalen Institutionen in mafiose Geschäfte forciert wird.

Auf diese Weise ist es kriminellen Unternehmen gelungen, sich beträchtliche Anteile am legalen Markt zu sichern. Dabei sind die Ähnlichkeiten zwischen diesem Wirtschaftsmodell und dem der diversen Lobbys kaum zu übersehen: Die Interessengruppen nutzen ebenfalls eine Art Aggregationsmodell, das in einem begrenzten Gebiet zum Einsatz kommt und sich im Zusammenschluss der politischen, wirtschaftlichen und gesellschaftlichen Instanzen niederschlägt, die sowohl innerhalb als auch außerhalb der Institutionen agieren können.

Dieses moderne politisch-geschäftlich-mafiose Modell stützt sich auf die sogenannten *comitati d'affari,* informelle »Geschäftskomitees«, bestehend aus Politikern, Unternehmern und Repräsentanten hoch angesehener Berufsgruppen wie Rechtsanwälten und Ärzten sowie Vertretern der mafiosen Organisationen – kurzum, eine Interessenkoalition, die massiv auf die Führung des Gemeinwesens einwirkt. Dubiose Organisationen, wie sie auch in jüngsten Ermittlungen ans Licht gekommen sind, bauen auf die Macht der Korruption, mit deren Hilfe sie besser gedeihen als mit Gewalt. Davon machen sie nur im äußersten Fall Gebrauch.

Unabhängig von Petra Reskis persönlichen kritischen Urteilen über einzelne italienische Politiker ist es eine unbestreitbare Tatsache, dass die Politik zu schwach und den Mafiaorganisationen gegenüber zu nachlässig ist; häufig steckt sie mit ihnen unter einer Decke oder duldet sie still und wird dadurch erpressbar. Und das nicht nur in Italien. Wie Pietro Grasso, Italiens oberster Antimafiaermittler, erklärt hat: »Die Cosa Nostra ist einerseits gegen den Staat, andererseits geht sie im Staat auf und koexistiert mit ihm – über die Beziehungen, die sie mit seinen Vertretern in der Gesellschaft und in den Institutionen unterhält.« Das ist das Kernproblem, das nach wie vor ungelöst ist. Im Schatten der Macht hat sich die Mafia parallel zum Staat als paritätische Machtstruktur etabliert.

Italien wird keinen Frieden finden, solange die vielen ominösen Vorgänge, die mit den Beziehungen zwischen Staat und Mafia zusammenhängen, nicht aufgedeckt sind. Weil es keinen Frieden ohne Gerechtigkeit und keine Gerechtigkeit ohne Wahrheit geben kann. Die Ermittlungen wegen der sogenannten *trattativa*, den geheimen Verhandlungen zwischen dem Staat und der Mafia nach den Morden an Giovanni Falcone und Paolo Borsellino im Jahr 1992, sind nach wie vor im Gange, und nichts wird unversucht oder unberücksichtigt bleiben, um die unausweichliche Wahrheit ans Licht zu bringen, sei sie auch noch so unbequem.

Nach Falcone und Borsellino – die meiner Überzeugung nach vor allem deshalb ermordet wurden, weil unter allen Umständen verhindert werden sollte, dass sie die Leitung der neuen nationalen Antimafiabehörde übernahmen – sind viele Richter und Ermittler ihrem Beispiel gefolgt. Sie kämpfen unermüdlich weiter gegen jede Form von Gesetzlosigkeit, und sie werden nicht aufgeben, trotz aller Gefahren, Übergriffe und Delegitimierungsversuche, weil sie geschworen haben, der Republik zu dienen und weil sie ausschließlich dem Gesetz verpflichtet sind – das in einem Rechtsstaat nur dann Gültigkeit besitzt, wenn es für alle gleich ist. Die Strafverfolgung der Mafia, angeführt und koordiniert von den Staatsanwaltschaften, ist ohne Unterlass vorangetrieben worden und hat in den letzten Jahren große Erfolge erzielt, wenn auch unter enormen persönlichen Opfern und inmitten von tausend Schwierigkeiten, die auf den Mangel an personellen und materiellen Ressourcen zurückzuführen sind. Der reformierte Artikel 41 des italienischen Strafvollzugsgesetzes (»articolo 41 bis«) zeigt auch weiterhin Wirkung: Er wurde 1992 in Reaktion auf die Morde an Falcone und Borsellino um einen Absatz erweitert, welcher verschärfte Haftbedingungen für Mafiosi vorsieht. Dadurch sollen der Kontakt zur Außenwelt und der Informationsaustausch zwischen den Häftlingen erschwert werden. Die großen Bosse wurden mittlerweile fast alle gefasst, und bei den wenigen, die noch flüchtig sind, ist es nur eine Frage der Zeit, bis man sie aufspüren wird. Jüngst erlassene Gesetze, wie sie die Richter schon lange angemahnt

343

hatten, bieten neue Möglichkeiten, um Mafiavermögen zu beschlagnahmen und den kriminellen Organisationen somit das Kapital zu entziehen. Damit stellt sich aber die berechtigte Frage, was getan werden muss, um die Mafia, die trotz allem immer noch weiter wuchert, dauerhaft einzudämmen. Dazu wäre ein Entschluss notwendig, der bis heute auf sich warten lässt: Die Bekämpfung der organisierten Kriminalität müsste zu einem vorrangigen Ziel der Politik werden.

Die Mafia macht sich die Ungleichheiten zwischen den starken und schwachen Mitgliedern der Gesellschaft zunutze: Mit den Starken macht sie Geschäfte, die Schwachen rekrutiert sie für Handlangerdienste; die Starken bilden sich ein, über dem Gesetz zu stehen, die Schwachen machen sich vor, sie könnten über die Illegalität und ihren Einsatz für die Mafia jenen wirtschaftlichen und sozialen Fortschritt erzielen, von dem sie glauben, dass er ihnen mit legalen Mitteln verwehrt bleibt. Die Mafia nutzt aber auch die Ungleichheiten zwischen den Rechtsordnungen der einzelnen Staaten aus, indem sie illegale Kapitalströme gezielt in Länder lenkt, deren gesetzliche Handhabe gegen Geldwäsche schwach oder sogar willfährig ist. Und schließlich nutzt die Mafia die Ungleichheiten zwischen den diversen Polizei- und Justizsystemen aus, indem sie sich in jenen Ländern der globalisierten Welt einnistet, in denen der Ermittlungsdruck geringer und die rechtlichen Maßnahmen weniger wirksam sind. Schon allein deswegen ist es erforderlich, auf europäischer Ebene nicht nur die Rechtsordnungen, sondern auch deren praktische Umsetzung in Einklang zu bringen.

Der politische Kampf gegen die Mafia wird längst nicht mehr nur in Italien, sondern in Europa geführt. Es ist aber auch ein kultureller und gesellschaftlicher Kampf, der schon in den Schulen beginnen muss. Die Antimafiabewegung der jungen Generation ist ein Potenzial, das unser Vertrauen und unsere volle Unterstützung verdient. Es ist wahr, dass man der Gewalt der Mafia mit bloßen Händen gegenübersteht. Aber wir haben ihr etwas entgegenzusetzen, nämlich die Macht der Ideen – Ideen des Lebens, während die Mafia nichts zu bieten hat außer Unterdrückung und Tod.

Mut und Hoffnung brauchen Zeit, um zu wachsen, und es liegt daher vor allem in den Händen der jungen Menschen, ihnen Nahrung zu geben. Sie haben die Zeit, um zu hoffen, und die Kraft, um zu kämpfen. Es sind jene jungen Aktivisten, denen Petra Reski bei der Versammlung der »Generalstäbe der Antimafia« in Rom begegnet ist (siehe S. 239–243). Eine von ihnen, die junge Frau mit dem Palästinensertuch, die den Staatspräsidenten Napolitano begrüßte, hat mit ansehen müssen, wie ihre Mutter bei einer Schießerei der Camorra getötet wurde – nur weil sie zur falschen Zeit am falschen Ort war. Alessandra Clemente, die Tochter von Silvia Ruotolo, setzt ihr Engagement mit Weitsicht und Würde fort: Sie möchte Jura studieren und Staatsanwältin werden.

Aus dem Italienischen von Cathrine Hornung

Register

A

Aglieri, Pietro, Boss 46 f., 133
Agostino, Antonino, ermordeter
Polizist 242
Alberti, Gerlando, Boss 92
Alessio, Francesco Saverio,
Journalist 280 f
Andreotti, Giulio, ehem. ital.
Ministerpräsident 9, 50, 131,
215 f., 223, 235, 252, 331
Aracri, Francesco, Boss 120
Arena, Clan 159 ff.

B

Bagarella, Antonietta, gen. Ninetta,
Ehefrau des Bosses Totò
Riina 46, 136
Bagarella, Leoluca, Boss
46–49, 196 f.
Basile, Giorgio,
ehem. Mafioso, Kronzeuge
63, 120 f., 183
Bassolino, Antonio, ehem.
Präsident der Region
Kampanien 282, 298
Battaglia, Letizia, Antimafia-
fotografin 198
Bellocco, Clan 286
Benneter, Klaus-Uwe,
SPD-Politiker 115
Berlusconi, Silvio, ehem. ital.
Ministerpräsident 22, 56, 134,
159, 172, 197, 206 ff., 213 f., 216,
222, 224 ff., 233 f., 242, 256,
279 f., 329 ff.
Berlusconi, Veronica, geschie-
dene Ehefrau von Silvio
Berlusconi 214

Biagi, Marco, ermordeter Arbeits-
rechtler 223
Boccaccio, Giovanni 24
Bontade, Stefano, Boss 233
Borsellino, Paolo, ermordeter
Staatsanwalt 7–11, 34, 36, 46 f.,
89, 105, 120, 130, 132, 134 f.,
192, 197, 202, 224 f., 235, 270,
330 f., 343
Bossi, Umberto, Politiker,
Vorsitzender der Lega
Nord 216
Brando, Marlon, Schauspieler
52, 227
Brusca, Antonina, Ehefrau des
Bosses Bernardo Brusca
247, 249 f., 255, 257, 261
Brusca, Bernardo, Boss
247, 249, 255
Brusca, Emanuele, Kronzeu-
ge 246, 249–265
Brusca, Giovanni, Kronzeuge
7, 226, 246–249, 253, 259 f.
Brusca, Vincenzo, gen. Enzo,
Kronzeuge 246–249, 253
Buscetta, Tommaso, Kron-
zeuge 131

C

Camilleri, Andrea, Schriftsteller 207
Camorra, Clan 54 f., 59, 63,
114, 117, 167, 173, 175, 182,
241, 267, 272, 281, 285, 288 f.,
291, 294 f., 298, 300, 304 f.,
335, 345
Caniglia, Mario, Orangen-
bauer 320–326

347

Capacchione, Rosaria,
  Journalistin   270 ff., 278
Carelli, Clan   63, 122
Casalesi, Clan   55, 267–272,
  284, 286
Cassarà, Antonio, gen. Ninni,
  ermordeter Polizist
  8, 196, 198
Cavallaro, Vincenzo,
  Kronzeuge   167
Celentano, Adriano, Sänger   266
Chinnici, Rocco,
  ermordeter Richter   8, 261
Ciancimino, Massimo, Kronzeuge
  und Sohn des ehem. Bürger-
  meisters von Palermo
  218–229, 231–239
Ciancimino, Vito, ehem.
  Bürgermeister von Palermo,
  Gehilfe der Mafia
  7, 218, 220, 227, 232, 236
Ciotti, Don Luigi,
  Gründer der Antimafia-
  bewegung Libera   240, 242
Clemente, Alessandra, Tochter
  eines Mafiaopfers 345
Clinton, Bill, ehem. amerikan.
  Präsident   289
Consoli, Vincenzo, Schrift-
  steller   74
Conte, Paolo, Sänger   101, 154
Cortese, Renato, Polizist   319
Cosa Nostra, Eigenname der
  sizilianischen Mafia   34 f., 37,
  59, 63 f., 90, 122, 130 ff. 134, 164,
  173, 183, 192, 202, 225, 228, 230,
  232 ff., 246, 254, 258, 281, 285,
  336, 342
Craxi, Bettino, ehem. ital.
  Ministerpräsident   131, 214
Cuffaro, Salvatore,
  gen. Totò, Boss   42, 163
Cutolo, Raffaele, Boss   54, 114
Cutugno, Totò, Sänger   85

D

Dalla, Lucio, Sänger   19, 108
Dante Alighieri, Dichter   34, 188
Dell'Utri, Marcello   134, 197, 216,
  225 f., 233, 235 f., 280, 330
De Magistris, Luigi, ehem.
  Staatsanwalt und Politiker der
  Italia dei Valori   209
Di Girolamo, Giacomo,
  Journalist   282 f.
Di Girolamo, Nicola,
  ehem. Senator   158–164
Di Gregorio, Rosalba,
  Mafiaanwältin   132 f.
Di Matteo, Antonino,
  Staatsanwalt   225, 235
Di Pietro, Antonio, ehem.
  Staatsanwalt und Vorsitzender
  der Partei Italia dei Valori   210
Donato, Angela, Mutter eines
  Mafiaopfers   310–316
Donato, Santo,
  Mafiaopfer   310–316
Don Pino,
  siehe Strangio, Don Pino
Dylan, Bob, Sänger   15 f.

E

Eisenstein, Sergej, Regisseur   97

F

Faithfull, Marianne, Künstl.   133
Falcone, Giovanni, Richter
  7–11, 34, 36, 89, 105, 120, 130 ff.,
  134, 167, 192, 202, 225, 229, 242,
  246, 253, 261 f., 270, 275, 330,
  335 ff., 343
Farao, Clan   62 f., 117, 122, 166 f.
Ferrarese, Don Cataldo,
  Priester   126, 137–142, 146 f.
Finger, Bernd, Polizist,
  OK-Ermittler   114 f.
Fiume, Salvatore, Maler   331
Fontana, Lucio, Künstler   221

Friedrich, Caspar David,
Maler 29
Fronte, Giovanna,
Anwältin 307 ff.

G
Garavini, Laura,
Politikerin 113 ff.
Giacalone, Rino, Journalist 281
Giorgi, Clan 61, 64, 173
Giorgi, Domenico,
Erfurter Gastronom
113, 276
Giuffrè, Antonino,
Kronzeuge 38, 131, 226
Giuliani, Beppe, Boss 294
Giuliano, Alessandro,
Polizist 191–198, 200
Giuliano, Boris,
ermordeter Polizist
192, 195–198
Goethe, Johann Wolfgang
von 187, 285 f., 305, 320,
327, 329
Gramsci, Antonio,
Philosoph 135
Grande Aracri, Clan 119
Grasso, Pietro, nationaler
Antimafiaermittler 80, 309, 342
Gratteri, Nicola,
Staatsanwalt 57–60, 64 f., 81
Graviano, Giuseppe, Boss 226
Greco, Michele,
Boss 104 f., 166, 334
Grillo, Beppe,
Komiker 212–218, 280
Guida, Gaetano, Kronzeuge 296

I
Ingroia, Antonio,
Staatsanwalt 224, 235

J
Jolie, Angelina, Schauspielerin 22

K
Krombacher, Helmut,
Staatsanwalt 165–170

L
Lady Gaga, Sängerin 133
La Licata, Francesco,
Journalist 133 f.
Lampedusa, Tomasi di,
Schriftsteller 191
Lannes, Gianni, Journalist 278 f.
Lanzara, Cettina,
Baronessa 303–306
Lavorato, Mario,
Gastronom 95, 162, 167 f.
Licciardi, Clan 59, 175,
295 ff., 335
Licciardi, Pierino, Boss 296
Liggio, Luciano 8
Lima, Salvo,
Politiker 7 f., 131, 252
Liotino, Luca, Pizzabäcker 72, 74
Livatino, Rosario,
Staatsanwalt 10, 335
Lo Bianco, Clan 309
Lücking, Bernhard,
Pfarrer 86 ff., 329

M
Macrì, Vincenzo,
Staatsanwalt 121, 122–125, 204
Magliana, Banda della,
kriminelle Organisation 159
Magritte, René, Maler 148
Manganelli, Giorgio,
Schriftsteller 201
Mangano, Silvana,
Schauspielerin 212
Mangano, Vittorio,
Boss 133 f., 256
Maniaci, Pino, Journalist 243
Marasà, Franco, Mafiaanwalt 133
Martelli, Claudio, Politiker 131
Mastella, Clemente, Politiker 209

Messina Denaro, Matteo,
  Boss 281 f.
Mokbel, Gennaro,
  Unternehmer 159–163
Montalbano, Saverio,
  Polizist 198
Montana, Beppe,
  ermordeter Polizist 53, 196 f.
Mori, Mario,
  Carabiniere-General 225, 231
Musotto, Francesco,
  Mafiaanwalt 275
Mutolo, Gaspare, Kronzeuge 48

N
Napolitano, Giorgio, ital.
  Staatspräsident 241, 345
'Ndrangheta, Eigenname der
  kalabrischen Mafiaorganisation 10 f., 28, 52 f., 57–65,
  79–82, 89–91, 95, 113, 119,
  122 ff., 143, 147 f., 158–161,
  163 f., 173 f., 201–204, 276,
  279 ff., 289, 306, 308 f., 311,
  316, 327, 339
Neiss, Wolfgang, Polizist 94
Nirta, Domenico,
  Pizzabäcker 72 ff.
Nirta, Giuseppe,
  mutmaßlicher Killer 67, 74,
  83, 85
Nirta, Sebastiano,
  mutmaßlicher Killer 67, 71,
  80, 83
Nirta-Strangio, Clan 56, 58,
  60, 64, 69, 80, 93, 142, 173

O
Obama, Barack, amerik.
  Präsident 22
Oettinger, Günther, ehem.
  Ministerpräsident von Baden-
  Württemberg, heute EU-Kom-
  missar für Energie 95, 162

Onofrio, Don Giglio,
  Priester 245, 246–249
Orlando, Leoluca, Politiker
  165, 198, 330

P
Pacino, Al, Schauspieler 53, 294
Papalia, Clan 204
Pavarotti, Luciano,
  Sänger 211, 212
Pecorelli, Mino,
  ermordeter Journalist 223
Pelle, Antonio,
  Duisburger Gastronom
  58, 61, 99, 111, 147, 276
Pelle-Romeo, Clan 28, 52,
  56, 58, 60, 62 ff., 68 f., 103,
  108, 110, 113, 120, 142, 148,
  173 f., 181
Petrarca, Francesco 34
Pintacuda, Padre, Priester 330 f.
Pipicella, Francesco,
  Pizzabäcker 72
Pitanti, Spartaco,
  Erfurter Gastronom
  98 f., 111, 276
Pizzata, Domenico,
  Pizzabäcker 73, 75 f.
Polnareff, Michel, Sänger 16
Prattico, Pietro,
  mutmaßliches Clanmitglied
  79, 81
Prodi, Romano, ehem. ital.
  Ministerpräsident 206, 209
Provenzano, Angelo,
  Sohn des Bosses Bernardo
  Provenzano 37, 127 ff.,
  132 f., 135
Provenzano, Bernardo,
  Boss 34–37, 40, 42, 46,
  126–130, 132 f., 224, 228,
  232–235, 237 f., 319
Provenzano, Paolo,
  Sohn von Bernardo Pro-

venzano 33–38, 41 ff.,
126–129, 132 f.
Provenzano, Simone,
Bruder von Bernardo Proven-
zano 38, 126, 238
Pugliese, Franco, Boss 160, 162 f.
Puglisi, Padre,
Priester 86, 88, 244, 329

R
Rechichi, Antonio,
Pizzabäcker 72
Riina, Giovanni,
Sohn des Bosses Totò
Riina 232
Riina, Maria Concetta,
Tochter des Bosses Totò
Riina 333
Riina, Salvatore,
gen. Totò, Boss 8, 46 f., 53, 103,
130 ff., 136, 196, 224 f., 230 ff.,
238, 246, 252 f., 258, 333 f.
Riolo, Claudio,
Politikwissenschaftler 274 f.
Roberti, Franco,
Staatsanwalt 295, 297, 335
Romeo, Francesco,
mutmaßlicher Killer
56, 61, 66 f., 69 ff., 75
Romeo, Sebastiano, mutmaßliches
Clanmitglied 181 f.
Rotolo, Antonio, Boss 256
Ruello, Nello, Optiker 309
Ruge, Manfred, ehem. Erfurter
Bürgermeister 98, 110 f.
Ruotolo, Sandro,
Journalist 278, 345
Ruotolo, Silvia, Mafiaopfer 345

S
Sacra Corona Unità, Eigenname
der apulischen Mafia 63, 175
Salvo, Antonio, gen. Nino,
Boss 252

Salvo, Ignazio, Boss 252
Santapaola, Benedetto, gen. Nitto,
Boss 46, 135
Santapaola, Vincenzo, Sohn von
Nitto Santapaola 135
Sarno, Constantino, Boss 296
Saviano, Roberto, Journalist 267
Sbano, Francesco,
Mafiamusikproduzent 147
Scalia, Bruno, Pizzabäcker 181 f.
Scarpinato, Roberto,
Staatsanwalt 235, 331 f.
Schatz, Gunther,
Staatsanwalt 184 ff.
Schifani, Renato,
ital. Senatspräsident 279 f.
Sciascia, Leonardo,
sizilianischer Schriftsteller
103, 149
Scipione, Domenico,
Pizzabäcker 72
Sergi, Clan 204
Serio, Pasquale,
Leipziger Kellner 276
Settineri, Roberto, Boss 53
Siebert, Renate, Soziologin 143
Signor Franco,
Geheimdienstagent, Klarname
unbekannt 222 f., 236
Sordi, Alberto, Schauspieler 211
Spampinato, Alberto,
Journalist, Bruder von
Giovanni Spampinato 273 f.
Spampinato, Giovanni,
ermordeter Journalist 273
Spatuzza, Gaspare,
Kronzeuge 226, 329
Spinoza, Benedictus de 22
Stewart, Rod, Sänger 15
Stracuzzi, Giuseppe, Boss 152
Strangio, Angela, mutmaßliches
Clanmitglied 70, 81 ff., 318
Strangio, Aurelia, mutmaßliches
Clanmitglied 83

351

Strangio, Don Pino,
  Pfarrer von San Luca 63, 87
Strangio, Giovanni,
  mutmaßlicher Killer 55 f., 58,
  61, 64, 67–78, 80, 82
Strangio, Maria,
  ermordete Ehefrau des
  Clanchefs Gianluca Nirta 72
Strangio, Sebastiano,
  ermordeter Wirt Da Bruno
  61, 89
Strangio, Teresa,
  mutmaßliches Clanmitglied
  78 f., 81 ff., 318

T
Taormina, Carlo, Mafiaanwalt 82
Tegano, Giuseppe, Boss 318
Tenco, Luigi, Sänger 210 f.
Terracino, Bernardino,
  gen. Zi' Bernardino,
  Boss 54
Tessadri, Paolo, Journalist 276
Tornatore, Giuseppe,
  Regisseur 54

Travaglio, Marco,
  Journalist 278–281
Trimboli, Clan 204
Tripodi, Clan 286

V
Vattiata, Don Antonino, gen. Don
  Tonino, Priester 307 ff.
Vespa, Bruno, Journalist 206
Viscone, Francesca,
  Schriftstellerin 137
Visocchi, Contessa 268
Viviano, Francesco,
  Journalist 133 f.

W
Wagner, Richard,
  Komponist 48, 50
Wirth, Ernst, Polizist 120 f.
Wolf, Ingo,
  ehem. Innenminister NRW 56

Z
Zimmermann, Friedrich,
  ehem. CSU-Innenminister 94